市场营销与策划
(微课版)

李世杰　主　编

清华大学出版社
北京

内 容 简 介

本书以市场营销与策划的实际工作过程为依据，以项目为载体，以工作任务为中心构建基础理论知识和技能，做到学以致用。按照营销策划的工作内容，本书共分为 12 个任务。为了便于学生自学和教师讲授，每个任务前设有"能力目标""名言警句""案例导入""任务情境"等模块，任务后设有"课程小结""课堂讨论""技能训练""课后自测""案例分析""综合实训"等内容。本书将教师讲授、任务布置和学生实训有机结合起来，做到理论与实践融为一体，力求全面提升学生分析问题和解决问题的能力。

本书既可作为高职高专院校经济与管理类各专业的教材或参考书，也可作为经济管理干部、企业营销管理人员的培训教材。

本书封面贴有清华大学出版社防伪标签，无标签者不得销售。
版权所有，侵权必究。举报：010-62782989，beiqinquan@tup.tsinghua.edu.cn。

图书在版编目(CIP)数据

市场营销与策划：微课版/李世杰主编. —北京：清华大学出版社，2022.6（2024.8重印）
ISBN 978-7-302-59905-0

Ⅰ．①市… Ⅱ．①李… Ⅲ．①市场营销学—教材 Ⅳ．①F713.50

中国版本图书馆 CIP 数据核字(2022)第 012467 号

责任编辑：梁媛媛
装帧设计：刘孝琼
责任校对：周剑云
责任印制：刘海龙

出版发行：清华大学出版社
网　　址：https://www.tup.com.cn，https://www.wqxuetang.com
地　　址：北京清华大学学研大厦 A 座　　邮　编：100084
社 总 机：010-83470000　　邮　购：010-62786544
投稿与读者服务：010-62776969，c-service@tup.tsinghua.edu.cn
质量反馈：010-62772015，zhiliang@tup.tsinghua.edu.cn
课件下载：https://www.tup.com.cn，010-62791865

印 装 者：三河市科茂嘉荣印务有限公司
经　　销：全国新华书店
开　　本：185mm×260mm　　印　张：17.5　　字　数：419 千字
版　　次：2022 年 6 月第 1 版　　印　次：2024 年 8 月第 2 次印刷
定　　价：49.80 元

产品编号：079906-01

前　言

成功的企业需要成功的营销，成功的营销需要成功的策划。在激烈的市场竞争中，企业越来越倚重市场营销活动，市场营销与策划已经成为企业经营管理人员必备的知识和能力，也是工商管理类专业的核心课程。

本书于 2006 年首次出版，历经 15 年三次修订，拥有大量读者。很多读者认为本书内容生动有趣、层次分明、易学易懂、突出职业特色、贴近企业工作实际，对于刚入行的人来说非常有帮助。

市场营销既是一门科学，也是一门艺术。随着时代的变化和发展，企业在营销理念、营销方式、营销策略、营销手段上不断变革与创新。同时，为了满足课程改革的需要，部分内容已不能适应教学需要，因此有必要重新修订本书。我们围绕市场营销职业岗位群的要求，以营销策划的工作过程为主线，以培养学生市场营销综合能力为目标，修订了部分内容，充分吸收最新的研究成果，使全书脉络更加清晰，案例更加鲜活，让学生更易于接受，也更符合企业营销工作实际。本书在编写过程中注重突出以下特点。

（1）体现教、学、做一体化的原则，在内容编排上避免将理论和实训完全割裂开来的传统方式，优化了任务情境，让读者在相对真实的工作情境中，扮演某个角色，将知识学习和任务完成有机结合，做到理论与实践融为一体，全面提升学生分析问题和解决问题的能力。

（2）突出学生的主体地位，把学生当作演员，让教师作为导演，使学生完全参与到整个教学过程中，力求使学习变得生动、有趣。本书的每个任务都设有"能力目标"，使学生清楚所应具备的知识和能力，提高学习的针对性；加入了"名言警句"和"案例导入"，启发学生思考；设置和优化"任务情境"，激发学生的学习兴趣和求知欲望；每个任务后都有"课程小结""课堂讨论""技能训练""课后自测""案例分析"和"综合实训"等模块，特别是"技能训练"和"综合实训"，可操作性很强，通过练习，能极大地提升学生的职业素养和职业能力。

（3）学校与企业合作开发，内容的设计贴近企业工作实际。本书中编排了大量营销策划方面成功与失败的案例，力求以新颖、独特而有效的形式把中国本土化的营销与策划知识和技能传授给学生。

本书可作为高职高专院校管理类、经济类各专业的教材或参考书，也可作为经济管理干部、企业营销管理人员的培训教材。

本书由李世杰教授任主编，负责编写大纲和最终修改定稿；赵岩红、王丽、李笑非、王彦梅、徐娜任副主编。各项任务执笔人为：任务 1 和附录 A～附录 C 由河北软件职业技术学院李世杰编写；任务 2 和任务 7 由河北软件职业技术学院王丽编写；任务 3 和任务 5 由河北软件职业技术学院赵岩红编写；任务 4、任务 8～任务 10 由中国地质大学（北京）

刘全文编写；任务 6 由保定科技职业技术学院徐娜编写；任务 11、任务 12 由河北金融学院李笑非编写。在本书的编写过程中，保定五合窖酒业有限公司总经理李文生先生提出了很多好的意见和建议，本书的编辑和出版也得到了清华大学出版社的支持与帮助。另外，在本书编写过程中参考了国内外同行的许多文献，在此一并表示感谢。

　　教材是体现教学内容的知识载体，是进行教学的基本工具，更是人才培养质量的重要保证。因此，在本书的编写过程中，我们丝毫不敢懈怠。但由于作者水平所限，书中疏漏或不妥之处仍难避免，欢迎广大读者提出宝贵意见，以便我们进一步修改和完善。

编　者

 微课视频

　　扫一扫，获取本章相关微课视频。

任务 1.mp4　　任务 2.1.mp4　　任务 2.2.mp4　　任务 3.mp4　　任务 4.mp4

任务 5.mp4　　任务 6.mp4　　任务 7.mp4　　任务 9.mp4　　任务 10.mp4

目　　录

任务 1　走进营销 1
1.1　认识市场和市场营销 2
1.1.1　市场 2
1.1.2　市场营销 3
1.2　树立现代市场营销观念 4
1.2.1　市场营销观念的演变过程 5
1.2.2　市场营销观念的变革和发展 7
1.2.3　市场营销的新形式 9
1.3　市场营销策划的方法和步骤 10
1.3.1　市场营销策划的相关概念 11
1.3.2　市场营销策划的内容 12
1.3.3　市场营销策划的方法 14
1.3.4　市场营销策划的步骤 21
课程小结 22
课堂讨论 22
技能训练 22
课后自测 23
案例分析 23
综合实训 24

任务 2　市场调研策划 26
2.1　制定调研方案 27
2.1.1　确定调研目标 27
2.1.2　确定调研对象 27
2.1.3　确定调研时间与地点 28
2.1.4　确定调研内容 28
2.1.5　调研形式 28
2.1.6　选择调研方法 29
2.1.7　设计调查问卷 31
2.2　实施调研 33
2.2.1　制订调研计划 33
2.2.2　组织实地调研 34

2.3 撰写调研报告 35
　　　　2.3.1 封面 35
　　　　2.3.2 目录 36
　　　　2.3.3 导语 36
　　　　2.3.4 调研报告的主体内容 37
　　　　2.3.5 附录 37
　课程小结 38
　课堂讨论 38
　技能训练 38
　课后自测 38
　案例分析 39
　综合实训 41

任务 3　营销环境分析 42

　3.1 认识营销环境 43
　3.2 宏观营销环境分析 44
　　　　3.2.1 人口环境分析 45
　　　　3.2.2 经济环境分析 47
　　　　3.2.3 自然环境分析 49
　　　　3.2.4 政治与法律环境分析 50
　　　　3.2.5 科技环境分析 52
　　　　3.2.6 社会文化环境分析 53
　3.3 微观营销环境分析 55
　　　　3.3.1 企业内部分析 55
　　　　3.3.2 供应商分析 55
　　　　3.3.3 中间商分析 56
　　　　3.3.4 顾客分析 56
　　　　3.3.5 竞争者分析 56
　　　　3.3.6 公众分析 57
　3.4 SWOT 分析 57
　　　　3.4.1 优势与劣势分析 58
　　　　3.4.2 机会与威胁分析 58
　课程小结 61
　课堂讨论 61
　技能训练 62
　课后自测 62
　案例分析 63
　综合实训 64

任务 4　市场购买行为分析 65

4.1　消费者市场购买行为分析 66
4.1.1　消费者市场 66
4.1.2　影响消费者购买行为的因素 66
4.1.3　消费者购买决策过程分析 71
4.1.4　消费者购买行为类型 73

4.2　组织市场购买行为分析 74
4.2.1　组织市场 74
4.2.2　影响组织购买行为的因素 74
4.2.3　组织购买决策过程分析 75
4.2.4　组织购买行为类型 77

课程小结 77
课堂讨论 78
技能训练 78
课后自测 78
案例分析 79
综合实训 79

任务 5　市场定位策划 81

5.1　市场细分 82
5.1.1　市场细分的概念及原则 82
5.1.2　市场细分的依据 83
5.1.3　市场细分方法 87
5.1.4　市场细分的步骤 88

5.2　目标市场选择 88
5.2.1　评估细分市场 88
5.2.2　选择目标市场 90
5.2.3　目标市场营销策略 91
5.2.4　切入目标市场 93

5.3　市场定位 94
5.3.1　市场定位的依据 94
5.3.2　市场定位策略 95
5.3.3　市场定位的过程 97

课程小结 97
课堂讨论 98
技能训练 98
课后自测 98
案例分析 99
综合实训 99

任务 6　市场竞争策划 101

6.1　竞争对手分析 102
6.1.1　识别竞争对手 102
6.1.2　了解竞争对手的目标 103
6.1.3　了解竞争对手的战略 104
6.1.4　分析竞争对手的优劣势 104
6.1.5　判断竞争对手的反应模式 105

6.2　市场竞争策划 106
6.2.1　一般竞争战略策划 106
6.2.2　处于不同竞争地位的企业竞争策划 111

课程小结 117
课堂讨论 118
技能训练 118
课后自测 118
案例分析 118
综合实训 119

任务 7　企业形象策划 121

7.1　企业形象认知 121
7.1.1　企业形象 122
7.1.2　CIS 123

7.2　企业形象策划 124
7.2.1　企业识别系统设计 125
7.2.2　企业形象策划的实施过程 135

课程小结 137
课堂讨论 137
技能训练 137
课后自测 137
案例分析 138
综合实训 139

任务 8　顾客满意策划 140

8.1　顾客满意认知 141
8.1.1　顾客与顾客满意 141
8.1.2　划分顾客满意度 143
8.1.3　设计顾客满意度指标 145

8.2　顾客满意策划 146
8.2.1　影响顾客满意度的因素 146
8.2.2　顾客满意度调查 149

| 8.2.3 顾客满意策划 151
| 课程小结 154
| 课堂讨论 154
| 技能训练 155
| 课后自测 155
| 案例分析 156
| 综合实训 158

任务 9　产品策划 160

9.1　单一产品策划 161
  9.1.1　产品整体概念 161
  9.1.2　产品生命周期 163
9.2　产品组合策划 168
  9.2.1　产品组合的相关概念 168
  9.2.2　产品组合策划 169
9.3　品牌与包装策划 171
  9.3.1　品牌、名牌和商标 171
  9.3.2　品牌策划 172
  9.3.3　产品包装 176
  9.3.4　包装策划 177
9.4　新产品开发策划 178
  9.4.1　新产品的概念 178
  9.4.2　新产品开发的程序 179
  9.4.3　新产品开发策略 181
课程小结 182
课堂讨论 182
技能训练 182
课后自测 183
案例分析 183
综合实训 185

任务 10　价格策划 186

10.1　制定产品价格策划 187
  10.1.1　选择定价目标 187
  10.1.2　分析定价环境 189
  10.1.3　定价策划 191
10.2　修订产品价格策划 195
  10.2.1　新产品定价策划 195
  10.2.2　地理定价策划 197

        10.2.3 价格折扣与折让策划..197
        10.2.4 心理定价策划..199
        10.2.5 产品组合定价策划..200
    10.3 变动产品价格策划..202
        10.3.1 削价策划..202
        10.3.2 提价策划..203
        10.3.3 顾客对价格变动的反应..204
        10.3.4 竞争对手对价格变动的反应..................................205
        10.3.5 企业对竞争对手价格变动的反应..........................205
    课程小结..206
    课堂讨论..206
    技能训练..206
    课后自测..207
    案例分析..207
    综合实训..208

任务 11　渠道策划

    11.1 分销渠道策划..209
        11.1.1 分销渠道..210
        11.1.2 中间商..210
        11.1.3 分销渠道的结构..212
        11.1.4 分销渠道设计..214
    11.2 直复营销策划..221
        11.2.1 直销..221
        11.2.2 直复营销..222
        11.2.3 直复营销策划..223
    课程小结..224
    课堂讨论..224
    技能训练..225
    课后自测..225
    案例分析..225
    综合实训..227

任务 12　促销策划

    12.1 促销与促销组合..229
        12.1.1 促销和促销组合..229
        12.1.2 影响促销组合的因素..230
    12.2 人员推销策划..232
        12.2.1 人员推销的特点和形式..232

        12.2.2 设计人员推销方案 233
    12.3 广告策划 238
        12.3.1 广告的类型 238
        12.3.2 广告策划的步骤 239
    12.4 营业推广策划 242
        12.4.1 营业推广的类型和作用 242
        12.4.2 营业推广策划的步骤 243
    12.5 公共关系策划 246
        12.5.1 公共关系 246
        12.5.2 公共关系策划的步骤 247
    课程小结 251
    课堂讨论 251
    技能训练 251
    课后自测 251
    案例分析 252
    综合实训 253

附录A 营销策划书的结构与内容 254

附录B 营销策划书的写作技巧 257

附录C 佳洁士牙膏营销策划书 258

参考文献 265

任务1 走进营销

【能力目标】

通过学习，你应该能够：
- 准确理解市场、市场营销、市场营销策划的含义。
- 树立现代市场营销观念。
- 掌握市场营销策划的方法和步骤。

【名言警句】

推销是你找客户，营销是让客户找你。

——佚名

营销并不是以精明的方式兜售自己的产品或服务，而是一门真正创造顾客价值的艺术。

——菲利普·科特勒

企业如果在市场上被淘汰出局，并不是被你的竞争对手淘汰的，一定是被你的用户所抛弃的。

——汪中求

营销完全是一场文明的战争，取胜的关键在于文字、创意和缜密的思考规划上。

——艾伯特·W. 艾默里

【案例导入】

某制鞋公司派出一位推销员去非洲某国家了解当地的市场情况，这位推销员发回一封电报："这里的人都不穿鞋，没有市场。"

公司又派出另一位推销员，第二位推销员发回一封电报："太好了，这里的人都没穿鞋，市场机会巨大。"

这个故事常常被人们用来说明市场销售人员应该如何理解市场机会，第一位推销员一般被理解为态度消极，很容易丢失市场机会；第二位推销员一般被理解为态度积极，善于捕捉市场机会。我们常常提起这个故事的原因是希望大家向第二位推销员学习。

实际上，公司又派出了第三位推销员，3个星期后，这位推销员发回电报："这里的人不穿鞋，因此有80%以上的人有脚疾，需要鞋；不过我们现在生产的鞋偏瘦，不适合他们，我们必须生产比较肥的鞋。这里的部族首领不让我们做买卖，我们需要投资约2万美元就可以获得经营许可权。这里有人口约200万，我们每年大约可以卖出20万双鞋。在这里卖鞋我们可以赚钱，预计前两年投资收益率约为20%，低于公司目前在其他市场平均25%的投资收益率，但考虑到周边国家的市场具有同样的潜力，预计我们的销量会以每年30%以上的速度增长，收入会增长，成本会降低，两年后的投资收益率会超过30%。"

故事补充到这里为止，我们可以初步判断第三位推销员基本上是一位合格的营销人员，原因不在于他给公司提供的市场分析报告中的肯定性结论，而在于报告中包含了营销及营销策划的一些基本要素。即使他经过市场分析得出否定性的结论，但其仍然可以称得上是一位合格的营销人员。

1.1 认识市场和市场营销

任务情境

营销在我们生活中无处不在。企业需要营销、学校需要营销、医生需要营销、政治家需要营销，我们每一个人都需要营销。企业CEO说："营销就是企业经营。"校长说："营销就是招收更多的学生。"医生说："营销就是赢得患者的信赖。"政治家说："营销就是民众的支持。"街边的小贩说："营销就是把东西卖出去呗。"的确，给营销下一个准确的定义不是一件容易的事情。如果你是一个淘宝网店的创业者，你认为营销是什么？

1.1.1 市场

市场是一个古老的经济范畴，在其发展的历史长河中，形成了一个有多种含义的概念。

企业营销活动主要和重要的舞台是市场，没有市场就没有营销活动的开展。因此，市场成为与市场营销联系最紧密的一个概念，只有理解了什么是市场，才能更好地理解什么叫市场营销。

传统意义上的市场是指商品交换的场所，即买方和卖方发生交换活动的地点或地区。这是从空间形式来考察市场的概念，市场还是一个地理概念，也就是人们通常所说的"狭义市场"。

在经济学上，市场是指一切商品交换关系的总和。这是站在买卖双方交换关系的角度提出的"广义的市场"概念，是对市场所做的一般性、宏观性的理解。

从市场营销的角度来看，市场是由一切具有特定欲望和需求并且愿意和能够以交换来满足这些需求的潜在顾客所组成的。菲利普·科特勒(Philip Kotler)指出："市场，这个术语有很多用法……最后，对于一个市场营销人员来说，市场是购买或可能购买某种货物或劳务的所有人或所有企业单位。"市场营销是从企业或卖方的角度来理解市场的含义。

如图1-1所示，市场包括三个要素：有某种需要的人(购买者)、满足某种需要的购买能力和购买欲望。

市场的三个要素相互制约、缺一不可，共同决定着市场的规模和容量。

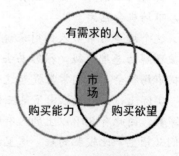

图1-1 市场的构成

1.1.2 市场营销

全面准确地理解市场营销，必须弄清其涉及的相互关联的几组概念。

1. 需要、欲望与需求

(1) 人的需要是市场营销最基本的概念，也是人类经济活动的起点，它存在于人本身的生理需要和自身状态之中，绝不是营销人员凭空创造的。例如，人们需要食品、空气、衣服等以求生存，还需要娱乐、教育和文化生活等来丰富自己的精神世界。当一个人的需要没有被满足时，他有两种选择——寻找可以满足这种需要的东西，或者是降低这种需要。

(2) 欲望是指人为了满足基本需要而产生的对特定事物的渴望，这种欲望会受到不同文化及社会环境的影响。当一个美国人需要食品时，欲望是想得到一个汉堡和一杯可口可乐；当一个中国人需要食品时，欲望是想得到一碗米饭和一盘炒菜。营销人员无法创造人的基本需要，却可以采用各种营销手段来影响人的欲望，并开发、销售特定的产品或服务来满足这种欲望。

(3) 当有购买力支持时，欲望即变为产品需求。例如，许多人都想拥有一辆奔驰车，但只有少数人有能力并且愿意购买。也就是说，只有少数人有购买奔驰车的需求。

将需要、欲望和需求加以区分，其重要意义在于阐明一个事实，即营销者无法创造需要，但可以影响欲望，并开发、销售特定的产品和服务来满足欲望。营销者总是通过各种营销手段来影响需求，并根据对需求的预测结果来决定是否进入某一市场。

2. 产品

这里所说的产品是一个广义的概念，表述为能够用以满足人类某种需要或欲望的任何东西，有实物、劳务、活动、场所、思想等多种形式。一个厂家的产品越是与消费者的欲望相吻合，其在市场竞争中成功的可能性就越大。

3. 价值

价值或称效用，是指消费者对产品满足其各种需要的能力的评价。消费者通常根据对产品价值的主观评价和要支付的费用来做出购买决定。必须强调的是，真正决定产品价值的因素是一种产品或一项服务给人们所带来的满足程度，而不是生产成本。

4. 交换和交易

所谓交换，是指通过提供某种东西作为回报，从别人那里取得所需物品的行为。交换的发生，必须具备五个条件：①至少有两方；②每一方都有被对方认为有价值的东西；③每一方都能沟通信息和传送物品；④每一方都可以自由接受或拒绝对方的产品；⑤每一方都认为与另一方进行交换是适当的或称心如意的。

交易是交换的基本组成单位，是交换双方之间的价值交换。交换是一个过程，在这个过程中，如果双方达成一项协议，我们就称之为发生了交易。

5. 市场营销

1985 年，美国市场营销协会(AMA)将市场营销定义为：市场营销是关于构思、货物和服务的设计、定价、促销和分销的规划与实施过程，目的是创造能实现个人和组织目标的交换。在交换双方中，如果一方比另一方更主动、更积极地寻求交换，则称前者为市场营销者，后者为潜在顾客。

菲利普·科特勒认为，市场营销是个人或群体通过创造并同他人交换产品和价值以满足需求和欲望的一种社会和管理过程。

当前比较被大家所接受的定义为：市场营销是与市场有关的人类活动，它以满足人类各种需要和欲望为目的，通过市场把潜在交换变为现实交换的活动。

可把市场营销看作是一种计划及执行活动，其过程包括对一个产品、一项服务或一种思想的开发制作、定价、促销和流通等活动，其目的是经由交换及交易的过程达到满足组织或个人的需求目标。现代市场营销活动不仅涉及商业活动，也涉及非商业活动；不仅涉及个人，也涉及团体；不仅涉及实物产品，也涉及无形服务及思想观念。

> **课堂思考　市场营销最成功的三大"忽悠"产业**
>
> 　　房地产、教育、旅游是中国近些年来最会宣传、最得人心、最有影响力的三个行业。人们都说这三个行业的营销水平高或者煽动性强，其实人们也是适应了"市场需求"。
>
> 　　房地产抓住中国人求安、求富、求面子的心理，鼓吹"有自己的房才是人生幸福"，在宣传上大量使用"奢华、帝王、尊贵"等字眼，俘获了大批"富人"，也造就了一大批"富人"。在普通商品住宅的宣传上，甚至摸准"娶老婆，有房搞定丈母娘"等消费心理，并且制造"学区房""人文社区"等概念，让你觉得不买房你就没资格活着，成功地对全民进行了洗脑。当然，百姓也愿意迎合。
>
> 　　"别让孩子输在起跑线上"，是中国教育产业化最经典的广告语，几乎击中了所有家庭的软肋。于是，为了孩子，全家总动员，出钱、出力、出时间。人们普遍对中国的应试教育感到无奈和反感，但是在市场的鼓吹面前，在从众心理的作用下，在宣传教化的热烈声响中，人们还是不由自主地送孩子去上各种补课班，培训养活了市场上形形色色的与培训有关的各种机构。
>
> 　　"活着就要到外面的世界多看看""读万卷书，行万里路""一生中最值得去的十大旅游地""来一场说走就走的旅行"，旅游广告做得也十分贴合微富的中国人向往自由开放新天地的心理需要，不旅游，你就落伍了，你就白活了。很多所谓白领的理想就是：退休后，开车满世界去看风景。就连刚刚富起来的农民也都是这么想的。而实际上，有关旅游的行程安排、旅游景点的服务，投诉纠纷不断，人们花了大价钱，千里万里去看梦中的世界，而经常看到的却是"人山人海"的恼人风景。一些收入并不高的年轻人更是不惜"血本"地国内外到处旅游，号称是"不想让自己的青春留遗憾"。

（资料来源：转载自 http://www.anydaily.com/biyelunwen/170595.html，2020-04-15）

1.2　树立现代市场营销观念

任务情境

重庆"辣味鲜"火锅连锁店在当地是一家知名企业，一直以来，王总都非常想将市场拓展到外地。该公司第一站就瞄准了杭州。王总从总部抽调了一批精兵强将到杭州，把正宗的重庆火锅搬到了杭州，味道厚重、够麻、够辣。可是几个回合下来，尽管他们使用了所有的促销手段，还是无法打开市场局面。**如果你是王总，针对杭州人的口味，如何才能打开市场？**

企业的市场营销活动是在特定的市场营销观念指导下进行的。市场营销观念或营销哲学就是企业在开展市场营销活动的过程中处理企业、顾客和社会三者利益方面所持的态度、思想和思维方式，是企业开拓市场、实现营销目标的根本指导思想。

1.2.1 市场营销观念的演变过程

企业的营销观念先后经历了传统营销观念和现代营销观念两个阶段，前者包括生产观念、产品观念和推销观念；后者包括市场营销观念和社会营销观念。

1. 生产观念

生产观念是指导企业经营活动的最古老的观念之一，它产生于19世纪末至20世纪初。生产观念认为，消费者喜欢那些可以随处买得到而且价格低廉的产品，企业应致力于提高生产效率和分销效率，扩大生产，降低成本以扩大市场。这种观念的形成有两个来源：一是产品供不应求，二是成本太高。生产观念是一种重视产量与生产效率，而轻视市场营销的商业哲学。

> **案例 1-1　汽车大王的经营观**
>
> 美国福特汽车公司刚成立的时候，生产的 T 型车一直是畅销货，该公司的高级管理人员宣称："福特汽车不是卖出去的，而是顾客从我们的柜台抢去的。"福特汽车公司创始人福特曾傲慢地宣称："不管顾客需要什么颜色的汽车，我的汽车就是黑色的。"

2. 产品观念

产品观念产生于20世纪初，是从生产观念中派生出来的又一种陈旧的经营观念。产品观念认为，消费者最喜欢高质量、多功能和具有某种特色的产品，企业应致力于生产高质量的产品，并不断改进现有产品。这种观念产生于市场产品供不应求的"卖方市场"的形势下，此时企业最容易患"市场营销近视症"，即把注意力只放在产品质量上，而不是放在市场需求上，在市场营销管理中缺乏远见，只看到自己的产品质量好，而看不到市场需求的不断变化，致使企业经营陷入困境。

> **案例 1-2　公文柜的产品观念**
>
> 有一家办公用公文柜的生产商，过分迷恋自己的产品质量并追求样式精美。生产经理认为，他们生产的公文柜是全世界质量最好的，从四楼扔下来都不会损坏。但当产品拿到展销会上推销时却遇到了强大的销售阻力，这让生产经理难以理解，他觉得产品质量好的公文柜理应受到顾客的青睐。销售经理告诉他，顾客需要的是适合他们工作环境和条件的产品，没有哪一位顾客打算把他的公文柜从四楼扔下来。

3. 推销观念

推销观念或称销售观念，盛行于 20 世纪三四十年代。在激烈的市场竞争中，许多企业的管理思想开始从生产观念或产品观念转移到推销观念。这些企业认为，要想在竞争中取胜，就必须卖掉自己生产的每一件产品；要卖掉自己的产品，就必须激起消费者购买自己产品的兴趣和欲望；要想激起这种兴趣和欲望，就必须进行大量的推销活动。他们认为企业产品的销售量总是和企业所做的促销活动成正比。

推销观念认为，消费者通常表现出一种购买惰性或抗衡心理，如果顺其自然，消费者一般不会足量购买某一企业的产品，企业必须积极推销和大力促销，以刺激消费者大量购买本企业产品的欲望。推销观念在现代市场经济条件下被大量用于"非渴求"的物品，许多企业在产品过剩时，也常常奉行推销观念。但推销观念仍以企业为中心，同样是"我生产什么，就卖什么，你就买什么"。

> **案例 1-3　推销墓地**
>
> 影片《非诚勿扰》中，当葛优饰演的秦奋发出征婚广告后，一个推销员开始向秦奋推销墓地。为了推销墓地，何佳怡饰演的墓地推销女给葛优饰演的秦奋下了一个巧妙的套，她先是用"最满意的身体部位——胸部"等暧昧因素将对方约到十三陵，以退为进，一开始丝毫不提推销墓地的事，只是跟对方说："我不太关心外表，我看重的是人心，善良、孝敬父母的人，就算我没看上你，你也一定能讨到一个好老婆。"这番话，不着痕迹地捧了秦奋一下，也实实在在赢得了对方的信任："你外表时尚内心保守啊，难得！"接下来，她便步步紧逼，渐入正题："你妈妈那么大年纪了，你要是孝顺的话，应该好好为她选择一块福地，老年人讲究入地为安。作为一个男人，要有责任心，要有孝心，就算赚钱不多，只要老人需要，也在所不惜，这样的男人才可靠，你是这样的人吗？"当秦奋回答"好像是"时，她便加以反驳："我觉得你不是，你爸爸在那样一个小格子里，要是你妈妈去世了，难道你让他们两人挤在一个小格子里？清明节扫墓，你连一个烧纸上香的地方都没有，你说你这叫孝顺吗？"如此一来，逼得对方不得不答应要替自己的父母买一块墓地，钻入了自己所设的圈套……
>
> （资料来源：转载自 http://ent.sina.com.cn/m/c/2008-12-24/17472311793.shtml，2008-12-14）

以上三种观念都是传统市场营销观念。

4. 市场营销观念

市场营销观念产生于 20 世纪 50 年代买方市场形成时期，是挑战传统观念的一种新型的企业经营哲学。市场营销观念认为，实现企业各项目标的关键在于正确确定目标市场的需要和欲望，并且比竞争者更有效地传送目标市场所期望的物品和服务，进而比竞争者更有效地满足目标市场的需要和欲望。

市场营销观念和推销观念相比，市场营销观念注重买方需要，推销观念注重卖方需要。市场营销观念考虑如何通过制造、传送产品以及与最终消费产品有关的所有事务，来满足顾客的需要；推销观念以卖方需要为出发点，考虑如何把产品变成现金。所以说，市场营销观念是一种以顾客需要和欲望为导向的哲学，是消费者主权论在企业市场营销管理中的体现。

案例 1-4　宝洁成功秘诀——消费者是老板

美国《财富》杂志公布"最受尊敬公司"榜单，宝洁位列日用化工行业榜单，成为最受尊敬的公司之一。宝洁公司成功有何秘诀？大量专家学者总结认为，顾客至上、注重创新、不断为市场开发新产品是关键性因素。

在宝洁，CEO 不是老板，消费者才是老板。消费者是老板不是简单的口号，而是付诸行动的。宝洁的目标是在两个"关键时刻"让消费者欣喜。第一个关键时刻是消费者购买产品的时候，第二个关键时刻是消费者使用产品的时候。为了实现这一目标，宝洁的员工走出办公室，花更多的时间与消费者待在一起，在门店内、消费者家里、各种消费者测试中心、消费者购物场所，观察他们使用的产品，倾听他们的意见，了解他们希望从宝洁得到什么样的产品。宝洁公司总裁雷富礼每个月都会抽出时间，去探访门店或者拜访消费者一次。由此，宝洁获得了更多知识，发掘了更深层次的见解，发现了更多的创新机会。宝洁花了比以前多得多的时间生活在消费者家里，陪同他们购物，融入他们的生活。这种全沉浸式的方式，帮助宝洁发现了许多用传统研究方式容易错过的创新机会。

(资料来源：转载自 http://www.hbrc.com/rczx/news-1384028.html, 2014-03-03)

5．社会营销观念

社会营销观念产生于 20 世纪 70 年代，是对市场营销观念的修改和补充。社会营销观念认为，企业的任务是确定各个目标市场的需要、欲望和利益，并以保护消费者或提高社会福利的方式，比竞争者更有效、更有利地向目标市场提供能够满足其需要、欲望和利益的物品或服务。社会营销观念要求市场营销者在制定市场营销政策时要统筹兼顾三方面的利益，即企业利润、消费者需要的满足和社会利益。

案例 1-5　博迪商店

安妮塔·罗迪克在英国的布赖顿开了一家博迪商店，那是一家极小的销售小包装化妆品的商店。博迪商店每年的销售成长率为 60%～100%。该公司只生产和销售以配料为基础的化妆品，并且其包装是可回收利用的。该公司化妆品的配料以植物为主，并且多数来自发展中国家。所有产品的配方均非采用动物试验。该公司还通过非贸易援助使命组织帮助发展中国家，捐款给保护雨林组织，帮助妇女和支持艾滋病事业活动，以及为回收建立示范。该公司的社会营销观念使许多顾客乐于光顾。罗迪克曾经这样评价道：我认为最重要的是，我们的业务不仅是头发和皮肤的保养，而且还应包括社会、环境和除化妆品以外的更广大的外部世界。

(资料来源：转载自 http://wenku.baidu.com, 2011-06-08)

1.2.2　市场营销观念的变革和发展

随着环境的变化，营销理念也随之发生了几次变革，经历了三种典型的营销理念，即以满足市场需求为目标的 4P 理论、以追求顾客满意为目标的 4C 理论和以建立顾客忠诚为目标的 4R 理论。

1. 以满足市场需求为目标的 4P 理论

50 多年前，市场营销理论的逻辑起点只是产品及其特性。1964 年，杰罗姆·麦卡锡 (Jerome McCarthy)提出了 4P 理论，即从产品本身出发，关注产品(Product)、渠道(Place)、价格(Price)、促销(Promotion)四个主要因素，他认为一次成功和完整的市场营销活动，就是以适当的产品、适当的价格、适当的渠道和适当的促销手段，投放到特定市场的行为。该理论的提出被认为是现代市场营销理论划时代的变革，它是最早将复杂的市场营销活动加以简单化、抽象化和体系化，并成为多年来市场营销实践的理论基石。

该理论的核心是站在企业的角度思考问题，重视产品导向，并以满足市场需求为目标。该理论的缺陷在于：①营销活动着重企业内部，对营销过程中的外部不可控变量考虑较少，难以适应市场变化。②随着产品、价格和促销手段等在企业间的相互模仿，在实际运用中很难起到出奇制胜的作用。

案例 1-6　为家庭音响产品设计营销策略

要对某国际知名品牌立体声家庭音响产品制定一套市场营销策略，第一，以城镇中上收入家庭为目标市场；第二，将品牌定位于音质最好和最可靠的立体声组合音响系统，并在产品线方面适当增加一种稍低价格的型号和两种高价格的型号；第三，价格制定稍高于竞争品牌；第四，分销渠道重点放在家电用品连锁店、专卖店和高档百货商场；第五，针对目标市场开展一次新的广告活动，宣传重点放在高品质上；第六，营业推广费用增加 15%，用以增加销售现场的展览、展示等。

（资料来源：杨群祥. 市场营销概论：理论、实务、案例、实训[M]. 北京：高等教育出版社，2011）

2. 以追求顾客满意为目标的 4C 理论

1990 年，罗伯特·劳特朋提出了 4C 理论，向 4P 理论发起挑战。他以消费者需求为导向，重新设定了市场营销组合的四个基本要素，即顾客(Consumer)、成本(Cost)、便利(Convenience)和沟通(Communication)。他强调企业首先应该把追求顾客满意放在第一位，不应是"消费者请注意"，而是"请注意消费者"；其次是努力降低顾客的购买成本；再次要充分注意顾客在购买过程中的便利性，而不是从企业的角度来决定销售渠道策略；最后还应以消费者为中心实施有效的营销沟通。

该理论的核心是重视顾客导向，以追求顾客满意为目标。罗伯特·劳特朋认为，大众营销时代已经过去，整合营销时代已经来临，企业要对消费者进行分众营销，乃至一对一的营销。

该理论的不足在于：首先，4C 理论以消费者为导向，着重满足消费者需求，而市场经济还存在竞争，企业不仅要看到需求，而且还需要更多地注意竞争对手；其次，在 4C 理论下，企业往往被动地适应顾客的需求，被动地满足消费者需求会付出更大的成本。

3. 以建立顾客忠诚为目标的 4R 理论

21 世纪伊始，《4R 营销》的作者艾略特·艾登伯格提出 4R 营销理论，阐述了四个全新的营销组合要素，即关联(Relativity)、反应(Reaction)、关系(Relation)和回报(Retribution)。首先，4R 理论强调企业与顾客在市场变化的动态中应建立长久互动的关系，以防止顾客流失,赢得长期而稳定的市场;其次,企业应学会倾听顾客的意见,建立快速反应机制以对市场快速变化做出反应;再次,企业与顾客之间应建立长期而稳定的朋友关系,从实现销售转变为实现对顾客的责任与承诺,以维持顾客再次购买和顾客忠诚;最后,企业应追求市场回报,并将市场回报当作企业进一步发展和保持与市场建立关系的动力与源泉。

4R理论以关系营销为核心,以竞争为导向,重在建立顾客忠诚。该理论的缺陷是:先进的理论不易掌握。4R营销要求同顾客建立关联,需要实力基础或某些特殊条件,但这并不是所有的企业都可以轻易做到的。4R营销模式针对4P营销和4C营销的不足,为企业提供了很好的营销思路。

此外,营销组合理论创新还有4S[满意(Satisfaction);服务(Service);速度(Speed);真诚(Sincerity)]理论及 4V[差异化(Variation);多样化(Versatility);附加价值(Value);共鸣(Vibration)]理论,这两种营销组合理论分别从不同角度提出了营销活动中所侧重的因素,具有一定的实践指导意义。

1.2.3 市场营销的新形式

企业营销策划的核心本质是创新。科技的进步和社会经济的发展,必然带来新观念、新技术、新方法,而这些对企业的营销战略与策略及营销活动的组织与管理等方面都会有重要影响,进而产生一些新的营销形式,如文化营销、知识营销、关系营销和网络营销等。

1. 文化营销

文化营销是指通过激发产品的文化属性,构筑亲和力,把企业营销转化为文化沟通,通过与消费者及社会文化的价值共振,将各种利益关系群体紧密维系在一起的营销活动过程。其实质是充分运用文化力量实现企业战略目标的市场营销活动,核心在于将顾客所接受的价值观念作为立业之本,从而促进顾客对整个企业包括其产品品牌的认同。文化营销要求企业在市场调研、环境预测、选择目标市场、市场定位、产品开发、定价、渠道选择、促销、提供服务等营销活动流程中均应主动进行文化渗透,提高文化含量,以文化为媒介,与顾客及社会公众构建全新的利益共同体。

文化营销包括四个方面:一是企业借助于或适应于不同特色的环境文化开展营销活动;二是企业在制定市场营销战略时,需综合运用文化因素实施文化营销战略;三是文化因素需渗透到市场营销组合中,制定出具有文化特色的市场营销组合;四是企业应充分利用营销战略全面构筑企业文化。

2. 知识营销

知识营销就是商家通过深入浅出地向消费者传播新产品所包含的科学技术知识及其对人们生活的影响,使消费者不仅知其然,而且知其所以然,进而萌发对新产品需求的一种促销行为。它以知识产品的科普宣传、科普教育为突破口,培育和创造新市场,通过指导消费者正确使用不断出现的高新技术产品来启动消费的营销革命。它对于促进高科技含量产品的销售具有决定性作用,所以被越来越多的商家所采用。

知识营销相对于传统营销方式,更注重通过供给来创造需求,是对一般由需求决定供给的营销的升华。例如，昂立公司在知识营销实践中逐渐形成了"以科普为先导，以知识拉动市场"的营销模式。这一模式可以普及科学知识，提高公众的知识能力，形成社会的广泛共识，获得人们的认同，从而引发人们对生物科技产品的购买欲望，并创造广阔的市场空间。

3. 关系营销

关系营销是美国营销学者巴巴拉·杰克逊(Barbara Jackson)于1985年首先提出的。他认为关系营销较之于交易营销能更好地抓住营销的本质，因为公司不是创造购买行为，而是建立各种关系——与顾客的关系，与中间商的关系，与传媒的关系，与政府机构的关系等，关系营销具有更高的效率和稳定性。同一时期，菲利普·科特勒在其《营销管理》第6版中对关系营销也有论述，该营销形式在20世纪80年代风靡全世界。它是现代西方营销理论与实践在传统的"交易型营销"基础上的发展和进步。

关系营销的实质是在买卖关系的基础上建立非交易关系，以保证交易关系能持续不断地确立和发生，其关键是顾客满意，核心是发展消费者与产品及服务间的连续性的关系，正确处理企业与消费者、竞争者、供应商、经销商、政府机构、社区及其他公众之间的相互关系。

4. 网络营销

随着信息技术的迅猛发展，互联网在全球日益普及和应用。网络与经济的紧密结合，推动市场营销进入了崭新的阶段——网络营销阶段。

网络营销作为新的营销方式和营销手段，其内容非常丰富。从网络营销的实现手段——网络的角度理解，凡是以网络为主要营销手段，为达到一定营销目标而开展的营销活动，都称为网络营销。从网络营销的本质特征——产品交换的角度理解，网络营销是指个人或企业等组织借助计算机、网络和交互式多媒体等技术，在虚拟的市场环境中交换商品，满足目标消费者的需求和欲望，实现企业营销目标的一种营销方式，其核心思想是将网络上顾客潜在的需求转化为现实的交换。对于企业来说，网络营销是企业整体营销战略的一个组成部分，是为实现企业总体经营目标所进行的，以计算机互联网技术为基础，通过与顾客在网上接触的方式，向顾客提供产品及服务的营销活动。

1.3 市场营销策划的方法和步骤

任务情境

面对激烈的市场竞争，北京"佳佳乳业"公司想搞一次市场活动，来提高公司在社会公众中的知名度和美誉度。作为市场部经理，请以"佳佳乳业"支持北京申办2022年冬奥会为主题，设计一个简单的市场活动方案。

(提示：活动方案的主要内容包括"活动目的、活动主题、活动时间和地点、具体活动内容、预期效果、经费预算"等。)

在日常生活中，经常会听到诸如"有没有好的策划"或"这个产品要好好进行营销策划"之类的话。一个好的营销策划,往往能给企业带来意想不到的效果,甚至能让企业起死回生。但是,不是所有的策划都是成功的,成功的营销策划应有其遵循的原则、方法和步骤。

1.3.1 市场营销策划的相关概念

要理解什么是市场营销策划,首先要准确把握策划的内涵。那么,什么是策划呢?

1. 策划的起源和内涵

在中国古代,"策划"的名词性较强,与现在的计划、计谋、谋略、对策的意思比较接近。例如,辛弃疾在《议练民兵守淮疏》中说:"事不前定不可以应猝,兵不预谋不可以制胜。"他把策划定义为提前考虑要从事的计谋。又如,《史记·高祖本纪》中有"运筹帷幄之中,决胜于千里之外",这里把策划定义为决定千里战事的谋略。再如,古人所云:"凡事预则立,不预则废。"预就是全面考虑各种情况,充分估计每一种可能性,判断事物发展变化的趋势,设计、选择能产生预期效果的行动方式。简言之,预就是策划。"策划"一词按《辞海》的解释为:计划、打算;按《现代汉语词典》的解释为:筹划、谋划。

"策划"一词在西方发达国家就如同我们国家的计划一词一样,有很高的使用频率。美国哈佛企业管理丛书认为:"策划是一种程序,在本质上是一种运用脑力的理性行为。"美国人把策划称为软科学,也叫咨询业、顾问业或信息服务,如兰德公司、麦肯锡公司等都是享誉世界的策划咨询公司。

日本人把策划叫企划。小泉俊一在《企划书实用手册》中指出:"在一定意义上,凡是人的思维都可以看作是广义的企划。但是,今日所指的企划,则是其中的特殊内容,即高度计划的有目的的企划。"长期从事企业经营策划调研的专家和田创认为策划的定义从不同的角度来看可以有多种。例如,当问及"有什么好的策划"时,这里的策划是指智慧、创意;当说到"从现在起必须进行策划"时,策划成了"创造智慧的行为"。因此,策划在不同的时间、场合可以是对不同内容的表示。和田创对策划的定义是:策划是通过实践活动获取更佳成果的智慧或智慧创造的行为。日本有一定规模的公司、企业几乎都有自己专门的企划部,并十分重视企划工作。例如,日本汽车大举进入中国市场时,丰田汽车公司就策划了一个仿唐诗的广告词:"车到山前必有路,有路必有丰田车。"从此,日本丰田车的形象连同这句广告词在中国各大城市的街头广泛宣传,家喻户晓。

以上种种定义和策划实例说明了一个道理:策划是一种非常复杂的活动,它不同于一般的建议,也不是单纯的"点子",它其实是一种创造性的活动。因此,策划是为了解决现存的问题,为实现特定的目标,提出新颖的思路对策,并制定具体可行的方案,以达到预期效果的一种综合性的创新活动。

从策划的定义中,我们可以看出策划包括以下三个要素。

1) 创意

创意是与众不同、新奇而富有魅力的构思和设想,策划的关键是创意。可以说,创意是策划的核心和灵魂。因此,创意是策划的第一要素。

创意并不是高深莫测的东西，其获得一靠思维的积累，只有长期积累有关事物的信息并重视对其中重要信息的加工，才有灵感的爆发、火花的闪现；二靠充分发挥想象力、联想力和创造力，思路开阔；三靠独特的思维方式，策划人员需打破常规、定式、收敛的思维方式，而采用一定条件下的逆向思维、立体思维、发散思维、交叉思维等。

2）目标

策划是围绕解决某一难题、达成某一目标而进行的活动，因此具有较强的方向性和目的性。为使目标切实可行，要做到以下三点：①确定目标焦点，使之具体化、数量化；②对长期目标进行分解，制定阶段性的短期目标，各阶段的短期目标之间保持连续性和协调性；③目标的价值性，即策划确定的目标对企业的管理人员和员工是有意义、有价值的，和他们的利益息息相关，以取得他们的认可、支持和配合，从而充分调动他们的积极性。

3）可操作性

策划不仅要有新颖的构想、具体的目标，还要具有很强的可操作性，能够实施，易于实施。可操作性表现在：①在企业现有的人、财、物等有形资源和信息、商誉、品牌等无形资源与条件下可以实现；②考虑到外部环境的制约，与外部环境不冲突；③有具体的、清晰的行动方案，使策划的参与者能懂得游戏规则，遵循游戏规则。

2．市场营销策划

20世纪80年代末，美国的赫尔伯特(Helbert)、莱尔曼(Lehmann)、霍尼格(Hoenig)曾经做过一个调查，结果表明，担当营销重任的高级领导层中有90%以上的经理，每年都要参与具体的营销策划工作。按时间来计算，他们一年之中平均有45天花在营销策划中。也就是说，一年中除去休息日，营销策划的时间要占到全年工作时间的近20%，由此可见营销策划在企业经营活动中的重要性。

市场营销策划是企业为了实现某一营销目标或解决营销活动的某一难题而出谋划策的活动过程。就解决某一问题而言，现代市场经济日益发达，营销环境千变万化，市场竞争愈演愈烈，企业为了赢得竞争，往往要采取非常规的方法与策略去破解企业面临的种种难题，这些并不是一般的规划、一般的行动方案能奏效的，需要富于创新统筹的营销策划。

有这样一个案例：在澳大利亚一家发行量颇大的报纸上，某日刊出一则引人注目的广告，意思是说某广场空投手表，捡到者等于免费奉送。这一下子引起了澳大利亚人的广泛关注。空投那天，直升机如期而至，数千只手表从高空天女散花般地纷纷落下，早已等候多时的来自四面八方的人们沸腾了，那些捡到了从几百米高空扔下的手表的幸运者发现手表依然完好无损、走时准确时兴奋不已，一个个奔走相告。西铁城的这一伟大创举成为各新闻媒体报道的一大热点。从此，西铁城手表世人皆知，其质量更是令人叹服。

西铁城手表的营销策划目标是扩大西铁城手表的知名度，实现这一目标本可利用电视广告等手段，但是一般的电视广告不具备创造性，也不会引起如此巨大的轰动，而西铁城手表的策划者在促销活动中融入自己的创意，通过直升机空投来展现自己商品的质量，达到了非同一般的效果。

1.3.2 市场营销策划的内容

市场营销策划从结构层次上看大体包括市场营销战略策划和市场营销战术策划两部分

内容。

1. 市场营销战略策划

市场营销战略是企业战略的一个职能战略，是企业战略体系的核心，它依据企业战略的要求与规范制定市场营销的目标、途径与手段，并通过市场营销目标的实现支持和服务于企业战略。市场营销战略策划的任务就是站在经营单位的角度分析形势、寻求营销机会、优选目标市场、明确市场定位、选择竞争战略、树立企业形象并实现让顾客满意。所以，市场营销战略策划是从市场调研和市场营销环境分析开始，包括市场定位策划、市场竞争策划、企业形象策划和顾客满意策划等。

市场定位策划是企业在寻求市场营销机会、选定目标市场后，在目标消费者心目中树立某一特定位置及形象的行为方案和措施。"娃哈哈"的成功固然有多方面的因素，但其有效进行市场定位的策划尤其令人瞩目。

市场竞争是商品经济的基本特征，只要存在商品生产和商品交换，就必然存在竞争。不同的竞争者所采取的方法与手段不相同，结果也大不相同，因此企业必须重视市场竞争策划。市场竞争策划主要包括企业竞争力分析、竞争对手分析与竞争策略确定。

企业形象策划又称企业识别，现在通行的说法是企业形象设计或塑造，可进一步表述为：企业形象策划是指企业用于市场竞争的一切设计采取一贯性和统一性的视觉形象，并通过广告以及其他媒体加以扩散，有意识地造成个性化的视觉效果，以便更好地唤起公众的注意，使企业知名度不断提高。

顾客满意策划是直接从顾客的需要出发，以提高顾客满意度为目的，这是一种由外向内的思维方式，追求的是企业的心灵美(内在美)。企业经营的最高境界应该是顾客满意策划与企业形象策划的完美统一。

2. 市场营销战术策划

市场营销战术策划就是依据营销战略策划的思路、方向，综合运用各种市场营销手段来进行操作，进入和占领目标市场，实现企业的战略意图。市场营销战术策划主要包括产品策划、价格策划、分销策划、促销策划。

(1) 产品策划是指企业从产品开发、上市、销售至报废的全过程的活动及方案，产品策划也可称为商品企划。产品策划从类型上说，包括新产品开发、旧产品的改良和新用途的拓展三个方面的内容；从现代营销观点上说，其过程和内容应包括产品创意、可行性评价、产品开发设计、产品营销设计、产品目标等方面的策划。

(2) 价格是市场营销组合中最重要的因素之一，是企业完成其市场营销目标的有效工具。价格策划就是企业产品在进入市场过程中利用价格因素来争取进入目标市场，进而渗透甚至占领目标市场，以及为达到营销目标而制定相应价格的一系列活动及方案、措施。企业在产品进入阶段、渗透阶段和占领阶段应采用不同的价格策略。

(3) 产品要经过一定的方式、方法和路线才能到达消费者和用户手中，分销就是企业使其产品由生产地点向销售地点运动的过程。在这个过程中，企业要进行一系列的活动策划。

(4) 促销策划是市场营销战术策划中不可或缺的重要一环，是企业完成营销目标的必备工具,目的是通过一定的促销手段促进产品销售。促销策划就是把人员促销、广告促销、公共关系和营业推广等形式有机结合,综合运用,最终形成一套整体促销的活动方案。

1.3.3 市场营销策划的方法

企业市场营销策划的方法主要有检核表法、和田12法、列举法、组合法、联想法、类比法、移植法和头脑风暴法。

1. 检核表法

检核表法又称分项检查法。它是根据需要解决的目标(或需要设计的对象),从多方面列出一系列有关问题,然后一个一个地加以分析、讨论,从而确定最好的设计方案。一般情况下,检核表法是从以下十个方面进行检核的。

(1) 根据设计单位的实际情况,能否对现有产品进行改型。这个问题的提出有助于使设计产生意想不到的发明创造。例如,将蜡烛的形状变为球形放在玻璃杯中,使用时会非常漂亮;将平面形镜子改变为各种各样的曲面形,便创造了令人开心的哈哈镜等。

(2) 能否借鉴其他产品或相近产品,把其结构部分应用到该设计项目中。这个问题有助于使设计向深度和广度发展,形成系列发明产品。例如,从普通火柴到磁性火柴、保险火柴等,都引入了其他领域的发明成果。

(3) 能否采用其他材料替换原有材料及工艺。例如,用木料或塑料代替金属材料;用人造大理石、人造丝等代替天然物品。

(4) 能否将现有的产品结构更换一下型号或更换一下顺序。重新安排、更换位置通常会带来许多创造性的设想。例如,飞机诞生的初期,螺旋桨在头部,后来装到了顶部,便成了直升机。

(5) 能否重新进行形态设计。把原来产品的直线基调变为曲线基调,或曲线基调变为直线基调;曲面变为平面或平面变为曲面;暗色调变为明色调或明色调变为暗色调;精变粗或粗变精;等等。这样的重新设计都可能产生新的效果。

(6) 造型风格能否取胜于其他同类产品或近似产品。任何一项设计都可以找到多个可参考比较的同类产品或近似产品,当对各种各样的造型风格进行综合分析以后再进行改良,把其应用在所设计的项目中时就可获得风格独特的新产品。

(7) 现有的发明有无其他用途(包括稍做改革可以扩大的用途)。例如,日本一家公司将吹头发用的吹风机用于烘干被褥,结果就发明了一种被褥烘干机。

(8) 现有发明能否引入其他创造性设想,或者有没有可以借鉴的其他创造发明,有没有在其他地方见过类似的发明等。如果现有发明可以引入其他创造性设想,就可以有新发明。例如,泌尿科医生引入微爆技术消除肾结石,就是借用了其他领域的发明。

(9) 现有的发明能否缩小体积、减轻重量或者分割化小等。最初发明的收音机、电视机、电子计算机、录音机等体积都很庞大,结构也很复杂,现在经过多次改革,它们的体积比当初大大缩小,结构也相对简单,并出现了许多小型的或超小型的机器。

(10) 现有的发明是否可以颠倒过来用。例如,火箭是向空中发射的,但是,人们还需要了解地下的情况,于是将火箭改为向地下发射,就发明了一种探地火箭。

2. 和田 12 法

和田 12 法是我国学者许立言和张福奎在奥斯本稽核问题表基础上，借用其基本原理，加以创造而提出的一种思维方法。它既是对奥斯本稽核问题表法的继承，又是一种大胆的创新。

(1) 加一加。在原有的基础上改进就是创新(加大、加长、加高、加宽)。例如：①MP3 加上收音机的功能就更贵一些，手机加上照相的功能便价格不菲。②TCL 手机镶嵌宝石，加的就是时尚。③成年人没法长高，将鞋底加厚也会增加销量。

(2) 减一减。省略不必要的(减少、减短、减窄、减轻、减薄)。例如：①移动硬盘是越小越方便携带，销量就越好；大米改成小包装反倒卖得快。②目前，市面上很多多功能的数码照相机，90%的功能却不会用，这个时候减去某些功能，就意味着成本的降低，也相当于进入一个新的无竞争领域，满足一部分经济型客户的需求。比如，爱国者推出的低价照相机就是去除没有必要的功能，而受到部分顾客的喜爱。

(3) 扩一扩。功能、用途、使用领域扩一扩(放大或扩展)。例如：①内存是越扩越贵。②有一个中学生在雨天与人合用一把雨伞，结果两人都分别被淋湿了一个肩膀。他想到了"扩一扩"，就设计出了一把"情侣伞"——将雨伞的面积扩大，并呈椭圆形，结果这种雨伞在市场上很畅销；另外把普通雨伞加大一点，就成为滨海游泳场的晴雨两用伞。

(4) 变一变。方式、手段、程序等变一变(改变原有事物的形状、尺寸、颜色、滋味、浓度、密度、顺序、场合、时间、对象、方式、音响等)。例如：①立邦漆颜色多变，才能处处放光彩。②摩托罗拉 V70 会旋转的手机以及夏新 A8 会跳舞的手机都是变换款式抢先获得高额利润的典范。

(5) 改一改。针对现有的做法提出意见、建议，做得更好(带有被动性，常常是在事物缺点暴露之后，通过消除这种缺点的方式进行创造)。例如：①他加她饮料产品没有变，改变包装，按性别分类卖得也很火。②海尔冰箱将上面的面改成了电脑桌，结果深受美国学生的欢迎。

(6) 缩一缩。压缩、缩小、降低。例如：①MP3、MP4 是越小越贵。②掌中宝电脑、折叠自行车，还有压缩饼干、袖珍收音机、袖珍雨伞、书籍的缩印本、袖珍词典等都是采用缩的创意。

(7) 联一联。看看事物之间有什么联系。例如：当年富豪矿泉壶进入北京市场，租用 10 辆超豪华凯迪拉克轿车，以摩托车开路，浩浩荡荡，用迎接国宾的规格，向首都人民推出了富豪矿泉壶，车队载着标有"富豪"字样的矿泉壶，拉着几名销售人员，神气活现地出现在中国第一街——长安街，然后，又绕到二环路，有模有样地转了几圈。将富豪矿泉壶与凯迪拉克放在一起，使人们联想到富豪矿泉壶的品质应该是高档的，从而增加了关注度。结果"富豪"矿泉壶借助凯迪拉克发动凌厉攻势，一下子轰动北京，成为一大新闻，知名度陡涨，自然能占得北京市场的一席之地。

(8) 学一学。借鉴、学习、模仿其他物体的原理、形状、结构、颜色、性能、规格、方法等，以求创新。例如：①松下不做技术的创新者，只做改进者。学而不创，学而改优，令其产品快速跟进领先。其生产录像机因放映时间长而胜过索尼，也为日本模仿加创新的企业形象增添了砝码。②鲁班被草割破了手指，他模仿茅草边缘的小齿，发明了锯。还有一位小发明家发明了方便的淘米器。平时淘米时，倒水很麻烦，一不小心，米就会流失。看了米筛做得密不易漏米，学着做个半圆形的铁丝网，罩在淘米桶上就不会使米流失。

(9) 代一代。用其他工具、方法、材料代替。例如：①古代的阿基米德告诉我们称重不一定用秤，用浮力也可以；小学课本上一则故事告诉我们，乌鸦喝水不一定非得打翻瓶子，扔进石子就行。②当钢笔被圆珠笔、签字笔逐渐取代后，钢笔将定位转向适合馈赠的、有意义的、有价值的礼品。

(10) 搬一搬。移动、转作他用或是把物品的某一部件搬动一下，产生一种新的物品。例如：①21英寸的彩电在城里没有销路，若向偏远农村转一转，可能会有市场。②舒蕾刚开始投放市场时，宝洁柜台在哪它就搬到哪，和第一拉近距离，不就是第二吗？③便可贴原来是生产很黏的东西，后来发现黏性不好，结果成就了今天的便签功能。

(11) 反一反。将某一事物的形态、性能、功能以及正反、里外、前后、左右、上下、横竖等加以颠倒，从而产生新的事物。例如：①田忌赛马的故事告诉我们，顺序颠倒、要素不变，可以改变竞争的结局。②逆向英语创始人钟道隆于45岁学英语，别人宣扬速成，他讲究一点点听写，扎实简单才是最可行的。很多时候，坚持与众不同，你就真的不同凡响。

(12) 定一定。对新产品或新事物定出新的标准、型号、顺序，或者为改进某种东西以及提高工作效率和防止不良后果做出一些新规定，从而实现创新。例如：①银行都设有会员卡，当储户的积分达到某一数值后就能够享受相应的优待，以此产生客户忠诚度。②营销从某种意义上来说就是定位，定位就是在消费者心目中凸显产品的差异和优势。例如：农夫山泉有点甜；宝洁产品各显神通——海飞丝去头屑，飘柔柔顺，潘婷护发，沙宣专业等。时下流行的各路名师各有各的定位，各有各的绝活。

3．列举法

列举法是借助对某一事物的特定对象(如特点、优缺点等)，从逻辑上进行分析，并将其本质内容全面地一一罗列出来的手段，用以启发创新设想，找到发明创意主题的一种创造技法。

1) 缺点列举法

缺点列举法是通过发散性思维，发现和挖掘事物的缺点，并把它的缺点一一列举出来，然后再通过分析，找出其主要缺点，据此提出克服缺点的对策或方案的创造性思维方法。

运用缺点列举法，第一步是先找出事物的缺点；第二步是分析缺点产生的原因；第三步是针对缺点产生的原因，有的放矢地提出解决方法。

运用缺点列举法时可以采用扩散性思维的方法，然后挑出主要的缺点，逐个研究并考虑切合实际的改革方案。例如，以钢笔为主题，列出它的缺点和不足之处，如易漏水、不能写出几种颜色、出水不流畅、灌墨水不方便等。

2) 希望点列举法

古往今来，许多发明创造往往寓于希望之中，从人们的需求和愿望出发来提出构想，从而催生发明创造，这是一种有效的创造创意技法，叫作希望点列举法。例如，有了电影后，人们希望在家也能看电影，后来就产生了电视机，从黑白电视机到高清数字电视机，都是不断满足人们的要求和希望的过程。希望点列举法的原则是"如果能这样该多好"。

3) 特性列举法

特性列举法是通过对发明对象的特性进行分析，并一一列出，然后探究其能否进一步改革，继而找出实现改革的方法。特性列举法的程序如下。

(1) 选择目标较明确的创意课题，宜小不宜大；然后列举创意对象的特征，如名词特性、形容词特性和动词特性等。

(2) 从各个特性出发，提问或自问，启发广泛联想，产生各种设想；再经评价分析，优选方案。在运用特性列举法时，对创意对象的特性分析得越详细越好，并尽量从多角度提出问题和解决问题。

4．组合法

组合法是将两个或两个以上已有的技术原理或不同的形态结构，通过巧妙的结合或重组，以获得具有统一整体功能的新技术、新产品的创意方法。

案例1-7　博采众长的鸡尾酒

在一次盛大宴会上，中国人、俄国人、法国人、英国人、意大利人都争相夸耀自己的酒，只有美国人笑而不语。中国人首先拿出古色古香、做工精细的茅台，打开瓶盖，香气四溢，众人为之称道。紧接着，俄国人拿出伏特加，法国人拿出葡萄酒，意大利人亮出了大香槟，英国人取出威士忌，真是异彩纷呈！最后，大家把目光投向了美国人，想看看他到底能拿出什么来。美国人不慌不忙地站起来，把大家先前拿出来的各种美酒分别倒了一点在一只酒杯里，将它们兑在一起，说："这叫鸡尾酒，它博采众长，综合创造……"的确，这酒既有茅台的醇，又有伏特加的烈；既有葡萄酒的酸甜，又有威士忌的后劲……

(资料来源：刘厚钧. 营销策划实务[M]. 北京：电子工业出版社，2009)

1) 同物组合

同物组合是指两种或两种以上相同或相近事物的组合，特点是参与组合的对象与组合前相比，其基本性质和结构没有根本变化，只是通过数量上的变化来弥补功能上的不足或获得新功能。例如，杭州某小学的陈立先同学看到许多大宾馆里都挂着一些大挂钟，觉得既占地方又费钱，于是就想着把大挂钟的时针改为时盘，这样在一口钟面上就能准确地读出多个国家的相应时刻，既经济又实用。

2) 异物组合

异物组合是指两个或两个以上科学领域中的技术思想或物质产品组合在一起，组合的结果带有不同的技术特点和技术风格。异物组合实际上是异中求同、异中求新，由于其组合元素来自不同领域，一般无主次之分，参与对象能从意义、原理、构造、成分、功能等任何一个方面或多个方面进行互相渗透，从而使整体发生深刻变化，产生新的思想或新的产品。日历式笔架、闹钟式收音机、变形金刚式文具盒、多媒体电视机等都是异物组合的结果。

3) 主体附加组合

主体附加组合是指以某一特定的对象为主，增添新的附件，从而使新物品的性能更好、功能更强的组合技法。这种技法容易产生组合设想，但不可能对原有事物产生重大突破的改进。例如，湖南的赵忠诚对普通手杖进行主体附加改装，使其具有拄杖助行、照明、按摩、磁疗、报警、健身、防卫等多项功能。

4) 重组组合

重组组合是改变原有事物的结构组合方式，使原有元素在不增加数量的情况下，改变原有事物性质的组合。重组组合是在事物的不同层次上分解原来的组合形式，然后再以新的思想重新组合起来，特点是改变了事物各部分之间的相互关系。例如，家电生产企业的售后服务通常由商家代理，厂家为商家支付一定费用。海尔集团将售后服务的实施改由厂家维修队直接实施，不但厂家费用没有增加，而且售后服务更加深入客户，显示了生产厂家对客户高度负责的精神，使海尔集团的产品在市场上更受欢迎。

5. 联想法

联想法是依据人的心理联想而获得创意的方法。联想可以在特定的对象中进行，也可以在特定的空间中进行，还可以进行无限的自由联想。

1) 接近联想法

在时间、空间上联想比较接近的事物，从而产生创意，设计出新的发明项目，这就是接近联想法。例如，风向标利用风力推动装置。

2) 对比联想法

由某一事物的感知和回忆引起跟它具有相反特点的事物的回忆，从而产生新的创意项目，这就是对比联想法。

(1) 从性质属性对立角度进行对比联想。例如，日本的中田藤三郎关于圆珠笔的改进就是从属性对立的角度进行思考才获得成功的。1945年圆珠笔问世，写了20万字后出现漏油，后来制成的笔，写20万字后，油恰好被用完，可以直接把圆珠笔扔掉。这里就运用了对比联想法。

(2) 从优缺点角度进行对比联想。在从事发明设计时，既要看到优点或长处，又要想到缺点或短处，反之亦然。例如，铜的氢脆现象使铜器件产生缝隙，令人讨厌。铜发生氢脆的机理是：铜在500℃左右处于还原性气氛中，铜中的氧化物被氢脆无疑是一个缺点，应想方设法去克服它。可是有人却偏偏把它看成是优点加以利用，这就是制造铜粉技术的发明。用机械粉碎法制铜粉相当困难，在粉碎铜粉时，铜屑总是变成箔状。把铜置于氢气流中，加热到500℃～600℃，时间为1～2小时，使铜屑充分氢脆，再经球磨机粉碎，合格的铜粉就制成了。

(3) 从结构颠倒角度进行对比联想。当看到某物从一种状态变为另一种状态时，联想与之相反的变化。例如，18世纪，拉瓦锡把金刚石煅烧成 CO_2 的实验，证明了金刚石的成分是碳。1799年，摩尔成功地把金刚石转变成石墨。金刚石既然能转变为石墨，用对比联想来考虑，那么反过来，石墨能不能转变成金刚石呢？在这个提问下人们终于用石墨制成了金刚石。

3) 相似联想法

相似联想法是对相似事物的进行联想的方法，又可称类似联想法。例如，由春天想到繁荣，由劳动模范想到战斗英雄。再如，1957年10月4日，苏联运用相似联想法，成功地发射了世界上第一颗人造地球通信卫星。

4) 自由联想

自由联想是在人们的心理活动中，一种不受任何限制的联想。这种联想成功的概率比较低，但有时也会收到意想不到的创造效果。

5) 强制联想

强制联想是与自由联想相对而言的，是对事物有限制的联想。这种限制包括同义、反义、部分和整体等规则。一般的创意活动，都鼓励自由联想，这样可以引起联想的连锁反应，容易产生大量的创意。但是，具体要解决某一个问题，有目的地去开发某种产品，也可采用强制联想，让人们集中全部精力，在一定的控制范围内进行联想。在新产品的开发创意中这样的例子较多。例如，悬挂式多功能组合书柜就是采用书柜壁挂的强制联想设计成功的。

6. 类比法

所谓类比法，就是一种确定两个以上事物间同异关系的思维过程和方法，即根据一定的标准尺度，把与此有联系的几个相关事物(这既可以是同类事物，也可以是不同类事物)加以对照，把握住事物的内在联系进行创意。

1) 直接类比法

从自然界或已有的技术成果中，寻找与创意对象类似的现象或事物，从中获得启示，从而设计新的产品项目，这就是直接类比法。例如，石头刃和石刀、石斧；鱼骨和针；茅草边的齿和锯；鸟和飞机；照片和电影。

2) 间接类比法

间接类比法就是用非同一类产品类比，从而产生创意。在现实生活中，有些创意缺乏可以比较的同类对象，这时就可以采用间接类比。采用间接类比法可以扩大类比范围，如许多非同一性、非同类的行业，也可由此得到启发，开拓新的创造力。例如，空气中存在的负离子，可以使人延年益寿、消除疲劳，还可辅助治疗哮喘、支气管炎、高血压、心血管病等，但负离子只有在高山、森林、海滩、湖畔较多。后来通过间接类比法，创造了水冲击法产生负离子，通过冲击原理，又成功创造了电子冲击法，这就是现在市场上销售的空气负离子发生器。

3) 幻想类比法

通过幻想进行一步步分析，从中找到合理的部分，从而逐步达到发明的目的，设计出新的产品，这就是幻想类比法。例如，1834 年，英国发明家巴贝治绘制出通用数字计算机图样。1942 年，美国的阿塔纳索夫教授和学生贝利，运用幻想类比法发明设计出世界上第一台电脑。

4) 因果类比法

两个事物的各个属性之间可能存在着同一因果关系，因此我们可以根据一个事物的因果关系，推出另一个事物的因果关系，这种类比法就是因果类比法。例如，日本一个叫铃木的人运用因果类比法，联想到在水泥中加入一种发泡剂，使水泥变得既轻又具有隔热和隔音的性能，结果发明了一种气泡混凝土。

5) 仿生类比法

模仿生物的结构和功能等，搞出新的产品项目，这就是仿生类比法。例如，人走路与步行机，人体与机器人，蛙眼与电子蛙眼，蜻蜓眼与复眼照相机，手臂与新式掘土机等，后者都是模仿前者而创造出来的。

7．移植法

移植法是将某个学科、领域中的原理、技术、方法等，应用或渗透到其他学科、领域中，为解决某一问题提供启迪、帮助的创造性思维方法。

(1) 原理移植，即把某一学科中的原理应用于解决其他学科中的问题。例如，电子语音合成技术最初运用在贺年卡上，后来有人把它运用到了倒车提示器上，又有人把它运用到了玩具上，于是出现了会哭、会笑、会说话、会唱歌、会奏乐的玩具。当然还可以运用在其他方面。

(2) 技术移植，即把某一领域中的技术运用于解决其他领域的问题。

(3) 方法移植，即把某一学科、领域中的方法应用于解决其他学科、领域中的问题。例如，香港中旅集团有限公司总经理马志民赴欧洲考察，参观了融入荷兰全国景点的"小人国"，回来后就把荷兰"小人国"的微缩处理方法移植到深圳，融华夏的自然风光、人文景观于一炉，集千种风物、万般锦绣于一园，建成了具有中国特色和现代风格的崭新名胜"锦绣中华"，开业以来游人如织，十分红火。

(4) 结构移植，即将某种事物的结构形式或结构特征，部分或全部运用于另外的某种产品的设计与制造。例如，缝衣服的线移植到手术中，出现了专用的手术线；用在衣服鞋帽上的拉链移植到手术中，完全取代用线缝合的传统技术，"手术拉链"比针线缝合快十倍，且不需要拆线，大大减轻了病人的痛苦。

(5) 功能移植，即设法使某一事物的某种功能也为另一事物所具有，从而解决某个问题。

(6) 材料移植，即将材料转用到新的载体上，以产生新的成果。例如，用纸造房子，经济耐用；用塑料和玻璃纤维取代钢来制造坦克的外壳，不但减轻了坦克的重量，而且还具有避开雷达的隐形功能。

8．头脑风暴法

头脑风暴法是美国 BBDO 广告公司的阿列克斯·奥斯本(Alex Osborn)创造的创意方法。简单地说，头脑风暴法是在会议中通过不加限制的自由发言，以收集众人构思的一种方法。

运用头脑风暴法的程序如下。

(1) 选定项目。根据所面临的问题或所需要解决的问题，确定会议的主题。

(2) 头脑风暴。头脑风暴即召集会议集思广益。召集会议一般需要注意四个事项：①选出 5～7 名会议参加者。人数过多将会减少每个人发言的机会并增加管理难度，会议参加者应尽可能来自不同领域。②确定会议主持人。③会议召开前，给参加会议者最低限度的预备知识等相关资料，但有时为了避免先入为主，也可以不提供资料。④会议的时间安排在 90 分钟左右较为适宜。

另外，会议中还应遵循四个基本原则：①禁止批评他人意见。②充分自由发挥，荒唐无稽都可以，以引出更多的创意。③注重数量不注重质量，其目的是提出尽可能多的想法。④可自由组合、改善、追加他人的想法。

(3) 选择与评估。头脑风暴法引出的创意是否有效，还需要针对目的及目标进行选择与评估，并考虑其实现的难度与障碍。

1.3.4 市场营销策划的步骤

市场营销策划如同酿酒，是一个科学的运作过程。一般来说，企业市场营销策划包括以下八个步骤。

1．市场调查

市场调查不仅包括对市场情况、消费者需求进行深入调查，还包括对市场上竞争产品的调查以及对经销商情况的调查，如市场形势调查、产品情况调查、竞争形势调查、分销情况调查、宏观环境调查。

2．市场环境分析

一个好的营销策划必须对市场、竞争对手、行业动态有一个较为客观的分析，主要包括机会与风险分析、优势与劣势分析、选择应对策略。

3．确定目标

企业要将自己的产品或品牌打出去，必须有自己得力的措施，制订切实可行的计划和目标，能否制定一个切合实际的目标是营销策划的关键。有的营销策划方案带有"浮夸"之风，脱离实际，制定目标过高，其结果也必然与实际相差千里；而有的营销策划则显得过于保守，同样也会影响营销组合效力的发挥。

4．制定营销战略

营销战略一方面包括目标市场战略，是指采用什么样的方法、手段去进入和占领自己选定的目标市场，也就是说企业将采用何种方式去接近消费者以及确定的营销领域；另一方面要制定营销预算，是指执行各种市场营销战略、政策所需的最适量的资金以及在各个市场营销环节、各种市场营销手段之间的资金分配。制定营销战略要特别注意产品的市场定位和资金投入预算分配。

5．设计营销组合

设计营销组合是指围绕企业产品的市场定位，制定产品的价格、分销和促销政策，并确定合适的产品上市时间、上市地点，同时要有各种促销活动的协调和照应，保持营销活动的开展从时间到空间、从内部到外部的协调一致。

6．评估方案

在评估方案中要编制一个类似损益报告的辅助预算。在预算书的收入栏中列出预计的单位销售数量以及平均净价，在支出栏中列出划分成细目的生产成本、储运成本及市场营销费用，收入与支出的差额就是预计的盈利。投入产出比是衡量方案是否可行的重要依据。

7．制定控制和应急措施

在这一阶段，营销策划人员的任务是为经过效益预测感到满意的战略和行动方案制定有关的控制和应急措施。制定控制措施的目的是便于操作时对计划的执行过程、进度进行管理。典型的做法是把目标、任务和预算按月或季度分开，使企业及有关部门能够及时了解各个时期的销售业绩，找出未完成任务的部门、环节，并限期做出解释和提出改进意见。设计应急措施的目的是事先充分考虑到可能出现的各种困难，防患于未然。

8．撰写营销计划书

撰写营销计划书是企业营销策划的最后一个步骤，就是将营销策划的最终成果整理成书面材料，也叫企划案。其主体部分包括现状或背景介绍、分析、目标、战略、战术或行动方案、效益预测、控制和应急措施，各部分的内容可因具体要求不同而详细程度不一(详见附录 A、B、C)。

【课程小结】

营销在我们的生活中无处不在。如何认识营销和营销策划，往往对企业营销活动的成败具有举足轻重的作用。我们需要：

(1) 从营销的角度认识市场，并从相关核心概念出发对什么是营销得出全面而准确的理解。

(2) 认识和了解市场营销观念及其演变、发展和创新的过程，树立现代市场营销观念。

(3) 认识和了解策划和营销策划的内涵及内容体系，掌握市场营销策划的方法、步骤等。

【课堂讨论】

1. 你认为营销是什么意思？当你听到营销一词时，你的感觉多为正面的、负面的或中性的？

2. "凡是顾客需要的，企业都应努力予以满足。"这句话对吗？

3. 你同意"市场营销策划是一门科学，也是一门艺术。"的观点吗？为什么？

【技能训练】

1. 曲别针的一个基本用途是夹纸、夹稿件、夹讲义、别相片。除了这个用途外，曲别针还有哪些用途？给你 3 分钟的思考时间，然后至少再说出曲别针另外的 10 种用途。

2. 黑鸭子演唱组合、十二女子乐坊、千手观音等，看每一个个人，可能都较普通，但是，一旦组合起来，就成为一个具有极大能量的群体，出现了 1+1>2 的特殊效应。

请从营销视角出发，思考一下，还可以打造和组合什么从而取得成功？

3. 张先生和家人参加了某旅行社组织的新马泰 7 日休闲游。由于旅行社的不合理安排和飞机故障晚点，致使全团 30 多人在新加坡机场滞留了近 10 个小时，在这期间，旅行社没有提供饮食和休息场所，游客们在机场又冷又饿。而接下来的旅游也因时间紧被压缩在 3 天内，景点参观如走马观花一样。全团游客觉得整个旅游与自己所支付的高额费用不相符，因此与带队导游交涉，要求旅行社给予每人 1500 元的赔偿，否则就拒绝返程。旅行社派出一名副经理与游客们进行交涉，但双方的分歧却仍然难以弥合，谈判陷入了僵局。如果你是这位副经理，你将如何处理？

【课后自测】

1. 从市场营销的角度来看，市场就是( )。
   A. 买卖的场所　　　　　　　　B. 商品交换关系的总和
   C. 交换过程本身　　　　　　　D. 具有购买欲望和支付能力的消费者
2. 市场营销的核心是( )。
   A. 生产　　　　　　　　　　　B. 分配
   C. 交换　　　　　　　　　　　D. 促销
3. 以"顾客需要什么，我们就生产供应什么"作为其座右铭的企业属于( )企业。
   A. 生产导向型　　　　　　　　B. 推销导向型
   C. 市场营销导向型　　　　　　D. 社会市场营销导向型
4. 市场营销策划的一般过程中，首先实施的是( )。
   A. 制定营销战略　　B. 制定行动方案　　C. 市场调查　　D. 预测效益
5. 策划的要素有( )。
   A. 明确的主题目标　　　　　　B. 崭新的创意
   C. 实现的可能性　　　　　　　D. 详细的实施计划

【案例分析】

需求背后的需求——水果小贩的营销策略

老太太离开家门，拎着篮子去楼下的菜市场买水果。她来到第一个小贩的水果摊前，问道："这李子怎么样？"

"我的李子又大又甜，特别好吃。"小贩答。

老太太摇了摇头，向另外一个小贩走去，问道："你的李子好吃吗？"

"我这里有好多种李子，有大的，有小的，有国产的，还有进口的。您要什么样的李子？"

"我要买酸一点儿的。"

"我这篮李子又酸又大，咬一口就流口水，您要多少？"

"来一斤吧。"老太太买完水果，继续在市场逛。这时她又看到一个小贩的摊上也有李子，又大又圆，非常抢眼，便问水果摊后的小贩："你的李子多少钱一斤？"

"老太太，您好，您问哪种李子？"

"我要酸一点儿的。"

"其他人买李子都要又大又甜的，您为什么要酸的李子呢？"

"我儿媳妇要生孩子了，想吃酸的。"

"老太太，您对儿媳妇真体贴，她想吃酸的，看来她一定能给您生个大胖孙子。您要多少？"

"我再来一斤吧。"老太太被小贩说得很高兴，便又买了一斤李子。

小贩一边称李子，一边问老太太："您知道孕妇最需要什么营养吗？"

"不知道。"

"孕妇特别需要补充维生素。您知道什么水果含维生素最丰富吗?"

"不清楚。"

"猕猴桃有多种维生素,特别适合孕妇。您要天天给您儿媳妇吃猕猴桃,她一高兴,说不定能一下生出一对双胞胎。"

"是吗?好,那我就再来一斤猕猴桃。"

"您人真好,谁摊上您这样的婆婆,一定有福气。"小贩开始给老太太称猕猴桃,嘴里也不闲着。"我每天都在这摆摊,水果都是当天从批发市场找新鲜的批发来的,您儿媳妇要是吃着好,您再来。"

"行。"老太太被小贩夸得高兴,提了水果,一边付账一边应承着。以后几乎每隔一两天老太太就要来这家店里买各种水果了。

(资料来源:http://www.pinlue.com/article/2019/03/2815/238459396721.html, 2019-03-28)

案例思考

三个小贩都向老太太兜售自己的李子,但销售结果完全不同,为什么?

案例分析与提示

这三个水果店的店主代表了三种不同的销售人员,第一个店主是一个不合格的销售人员,只是一味地告诉客户自己的产品如何好,而不了解客户需要什么?第二个店主是一个合格的营销人员,懂得通过简单的提问,满足客户的一般需要。而第三个店主可以说是一个优秀的销售人员,他不仅了解和满足了客户的一般需求,而且还挖掘创造了客户的需求——需求背后的需求,在这个阶段,销售人员已经从以前的拼价格转向做客户信赖的顾问,帮助客户分析问题,解决问题,获得客户的信任,作为回报,就会获得客户的订单。

【综合实训】

与市场亲密接触——与厂家促销人员进行交流

一、实训项目

树立市场营销职业意识,学会用营销的思维来分析问题。

二、实训内容

请到当地某商场或大型超市,找到厂家促销人员,了解以下几个问题。

① 工作的基本情况(包括为哪家企业工作,促销什么产品,收入水平、工作时间、工作强度、工作业绩等)。

② 他们对待工作的心态。

③ 他们是如何接洽顾客的?

④ 他们又是如何应对顾客习难的?

⑤ 他们对竞争对手的同类产品的看法和态度。

⑥ 如果你想在节假日到超市做兼职促销人员来锻炼自己,应该如何联系生产厂家?
⑦ 其他你感兴趣的内容。

三、实训组织

以小组为单位,收集、整理调查结果,每小组推举一名代表,在课堂上进行沟通交流。

四、实训成果

现场调查照片、课堂交流记录。

 微课视频

扫一扫,获取本章相关微课视频。

任务 1.mp4

任务 2　市场调研策划

【能力目标】

通过学习本任务,你应该能够:
- 了解市场调研的程序,掌握搜集市场信息的基本方法。
- 灵活运用市场调研的方法开展市场调研。

【名言警句】

知彼知己,胜乃不殆;知天知地,胜乃可全。

——《孙子兵法·地形篇》

一个企业的经营成功与否,全靠对顾客的要求了解到什么程度。

——波尔加·韦雷什·阿尔巴德

【案例导入】

男人长胡子,因而要刮胡子;女人不长胡子,自然也就不必刮胡子。然而,美国吉列公司却把"刮胡刀"推销给女人,而且居然大获成功。那么,吉列公司是如何做到的呢?

吉列公司先用一年的时间进行了周密的市场调研,发现在美国 30 岁以上的妇女中,有 65%的人为保持美好形象,要定期刮除腿毛和腋毛。这些妇女中,除使用电动刮胡刀和脱毛剂之外,主要靠购买各种男用刮胡刀来满足此项需要,一年在这方面的花费高达 7500 万美元。相比之下,美国妇女一年花在眉笔和眼影上的钱是 6300 万美元,花在染发剂上的钱是 5500 万美元。毫无疑问,这是一个极有潜力的市场。

根据市场调研结果,吉列公司精心设计了新产品,它的刀头部分和男用刮胡刀并无两样,采用一次性使用的双层刀片,但是刀架则选用了色彩鲜艳的塑料,并将握柄改为弧形以利于妇女使用,握柄上还印压了一朵雏菊图案。这样一来,新产品立即显示了女性的特点。

为了使雏菊刮毛刀迅速占领市场,吉列公司还拟定几种不同的"定位观念"到消费者中征求意见。这些定位观念包括:突出刮毛刀的"双刀刮毛";突出其创造性的"完全适合女性需求";强调价格的"不到 50 美分";以及表明产品使用安全的"不伤玉腿"等。

最后,公司根据多数妇女的意见,选择了"不伤玉腿"作为推销时突出的重点,刊登广告进行刻意宣传。结果,雏菊刮毛刀一炮打响,迅速畅销全球。

市场调研是指运用科学的方法,有目的、系统地搜集、整理有关市场信息和资料,分析市场情况,了解市场的现状及其发展趋势,为市场预测和营销决策提供客观、正确的资料的活动。市场调研的程序为制订调研计划、组织实施调研和撰写调研报告。

2.1 制定调研方案

任务情境

近年来,由于市场竞争日益激烈,你所在的城市有一家商场的市场份额不断下滑。鉴于目前很多商场都以各自鲜明的市场定位形成了较强的竞争力,因此能否对这家商场进行全新定位和规划至关重要。该商场老总试图通过市场调研来全面探察商业圈范围内的经营环境、竞争态势、消费需求特征等,以对商场经营转型有一个客观的认识,并为该商场的重新定位、整体运营规划及品牌推广提供科学依据。**目前,老总将这项任务交给了你,请拟定一份市场调研方案。**

(提示:可从确定问题与调研目标;制订调研计划,包括:资料来源、调研方法、调研工具、抽样计划、接触方法等;收集和分析数据资料;提出结论等方面入手。)

市场调研是一项复杂的、严肃的、技术性较强的工作,在进行实际调研之前,应对调研工作的各个方面和各个阶段进行通盘考虑和安排,以提出相应的调研计划,制定合理的工作程序,这就需要制定调研方案。

2.1.1 确定调研目标

明确调研目标是市场调研首先要解决的问题,只有确定了调研目标,才能确定调研的范围、内容和方法。每一次市场调研的具体目标都不完全相同,所以在调研之初,就要明确以下内容:为什么要做这次调研?通过调研了解哪些情况?调研结果有什么具体用途?给谁看?

例如,某一种商品在最近 6 个月销售额同比下降了 20%,这种下降可能是由于竞争加剧引起的,也可能是营销策略制定不当所致,抑或是季节性原因,具体原因是什么?

实践证明,市场调研人员进行的市场调研,开始往往涉及面较广,提出的问题较笼统。因此,需要找出市场的主要问题,即明确调研的主题。明确调研的主题通常可以用下面两种形式进行。

(1) 邀请企业管理决策者和专业人士,听取他们对市场问题的分析,开拓思路,对寻找市场主要问题的症结所在作出科学的选择和判断。

(2) 收集并利用间接资料进行分析。

调研目标的确定是一个从抽象到具体、从一般到特殊的过程。调研者首先应限定调研范围,找出企业最需要了解和解决的问题;其次分析现有的、与调研问题有关的资料,如企业销售记录、市场价格变化等,并在此基础上确定市场问题的主要症结,明确本次调研的目标。

2.1.2 确定调研对象

明确了调研目标之后,就要确定调研对象和调研单位,这主要是为了解决向谁调研和由谁来具体提供资料的问题。调研对象就是根据调研目的、任务确定调研的范围以及所要调研的总体，它是由某些性质上相同的许多调研单位所组成的。调研单位就是所要调研的社会经济现象总体中的个体，即调研对象中的一个个具体单位，它是调研中要调研登记的各个调研项目的承担者。例如，为了研究某市美容院的经营情况及存在的问题，需要对全市美容院进行全面调研，那么，该市所有美容院就是调研对象，每个美容院就是其中一个调研单位。

2.1.3　确定调研时间与地点

调研时间是规定调研工作的开始时间和结束时间，包括从调研方案设计到提交调研报告的整个工作时间，也包括各个阶段的起始时间，其目的是使调研工作能及时开展、按时完成。为了提高信息资料的时效性，在可能的情况下，调研期限应适当缩短。

在调研方案中，还要明确规定调研地点。调研地点与调研单位通常是一致的，但也有不一致的情况，当不一致时，尤其有必要规定调研地点。例如人口普查，规定调研登记常住人口，即人口的常住地点。若登记时不在常住地点，或不在本地常住的流动人口，均须明确规定处理办法，以免调研资料出现遗漏或重复。

2.1.4　确定调研内容

确定调研内容就是要明确向被调研者了解什么问题，它是为实现调研目的、取得资料而设置的，通常依据调查目标分解为调研提纲和调研细项。

调研提纲表明实现市场调研目的需要解决的主要问题有哪些，调研细项是提纲的具体化。例如，"某市学生消费者的手机使用状况"这样一个调研题目，需要的调研细项有两个方面。

(1) 学生消费者的基本资料：性别、文化程度、年龄等。
(2) 具体商品对象的评价项目：品牌、颜色、功能、购买地点及价格等。

调研内容多种多样，怎样选择取决于调研目标和调研结果的用途。所列调研内容应尽可能做到相互关联，使取得的资料相互对照，以便了解现象发生变化的原因、条件和后果，便于检查答案的准确性；调研内容要明确、肯定，必要时可附以解释。

2.1.5　调研形式

进行市场调研，应采取抽样调研的形式。抽样调研工作量小、费用低、所需时间短，在市场调研实践中，是采用最为广泛的调研形式。

抽样调研是指从市场总体中抽取一部分子体作为样本，对样本进行调研，然后根据样本信息，推算市场总体情况的方法。抽样调研的具体过程是：明确市场调研目标总体；了解总体基本情况，决定抽样基本单位；确定样本数量，选择抽样方法进行抽样；样本调研和根据样本信息推算总体情况。

抽样调研是用样本调研结果来推断整体结果，会产生抽样调研误差。抽样调研误差分抽样误差和资料收集误差。从一定意义上来讲，出现抽样误差是可以控制在允许范围内的。

但在实际操作中,应尽量减少抽样调研误差。

市场调研的抽样方法有很多,下面主要介绍两种。

1. 随机抽样

随机抽样是按照随机原则,从总体中抽取一定数目的单位作为样本进行观察。随机抽样使总体中的每个单位都有同等机会抽中,不受主观因素影响。随机抽样的方法一般有以下四种。

(1) 简单随机抽样:在总体单位中不进行任何有目的的选择,而是按随机原则、纯粹偶然的方法抽取样本。简单随机抽样包括抽签法和随机号码表法。

(2) 分层抽样:先将总体所有单位按某些重要标志进行分类(层),然后在各类(层)中采用简单随机抽样的方法抽取样本。

(3) 分群抽样:将市场调研总体分成若干群体,然后以简单随机抽样方法选定若干群体作为调研群体,对群体内各子体进行普遍调研。

(4) 系统抽样:系统抽样是依据一定的抽样距离,从总体中抽取样本,所以又称等距抽样。首先,对总体中的单位进行有序编号,然后按一定的距离,确定样本单位的区间数。采用此种方法所取的样本,能使样本较均衡地分散在总体的各个部分,不会过分集中在某一阶段,从而有利于增强样本的代表性,且抽样方法也简便易行。

2. 非随机抽样

非随机抽样是总体中的每个总体单位不具有被平等抽取的机会,而是根据研究者的主观标准来抽选样本的方法。非随机抽样的方法一般有以下三种。

(1) 任意抽样法:由调研人员根据其工作便利而任意选取样本的方法。比如,在街头对遇到的过程行为做访问调研。只有在调研总体中各分子之间差异很小、基本同质的情况下,才适宜采用此种方法。

(2) 判断抽样法:由市场调研人员根据经验判断而选定样本的一种方法。适用于总体中子体构成不同、样本数目不多的调研。常用的典型调研、重点调研,就属于判断抽样法的具体应用。

(3) 配额抽样法:首先将总体中的所有单位按某些属性特征分为若干类(组),然后在每个类(组)中,分配样本数额,用判断抽样方法选取样本单位。

抽样方法的选择,要根据具体情况,多考虑各种因素对抽样的影响。

2.1.6 选择调研方法

调研方法有文案法、观察法、访问法和实验法等。在调研时,采用何种方式、方法不是固定和统一的,而是取决于调研对象和调研任务。在市场经济条件下,为准确、及时、全面地取得市场信息,尤其应注意多种调研方式的结合运用。

1. 文案法

文案法是指通过收集各种历史和现实的动态统计资料,从中摘取与市场调研课题有关的资料,在办公室内进行统计分析的调研方法,又称为间接调研法、资料分析法或室内研究法。

在文案调研中，按照资料的来源不同，一般分为内部资料和外部资料。

内部资料主要是指企业内部的市场销售信息系统经常收集的资料，是在企业的正常运转过程中收集、整理并使用的。它对于分析、辨别存在的机会与问题，制定与评价相应的决策方案都是必不可少的。它通常包括企业以前的相关调研资料和企业档案，即企业内部各种有关的记录、报表、账册、订货单、合同等。

外部资料是指存在于企业外部的各种各样信息源(如报刊、出版物等)上的资料。外部资料主要包括：①政府机关、金融机构公布的统计资料；②公开出版的期刊、文献杂志、书籍、研究报告等；③市场研究机构、咨询机构、广告公司所公布的资料；④行业协会公布的行业资料、竞争企业的产品目录、样本、产品说明书及公开的宣传资料；⑤供应商、分销商以及企业情报网提供的信息情报；⑥展览会、展销会公开发放的资料等。

调研者应将收集的凌乱资料进行分类整理，必要时要制成图表进行分析比较，检验资料的真伪。

2. 观察法

观察法是调研者到现场利用感官或借用仪器来收集被调研者的行为表现及有关市场信息资料的一种方法。

观察法可分为直接观察和实际痕迹测量法两种方法。

直接观察法是指调研者在调研现场有目的、有计划、系统地对调研对象的行为、言辞、表情进行观察记录，以取得第一手资料。它最大的特点是：在自然条件下进行，所得材料真实生动，但也会因为所观察对象的特殊性而使观察结果流于片面。

实际痕迹测量法是通过某一事件留下的实际痕迹来观察调研，一般用于对用户流量、广告效果等的调研。例如，企业在几种报纸、杂志上做广告时，在广告下面附有一张表格或条子，请读者阅后剪下，分别寄回企业有关部门，企业从回收的表格中可以了解到哪种报纸杂志上刊登广告最为有效，以便为今后选择广告媒介和测定广告效果提供可靠资料。

3. 访问法

访问法就是调研人员采用访谈询问的方式向被调研者了解市场情况的一种方法，它是市场调研中最常用、最基本的调研方法。

访问包括有正式问卷情况下进行的访问和没有正式问卷情况下进行的访问。有正式问卷的访问，调研者通常要设计一份结构严谨的问卷，在访问过程中严格按照问卷预备的问题按顺序提问，这样可以方便资料的处理。没有正式问卷的访问，在访问过程中没有标准的询问问题格式，调研者仅仅按照一些预定的调研目标，自己发挥，提出问题进行询问；被调研者回答这些问题时，同样有充分的自由。

访问法根据访问调研过程中调研者与被调研者接触的方式，可分为面谈调研、邮寄调研、电话调研和留置调研等。

(1) 面谈调研：是调研者直接访问被调研者，进行面对面的交谈，取得所需市场调研资料的一种方法。

(2) 电话调研：是由调研者通过电话与被调研者交谈，获取资料的一种方法。

(3) 邮寄调研：是由调研者将设计好的问卷，通过邮寄的方式送达被调研者手中，请他们填好答案后寄回，以获取信息资料的方法。有些征订单、征询意见表及评比选票等，也可以被认为是调研表的性质，因而也可以被看作是邮寄调研形式。

(4) 留置调研：是由调研者将调研表或问卷当面交给被调研者，并说明答卷要求，留给被调研者自行填写，然后由调研者定期收回的一种调研方法。

(5) 网络调研：是指在互联网上针对特定营销环境进行简单调研设计、收集资料和初步分析的活动。互联网作为高效的信息沟通渠道，可大大提高企业收集信息的效率和效用。

4．实验法

实验法是把调研对象置于一定条件下，进行小规模实验，通过观察分析，了解其发展趋势的一种调研方法。实验法通常用来调研某种因素对市场销售量的影响。它的应用范围很广，凡是某一商品在改变品种、品质、包装、设计、价格、广告、陈列方法等因素时都可以应用这种方法来调研用户的反应。

> **案例 2-1　咖啡杯子颜色的调查**
>
> 某咖啡店准备改进咖啡杯的设计，为此进行了市场实验。每人各喝 4 杯相同浓度的咖啡，但是咖啡杯的颜色分别为咖啡色、青色、黄色和红色 4 种。试饮的结果如下：
> 使用咖啡色杯子的被调查者有三分之二的人认为咖啡"太浓了"；
> 使用青色杯子的所有被调查者认为咖啡"太淡了"；
> 使用黄色杯子的所有被调查者认为咖啡"不浓，正好"；
> 使用红色杯子的被调查者中，10 人中有 9 人认为咖啡"太浓了"。
> 根据这一调查，店里的杯子一律改用红色杯子。该店借助于颜色，既节约了咖啡原料，又能使绝大多数顾客感到满意。
>
> （资料来源：转载自 http://baike.baidu.com/view/14471441.htm?fr=aladdin，2014-07-31）

2.1.7　设计调查问卷

调查问卷是一种以书面形式了解被调研对象的反应和看法，从而获取所需资料和信息的载体。

1．调查问卷的结构

一份完整的调查问卷通常包括前言、主体和附录三个部分。

1) 前言

前言是对调研的目的、意义及有关事项的说明，其作用有两个：一是引起被调查者的兴趣和重视，使他们愿意回答问卷；二是打消被调查者的顾虑，使他们敢于回答问题，争取他们的支持与合作。

> **案例 2-2　"手机用户偏好调查问卷"中的前言**
>
> 您好！这是一份有关"手机用户偏好调研"的调查问卷，旨在更好地了解手机消费者的使用偏好，您的意见对我们进行数据收集有重大的帮助，非常感谢您花费宝贵的时间填

写问卷。为答谢您的回答，我们会抽取完整问卷的作答者赠与精美杂志。请您认真作答，并留下您的联系方式，以便我们尽快将杂志寄往您处。

2）主体

主体是调查者所要收集的主要信息，是问卷的主要部分。它主要是以提问的形式呈现给被调查者。问卷设计是否合理，调研目标能否实现，关键就在于这部分内容的设计水平和质量。问项设计需要围绕调研目标来确定。

3）附录

根据具体情况，附录包括问卷编码、编号、发送和回收日期、调查或审核员名字、被调查者住址等。这项内容虽然简单，但对于检查调查计划的执行情况，复查或修正某些调查内容，以及证明整个调查的真实性和可靠性具有重要意义，所以也要认真设计。

2．问项的设计

一般而言，按照问题是否提供答案选项，调查问卷问项的设计可分为开放式提问和封闭式提问两种类型。

1）开放式提问

开放式提问是指在设计调查问题时，不设计答案，而是让被调查者自由回答。例如："您对网上购物有什么看法？""您为什么要购买格力空调？"

2）封闭式提问

封闭式提问是指在设计调查问题的同时，还设计了各种可能的答案，让被调查者从中选定自己认为合适的答案。

根据提问项目或内容的不同，封闭式提问的种类主要有以下三种。

（1）选择题。它分为单项选择题和多项选择题。这种格式便于填表回答，而且易于统计。

（2）顺位法。顺位法又称顺序量表，是指调查者为一个问题准备若干答案，让被调查者根据自己的偏好程度定出先后顺序。例如，请将下列饮料品牌依你的喜好进行排列(最喜欢者给4分，最不喜欢者给1分)：

"王老吉"□　　　"康师傅"□　　　"统一"□　　　"汇源"□

（3）量表法。它的设计方法为：给出一句话，让被调查者在"非常同意、同意、中立、有点不同意、很不同意"这五个等级上做出与其想法一致的选择。例如：

	非常同意	同意	中立	有点不同意	很不同意
"爱格"服装款式很时尚	5	4	3	2	1

3）调查问卷设计应注意的问题

调查问卷是保证市场调查活动顺利进行和资料准确可靠的重要工具。在设计调查问卷时，应做到以下四点。

第一，问题清楚明了、通俗易懂、易于回答，同时还能体现调研目标，符合逻辑顺序。一般情况下把容易回答的问题放在前面，较难回答的问题放在中间，敏感性问题放在最后；封闭式问题在前，开放式问题在后。

第二，避免诱导性提问，问项的设计应保持中立，不能含有暗示或倾向性，不要诱导被调查者按调查者的意图回答问题，否则会造成调查资料的失真。

第三，调查问卷不宜过长，一般控制在15～20分钟之内回答完毕为宜，时间过长会引起被调查者的反感。

第四，有利于数据处理，调查问卷应按计算机的处理要求来设计，最好能直接被计算机读入，以节约时间和提高统计的准确性。

2.2 实施调研

任务情境

北京明锐市场调查研究公司正在给佳佳乳业公司做关于"爱优+"品牌奶粉项目的市场调研。前期的调研方案已经设计完毕，接下来将要实施调研。假如你是该调研项目的项目负责人，请制订本次调研的工作计划，并组织实施调研。

市场调研的组织与实施包括制订调研计划和组织实地调研。

2.2.1 制订调研计划

制订调研计划分为以下三个步骤。

1. 组织领导及配备调研人员

建立市场调研项目的组织领导机构，可由企业的市场部或企划部来负责，针对调研项目成立市场调研小组，负责项目的具体组织实施工作。

调研人员可从高校中的经济管理类专业的大学生中招聘，根据调研项目中完成全部问卷实地访问的时间来确定每个访问员一天可完成的问卷数量，核定招聘访问员的人数。对访问员须进行必要的培训，培训内容如下。

(1) 本次调研的意义。通过讲授，介绍本次调研工作的意义，使调研人员认识本人工作的重要性，并介绍本次调研工作的过程、统计资料的口径，以使整个调研工作纳入统一的管理轨道，避免由于理解不一致而产生调研差错。

(2) 访问调研的基本方法和技巧。这包括如何面对调研对象，如何提问，如何解释，遇到一些情况时如何处理，以及调研的要求及要注意的事项等内容。

培训调研人员是保证调研工作质量的重要环节。通过培训，可以提高调研人员的能力，积累经验，以保证调研工作的质量。

2. 编制工作进度

为市场调研项目的整个进行过程安排一个时间表，确定各阶段的工作内容及所需时间。市场调研包括以下三个阶段。

(1) 制定调研方案阶段：包括调研目的、调研内容、调研方法的确定，调研表的设计等内容。

(2) 组织实施调研阶段：包括制订调研计划和实地调研。

(3) 撰写调研报告阶段。

每一个阶段都应掌握好时间的分配，以使调研工作更好地进行。

3. 费用预算

市场调研的费用预算主要有调研表设计与印刷费、访问员培训费、访问员劳务费、调研表统计处理费用等。企业应核定市场调研过程中将发生的各项费用支出，合理确定市场调研的总费用预算。访问调研的前期工作占 20%，访问调研工作占 50%，撰写调研报告占 30%。若是委托市场调研公司来做，需加全部经费的 20%～30%的服务费。

2.2.2 组织实地调研

市场调研的各项准备工作完成后，就可以开始进行实地调研工作了。

实地调研是一项较为复杂烦琐的工作，要按照事先划定的调研区域确定每个区域调研样本的数量、访问员的人数、每位访问员应访问样本的数量及访问路线，每个调研区域配备一名督导人员；明确调研人员及访问人员的工作任务和工作职责，做到工作任务落实到位，工作目标、责任明确。

调查组织人员要及时掌握实地调研的工作进度完成情况，协调好各个访问员之间的工作进度；要及时了解访问员在访问中遇到的问题，并帮助解决，对于调研中遇到的共性问题，提出统一的解决办法；要做到每天访问调研结束后，访问员首先对填写的问卷进行自查，然后由督导员对问卷进行检查，找出存在的问题，以便在后面的调研中及时改进。

实地调研结束后，即进入调研资料的整理和分析阶段。此阶段主要分为以下三个步骤。

(1) 编校。对收集的资料进行核对、校正，以达到消除错误、去伪存真的目的。首先，检查收集的资料是否齐全，有无重复；其次，对含糊不清的资料，记录不准确的地方，应及时要求调研人员辨认以更正；最后，如发现前后有矛盾的答案问卷，或剔除不用，或要求调研人员重新调研，以给予补救。

(2) 资料分类。对经过核实编校的资料，分别归入适当的类别，分门别类地编号收存。分类可以根据调研所列问题或调查问卷中的问题，预先分类；或在收集资料后进行分类。分类时要注意资料之间的差异性或同一类资料的共同性。对于重要的连续性数据，最好是制成相应的统计图表。

统计图表便于直观地观察信息资料的特征。常见的统计图表有单栏表、多栏表、分布图和趋势图。制成何种图表，应根据调研的实际需要来做。

(3) 分析。资料的分析有记录分析和现象分析两种。记录分析是对样本调研数据资料的分析，如计算样本单位中拥有汽车的百分率，这是对客体现象进行对比综合分析，对其本质进行可信度判断分析，推断总体中有实用价值的情报信息。

现象分析常用的基本方法有综合归纳法、对比分析法、相关分析法、时间序列分析法和因果分析法五种。其中后三种方法的目的是进行预测。这些分析既是调研的结果，也是认识市场规律、进行市场预测的方法。

调研数据的统计可利用 Excel 软件完成。将调研数据输入计算机后，经 Excel 软件运行后，即可获得已列成表格的大量统计数据，利用上述统计结果，就可以按照调研目的的要求，针对调研内容进行全面的分析工作。

调研资料的整理与分析，可以为下一步的市场调研报告的撰写做铺垫。

2.3 撰写调研报告

任务情境

经过大量辛苦细致的调研工作后，你的团队已经将相关信息、数据资料收集起来了。**你将代表北京明锐市场调查研究公司给佳佳乳业撰写市场调研报告**。能否撰写出一份高质量的市场调研报告，以使顾客对所调研的市场现象或问题有一个全面系统的了解和认识，是市场调研的成败所在。

市场调研报告是市场调查人员以书面形式，反映市场调查内容及工作过程，并提供调查结论和建议的报告。市场调研报告是市场调查研究成果的集中体现，其撰写得好坏将直接影响整个市场调查研究工作的成果质量。一份好的市场调研报告，能给企业的市场经营活动提供有效的导向作用，能为企业的决策提供客观依据。

市场调研报告必须回答两个问题："是怎样"和"为什么"。通过调研，我们对"是怎样"有了基本的了解，现在必须通过现象看本质，从具体到抽象，由个别到一般地归纳出现象背后的本质规律。市场调研报告不仅要告诉读者"是怎样"，更要回答"为什么会是这样？原因何在？"等问题。

2.3.1 封面

市场调研报告的封面是整个市场调研报告的"脸面"，对封面一定要慎重对待，不能出现错别字，否则会影响阅读对象对整篇调研报告的印象。

1. 封面

封面的内容一般包括标题、报告日期、报告委托方、报告调研方等，如图 2-1 所示。

```
        关于天津市居民收支、消费及储蓄情况的
                  调 研 报 告


         调查单位_____
         通信地址_____
         电  话_____
         E-mail_____
         报告日期_____
         报告委托方_____
```

图 2-1　市场调研报告封面

在实践中，有的市场调研报告封面会做简化和艺术化处理。

2．标题

标题的形式一般有以下三种。

(1) 直叙式标题：是反映调研意向或指出调研地点、调研项目的标题。例如"北京市中高档商品房需求的调研"，这种标题的特点是简明、客观。

(2) 表明观点式标题：是直接阐明作者观点、看法，或对事物做出判断、评价的标题。例如，"对当前的需求不旺不容忽视""高档羊绒大衣在北京市场畅销"，这种标题既表明了作者的态度，又揭示了主题，具有很强的吸引力。

(3) 提出问题式标题：是以设问、反问等形式，突出问题的焦点和尖锐性，吸引读者阅读、思考。例如，"消费者愿意到网上购物吗？""北京市房地产二级市场为什么成交寥寥无几？"

标题可以分为单行标题和双行标题。单行标题是用一句话概括调研报告的主题或要回答的问题，一般是由调研对象及内容加上"调研报告"或"调研"组成。例如，《海尔洗衣机在国内外市场地位的调研》等。双行标题由主题加副题组成，一般用主题概括调研报告的主题或要回答的问题，用副题标明调研对象及其内容。

2.3.2 目录

如果市场调研报告的内容、页数较多，为了方便读者阅读，应当使用目录或索引的形式列出报告所分的主要章节和附录，并注明标题、有关章节号码及页码。一般来说，目录的篇幅不宜超过一页。

目录一般包括以下六个方面的内容。

(1) 调研设计与组织实施。
(2) 调研对象的构成情况简介。
(3) 调研的主要统计结果简介。
(4) 综合分析。
(5) 数据资料汇总表。
(6) 附录。

实践中的目录也有简化形式。

2.3.3 导语

导语也称前言、引言，即调研报告的开头部分。导语部分一般简要介绍调研的背景、意义、目的，或交代调研的时间地点、对象范围、方式方法等。导语要求以叙述说明为主，简短概括，简练清楚。

> **案例 2-3　石家庄市消费者购房需求调研报告**
>
> **1．调研时间**
>
> 2021 年 9 月 25 日—2021 年 9 月 30 日。

2. 调研目的

了解石家庄市消费者购房需求偏好，如购房面积、户型偏好以及其他购房考虑因素等；了解石家庄市消费者购买力水平，如理想价位、付款方式、装修标准等；了解石家庄市消费者购房影响因素；了解石家庄市消费者目前居住状况、购房计划及目的等；了解石家庄市消费者对于购买二手房的态度及其具体原因；了解石家庄市消费者对于目前住宅水平的态度及对未来房价走势的预期。

3. 调研方式与对象

采取随机调研的方式，主要针对石家庄市拟购房消费者。

4. 抽样方案

采取随机抽样的方式，共回收有效问卷520份。

2.3.4 调研报告的主体内容

确定市场调研报告的主体内容是市场调研报告的核心，也是写作的重点和难点所在。它要完整、准确、具体地说明调研的基本情况，进行科学合理的分析预测，并在此基础上提出有针对性的对策和建议。其具体内容包括以下三个方面。

1. 情况介绍

市场调研报告的情况介绍即对调研所获得的基本情况进行介绍，是全文的基础和主要内容，要用叙述和说明相结合的手法，将调研对象的历史和现实情况，包括市场占有情况，生产与消费的关系，产品、产量及价格情况等表述清楚。在具体写法上，既可以按问题的性质将其归结为几类，采用小标题的形式；也可以以时间为序，或者列示数字、图表或图像等加以说明。无论如何，都要力求做到准确和具体，富有条理性，以便为下文进行分析提供坚实充分的依据。

2. 分析预测

在对调研所获基本情况进行分析的基础上对市场发展趋势作出预测，它直接影响有关部门和企业领导的决策行为，因而必须着力写好。要对调研所获得的资料条分缕析，进行科学的研究和推断，并形成符合事物发展变化规律的意见。用语要富于论断性和针对性，做到析理入微，言简意赅，切忌脱离调研所获资料随意发挥，去唱"信天游"。

3. 建议

建议是调研报告写作目的和宗旨的体现，要在上文调研情况和分析预测的基础上，提出具体的建议和措施，供决策者参考。需要注意的是，必须考虑建议的针对性和可行性，能够切实解决问题。

2.3.5 附录

附录是指市场调研报告正文包含不了或没有提及，但与正文有关且必须附加说明的部分。它是对正文报告的补充或更详尽的说明，包括数据汇总表及原始资料背景材料和必要的工作技术报告。例如，为调研选定样本的有关细节资料及调研期间所使用的文件副本等。

附录内容也包括复杂、专业性的内容，通常将调研问卷、抽样名单、地址表、地图、统计检验计算结果、表格、制图等作为附录内容，每一个内容均需编号，以便查询。

【课程小结】

在市场营销策划过程中，要做一个正确的市场营销决策，市场调研是基础。根据市场调研的活动顺序，包括以下三个方面内容。

(1) 在制定调研方案中，企业应明确调研目标，确定调研对象、时间和地点、调研内容、调研方法，设计调查问卷。

(2) 组织与实施调研时，首先要制订调研工作计划，然后再组织实地调研。

(3) 最后是撰写调研报告，一份完整的调研报告应有封面、目录、导语、主体内容和附录等内容。

【课堂讨论】

一位企业老总在接受记者采访时说："调研根本没什么用，还不如我自己的感觉来得更敏锐和准确一些。"调研真的没用吗？试用自己身边的例子说明。

【技能训练】

1. 有人说，干他人不承想的，这就是成功之道。也有人说，困境在智者的眼中往往意味着一个潜在的机遇。一位商界奇才做电台嘉宾时出了一道考题：某地发现了金矿，人们蜂拥而去，但一条大河挡住了必经之路，你会怎么办？

2. 五人一组，互相询问对方使用的手机品牌、价位、购买渠道、第一次使用手机是什么时候、可以忍受几天不用手机等五个问题。先统计本小组成员的回答，然后与其他小组交换答案，进而统计出所有同学使用手机的数据结果。

3. 在日本，有一个非常贫穷落后的小村子叫丹波村。这里什么都不出产，怎么才能富起来呢？一位专家向村民们建议说：有一条致富之路就是出售贫穷落后。从现在起，你们就不要再住在房子里了，要住到树上去，不要再穿布做的衣服了，要披树叶、兽皮。要像几千年前我们的老祖宗那样生活，这样城里的人就会来参观、旅游，你们不就可以富起来了吗？村民们照办以后，很快就吸引来了大批旅游者。游客们感到太新奇了！太有趣了！你认为还能怎样使丹波村富裕起来？

【课后自测】

1. 下列方法中属于随机抽样的是(　　)。
　　A. 任意抽样法　　　　　　　　B. 分层抽样法
　　C. 判断抽样法　　　　　　　　D. 配额抽样法

2. 通过收集各种历史和现实的动态统计资料，从中摘取与市场调研课题有关的资料，在办公室内进行统计分析的调研方法是(　　)。

A. 观察法　　　　　　　　　　B. 访问法
C. 文案法　　　　　　　　　　D. 实验法
3. 调研者直接访问被调研者，进行面对面的交谈，取得所需市场调研资料的一种方法是(　　)。
A. 邮寄调研　　　　　　　　　B. 电话调研
C. 网络调研　　　　　　　　　D. 面谈调研
4. 开放式提问常用的方法是(　　)。
A. 选择题法　　　　　　　　　B. 顺位法
C. 自由式问答法　　　　　　　D. 量表法

【案例分析】

日本人巧妙搜集信息

20世纪60年代，出于战略上的需要，日本非常重视中国石油的发展，于是把摸清大庆油田的情况，作为情报工作的主攻方向。当时，由于各种原因，大庆油田的具体情况都是保密的。然而，由官方对外公开播放的极其普通的旨在宣传中国工人阶级伟大精神的照片，在日本信息专家的手里变成了极为重要的经济信息，揭开了大庆油田的秘密。大庆油田在什么地方？

日本人对大庆油田早有所闻，但始终得不到准确的情报。后来，在1964年4月20日的《人民日报》上看到"大庆精神大庆人"的字句。于是日本人判断"中国的大庆油田，确有其事"。但是，大庆油田究竟在什么地方，日本还没有材料作出判断。在1966年7月的一期《中国画报》上，日本人看到一张照片。《中国画报》的封面刊出这样一张照片：大庆油田的"铁人"王进喜头戴大狗皮帽，身穿厚棉袄，顶着鹅毛大雪，手握钻机刹把，眺望远方，在他背景远处错落地矗立着星星点点的高大井架。根据对照片的分析，可以断定大庆油田的大致位置在中国东北的北部。他们根据这张照片上人的服装衣着判定："大庆油田是在冬季为零下30摄氏度的地方，大致在哈尔滨与齐齐哈尔之间。"其依据是：唯有中国东北的北部寒冷地区，采油工人才必须戴大狗皮帽和穿厚棉袄。后来，到中国来的日本人坐火车时发现，从东北来往的油罐车上有很厚的一层土，从土的颜色和厚度，证实了"大庆油田在东北北部"的论断是对的，但大庆油田的具体地点还是不清楚。

日本人又根据有关"铁人"的事迹介绍，王进喜和工人们用肩膀将百吨设备运到油田，表明油田离铁路线不远。据此，他们便轻而易举地标出大庆油田的大致方位。在1966年10月，日本又从《人民中国》杂志的第76页上看到了石油工人王进喜的事迹。分析中得知，最早的钻井是在安达东北的北安附近。并且离火车站不会太远。在英雄事迹宣传中有这样一句话：王进喜一到马家窑，看到大片荒野说："好大的油海，把石油工业落后的帽子丢到太平洋去"。于是，日本人从伪满旧地图上查到"马家窑是位于黑龙江海伦县东南的一个小村，在北安铁路上一个小车站东边十多公里处"。就这样，日本终于把大庆油田的地理位置搞清楚了。那么，大庆油田有多大规模？

日本人对王进喜事迹的报道作出如下分析：王进喜是玉门油矿的工人，是1959年9月到北京参加国庆之后志愿去大庆的。大庆油田肯定是1959年以前就开钻了。马家窑是大庆油田的北端，即北起海伦的庆安，西南穿过哈尔滨市与齐齐哈尔市铁路的安达附近，包括公主峰西面的大赉，南北四百公里的范围。估计从海伦到松辽油田统称为大庆。根据对照片的分析，可以推断出大庆油田的大致储量和产量。其依据是：可从照片中王进喜所站的钻台上手柄的架势，推算出油井的直径是多少；从王进喜所站的钻台油井与他背后隐藏的油井之间的距离和密度，又可基本推算出油田的大致储量和产量。那么，中国炼油能力如何？

到1966年7月，日本人把注意焦点转到炼油设备上，"有心人"终于在《中国画报》上发现一张炼油厂反应塔的照片，日本人就从这张照片推算出了大庆炼油厂的规模和能力。其推算方法也很简单：首先找到反应塔上的扶手栏杆，扶手栏杆一般是1米多点，以扶手栏杆和反应塔的直径相比，得知反应塔内径是5米。因此，日本人推断，大庆炼油厂的加工能力为每日900千升。如以残留油为原油的30%计算，原油加工能力为每日3000千升，一年以330天计算，年产量为100万千升。而中国当时在大庆已有820口井出油，年产是360万吨，并估计到1971年大庆油田的年产量将有1200万吨。又根据新闻报道王进喜出席了第三届全国人民代表大会，可以肯定油田已出油。

大庆信息给日本带来了什么机遇？

根据大庆油田出油能力与炼油厂有限的炼油能力，考虑中国当时的技术水准和能力及中国对石油的需求，日本人推论：中国在最近几年必然将因为炼油设备不足，而考虑大量引进炼油设备。中国要买的设备规模和数量多大？根据情报分析，要满足日炼油1万千升的需要。

这是日本在1966年根据公开报刊点滴信息作出的判断和决策。这就是世界著名企业日本九大商社之一的三菱重工财团的商业情报研究。随后，日本三菱重工财团迅速集中有关专家和人员，在对所获信息进行剖析和处理之后，全面设计出适合中国大庆油田的炼油设备，做好充分的夺标准备。果然，中国政府不久后便向世界市场寻求炼油设备，三菱重工以最快的速度和最符合中国要求的设计获得中国订单，赚了一笔巨额利润。此时，西方石油工业大国都目瞪口呆，有的甚至还未回过味来呢。

（资料来源：转载自https://zhidao.baidu.com/question/937092341069566732.html?qbl=relate_question_1&word=%C8%D5%B1%BE%C8%CB%B7%A2%CF%D6%B4%F3%C7%EC%D3%CD%CC%EF, 2016-03-01）

案例思考

1. 三菱重工为什么能获得中国的订单？
2. 三菱重工采取的是什么调研方法？

案例分析与提示

1. 重视市场调研。
2. 文案法。

【综合实训】

大学生培训市场调查

一、实训项目

正大教育培训公司打算开拓大学生培训市场。为此，该公司需要通过调查来了解大学生的培训需求。

二、实训内容

1. 设计调查问卷

主要调查的内容包括以下八个方面。

① 参加培训的兴趣。
② 可能会接受哪些方面的培训。
③ 参加培训的动机。
④ 参加培训的方式(现场教学或网上教学)。
⑤ 授课形式。
⑥ 能够承受的最高培训费用。
⑦ 报名方式(网上报名或现场报名)。
⑧ 接收宣传信息的渠道等。

2. 组织实施调研

分为若干小组，每组4～5人，确定组长1人。每个小组至少调查3所高等院校，至少50名在校大学生。

3. 撰写调研报告

根据上述调研的结果，要求每个小组撰写一份调研报告。调研报告的内容包括调查目的、调查对象、调查时间和地点、调查结果、调查结论等。

三、实训成果

调查问卷、调查报告。

微课视频

扫一扫，获取本章相关微课视频。

任务2.mp4

任务 3　营销环境分析

【能力目标】

通过完成本任务，你应该能够：
- 了解营销环境的内涵、特点。
- 学会分析营销宏观环境及微观环境。
- 熟练运用 SWOT 分析法分析实际问题。

【名言警句】

从前经商，只要有些计谋，敏捷迅速，就可以成功；可现在的企业家，还必须要有相当丰富的知识资产，对于国内外的地理、风俗、人情、市场调查、会计统计等都要非常熟悉不可。

——李嘉诚

愚者错失机会，智者善抓机会，成功者创造机会。

——佚名

【案例导入】

在调整经济结构的过程中，国家推出了工业行业淘汰落后产能企业名单，共涉及企业两千多家。在这些企业中，化工企业占到了三百多家，而化工行业该怎样经受这场淘汰落后产能风暴的洗礼，又该如何走出落后产能的羁绊，值得全行业认真思考。

从国家层面上来讲，加快淘汰落后产能，无疑是转方式、调结构、提高经济增长质量和效益、增强经济发展后劲和可持续性的重大举措，也是推动节能减排、积极应对全球气候变化、走新型工业化道路的迫切需要，既是应时之举，也是着眼长远之策。"只有淘汰落后产能，才能为先进产能腾出市场空间"。

为坚决而有效地淘汰落后产能，各级政府做了大量工作，化工行业的不少企业对此也有了一定的思想认知和心理准备。但面对政府不留情面地公布名单，不留余地地设置时间"大限"，还是令不少化工企业措手不及。这些化工企业面临涉及资产数额高、就业人数多、转产困难大等诸多难题，企业能否经受得住考验，令人捏着一把汗。

化工企业到底应该如何面对发展低碳经济大潮呢？这是摆在许多化工企业管理者面前的一道难题。

营销环境是指影响企业营销活动及其目标实现的各种因素和动向，可分为宏观营销环境和微观营销环境。每个企业都和营销环境的某些部分相互影响，在一定时期内，经营最为成功的企业，一般是能够适应相关环境的企业。企业得以生存和发展的关键在于它在环

任务 3　营销环境分析

境变化需要新的经营行为时所拥有的自我调节能力。适应性强的企业总是随时注视环境的发展变化，通过事先制订的计划来控制变化，以保证战略对环境变化的适应。

3.1　认识营销环境

任务情境

假如你是山东青岛的一家领带生产企业的总经理，公司目前生产的领带主要销往日本市场。但是为了节约能源和缓解温室效应，日本政府决定提倡公务人员夏天穿轻薄凉快的衣服、不打领带并把空调温度调高。许多领带厂商认为政府号召大家不打领带无疑是对这一行业的沉重打击，甚至许多小厂家可能因此破产。为此，日本领带协会还就此事向环境大臣递交了一份正式抗议书。不过，日本其他产业都对政府的倡议表示欢迎，衬衫生产商们尤其兴奋，因为 25 万国家公务人员都要给自己添置轻薄凉快的新行头了。

那么，你的公司到底应该如何去应对这场"减衣运动"？

按照美国著名市场学家菲利普·科特勒的解释，营销环境是影响企业的市场和营销活动不可控制的参与者和影响力。具体地说，"影响企业的市场营销管理能力，使其能否卓有成效地发展和维持与其目标顾客交易及关系的外在参与者和影响力"。营销环境是指与企业营销活动有潜在关系，直接或间接影响企业营销活动的所有外部力量和相关因素的集合。

这些环境因素对于企业的市场营销影响很大，企业在进行任何市场营销活动时，都要对这些环境因素可能造成的影响加以考虑。虽然企业营销活动必须与其所处的外部与内部环境相适应，但营销活动绝非只能被动地接受环境的影响，营销管理者应采取积极、主动的态度能动地去适应营销环境。

企业的市场营销活动能否成功，在很大程度上取决于其对营销环境的适应和应变能力，特别是应变的速度。企业市场营销策略能否成功，在很大程度上取决于企业对营销环境的适应和应变能力，特别是应变速度如何而定。为了避免受到不利情况的影响，企业必须预先对市场环境因素加以分析及预测，根据这些分析或预测的结果，再制定适当的市场营销策略来应付可能出现的情况，以期获得最有效的营销效果。

案例 3-1　如何把木梳卖给和尚？

某大公司为了招聘到最优秀的营销人员，特意出了这么一道难题：要求应聘者在十日之内尽可能地把木梳卖给和尚，为公司赚取利润。有 A、B、C 三人欣然应聘。他们奔赴各地，访名寺，卖木梳。期限到，三人交差。A 君只卖出 1 把，B 君卖出 10 把，C 君竟然卖了 1000 把，同是卖木梳给和尚，为什么三人的销售数量会有这么大的区别？公司主管百思不得其解，后来经过逐一询问，才解其惑。原来 A 只是想把木梳卖给和尚，他根本没有考虑到木梳对和尚来说有什么作用或好处，尽管他费尽口舌，也卖不出一把梳子，反而被和尚轰出山门，幸好有一个云游僧人可怜他，买下了他的一把梳子，否则，他只好空手而归了。B 比 A 聪明，他对寺院的住持侃侃而谈："庄严宝刹，佛门净土，理应沐浴更衣，进香拜佛。倘若衣冠不整，蓬头垢面，实在亵渎神灵。故应在每座寺庙的香案前，摆放木梳，供前来拜佛的善男信女，梳头理发。"住持认为言之有理，便采纳了建议，总共买下了10把木梳。C比B更胜一筹，他为了推销木梳，自己打探到一个久负盛名、香火极旺的名刹宝寺，向方丈进言："凡进香朝拜者无一不怀有虔诚之心，希望佛光普照，恩泽天下。大师是得道高僧，且书法超群，可将所题'积善'二字刻于木梳之上，赠与进香者，让这些善男信女，梳去三千烦恼丝，青灯黄卷绝尘缘，以显示我佛慈悲，保佑众生，慈航普度。"方丈闻之，大喜，既然木梳对寺庙有如此多的好处，当即买下1000把梳子，并请C小住几天，共同出席了首次赠送'积善梳'的仪式。此举一出，一传十，十传百，朝圣者更多，香火也更旺。为此，方丈恳求C急速返回，请公司多发货，以成善事。

C君正是通过自己的努力，打破了寺庙的传统习俗，改变了企业的营销环境，获得了成功。

(资料来源：转载自 http://www.tianya.cn/publicforum/content/no100/1/50311.shtml, 2010-06-15)

企业营销环境的内容既广泛又复杂。不同的因素对营销活动各个方面的影响和制约也不尽相同，同样的环境因素对不同的企业所产生的影响和形成的制约也会大小不一。根据影响力的范围和作用方式，营销环境可以分为微观营销环境和宏观营销环境两种。

1) 微观营销环境

微观营销环境是指与企业营销活动直接发生关系的组织与行为者的力量和因素，包括企业的供应商、营销中介、顾客、竞争者以及社会公众和影响营销管理决策的企业内部各个部门。这些因素对企业的营销活动及其效果都会产生直接的影响。例如，某公司的独家经销商，突然由于资金问题宣布破产，这势必直接影响公司在该经销区域的销售业绩。所以，微观营销环境又称为直接营销环境或企业作业环境。

2) 宏观营销环境

宏观营销环境是指影响企业微观环境的一系列巨大社会力量，包括人口、经济、政治、法律、科学技术、社会文化及自然地理等多方面的因素。宏观营销环境主要以微观营销环境为媒介间接影响和制约企业的市场营销活动，也称间接营销环境。宏观环境因素与微观环境因素共同构成多因素、多层次、多变化的企业市场营销环境的综合体。

3.2 宏观营销环境分析

任务情境

随着本区域市场逐渐饱和，你作为"红阳"太阳能热水器公司的老总，产生了一个大胆的想法——把产品卖到国外去。毕竟发达工业国家要减少温室气体的排放数量，必然要寻找能够替代常规能源的新能源。但是，企业全力开拓国际市场，除了需要企业自身的敏锐意识外，还要认真分析国际市场的环境和特点。由于太阳能热水器产品自身的特殊性，不同国家和地区的产业政策不一样，购买力有较大差异，市场潜力也不一样。此外，由于水质、供水方式、建筑结构、国家标准和风俗文化等的不同，造成不同国家或地区对产品的要求和性能差别很大。那么，你应该如何分析市场环境，来帮助企业尽快熟悉市场，适应国际市场呢？

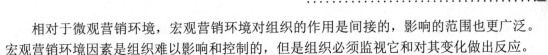

相对于微观营销环境，宏观营销环境对组织的作用是间接的，影响的范围也更广泛。宏观营销环境因素是组织难以影响和控制的，但是组织必须监视它和对其变化做出反应。

3.2.1 人口环境分析

人口是构成市场的最基本因素。市场是由有购买欲望同时又有支付能力的人构成的，人口的多少直接影响市场的潜在容量。同时人口的年龄结构、地理分布、婚姻状况、出生率、死亡率、人口流动性及其文化教育等特性，会对市场格局产生深刻影响，从而影响企业的市场营销活动。企业必须重视对人口环境的研究，密切注视人口特性及其发展动向，不失时机地抓住市场机会，当出现威胁时，应及时、果断地调整营销策略以适应人口环境的变化。

1. 人口总量分析

人口数量是决定市场规模的一个基本要素。企业营销管理人员要关注所在地区的人口数量及其变化。人口总量给企业带来了市场机会，也带来了威胁。一方面，人口数量是决定市场规模的一个基本要素，人口越多，如果收入水平不变，则对食物、衣着、日用品的需要量也越多，市场也就越大。因此，可按人口总量粗略推算市场规模。另一方面，人口迅速增长，也会给企业营销带来不利影响。例如，人口增长会对交通运输产生压力，企业对此应予以关注。

2. 人口结构分析

人口结构分析有许多方面，营销管理人员必须重点分析人口的年龄结构、性别结构、教育结构、家庭结构、社会结构和民族结构等。

人口老龄化对市场营销的影响是深刻的。老年人多有疾病缠身，祈望延年益寿的心理，这样，诸如保健用品、营养品、老年人生活必需品等市场将会兴旺；老年人的生活习惯不易改变，对消费有一定的怀旧心理和保守心理；老年人对商品一般看重质量，不受时尚风气的影响等。

如今的家庭组成模式多种多样，有的是离婚家庭组成，还有的是单亲家庭、无小孩夫妇等，各个家庭群体都有自己的需求和购买习惯。家庭人口数量的剧增必然会引起对炊具、家具、家用电器和住房等需求的迅速增长，而家庭人口减少会使需求转向小型轻便的商品。

教育程度与消费者的收入、社交、居住环境及消费习惯均有密切的关联性。教育水平的提高，会使未来的消费者在购买商品时更加挑剔，而且他们还可能大量地购买书籍、智力开发玩具、计算机，会喜欢旅游、文娱活动和休假，不喜欢危险的商品、劣质商品、不富有个性的商品。

3. 人口的地理分布分析

地理分布是指人口在不同地区的密集程度。人口的这种地理分布表现在市场上，就是人口的集中程度不同，则市场大小就不同；消费习惯不同，则市场需求特性就不同。第七次人口普查数据表明，2020年我国城镇及乡村人口比重分别为63.89%、36.11%，10年来我国新型城镇化进程稳步推进，城镇化建设取得了历史性成就。随着我国新型工业化、信息化和农业现代化的深入发展和农业转移人口市民化政策落实落地，农村居民收入增长潜力大，新的消费观念逐步形成，农村市场蕴藏着巨大潜能。但是，我国农村分布广、居住散，难以形成像城市那样集中的人口和需求，农村市场的这种分散性，决定了企业在营销网络的构建上，无论是深度还是广度都要大大加强。

此外，人口的流动性也是人口环境中的重要因素。在我国，人口的流动主要表现在农村人口向城市或工矿地区流动；内地人口向沿海经济开放地区流动。另外，经商、观光旅游、学习等使人口流动加速。对于人口流入较多的地方而言，一方面由于劳动力增多，就业问题突出，从而加剧行业竞争；另一方面，人口增多也使当地的基本需求量增加，消费结构也发生一定的变化，继而给当地企业带来较多的市场份额和营销机会。

案例 3-2　各电商巨头纷纷布局农村电商

1. 农村淘宝

农村淘宝，是阿里巴巴集团的战略项目。阿里巴巴将与各地政府深度合作，以电子商务平台为基础，通过搭建县村两级服务网络，充分发挥电子商务优势，突破物流、信息流的瓶颈，实现"网货下乡"和"农产品进城"的双向流通功能。

农村淘宝于 2017 年 6 月 1 日正式升级，升级后的农村淘宝和手机淘宝合二为一，手机淘宝针对农村市场增设"家乡版"。

据了解，农村淘宝是较早进入农村的电商项目之一，在阿里的支持下发展迅速。目前，阿里旗下的农村淘宝已孵化培育出 160 多个区域农业品牌，上线 300 多个兴农扶贫产品和 23 个淘乡甜种植示范基地。此外，阿里巴巴零售平台有超过 100 万的农民网商，超过 1000 亿元的农产品年销售额。建成超过 3 万个村级服务站，近 5 万个村小二。

零售平台在 832 个国家级贫困县，拥有活跃网购用户超过 2800 万，共完成了 2074 亿元消费。阿里淘宝村数量从 2013 年的 20 个发展到 2017 年的 2118 个，四年间增加近 2000 个淘宝村。

2. 京东

2014 年以来，京东农村电商大力实施工业品下乡、农产品进城、乡村金融三大战略，从无到有，快速发展。京东已经成为全国农村电商领域覆盖范围广、涉及领域宽、地方政府放心、农村居民满意的互联网企业。

2016 年始，京东全面推进落实电商精准扶贫工作，通过品牌打造、自营直采、地方特产、众筹扶贫等模式，在 832 个国家级贫困县开展扶贫工作，上线贫困地区商品超过 300 万个，实现扶贫农产品销售额超过 200 亿元。

京东农村电商项目主要为：3F 战略、京东便利店和京东帮。其中，京东便利店用京东商业理念赋能的线下门店，提供优质货源，输出品牌、模式和管理。京东帮服务店则是主营大家电配送与安装服务，盈利模式包括配送服务费用、安装服务费用、代客下单佣金等。

3. 苏宁

近几年，网购对农村市场的持续渗透，已经成为农村电商发展基础，同时，电商实体渠道的不断下沉，加速了农村市场的开拓。苏宁农村电商实行苏宁易购(002024)直营店+线上中华特色馆的 O2O 模式。

据悉，苏宁早在 2014 年率先在全国开出了第一家直营店。此后，不断加快农村市场拓展步伐，实现了工业品进村、农产品的进城，截至 2017 年年底，苏宁已经拥有 2000 多家苏宁易购直营店，且苏宁易购也上线了中华地方特色馆。同时，在扶贫方面与电商相结合，做出了自己的特色。

模式：进城、下乡双向发力；创新模式：注重人才培养。

4. 云集

云集农村电商项目为百县千品，其规模覆盖全国 31 个省市自治区，模式为 B2C、S2B2C，零售、分销，平台赋能商家等。

云集"百县千品"项目，计划在三年时间内，培育孵化 100 个地理标志农产品品牌，旨在挖掘尚未被大众所熟知的优秀农产品，利用云集自身所具有的口碑和中度沟通特性，助力农产品打通线上销售通路，带动地方经济发展。

云集农村电商采用的是电商社交模式，其平台集中在农村挖掘优秀农产品资源，云集着重打造农产品品牌的扶贫策略符合未来农村电商的发展趋势。

据数据统计显示，2017 年云集农产品品类 GMV 超 10 亿元，占总 GMV 的 10%，"百县千品"项目帮助全国各地卖出农产品 600 多万斤，销售额超 5800 万元，直接惠农 16 万人，约 4 万家庭，还创造了 40 秒抢光安徽界首 25000 斤滞销土豆。更打破纪录的是 3 小时卖完 100000 斤陕西洛川苹果，8 小时销售 8 吨武平芙蓉李，1 天售罄 30000 斤广西百色桂七芒等战绩，为农村农产品销售打造了一条出路。

5. 拼多多

拼多多农村电商扶贫项目为社交扶贫——拼多多模式，其规模遍布全国各省市地区、730 个国家级贫困县。模式为 C2B、S2B2C 以消费方需求反馈生产方，平衡供需。

拼多多农村电商依托社交关系推进电商，促进同类兴趣的细分顾客聚集，帮助小众商品更容易地突破销售瓶颈。其"C2B"+"预售制"模式帮助农民实现"以销定采"。通过预售制提前聚起海量订单，再把大单快速分解成大量小单，直接与众多农户对接，优先包销贫困户家中农货，实现在田间地头"边采摘、边销售"。

拼多多一年内投入 34 亿元，助全国农户销售 183.4 万吨农货，催生 9 亿多笔扶贫订单；在 730 个国家级贫困县，扶持起 4.8 万商家，带动其年销售额增速超过 310%。带动回乡创业青年 5 万多人。并带动 3 亿用户接力，帮助农货订单实现裂变式增长。

拼多多可以通过拼团方式将大量农产品集中然后分销到消费者手中，一定程度上可以达到先有需求后有供给的定制化生产模式，帮助大量农村生产者销售产品。较传统农产品上行，效率大幅提升。

(资料来源：http://www.sohu.com/a/241914029_99891998, 2018-07-18)

3.2.2 经济环境分析

经济环境是指企业市场营销活动所面临的社会经济条件及其运行状况和发展趋势，主要分析消费者的收入、支出、储蓄和信贷等内容。

1. 消费者收入分析

收入水平是决定市场购买力的重要因素,在市场经济活动中,仅仅有消费意愿,并不能创造市场,只有既存在购买意愿,又有购买能力,才能产生实际购买行为。消费者的购买力来自消费者的收入,但消费者并不会把全部收入都用来购买商品或劳务,购买力只是收入的一部分。因此,在研究消费收入时,要注意以下三点。

(1) 个人收入。个人收入是居民在一定时期内得到的可以用于个人消费的货币收入。各地区的个人收入总额,可用于衡量当地消费市场的容量,而人均收入的多少,则能反映购买水平的高低。

(2) 个人可支配收入。这是在个人收入中扣除税款和非税性负担后所得的余额,它是个人收入中可以用于消费支出或储蓄的部分,构成了实际的购买力。

(3) 个人可任意支配收入。这是在个人可支配收入中减去用于维持个人与家庭生活以及支付必不可少的费用(如房租、水电、食物、燃料、衣着等项开支)后剩余的部分。它是影响消费需求变化最活跃的因素,也是企业开展营销活动时所要考虑的主要对象。因为这部分收入主要用于满足人们基本生活需要之外的开支,一般用于购买高档耐用消费品、旅游、储蓄等,是影响非生活必需品和劳务销售的主要因素。

需要注意的是,企业营销人员在分析消费者收入时,还要区分"货币收入"和"实际收入"。因为实际收入影响实际购买力。假设消费者的货币收入不变,如果物价下跌,消费者的实际收入便增加;相反,如果物价上涨,消费者的实际收入便会减少。因此,只有"实际收入"才会影响"实际购买力"。

2. 消费者支出分析

随着消费者收入的变化,消费者支出模式也会发生相应的变化,继而使一个国家或地区的消费结构也发生变化。消费支出模式可利用"恩格尔定律"来解释:随着家庭收入的增加,用于购买食品的支出占家庭收入的比重会下降;用于住房及家庭一般性开支(如水电及医疗费)的比重大致维持不变或略微减少;用于服装、交通、娱乐、教育等的支出和储蓄占家庭收入的比重会增加。

这种消费支出模式不仅与消费者收入有关,而且还受到下面两个因素的影响:①家庭生命周期的阶段影响。据调查,没有孩子的年轻人家庭,往往会把更多的收入用于购买冰箱、电视机、家具、陈设品等耐用消费品上;有孩子的家庭,则在孩子的娱乐、教育等方面支出较多,而用于购买家庭消费品的支出减少。当孩子长大独立生活后,家庭收支预算又会发生变化,用于保健、旅游、储蓄部分会增加。②家庭所在地的影响。例如,住在农村与住在城市的消费者相比,前者用于交通方面支出较少,用于住宅方面的支出较多;而后者用于衣食、交通、娱乐方面的支出较多。

3. 消费者储蓄和信贷情况分析

企业营销人员还应注意到,社会购买力不仅受消费者收入的影响,而且还受消费者储蓄和信贷的影响。当收入一定时,储蓄越多,现实消费量就越小,但潜在消费量越大;反之,储蓄越少,现实消费量就越大,但潜在消费量越小。企业营销人员应当全面了解消费者的储蓄情况,尤其是要了解消费者储蓄目的的差异。储蓄目的不同,往往潜在需求量、消费模式、消费内容、消费发展方向也不同。这就要求企业营销人员在调查、了解储蓄动机与目的的基础上，制定不同的营销策略，为消费者提供有效的产品和劳务。营销者必须非常注意收入、生活费、利息、储蓄和借款形式的任何变化，因为这对需求价格弹性大的商品具有特别重大的影响。

近年来，我国居民储蓄额和储蓄增长率均较大。一方面，我国居民储蓄增加，显然会使企业目前产品价值的实现比较困难；另一方面，企业若能调动消费者的潜在需求，就可开发新的目标市场。例如，改革开放后，日本电视机厂商发现，尽管中国人可任意支配的收入不多，但中国人有储蓄习惯，且人口众多。于是，他们决定开发中国黑白电视机市场，不久便获得成功。当时，西欧某国电视机厂商虽然也来中国调查，但是却认为中国人均收入过低，市场潜力不大，结果贻误了商机。

另外，消费者有时不仅以货币收入购买商品，而且还通过借贷来购买商品。所以消费者信贷也是影响消费者购买力和消费支出的重要因素。所谓消费者信贷，就是消费者凭信用先取得商品使用权，然后按期归还贷款，以购买商品。这实际上就是消费者提前支取未来的收入，提前消费。

除了上述因素直接影响企业的市场营销活动外，还有一些经济环境因素也对企业的营销活动产生或多或少的影响，如经济发展水平、经济体制、城市化程度等。

3.2.3 自然环境分析

自然环境应包括资源状况、生态环境和环境保护等方面，许多国家政府对自然资源管理的干预也日益加强。企业营销战略中实行"生态营销""绿色营销"，推出"绿色产品"等，都是维护全社会的长期福利所必然要求的。自然环境对企业营销的影响表现在四个方面。

1. 日益逼近的原料短缺

世界人口迅速增长和自然灾害，使人类已经面临粮食严重缺乏的问题。不可再生的有限资源，如石油、煤和各种矿产，存在的问题最为严重。这些情况预示着依靠矿产为原料的企业，将面临成本大幅度上升的问题，因此必须积极从事研究与开发，尽力寻找新的资源或替代品。

2. 能源成本增加

高昂的油价激起了人们对替代能源的发疯研究。煤炭资源被更充分利用的同时，许多企业还一直探求太阳能、原子能、风能及其他形式能源的有效利用手段。仅仅太阳能领域，就已有成百上千的企业、机构推出了第一代产品，用于家庭供暖和其他用途。在交通运输领域，新能源汽车无疑将成为未来汽车的发展方向。所有这些既是物质环境造成的威胁，又是物质环境带来的新营销机会。

3. 污染日益严重

公众对环境问题的关心，为那些警觉的企业创造了市场机会。譬如，会给污染控制技术及产品，如清洗器、回流装置等创造一个极大的市场，会促使企业探索其他不破坏环境的方法去制造和包装产品。

4．政府对自然资源管理方面有力的干预

公众对自然环境的日益关心，促使许多国家的政府加强了环境保护方面的工作，加强了自然资源的管理。尽管这样做与经济增长、企业扩大生产、增加就业发生矛盾(如企业在政府的压力下要购买治理污染的设备而不能购买更先进的生产设备来扩大生产、增加就业，以免影响到经济增长)，但从社会利益和长远利益出发，政府仍然要对自然资源管理方面进行干预，从而使企业遇到来自政府方面的严格控制，促使其必须重视物质环境，在获取所需要资源时注意防止对物质环境的破坏。

3.2.4 政治与法律环境分析

市场营销决策在很大程度上受政治和法律环境变化的影响。政治与法律环境是由法律、政治机构和在社会上对各种组织及个人有影响和制约的压力集团构成的。政治因素像一只有形之手，调节着企业营销活动的方向，法律则是为企业规定商贸活动的行为准则。政治与法律相互联系，共同对企业的市场营销活动发挥影响和作用。

1．政治环境分析

政治环境是指企业市场营销活动的外部政治形势和状况，以及国家方针政策的变化对市场营销活动带来的或可能带来的影响。例如，人口政策、能源政策、物价政策、财政政策、货币政策等，都会对企业营销活动带来影响。

在国际市场上，应了解"政治权力"与"政治冲突"对企业营销活动的影响。政治权力影响市场营销，往往表现为由政府机构通过采取某种措施来约束外来企业，如进口限制、外汇控制、劳工限制、绿色壁垒等。政治冲突是指国际上的重大事件与突发性事件，这类事件在和平与发展为主流的时代从未绝迹，对企业市场营销工作影响或大或小，有时带来机会，有时带来威胁。

案例 3-3　墨西哥高铁事件：比你想象中复杂

2014 年 11 月，墨西哥政府 3 日宣布，由中国铁建股份有限公司牵头的国际联合体中标首都墨西哥城至墨西哥第三大城市克雷塔罗市的高速铁路项目。这意味着墨西哥首条高铁线路将由中国企业参与承建。这一高铁项目计划在 2014 年 12 月动工，2017 年建成并正式投入运行。这条高铁线路通车后，日均客运量预计为 2.3 万人次，单程将从现在的 3 小时缩短至 58 分钟。除了为往返两地的民众提供交通便利外，这条线路开通后将有助于改善环境和交通安全，有望每年减少碳排量 9.5 万吨，同时减少因车祸丧生人数 100 多人。

但是仅仅过了一天，墨西哥政府称，因议员反对，取消由中国铁建牵头财团的高铁投标，并决定重启投标程序。中国公司中标权被撤销是为了避免"对投标过程的透明度和合法性存在的质疑"，因为只有中国一组竞标。

14 点 11 分，中国铁建盘中暴跌超 4%，报 6.77 元。

14 点 15 分，中国铁建盘中暴跌超 5.23%，报 6.71 元。

(资料来源：https://www.guancha.cn/Third-World/2014_11_09_284454.shtml, 2014-11-09)

2. 法律环境分析

法律环境是指国家或地方政府颁布的各项法规、法令和条例等。法律环境对市场消费需求的形成和实现，具有一定的调节作用。对企业来说，法律是评判企业营销活动的准则，只有依法进行的各种营销活动，才能受到国家法律的有效保护。因此，企业开展市场营销活动，必须了解并遵守国家或政府颁布的有关经营、贸易、投资等方面的法律、法规。

日本政府曾规定，任何外国公司进入日本市场，都必须要找一个日本公司与其合伙。也有一些国家利用法律对企业的某些行为作特殊限制。例如，美国曾以安全为由，限制欧洲制造商在美国销售汽车，以致欧洲汽车制造商不得不专门修改其产品，以符合美国法律的要求；英国也曾借口法国牛奶计量单位采用的是公制而非英制，将法国牛奶逐出本国市场。各国法律对商标、广告、标签等都有自己特别的规定。例如，加拿大的产品标签要求用英、法两种文字标明；法国却只使用法文产品标签。这些特殊的法律规定，是企业特别是进行国际营销的企业必须了解和遵循的。

资料 促销活动，需要注意哪些法律法规？

国家市场监督管理总局2020年10月29日发布的《规范促销行为暂行规定》，其中部分内容如下。

第十二条 经营者开展有奖销售活动，应当符合下列要求。

(一)在有奖销售前，应当明确公布奖项种类、参与条件、参与方式、开奖时间、开奖方式、奖金金额或者奖品价格、奖品品名、奖品种类、奖品数量或者中奖概率、兑奖时间、兑奖条件、兑奖方式、奖品交付方式、弃奖条件、主办方及其联系方式等信息，不得变更，不得附加条件，不得影响兑奖，但有利于消费者的除外。

(二)现场即时开奖的有奖销售活动，对超过五百元奖项的兑奖情况，应当随时公示。

(三)经营者标示奖品价格的，应当与同一经营场所同种商品销售价格一致。

第十三条 经营者以非现金形式的物品或者其他利益作为奖品的，按照同期市场同类商品或者服务的价格计算其金额。

第十四条 奖品为积分、礼券、兑换券、代金券等形式的，应当公布兑换规则、使用范围、有效期限以及其他限制性条件等详细内容；需要向其他经营者兑换的，应当公布其他经营者的名称、兑换地点或者兑换途径。

第十五条 经营者进行有奖销售，不得采用以下谎称有奖的方式。

(一)虚构奖项、奖品、奖金金额等。

(二)仅在活动范围中的特定区域投放奖品。

(三)在活动期间将带有中奖标志的商品、奖券不投放、未全部投放市场。

(四)将带有不同奖金金额或者奖品标志的商品、奖券按不同时间投放市场。

(五)未按照向消费者明示的信息兑奖。

(六)其他谎称有奖的方式。

第十六条 经营者进行有奖销售，不得采用让内部员工、指定单位或者个人中奖等故意让内定人员中奖的欺骗方式。

第十七条 抽奖式有奖销售最高奖的金额不得超过五万元。有下列情形之一的，认定为最高奖的金额超过五万元。

(一)最高奖设置多个中奖者的,其中任意一个中奖者的最高奖金额超过五万元。

(二)同一奖券或者购买一次商品具有两次或者两次以上获奖机会的,累计金额超过五万元。

(三)以物品使用权、服务等形式作为奖品的,该物品使用权、服务等的市场价格超过五万元。

(四)以游戏装备、账户等网络虚拟物品作为奖品的,该物品市场价格超过五万元。

(五)以降价、优惠、打折等方式作为奖品的,降价、优惠、打折等利益折算价格超过五万元。

(六)以彩票、抽奖券等作为奖品的,该彩票、抽奖券可能的最高奖金额超过五万元。

(七)以提供就业机会、聘为顾问等名义,并以给付薪金等方式设置奖励,最高奖的金额超过五万元。

(八)以其他形式进行抽奖式有奖销售,最高奖金额超过五万元的。

第十八条 经营者应当建立档案,如实、准确、完整地记录设奖规则、公示信息、兑奖结果、获奖人员等内容,妥善保存两年并依法接受监督检查。

3.2.5 科技环境分析

科学技术是社会生产力新的和最活跃的因素,作为营销环境的一部分,科学技术环境不仅直接影响企业内部的生产和经营,同时还与其他环境因素互相依赖、相互作用,给企业营销活动带来有利与不利影响。企业的机会在于寻找或利用新的技术,满足新的需求。而它面临的威胁则可能有两个方面:一是新技术的突然出现,使企业现有产品变得陈旧;二是新技术改变了企业人员原有的价值观。例如,一种新技术的应用,可以为企业创造一个明星产品,产生巨大的经济效益;也可能迫使企业中某种成功的传统产品不得不退出市场。新技术的应用,会引起企业市场营销策略的变化,也会引起企业经营管理的变化,还会改变零售商业业态结构和消费者的购物习惯。

新技术给企业带来巨大的压力,同时也改变了企业生产经营的内部因素和外部环境,从而引起企业市场营销策略的变化。

(1) 产品策略。由于科学技术的迅速发展,新技术应用于新产品开发的周期大大缩短,产品更新换代加快,使得每天都有新品种、新款式、新功能、新材料的商品在市场上推出。例如,晶体管取代电子管,后又被集成电路所取代;复印机工业打击复写纸工业;电视业打击电影业;化纤工业对传统棉纺业的冲击;等等。这一切无不说明,伴随着科学技术的进步,新行业替代、排挤旧行业,这对新行业技术拥有者是机会,但对旧行业却是威胁。这就要求企业营销人员不断寻找新市场,预测新技术,时刻注意新技术在产品开发中的应用,从而开发出给消费者带来更多便利的新产品。

(2) 分销策略。新技术的不断应用,技术环境的不断变化,使人们的工作及生活方式发生了重大变化。消费者的兴趣、思想等差异性扩大,自我意识增强,从而涌现出大量特色商店和自我服务商店。现代商业中自动售货、邮购、电话订货、电视购物、网络营销等方式的发展,既满足了消费者的要求,又使企业的营销效率提高,这就使现代企业的实体分配出发点由工厂变成了市场。

(3) 价格策略。科学技术的发展及应用,一方面降低了产品成本使其价格下降;另一方面也使企业能够通过信息技术,加强信息反馈,正确应用价值规律、供求规律、竞争规律来制定和修改价格策略。

(4) 促销策略。科学技术的发展,可使促销措施更加有效。例如,广播、电视、传真、国际互联网等现代信息传媒的发展,促销手段的多样化,可使企业的商品和劳务信息及时准确地传送到全国乃至世界各地,并起到刺激消费、促进销售的作用。

> **案例 3-4 新技术是一种"创造性的毁灭力量"**
>
> 磁带取代了唱片,CD 抢走了磁带的市场,MP3 的出现又吸引了大部分消费者,而现在,智能手机的广泛应用又取代了 MP3 播放器。新技术对于旧技术而言,就是一种"创造性的毁灭力量"。
>
> 虽然对于旧技术而言,新技术是一种"创造性的毁灭力量",但是新技术也加速了新兴产业的建立和发展,促进了产业结构的尖端化、软性化和服务化。
>
> (资料来源:杨群祥. 市场营销概论:理论、实务、案例、实训[M]. 北京:高等教育出版社,2011)

3.2.6 社会文化环境分析

市场营销中所说的社会文化因素,一般是指在一种社会形态下已经形成的信息、价值、观念、宗教信仰、道德规范、审美观念以及世代相传的风俗习惯等被社会所公认的各种行为规范。主体文化是占据支配地位的、起凝聚整个国家和民族的作用、由千百年的历史所形成的文化,包括价值观、人生观等;次级文化是在主体文化支配下所形成的文化分支,包括种族、地域、宗教等。文化对所有营销参与者的影响是多层次、全方位、渗透性的。它不仅影响企业的营销组合,而且影响消费心理、消费习惯等,这些影响多半是通过间接的、潜移默化的方式进行的。企业的市场营销人员应分析、研究和了解社会文化环境,以针对不同的文化环境制定不同的营销策略。

1. 教育状况

教育是按照一定的目的要求,对受教育者施以影响的一种有计划的活动,是传授生产经验和生活经验的必要手段,反映并影响着一定的社会生产力、生产关系和经济状况。教育程度不仅影响劳动者的收入水平,而且影响着消费者对商品的鉴别能力,影响着消费者心理、购买的理性程度和消费结构,从而影响企业营销策略的制定和实施。

2. 宗教信仰

人类的生存活动充满了对幸福、安全的向往和追求,在生产力低下人们对自然现象和社会现象迷惑不解的时期,这种追求容易带着盲目崇拜的宗教色彩,而沿袭下来的宗教色彩逐渐形成一种模式,影响着人们的消费行为。某些国家和地区的宗教组织在教徒购买决策中也有重大影响。一种新产品的出现,宗教组织有时会提出限制或禁止使用,认为该商品与宗教信仰相冲突。所以企业可以把影响力大的宗教组织作为重要的公共关系对象,在营销活动中也要针对宗教组织设计适当方案,以避免由于宗教矛盾和冲突给企业营销活动带来损失。

3. 价值观

价值观是指人们对社会生活中各种事物的态度和看法。不同的文化背景下，价值观差异很大，影响着消费需求和购买行为。对于不同的价值观，营销管理者应研究并采取不同的营销策略。一种新产品的消费，会引起社会观念的变革。而对于一些注重传统、喜欢沿袭传统消费方式的消费者，企业在制定促销策略时应把产品与目标市场的文化传统联系起来。

4. 消费习俗

消费习俗是人们历代传递下来的一种消费方式，也可以说是人们在长期经济与社会活动中所形成的一种消费风俗习惯。消费习俗在饮食、服饰、居住、婚丧、节日、人情往来等方面都表现出独特的心理特征和行为方式。不同的消费习俗，具有不同的商品需要，研究消费习俗，不但有利于组织好消费用品的生产与销售，而且有利于正确、主动地引导健康的消费。了解目标市场消费者的禁忌、习俗、避讳、信仰、伦理等是企业进行市场营销的重要前提。

5. 审美观

人们在市场上挑选、购买商品的过程，实际上也就是一次审美活动。近年来，我国人民的审美观念随着物质水平的提高，发生了明显的变化。

(1) 追求健康的美。体育用品和运动服装的需求量呈上升趋势。

(2) 追求形式的美。服装市场的异军突起，不仅美化了人们的生活，更重要的是迎合了消费者的求美心愿。在服装样式上，青年人追求强烈的时代感和不断更新的美感，由对称转为不对称，由灰暗色调转为鲜艳、明快、富有活力的色调。

(3) 追求环境美。消费者对环境的美感体验，在购买活动中表现得最为明显。

因此，企业营销人员应注意以上三个方面审美观的变化，把消费者对商品的评价作为重要的反馈信息，使商品的艺术功能与经营场所的美化效果融为一体，以更好地满足消费者的审美要求。

在研究社会文化环境时，还要重视亚文化群对消费需求的影响。每一种社会文化的内部都包含若干亚文化群，企业市场营销人员在进行社会文化环境分析时，可以把每一个亚文化群视为一个细分市场，生产经营适销对路的产品，以满足顾客的需求。

案例 3-5　文化差异对人的行为的影响

同样的一件事，不同国家的人其行为方式则大相径庭。有三个女孩分别来自美国、日本和中国，她们头戴鲜艳的帽子，身穿漂亮的裙子，一同去郊外旅游。她们来到山顶悬崖边，欣赏大自然所带来的乐趣，感受自然界的魅力，心灵得到了升华。正在玩得高兴之时，一阵大风吹来，美国女孩赶紧用双手捂住帽子，日本女孩用双手按住裙子，而中国女孩则一只手按住裙子，一只手捂住帽子，既不让别人看见"隐私"，也不让帽子丢失，真是两全其美。这就是文化的差异导致人的行为的差异，而且这种差异的影响是根深蒂固的。

(资料来源：转载自 http://doc.mbalib.com/view/bb458ba4883662eqeec2445ac592734b.html, 2010-06-23)

3.3 微观营销环境分析

任务情境

从事 IT 行业的小张很有危机感,想在正常工作之外找点副业为生活加个"保险"。经过认真分析后,小张认为目前国内出现了一群新的消费主体(单身一族、网站类企业夜间上班的员工、青年学生等),他们的消费价值观念与传统的消费观念不尽相同,而居民社区或单位附近一些 24 小时营业的便利店恰恰迎合了他们的消费需求,客观上支撑了便利店起步阶段的发展。对于便利店,创业的成本也是比较低的。但是,小张现在最担心的是,便利店应该在哪里选址;商品采购和配送体系如何搭建;怎样才能得到顾客的信任以及稳定的客源;商品如何定价才不会使顾客流失;如何管理雇员;如何陈设货架、设计招牌等。**你能给小张提供哪些有益的建议?**

从严格意义上来讲,微观营销环境包括企业本身、中间商、顾客、竞争者和社会公众。营销活动能否成功,除营销部门本身的因素外,还要受这些因素的直接影响。但是,由于营销活动通常由企业中的营销部门具体执行,需要企业其他部门(如生产、研发、财务、人力资源部门)的配合,因此企业内部环境通常也涵盖在微观营销环境中。

3.3.1 企业内部分析

企业在进行营销活动时,首先必须设立某种形式的营销部门,让它负责主要的营销工作。一般公司的市场营销是由营销部或销售部管理的,它由品牌经理、营销研究人员、广告及促销专家、销售经理及销售代表等组成。市场营销部门负责制订现有各个产品、各个品牌及新产品、新品牌研究开发的营销计划。但同时,市场营销部门并不是孤立存在的,它还面对着其他职能部门以及高层管理部门。市场营销部门在制订营销计划时,必须考虑与公司其他部门的协调,如与最高管理部门、财务部门、研究开发部门、采购部门、生产部门、会计部门等的协调,因为正是这些部门构成了营销计划制定者的公司内部微观环境。营销部门与其他部门之间既有多方面的合作,也存在争取资源方面的矛盾。这些部门的业务状况如何,它们与营销部门的合作以及它们之间是否协调发展,对营销决策的制定与实施影响极大。

3.3.2 供应商分析

供应商是影响企业营销微观环境的重要因素之一。供应商是指向企业及其竞争者提供生产产品和服务所需资源的企业或个人。供应商所提供的资源主要包括原材料、设备、能源、劳务、资金等。它对营销的影响表现为资源的可靠性、资源的供应价格和资源的质量水平。

(1) 资源的可靠性。原材料、零部件、能源及机器设备等货源的保证,是企业营销活动顺利进行的前提。例如,粮食加工厂需要谷物来进行粮食加工,还需要具备人力、设备、能源等其他生产要素，才能使企业的生产活动正常开展。供应量不足、供应短缺，都可能影响企业按期完成交货任务。

(2) 资源的供应价格。供货的价格会直接影响企业的成本。如果供应商提高原材料价格，生产企业也将被迫提高其产品价格，由此可能影响企业的销售量和利润。

(3) 资源的质量水平。供应货物的质量直接影响企业产品的质量。

针对上述影响，企业在寻找和选择供应商时，应特别注意两点：第一，企业必须充分考虑供应商的资信状况。要选择那些能够提供品质优良、价格合理的资源，交货及时，有良好信用，在质量和效率方面都信得过的供应商，并且要与主要供应商建立长期稳定的合作关系，保证企业生产资源供应的稳定性。第二，企业必须使自己的供应商多样化。若企业过分依赖一家或少数几家供应商，受供应变化的影响和打击的可能性就大。为了减少对企业的影响和制约，企业要尽可能多地联系供货商，向多个供应商采购，尽量避免过于依靠单一的供应商，以免在与供应商的关系发生变化时，使企业陷入困境。

3.3.3 中间商分析

中间商是协助公司寻找顾客或直接与顾客进行交易的商业企业。中间商分两类：代理中间商和经销中间商。代理中间商包括代理人、经纪人、制造商代表等，专门介绍客户或与客户磋商交易合同，但并不拥有商品所有权。经销中间商(如批发商、零售商和其他再售商等)先购买产品，拥有商品所有权，然后再销售商品。中间商对企业产品从生产领域流向消费领域具有极其重要的影响。在与中间商建立合作关系后，要随时了解和掌握其经营活动，并可采取一些激励性合作措施，推动其业务活动的开展，而一旦中间商不能履行其职责或市场环境变化时，企业应及时解除或调整与中间商的关系。

3.3.4 顾客分析

顾客是企业产品或服务的购买者，是企业经营活动的出发点和归宿，是企业生存之本，企业的营销活动是以满足顾客需要为中心的。顾客时刻变化的需求，要求企业以不同的服务方式提供不同的产品，制约着企业营销决策的制定和服务能力的形成，因此企业必须认真研究为之服务的顾客，研究顾客的类型、需求特点、购买欲望和动机、购买规律以及从事购买的人员或组织的特点、购买方式等，在全面细致地了解目标顾客的基础上进行营销决策。顾客可以从不同的角度以不同的标准进行分类。按照购买动机，整个市场分为消费者市场、产业市场、中间商市场、政府市场和国际市场，每一种市场都有其独特的顾客。

3.3.5 竞争者分析

一个组织很少能单独为某一顾客市场服务。公司的营销系统总会受到一群竞争对手的包围和影响。企业竞争对手的状况直接影响企业的营销活动，企业要想成功，必须在满足消费者需要和欲望方面比竞争对手做得更好。对于竞争对手的分析，将在"任务 6 市场竞争策划"中详细学习，这里不再赘述。

3.3.6 公众分析

公众是指对一个企业实现其目标的能力有实际或潜在兴趣或影响的任何团体。所有企业都必须采取积极措施，树立良好的企业形象，力求保持与主要公众之间的良好关系。

公众可能有助于增强一个企业实现自己目标的能力，也可能妨碍这种能力。鉴于公众会对企业的命运产生巨大影响，精明的企业会采取具体措施，会主动去处理与主要公众之间的关系，而不是不采取行动和等待。大多数企业都建立了公共关系部门，专门筹划与各类公众的建设性关系。公共关系部门负责收集与企业有关的公众意见和态度，发布消息、沟通信息，以建立信誉。如果出现不利于公司的反面宣传，公共关系部门就会成为排解纠纷者。

3.4 SWOT 分析

任务情境

你开办的企业正准备进入婴儿食品市场，市场部收集了以下市场信息。
①育龄妇女人数增加，且用母乳哺育婴儿的产妇比例有较大幅度下降。
②居民家庭收入有所增加，独生子女家庭舍得在孩子身上花钱。
③婴儿食品购买者偏爱进口货和名牌，国产新品在市场上很难站稳脚跟。
④近期内对婴儿食品的营养性要求占主导地位的消费情况不会发生变化。
⑤婴儿食品的生产技术比较简单，资金需求量不大，行业进入障碍比较小。
⑥政府也明确表示今后要严格控制消费品进口，这将较大幅度提高进口婴儿食品的价格，减少市场对进口货的需求。
⑦国家法律规定食品生产必须达到一定的卫生标准，必须在包装上注明营养成分和保质期限，过期要销毁。
⑧一些卫生机构呼吁产妇用母乳哺育婴儿，并罗列了母乳喂养的益处。
⑨一些企业受经济效益和人员超编的影响，要求妇女回家和多休产假。
上述环境给企业带来了哪些机会和威胁，企业有哪些发展对策？

营销环境分析的任务就是对外部环境各要素进行调查研究，以明确其现状和变化发展的趋势，从中区别对企业发展有利的机会和不利的威胁，并根据企业自身情况做出相应的对策。市场营销环境分析常用的方法为 SWOT 分析法，它是一种能够较客观而准确地分析和研究一个单位现实情况的方法。利用这种方法可以从中找出对自己有利的、值得发扬的因素，以及对自己不利的、如何去避开的东西，发现存在的问题，找出解决办法，并明确以后的发展方向。SWOT 是四个英文字母，分别代表优势(Strength)、劣势(Weakness)、机会(Opportunity)、威胁(Threat)。从整体上来看，SWOT 可以分为两部分：第一部分为 SW，主要用来分析内部条件；第二部分为 OT，主要用来分析外部条件。

3.4.1　优势与劣势分析

企业的优势是指在执行策略、完成计划以及达到确立的目标时可以利用的能力、资源及技能。企业的劣势是指能力和资源方面的缺少或者缺陷。识别环境中有吸引力的机会是一回事，拥有在机会中成功所必需的竞争能力是另一回事。每个企业都要定期检查自己的优势与劣势，这可以通过"营销备忘录优势/劣势绩效分析检查表"的方式进行。管理部门或企业外的咨询机构都可以利用这一格式检查企业的营销、财务、制造和组织能力。每一个要素都要按照特强、稍强、中等、稍弱或特弱划分等级。

波士顿咨询公司的负责人乔治·斯托克提出，能获胜的公司是取得公司内部优势的企业，而不仅仅只是抓住公司的核心能力。每一公司必须管好某些基本程序，如新产品开发、原材料采购、对订单的销售引导、对客户订单的现金实现、顾客问题的解决时间等。每一个程序都能创造价值，也需要内部部门的协同合作。虽然每一个部门都可以拥有一个核心能力，但如何管理这些优势能力的开发仍是一个挑战。斯托克把它称为能力基础的竞争。

很清楚，公司不应去纠正它的所有劣势，也不是对其优势不加以利用，而应该去研究，只局限在已拥有的优势机会中，还是去获取和发展一些优势以找到更好的机会。

有时，企业发展慢并非因为它的各部门缺乏优势，而是因为它们不能很好地协调配合。例如，有一家大电子公司，工程师轻视销售员，视其为"不懂技术的工程师"；而推销人员则瞧不起服务部门的人员，视其为"不会做生意的推销员"。因此，评估内部各部门的工作关系作为一项内部审计工作是非常重要的。

3.4.2　机会与威胁分析

通过外部环境分析，企业可以很好地明确自身面临的机会与威胁，从而决定企业能够选择做什么。对外部环境的未来变化做出正确的预见，是营销战略能够获得成功的前提。

1. 营销机会与威胁分析

环境机会的实质是指市场上存在着"未满足的需求"。它既可能来源于宏观环境也可能来源于微观环境。随着消费者需求的不断变化和产品生命周期的缩短，使旧产品不断被淘汰，只能开发新产品来满足消费者的需求，从而市场上就出现了许多新的机会。环境机会对不同企业有不同的影响力，企业在每一个特定的市场机会中成功的概率，取决于其业务实力是否与该行业所需要的成功条件相符合。例如，人们对节约水资源的关注，为海尔节水洗衣机提供了强大的竞争优势。环境机会能否成为企业的机会，要看此环境机会是否与企业目标、资源及任务相一致，企业利用此环境机会能否比竞争者创造更大的利益。

环境威胁是指对企业营销活动不利或限制企业营销活动发展的因素，对企业形成挑战，对企业的市场地位构成威胁。这种环境威胁主要来自两个方面：一是环境因素直接威胁着企业的营销活动，如国内外对环境保护要求的提高，某些国家实施"绿色壁垒"，对某些产品不完全符合环保要求的企业，无疑是一种严峻的挑战；二是企业的目标、任务及资源同环境机会相矛盾，特定的营销环境对于具有相应内部条件的企业来说才是市场机会。

因此，市场机会是具体企业的机会，市场机会的分析与识别必须与企业具体条件结合起来进行。例如，人们对自行车的需求转为对摩托车的需求，给自行车厂的目标与资源同这一环境机会造成矛盾。自行车厂要将"环境机会"变成"企业机会"，需要淘汰原来产品，更换全部设备，必须培训、学习新的生产技术，这对自行车厂无疑是一种威胁。摩托车的需求量增加，自行车的销售量必然减少，这又给自行车厂增加了一份威胁。

任何企业都会面临着属于自己的特殊环境，这一特殊环境既有威胁也有机会。但并不是所有的环境威胁都一样大，也不是所有的市场机会都有同样的吸引力。因此，企业应该采取"矩阵分析法"对这些机会和威胁进行分析。

根据机会与威胁程度的高低，我们可以把企业的业务划分为四种类型(见图3-1)。

(1) 理想业务，即高机会和低威胁的业务。
(2) 冒险业务，即高机会和高威胁的业务。
(3) 成熟业务，即低机会和低威胁的业务。
(4) 困难业务，即低机会和高威胁的业务。

	威胁程度	
	低	高
机会程度 高	理想业务	冒险业务
机会程度 低	成熟业务	困难业务

图 3-1 机会、威胁综合矩阵

2. 企业对机会和威胁的反应

企业在进行环境分析的基础上还要针对不同的威胁和机会采取不同的措施。具体来说，企业对机会和威胁的反应主要体现在以下几方面。

最高管理层对企业所面临的市场机会，必须慎重地评价其质量。美国著名市场营销学者西奥多·莱维特曾警告企业家们，要小心地评价市场机会。他说："这里可能是一种需要，但是没有市场；或者这里可能是一个市场，但是没有顾客；或者这里可能有顾客，但目前实在不是一个市场。例如，这里对新技术培训是一个市场，但是没有那么多的顾客购买这种产品。那些不懂得这种道理的市场预测者对于某些领域(如闲暇产品、住房建筑等)表面上的机会曾做出惊人的错误估计。"

企业面临环境机会时，通常有以下三种策略。

1) 及时利用策略

当环境机会与企业的营销目标一致，企业又具备利用这种机会的资源条件，并享有竞争中的差别利益时，企业应及时调整自己的营销组合策略，充分利用市场机会，求得新的盈利与发展。

2) 等待时机，适时利用策略

有些市场机会相对稳定，在短时期内不会发生变化，而企业又暂时不具备利用这一环境机会的必要条件时，可以积极准备，创造条件，待时机成熟时再加以利用。

3) 果断放弃策略

有些市场机会十分有吸引力，但是与企业的目标和资源都有一定的距离，缺乏利用这一市场机会的必要条件,不能加以利用。此时,企业不应犹豫不决,顾此失彼,应该果断放弃。

> **案例 3-6   日本一家针对 60 岁以上老人的健身房,凭啥一年净赚 13 亿?**
>
> 在日本有这样一家奇葩的健身房:它只收女性,不收男性;它是中老年的地盘,专为中老年女性服务,会员的平均年龄为 61 岁,其中最高年龄的用户高达 101 岁;健身房内没有镜子;没有所谓的私教费,全部免费指导。
>
> 它就是全球最大的女性健身连锁机构 Curves 旗下的日本 Curves。这是一家专门为高龄女性用户打造的连锁健身房,经过 12 年发展,目前已经拥有超过 80 万中老年女性会员和超过 1700 家连锁健身房。而且收入和利润保持持续较快增长速度,2016 年,净收入高达 216.67 亿日元,比上一年增长了 16.2%。其中利润有 42.35 亿日元,同比增长了 9.8%。
>
> 在我们的思维中健身房总离不开肌肉、年轻人,但偏偏日本 Curves 却靠着女性中老年用户快速发展起来。我们常常会被市场的固有认知所禁锢,我们总以为别人在做的就是市场的全貌,有时候转一个方向或许又是另一片天地呢。日本 Curves 的成功,除了差异化的定位以外,更重要的是对市场环境的精准分析,日本已进入超老龄社会,而大多数中老年女性身材走样又有钱有闲,她们有迫切的需求,通常的健身房又都是年轻男女,根本找不到适合的去处。此时的日本,中老年女性健身房分明就是一片泛着金光的蓝海。
>
> (资料来源:转载自 https://www.sohu.com/a/258654343_170656, 2018-10-10)

面对环境对企业可能造成的威胁,企业常用的方法有三种。

(1) 对抗策略,也称抗争策略。即试图通过自己的努力限制或扭转环境中不利因素的发展。通过各种方式促使(或阻止)政府颁布某种法令或有关权威组织达成某种协议,努力促使某项政策或协议的形成,以用来抵消不利因素的影响。例如,长期以来,日本的汽车、家用电器等工业品源源不断地流入美国市场,而美国的农产品却遭到日本贸易保护政策的威胁。美国政府为了应对这一严重的环境威胁,一方面,在舆论上提出,美国的消费者愿意购买日本优质的汽车、电视、电子产品,为何不让日本的消费者购买便宜的美国产品?另一方面,美国向有关国际组织提出起诉,要求仲裁。同时提出,如果日本政府不改变农产品贸易保护政策,美国对日本工业品的进口也要采取相应的措施。通过这一系列举措,美国扭转了不利的环境因素。

(2) 减轻策略,也称削弱策略。即企业力图通过改变自己的某些策略,达到降低环境变化威胁对企业的负面影响程度。例如,当可口可乐在美国饮料市场上已稳居领导地位时,突然杀出了百事可乐。百事可乐不仅在广告费用的增长速度上紧跟可口可乐,而且在广告方式上也针锋相对。面对这种环境威胁,可口可乐及时调整市场营销组合,来减轻环境威胁的严重性:一方面,聘请社会上的名人(如心理学家、精神分析家、应用社会学家、社会人类学家等),对市场购买行为新趋势进行分析,采用更加灵活的宣传方式,向百事可乐展开宣传攻势;另一方面,花费比百事可乐多 50%的广告费用,与之展开一场广告战,力求将广大消费者吸引过来。经过上述努力,可口可乐取得了一定的效果。

(3) 转移策略,也称转变或回避策略。即企业通过改变自己受到威胁的主要产品的现有市场或将投资方向转移来避免环境变化对企业的威胁。它主要包含以下不同的"转移":企业原有销售市场的转移;企业往往不仅限于目标市场的改变,而且会做自身行业方面的调整;企业依据营销环境的变化,放弃自己原有的主营产品或服务,将主要力量转移到另一个新的行业中。例如，烟草公司可以适当减少香烟业务，增加食品和饮料等业务，实行多元化经营。

案例 3-7　家居卖场转移营销战略　网络销售赢市场先机

家居卖场竞争日益激烈，近几年，居然之家、红星美凯龙等全国性的大卖场之间为争夺区域市场纷纷变招，与地方强势家居卖场近身肉搏，渠道战竞争已近乎白热化。此外还面临资金压力、物流配送、人力等方面的问题。最近，某家居卖场运营高层称：着手布线电子商务平台建设，赢得未来网络营销战争的时机，商战从店面打到网上。

在传统渠道"硝烟四起"后，家居卖场的动作频频指向电子商务，高手过招就看谁先抢到先机。据厨卫电子商务平台中洁网观察，目前家居卖场方的电子商务还处于初步发展阶段，功能多为充当展示平台，在线交易很少实现。互联网上家居产品数字化程度很低，而消费者对于这类信息的需求很大。现在着手建设电子商务网站是最佳时机。某网站提出了"网上苏宁"模式值得借鉴，即网上厨卫城的概念采用专业评测＋网店＋线下渠道的模式，家居产品跟普通快消品有很大区别，涉及很多专业性知识，这种模式既满足了消费者信息透明化的心理需求，又能省去经销商层层摊利的环节。

此外，未来面对的主要消费群体是"80 后"，而这类人群受网络影响非常大，他们对服装、日用品、电子产品等线上交易已经形成消费习惯，使用频率越来越高。如果不顺应这种消费心理，将来很可能被边缘化。随着电子商务技术的升级，网上报价的规范化，最终将迎来家居电子商务的盈利时代。

（资料来源：转载自 http://cd.qq.com/a/20080910/000347.htm. 2008-09-16）

【课程小结】

营销环境是企业营销职能外部的因素和力量，是影响企业营销活动及其目标实现的外部条件。

营销环境是企业营销活动的制约因素，营销管理者应采取积极、主动的态度能动地去适应营销环境。

宏观营销环境包括人口、经济、自然、政治法律、科学技术、社会文化环境。微观营销环境包括企业内部、供应商、中间商、顾客、竞争者和公众。企业需要通过环境分析来评估环境威胁与环境机会，避害趋利，争取比竞争者利用同一市场机会获得更大的成效。

【课堂讨论】

1. 举例说明科学技术为什么是一把双刃剑？
2. 美国南部的一个州，每年都举办南瓜品种大赛。有一个农夫得奖之后，毫不吝惜地将得奖种子分送给街坊邻居。一位邻居很惊讶地问他："您的奖项得来不易，为什么还这么慷慨地将种子送给我们？难道不怕我们的品种超过您吗？"农夫回答说："各家的田地比邻相连。我将获奖种子送给大家，你们就可以改良品种，也可以避免蜜蜂在传递花粉的过程中，携带邻近较差品种的花粉污染了自己家的花粉。"你是如何理解农夫的做法的？

3. "夕阳无限好,只是近黄昏",步入 21 世纪后,人口老龄化问题在大中城市日益突出,老龄化会给企业带来什么威胁,又会给企业带来哪些机遇?

【技能训练】

1. 某超市经营状况不佳,老板为吸引人潮想出一个妙招——在超市中开办婚姻介绍所,搞"单身者之夜",每周二晚上举行。要求当晚每位来宾都要在自己的胸前别上一个写有自己名字的小牌,以便彼此认识。为扩大影响,超市经常请名人做开场主持,播放轻松的音乐。从此超级市场一改冷清的景象,变得熙熙攘攘,十分热闹,超市效益也直线上升。请你说一说,超市还可以增加什么功能,带来人气和财气?

2. 一家公司招聘职员,最后要从 3 个人中选出两个。应聘题目是:假如你们 3 个人一起去沙漠探险,在返回途中,车子抛锚了。你们还有很多的路要走,可是你们只能从 7 样东西中选择 4 样随身带着,这 7 样东西分别是:镜子、刀、帐篷、水、火柴、绳子、指南针。而其中帐篷只能住下 2 个人,水也只有 2 瓶。你选择什么?为什么?

3. 大学生活是人生非常重要的一个阶段,对今后人生的发展具有重要作用,每个大学生都需要不断用知识充实自己,加强自身综合素质的训练,努力实现全面发展。因此,全面了解自己,了解外部社会环境的变化趋势,并在此基础上对自己的大学生活进行规划是非常必要的。请思考五分钟,然后每位同学都站起来回答自己最突出的优点和缺点各是什么。

【课后自测】

1. 下列不属于微观环境因素的是(　　)。
   A. 供应者　　　　　　　　B. 竞争者
   C. 顾客　　　　　　　　　D. 亚文化群
2. 直接影响企业营销活动的营销环境因素是(　　)。
   A. 微观环境　　　　　　　B. 宏观环境
   C. 社会经济因素　　　　　D. 政治法律环境
3. 在居民收入中直接影响消费水平和消费结构的是(　　)。
   A. 货币收入　　　　　　　B. 工资性收入
   C. 个人可自由支配收入　　D. 人均国民收入
4. "网上购物"的不断发展,主要是由于(　　)。
   A. 经济发展水平的提高　　B. 科学技术的发展
   C. 人口环境的变化　　　　D. 政治和法律环境的改善
5. 威胁水平和机会水平都高的业务被称为(　　)。
   A. 理想业务　　　　　　　B. 冒险业务
   C. 成熟业务　　　　　　　D. 困难业务

【案例分析】

火烧"温州鞋"

在"欧洲鞋都"——西班牙东部小城埃尔切的中国鞋城，约 400 名不明身份的西班牙人聚集街头，烧毁了一辆载有温州鞋集装箱的卡车和一个温州鞋商的仓库，造成约 800 万元人民币的经济损失。

在传统东方文化"财不外露"思想的影响下，华商在国外一般本着"多一事不如少一事"的态度，只管埋头赚钱而极少"参政"。这种低调的姿态刚开始还是可行的，但随着当地华商数量越来越多、生意越做越大，必然会引起一系列问题。"海外华商必须学会组织起来，用团体力量去影响当地的政治生态，如有意识地去游说当地政府，从而确保自身权益得到有效保护"。商务部研究员梅新育进一步指出，"如果海外华商能从这次事件中有所警醒，不再是一盘散沙，坏事也许可以由此变成好事"。事实上，为了使温州鞋更好地参与国际竞争，温州鞋革协会早在 2003 年就开始筹办"鞋类出口委员会"，筹备组由东艺、泰马、吉尔达等外销鞋大户组成。

"西班牙事件中，我们更需要思考的是品牌。我们还没有世界知名品牌，这是中国鞋在国际竞争中的最大困难"。中国鞋在世界上根本没有品牌，只能以低档鞋参与竞争。西班牙烧鞋正是低端竞争的结果。目前我国鞋业生产能力过剩，出口企业数量过多，相当一部分制鞋企业，特别是一些规模不大的企业普遍存在着短视行为。一方面，企业不注重科研、开发、设计，多以来样加工或相互模仿、抄袭为主，很少投入必要的资金去研究、开发产品，很少投入时间和精力去搞系列的市场调查、分析等。这种状况导致企业在国际市场上信息不灵通、产品设计式样滞后、花色品种单一、舒适性差等问题，致使出口档次无法提高，价格卖不上去，总在中低档市场徘徊。而中低档市场已面临越南等新兴鞋类生产国的竞争，鞋类出口已经受到严重威胁。对此，一些出口企业不练内功，反而采取降价手段应对。一些新的出口企业为挤入国际市场，多以低价策略为先导，另外，"外商招标"压价成风也使得鞋价无法提高。在广交会上，中国企业自相残杀、恶性竞争，而外商从中渔利的现象并不少见。另一方面，由于企业规模小，不注重产品的开发和质量，最终使中国鞋在国际市场上长期摆脱不了低价路线。如今，中国的迅速崛起正给世界利益格局、市场格局和资源格局带来深刻的变化，在这一形势下，也许这个问题更具价值、更值得探讨和反思。因为在很长一段时间里，"我们左右不了国际环境，能够改变的只有自己"。

(资料来源：转载自 http://www.sellgreat.com/club/146/48198.html, 2008-01-04)

案例思考

1. 你如何理解"我们左右不了国际环境，能够改变的只有自己"？
2. 在反全球化现象存在的今天，对于我国鞋类等劳动密集型产品在海外市场的发展，你有何建议来解决"劳动力优势"可能带来的问题？

案例分析与提示

市场营销环境具有客观性和可影响性。

【综合实训】

对植物蛋白饮料市场的营销环境分析

一、实训项目

通过对"露露""六个核桃""大寨"等品牌进行市场调查,来了解植物蛋白饮料的市场营销环境。

二、实训内容

组建团队,完成以下五个步骤。

第一步,上网搜集相关资料,了解植物蛋白饮料行业发展的历史和现状。

第二步,走访小卖部、饭馆、便利店、超市、大卖场等,了解植物蛋白饮料的市场铺货情况、市场竞争情况及销售情况。

第三步,通过消费者访谈,了解消费者对植物蛋白饮料的消费态度、购买动机和消费情况。

第四步,植物蛋白饮料行业发展中的优势和劣势分析。

第五步,植物蛋白饮料面临的机会和威胁分析。

三、实训组织

本项实训活动组织分以下两个阶段进行。

1. 市场调查阶段

①由教师担任项目总指导;②设计调查提纲,进行调查;③收集相关资料。

2. 研讨阶段

①由教师担任研讨活动总指导;②全班分为若干小组,每组5~6人,确定组长1人;③每组就所调查的内容开展研讨;④每组推举1人进行全班交流发言。

四、实训成果

制作关于植物蛋白饮料营销环境分析的PPT课件。

微课视频

扫一扫,获取本章相关微课视频。

任务3.mp4

任务 4　市场购买行为分析

【能力目标】

通过完成本任务，你应该能够：
- 熟练分析消费者市场和组织市场的购买特征。
- 熟练分析影响消费者市场和组织市场的购买行为的主要因素。
- 熟练分析消费者市场和组织市场的购买决策过程。

【名言警句】

营销，意味着通过顾客的眼睛来看待一切商业行为。

——彼得·德鲁克

营销是没有专家的，唯一的专家是消费者，就是你只要能打动消费者就行了。

——史玉柱

占领市场必先占领消费者的心灵。

——李奥·贝纳

【案例导入】

某百年老店在杭州开设了分店，地处杭州商业黄金地段。这个百年老店的包子以其鲜明的特色而享誉神州，如皮薄、水馅、味道鲜美、咬一口汁水横流等。但是，正当杭州某大酒店日销包子万余个时，该包子店却很少有人问津，"门庭冷落车马稀"。

当该包子店一再强调其包子鲜明的特色时，却忽视了消费者是否接受这一"特色"。那么受挫于杭州也是势在必行了。首先，该店的包子馅比较油腻，不符合喜爱清淡食物的杭州市民的口味。其次，该店的包子不符合杭州人的生活习惯。杭州市民将包子当作便捷的快餐对待，往往边走边吃。而该店的包子由于皮薄、水馅、容易流汁，不能拿在手里吃，只有坐下来用筷子慢慢享用。最后，该店的包子馅多半是葱蒜类的辛辣刺激物，这也与杭州人的传统口味相悖。

该店的包子在杭州"失宠"，并非因包子自身品质有问题，而是没有充分考虑影响消费者购买行为的因素，如消费者的生活方式、偏好等，导致同样的产品在不同的消费者市场出现不同的反应。

企业开展市场营销活动的目的是在满足目标市场需求的基础上，实现企业盈利的目标。对目标市场购买行为分析可以使企业有效地了解该市场的需求状况和变化趋势，成功进行产品销售。目标顾客包括消费者，也包括组织，所以分析市场购买行为就是分析消费者市场购买行为和组织市场购买行为。

4.1 消费者市场购买行为分析

任务情境

你是一个超市的经理，营业额和利润虽然还说过得去，但依然觉得不理想。通过调查部分顾客，得知顾客认为店内拥挤杂乱，商品质量差、档次低。经过对超市购物环境的分析，发现了原因。原来，超市柜台摆放不合理，顾客不易找到所需的商品，因而显得杂乱；柜台安放过多，过道太狭窄，购物高峰时期会造成拥挤；商场灯光暗淡，货架陈旧，墙壁和屋顶多年没有装修，在这种背景下优质商品也会显得质量差、档次低。

为了提高竞争力，你痛下决心，拿出一笔资金对商店购物环境进行彻底改造。整修后，过了半个月，销售额和利润又降到以往的水平。原来有些老顾客不来购物了，新增的顾客没有流失的老顾客多。顾客认为购物环境是比过去好了，商品档次也提高了，但是商品摆放依然不太合理，同时商品价格也提高了，别的商店更便宜些，一批老顾客就到别处购买了。听到这种反映，你再次感到诧异，因为超市装修后的商品价格并未提高，只是调整了商品结构，减少了部分微利商品，增加正常利润和厚利商品，其价格与其他超市相同。你苦思冥想，究竟怎样才能适应顾客呢？应该怎样做才能扭转这种不利的市场状态呢？

4.1.1 消费者市场

消费者市场是指个人或家庭为了生活消费而购买产品和服务的市场。它是市场体系的基础，是起决定性作用的市场。

从交易的商品来看，由于它是供人们最终消费的产品，而购买者是个人或家庭，因而它更多地受到消费者个人人为因素(诸如文化修养、欣赏习惯、收入水平等方面)的影响。消费者市场是一个极为广泛、复杂、多样的市场，因此对产品的品种、规格、品质、外观、式样、价格和科技含量等要求也不同。

从交易的规模和方式来看，消费品市场购买者众多，市场分散，成交次数频繁，但交易数量零星。个人消费品多通过零售渠道购买，其购买地点十分分散，因此绝大部分商品都是通过中间商销售产品，以方便消费者购买。

从购买行为来看，消费者的购买行为具有很大程度的可诱导性。消费者容易一时冲动而发生购买行为，此外消费者大多缺乏相应的商品知识和市场知识，容易受广告、宣传的影响。所以企业应注意做好商品的广告宣传，引导消费者的购买行为。

从购买目的来看，消费者市场由个人或家庭构成，消费者购买不以营利为目的，而是为了个人或家庭的生活消费。

4.1.2 影响消费者购买行为的因素

消费者的购买行为取决于他们的需求和欲望，而消费者的需求和欲望又是由多种因素综合作用的结果。这些因素主要包括文化因素、社会因素、消费者个人因素和消费者心理因素。

1. 文化因素

文化对购买行为的影响非常巨大。文化反映着不同国家和地区、不同群体和阶层的不同价值观和态度。文化因素影响人们的消费行为，主要表现为不同文化背景下的消费者有着不同的价值观、宗教信仰、风俗习惯及道德规范等，从而使消费偏好和购买行为存在明显的差异。

每一种文化中往往都存在一些在一定范围内具有同一性的群体，即在较大的社会群体中存在一些较小的团体，这就是亚文化群。在同一亚文化群中，消费者必然会有某些相似的特点，以区别于其他的亚文化群。

(1) 民族亚文化群。每个民族在宗教信仰、节日、崇尚爱好、图腾禁忌和生活习惯等方面都有其独特之处，这些都会对该民族的消费需求产生深刻的影响。

(2) 宗教亚文化群。不同的宗教有不同的文化倾向和戒律，影响消费者认识事物的方式、对生活的态度、行为准则和价值观念，从而影响消费者的需求。

(3) 地理亚文化群。不同的地区会有不同的风俗、习惯和偏好，从而使消费的需求带有明显的地方色彩。例如，我国有"南甜北咸东辣西酸"的说法；还有一些地区的消费者喜欢绿色，认为绿色是生命之色，这与该地区干旱少雨的沙漠气候环境有关。

2. 社会因素

社会因素主要包括家庭、社会阶层和参考群体三个方面，它们会对消费者的购买心理和消费行为产生非常大的影响。

(1) 家庭。家庭是社会的基本单位，是很多产品的基本消费单位。在正常情况下，人的一生大都是在家庭中度过的。家庭对个体性格和价值观的形成、对个体的消费与决策模式均会产生非常重要的影响。

家庭购买决策一般可以分为四种方式：①妻子支配型。例如，厨房用具、食品、清洁用品的购买基本是妻子说了算。②丈夫支配型。例如，购买人寿保险通常由丈夫做出购买决策。③各自做主型。对于不太重要的购买，可由丈夫或妻子独立做出决定。例如，饮料、化妆品、香烟等产品购买由夫妻各自做出决定。④共同做主型。例如，旅游、孩子上学、购买和装修住房、购买家具等产品共同商量决定。熟悉不同家庭的购买特征，有针对性地对这四种不同类型的家庭购买决策制订营销计划。

(2) 社会阶层。社会阶层是由具有相同或类似社会地位的社会成员组成的相对持久的群体。一方面，同一阶层内社会成员之间更多的互动，会强化共有的规范与价值观，从而使阶层内成员之间的相互影响增强；另一方面，不同阶层之间较少互动，会限制产品、广告和其他营销信息在不同阶层人员之间的流动，使得彼此的行为呈现更多的差异性。对于某些产品，社会阶层提供了一种合适的细分依据或细分基础。

> **资料 美国七种主要社会阶层的特征**
>
> 上上层(不到1%)。上上层是出身显赫的达官贵人，这些人是珠宝、古玩、住宅和度假用品的主要市场。这一阶层人数很少，往往作为其他阶层的参考群体。
>
> 上下层(2%左右)。拥有高薪和大量财产，来自中产阶级，喜欢为自己的孩子采购一些与其地位相称的产品，诸如昂贵的住宅、游艇、游泳池和汽车等。

中上层(占12%)。这一阶层包括自由职业者、独立的企业家以及公司经理等。这个阶层的人参加各种社会组织，有高度的公德心。他们是优良住宅、衣服、家具和家用器具的最适宜的购买者。

中间层(32%)。中间层主要是中等收入的白领。他们通常购买"赶潮流"的产品。大部分看重时尚，追求"一种良好品牌"。中间层认为有必要为他们的子女投入较多的钱，要求他们的子女接受大学教育。

劳动阶层(38%)。劳动阶层主要是蓝领工人。他们偏好标准型号或较大型号的汽车，对国内外的小型汽车并不问津。

下上层(9%)。下上层的生活水平刚好在贫困线之上，他们无时无刻不在追求较高的阶层，但却干着那些无技能的劳动，工资低得可怜。虽然他们几乎落到贫困线上，但他们千方百计"表现出一副严格自律的形象"，并"努力保持清洁"。

下下层(7%)。下下层对寻找工作不感兴趣，长期依靠公众或慈善机构救济。他们的住宅、衣着、财务是"脏的""不协调的"和"破的"。

(资料来源：(美)菲利普·科特勒. 营销管理[M]. 北京：中国人民大学出版社，2012)

(3) 参考群体。参考群体就是能够影响一个人的价值观、态度和意见的群体。他们对于消费者的行为、态度、价值观具有直接影响或者榜样和参照标准的作用。参考群体主要有两种：成员群体和非成员群体。成员群体具有同样身份并且具有直接影响。例如，家庭成员、亲朋好友、同学、同事、邻居、同乡等，这类群体与消费者关系最为密切，对消费者购买行为的影响也最大。非成员群体(如社会名人、政要、体育和影视明星等)虽然与消费者没有直接关系，但是由于他们具有较高的社会知名度，所以他们的行为具有较高的示范效应，往往在消费者心目中充当"意见领袖"的角色。

3. 消费者个人因素

消费者在购买时也受到来自个人因素的影响，个体差异反映出购买需求和行为的多样化。这些个人因素包括：家庭生命周期阶段、年龄、性别、职业、生活方式、受教育水平等。

当消费者处在不同家庭生命周期阶段时，会表现出不同的特点。家庭生命周期可以分为七个阶段：①单身期。以年轻人为主要群体。这一群体比较关心时尚，崇尚娱乐和休闲。②新婚期。新婚夫妇正式组建家庭时，购买力最强，尤其是耐用品的购买力高。③满巢一期。年幼(六岁以下)小孩和年轻夫妇组成的家庭。孩子的需求成为家庭消费的中心。④满巢二期。孩子已超过六岁。用于孩子教育的支出会大幅度上升。⑤满巢三期。夫妇和他们仍未完全独立的孩子所组成的家庭。会花很多钱用于在外用餐、旅游等方面。⑥空巢期。孩子已经独立。用于身体保健、继续接受教育、夫妻单独出外旅游、买一些高档的物品等方面的支出会上升。⑦孤独期。夫妻中的一方过世。这样的家庭会有一些特殊的需要，如更多的社会关爱和照看。

年龄不同会导致对许多产品和服务的需求不同，即使需要同样的产品(如汽车)，也可能显示出在颜色、款式、速度、装饰等方面较大的差异。许多企业在进行市场细分的时候都将年龄作为区别目标顾客群的最重要因素之一。

职业和受教育程度影响着人们的消费需求和偏好。有些企业甚至专门生产或经营适合某一职业的产品或服务，并进行广告促销，效果非常好。

案例 4-1　米勒啤酒成功的奥秘

美国米勒啤酒公司经过市场调查发现，在美国 80%的啤酒是由 30%的人消费的，这些人的职业主要是蓝领工人、大学生和技术人员等。于是米勒公司在对其产品"海雷夫"啤酒确定新的营销方案时，就以这些人为广告对象，后来又增加了炼钢工人和渔民等。广告主题为"在你完成任何事情之后，不管是辛勤地捕鱼，还是演奏了一夜的摇滚音乐，用米勒啤酒来奖赏自己一番吧！"这一做法使米勒的品牌形象大为改观，由斯斯文文的形象变成豪爽刚直的形象，从而使米勒啤酒大获成功。

(资料来源：张凤丽，连有. 国际市场营销[M]. 上海：上海财经大学出版社，2008)

性别在消费需求、动机和行为以及购买决策等方面均有显著的不同。男性消费商品趋于理智，喜欢稳重、可靠、实用的商品，很少受到感情的驱使。购买商品的时间短，决策果断。女性消费者行为感性，受感情支配，好感、同情、喜欢都会引发购买欲望。外观和包装是女性选择商品的重要因素。

消费者具有各种各样的个性，个性的差异将导致购买行为的不同。消费者的个性还导致消费者在购买过程中的不同表现，许多消费者倾向于购买与其具有相似而独特"个性"的产品或者购买那些可以强化并提高自我形象的产品。

生活方式对产品的需求也会有相当大的差别，有些人属于享受型，有些人属于节俭型，有些人属于家庭型，有些人属于事业型等。生活方式的不同，他们的兴趣爱好及购买行为也存在较大的差异。

4．消费者心理因素

消费者购买行为还要受个人的需要与动机、知觉、学习、信念与态度四个方面主要心理因素的影响。

1) 需要与动机

美国人本主义心理学家马斯洛将人类需要按由低级到高级的顺序分成五种基本类型：生理需要、安全需要、社交需要、受人尊重的需要和自我实现的需要。人们的一切行为是由动机引发的，而动机又是由需要和欲望引起的。企业应该调查了解目标市场上消费者真正的需要是什么，尚未得到的需要是什么，未来可能产生的需要又是什么，制定不同的营销策略，只有这样才能避免营销活动的盲目性。

案例 4-2　只买贵，不买对

"一定得选择最好的黄金地段，雇法国设计师！建就得建最高档次的公寓，电梯直接入户，户型最小的也得 400 平方米。什么宽带啊，光缆啊，卫星啊，能接的全给它接上。楼上面有花园，楼里边有游泳池，楼里再站一个英国管家，戴假发特绅士的那种。业主一进门儿，甭管有事儿没事儿都得跟人家说：May I help you, Sir? 一口地道的英国伦敦腔儿，倍儿有面子。社区里再建一所贵族学校，教材用哈佛的，一年光学费就得几万美金。再建一所美国诊所，24 小时候诊，就是一个字儿：贵！看个感冒就得花个万儿八千的。周围的邻居不是开宝马就是开奔驰，你要是开一日本车你都不好意思跟别人打招呼！什么叫成功人士你知道吗？成功人士就是买什么东西只买最贵的！不买最好的。"

这是电影《大腕》中那段百听不厌的经典台词，实在令人捧腹大笑。同时，它也深深地反映了中国人关于摆谱的一种最常规的手段，那就是以"贵"为消费准则，在他们看来，只有购买价格昂贵的东西，才能显示出人的尊贵。在琳琅满目的商品罗列中，真正吸引眼球的往往并不是商品本身的外观、质量和性能，而是其"可怕"的价格。很多人在豪华店铺里都有过这样一种感受，当你看到一件精致的商品时，会被其特有的光艳所吸引，然后会不由自主地走过去，一边靠近一边发出感叹：哇！好漂亮啊！但是，当你在"沉醉"中稍稍回过神来去看一眼价格的时候，立刻被吓了一跳。在你看到那"天文数字"的一刹那，心里或多或少会有些失落，因为这件如此奢华的东西是与你无缘的。所以你会无奈的离开，尽管可能会回过头来再偷偷看上两眼，但你却绝对不敢再接近它们了。

但是，总会有一部分人敢于靠近这样的奢侈品，他们甚至会潇洒地把大手一挥，将此物品收入囊中。这样的人，也许并不需要那些奢侈品，更谈不上喜欢，只是看中了其昂贵的价格，而正是昂贵的价格，才给他们提供了摆谱的机会。

(资料来源：https://zhidao.baidu.com/question/461501228544928165.html?fr=iks&word=%D6%BB%C2%F2%B9%F3%2C%B2%BB%C2%F2%B6%D4&ie=gbk, 2019-03-19)

2) 知觉

知觉是人脑对刺激物的整体反映，是对感觉信息加工和解释的过程。心理学认为，知觉过程是一个有选择性的心理过程，主要有三个阶段：选择性注意、选择性曲解和选择性记忆。

①选择性注意。以商业广告来说，人们平均每天见到的广告超过 1500 条，这 1500 条不可能都引起人们注意，绝大多数一瞬即逝，不能留下什么印象。人们总是有选择性地注意一些刺激物。②选择性曲解。例如，某一名牌商品在消费者心目中早已树起信誉，形成品牌偏好，不会轻易消失；另一新的品牌即使实际质量已优于前者，消费者也不会轻易认同，总以为原先的那个名牌更好些。③选择性记忆。人们对所了解的东西，不可能统统记住，而是主要记住那些符合自己信念的东西。上述三种心理过程说明，只有以多次重复的、有吸引力的强刺激，加深消费者的直观印象，才能突破其牢固的知觉壁垒。

案例 4-3　背景音乐与购买行为

在进行某些活动时，背景音乐是可以影响人的态度和行为的。虽然在许多零售商场中都开始播放背景音乐，但背景音乐对消费者的行为到底有怎样的影响？这方面的基础研究比较少。美国学者研究了音乐的一个方面——节拍对超市顾客行为的影响。他进行了三种处理：没有音乐、慢节奏音乐和快节奏音乐。研究的基本假设是这三种状态将对以下三个方面产生不同的影响：一是超市顾客在商场内的流动速度；二是消费者的日购买总量；三是顾客离开超市后，表示对超市的背景音乐有印象的人数。

研究发现，背景音乐的节奏影响消费者行为。商场内顾客流动的速度在慢节奏音乐中最慢，而在快节奏音乐的环境中则最快。而且，选择慢节奏可以提高销售额，因为在慢节奏环境中，消费者在商场内徘徊浏览的时间延长了，因而就有可能购买更多的商品。有趣的是，购物后的询问调查表明，很多消费者根本没有留意商场中所播放的音乐。可见，音乐很可能是在消费者没有意识到的情况下对消费者的购买行为产生影响的。

(资料来源：转载自 http:www.100xinli.com/HP/20100612/DetailD1139190.shtml, 2010-06-12)

3) 学习

学习可以透过亲身经验或信息吸收而导致行为改变。经验式学习：透过实际的体验而带来的行为改变，例如在使用试用品后而喜欢某品牌。观念式学习：透过外来信息或观察他人而改变行为。如果消费者看到单位同事开的某品牌轿车觉得很好，就有可能促使他采取行动。

4) 信念与态度

消费者的态度是指人们长期保持的关于某种事物或观念的是非观、好恶观。消费者一旦形成对某种产品或商标的态度，往往不易改变。

消费者的信念是指人们对事物所持的认识。这种认识有的是建立在信任(如对名牌产品)的基础上，有的则可能是基于偏见、讹传的基础上。不同消费者对同一事物也可能拥有不同的信念，而这种信念又会影响消费者的态度。例如，一些消费者可能认为名牌产品的质量比一般产品高出很多，能够提供很大的附加利益；另一些消费者则认为，不同企业生产的产品在品质上并不存在太大的差异，名牌产品提供的附加利益并没有人们想象得那么大。很显然，上述不同的信念会导致对名牌产品的不同态度。

4.1.3 消费者购买决策过程分析

消费者购买决策过程一般分为五个阶段，即认知需求、收集信息、评估购买方案、做出购买决策和购后评价，如图4-1所示。企业的营销活动应该在消费者决策的不同阶段，制定相应的营销策略。

图 4-1 消费者购买决策过程

1．认知需求

认知需求是消费者购买决策过程的起点。当消费者在现实生活中感觉到或意识到实际与其需求之间有一定差距，并产生要解决这一问题的要求时，就会采取购买行为。消费者的这种需求的产生，既可以是人体内机能的感受所引发的，如因饥饿而引发购买食品、因口渴而引发购买饮料；又可以是外部条件刺激所诱生的，如因看见电视中的西服广告而打算给自己买一套、路过水果店看到新鲜的水果而决定购买等。营销人员应了解消费者的需要是怎样产生的，企业应该提供满足消费者需要的产品，以及适当的包装、广告、现场演示等"诱因"，促使消费者产生和强化购买动机。

2．收集信息

消费者一旦对所要满足的需要进行了确认，便会着手收集、寻找和分析与满足需要有关的商品和服务的资料，为购买决策做准备。消费者一般通过以下四个途径，获取其所需要的信息。

个人来源：如家庭、朋友、邻居、熟人等。

商业来源：如广告、推销人员、经销商、展销会等。

公共来源：如大众传播媒体、消费者协会等。

经验来源：以前购买商品的经验以及消费者亲自到销售现场通过触摸、观看等。

企业应该掌握消费者信息来源的主要渠道以及对所获得信息的信任程度，设计有针对性的广告，并充分利用"口碑"宣传，影响消费者的购买决策。

3. 评估购买方案

当消费者从不同的渠道获取有关信息后，就会对所收集的各种信息进行整理，形成不同的购买方案，并对可供选择的购买方案进行分析和比较，做出评价。消费者对不同种类的产品评价标准是不一样的，而且评价的标准也是多方面的。例如，对于汽车的评价标准包括安全性、耗油量、价格、车型、时速等。

4. 做出购买决策

做出购买决策是购买者决策过程中的中心一环。购买决策通常有三种情况：①消费者认为商品质量、款式、价格等符合自己的要求和购买能力，决定立即购买；②消费者认为商品的某些方面还不能完全令人满意而延期购买；③消费者对商品质量、价格等不满意而决定不买。消费者的购买决策是许多项目的总抉择，可以概括为以下几个方面：由谁去购买(Who)；买什么(What)，购买什么质量、规格、款式、功能、价格的产品；何时购买(When)；在哪里购买(Where)；如何购买(How)，即消费者采取什么方式和手段购买商品，是自购还是委托购买等。

5. 购后评价

消费者购买了商品，并不意味着购买行为就结束了，因为其对所购买的商品是否满意，以及会采取怎样的后续行动，对于企业目前和将来的经营活动都会带来很大的影响。消费者购买商品后，最主要的感受是满意或者不满意。如果感到满意，就会产生重复购买行为，并向相关群体进行推荐；如果感到不满意，就不会再次购买，而且会对相关群体产生负面影响，甚至向相关部门投诉。因此，消费者购后感受的好坏，会影响消费者是否重复购买，并将影响他人的购买行为，对企业信誉和形象影响极大。

> **案例4-4　如果您去商店退换商品，售货员不予退换怎么办？**
>
> 如果您去商店退换商品，售货员不予退换怎么办？可能有以下四种行为：
>
> (1) 耐心诉说。尽自己最大努力，慢慢解释退换商品的原因，直至得到解决。
>
> (2) 自认倒霉。向商店申诉也没用，商品质量不好又不是商店生产的，自己吃点亏，下回长经验。缺少退换的勇气和信心。
>
> (3) 灵活变通。找好说话的其他售货员申诉，找营业组长或值班经理求情，只要有一人同意退换就有望解决。
>
> (4) 据理力争。绝不求情，脸红脖子粗地与售货员争到底，不行就利用互联网曝光，再不解决就向工商局、消费者协会投诉。

许多企业信奉的名言是："最好的广告是满意的消费者。"因此，企业要注意及时收集信息，加强售后服务，采取相应措施，进一步改善消费者购后感受和提高产品的适销程度。

4.1.4 消费者购买行为类型

消费者的购买行为是消费者在一定购买条件和购买动机驱使下,为了满足某种需求而购买商品的活动过程。由于消费者的购买条件与动机纷繁复杂,因而其购买行为也多种多样,根据消费者对产品的熟悉程度(需要解决问题的多少)和购买决策的风险大小(很大程度上取决于产品价格的高低),可以划分为如图 4-2 所示的四种购买类型。

	对产品较陌生	对产品较熟悉
购买决策风险较大	复杂型 购买行为	选择型 购买行为
购买决策风险较小	简单型 购买行为	习惯型 购买行为

图 4-2 消费者购买行为类型

1. 复杂型购买行为

消费者在购买认知程度低、价格昂贵、购买频率不高的大件耐用消费品时,会表现出复杂型购买行为。例如,消费者在购买汽车时,通常需要经历一个认真考虑的过程,广泛地收集各种相关信息,对可供选择的产品进行全面评估,最后慎重地做出购买决策。对于复杂型购买行为,企业应制定相应的营销策略帮助购买者掌握产品知识,运用大众传播媒体和销售人员大力宣传,发动相关群体影响消费者的最终购买决定,简化购买过程。

2. 选择型购买行为

对于价格比较昂贵的商品,有较大的购买决策风险,但是由于消费者对于此类商品比较了解,知道应当如何进行选择。消费者主要是了解现有各品牌和品种之间的明显差异,在购买产品时并不深入收集信息和评估比较就决定购买某一品牌。市场领导者力图通过占有货架和提醒购买的广告来鼓励消费者形成习惯型购买行为;市场挑战者则以较低的价格、折扣、赠券、免费赠送样品和强调试用新品牌的广告来吸引消费者改变原有的习惯型购买行为。

3. 习惯型购买行为

消费者对所选购的产品比较了解,主要依据过去的知识和经验习惯性地做出购买决定,购买决策时几乎不涉及信息收集和评价这两个购买阶段。消费者从刺激需要、引起动机到决定购买,需要的时间较短。针对这一类型的消费者,企业应该努力提高产品质量,加强广告宣传,树立良好的品牌形象,使产品得到消费者的偏爱,成为他们习惯购买的对象。

4. 简单型购买行为

对于某些消费者不太熟悉的新产品,由于价格比较低廉,消费者不会花费很大精力去进行研究和决策,而常常会抱着"不妨买来试一试"的心态进行购买,所以购买决策过程相对比较简单。

4.2 组织市场购买行为分析

任务情境

小王毕业后来到深圳某大型医疗设备公司,专门负责华北区域的市场开拓,现正忙于γ射线立体定位治疗系统产品的推销工作。一天,他了解到威海某专科医院恰好在网上发出采购γ射线立体定位治疗产品的招标公告。为了能把握这个难得的商机,小王决定亲赴威海开展产品推销工作。但是,当费了好大周折找到该医院时,他却发现了一个问题,在这所医院,有专管医疗设备采购的科长,有医院外科主任,有立体定位治疗产品的医务使用负责人,有专管药品、设备和材料采购的医院副院长,还有医院营销采购代表等,小王到底应该重点拜访哪位?他如何才能够顺利地和该医院签下设备订单?

4.2.1 组织市场

组织市场是指工商企业为从事生产、销售等业务活动以及政府和其他非营利性组织为履行职责而购买产品和服务所构成的市场。组织市场的类型分为三种:生产者市场、中间商市场、政府和其他非营利组织市场。生产者市场通常由以下产业组成:农业、林业、水产业、制造业、建筑业、通信业、公用事业、银行业、金融业和保险业、服务业等。中间商市场是指那些通过购买商品和服务并转售或出租给他人来获取利润的个人或组织。

组织市场具有以下特征:①生产者市场购买者数量较少,购买规模较大。例如,美国固特异轮胎公司在生产者市场上的购买者主要是通用汽车、福特汽车等公司。②供需双方关系密切。由于购买人数较少,大买主对供应商来说更具有重要性,在业务市场上顾客与销售者关系密切。③购买者在地理区域上集中。许多行业(如石油、橡胶、钢铁等)显示了相当强的地理区域集中性,生产者的这种地理区域集中有助于降低产品的成本。④生产者市场的需求是派生需求。厂商为了满足消费者的需求生产产品而产生的对生产资料的需求,不是为了自己本身的消费,而且这种需求缺乏弹性,价格变化对许多业务用品和劳务的总需求影响不大。⑤专业采购。业务采购是由受过专门训练的采购人员来执行的,它们必须遵守组织的采购政策、结构和要求。此外,业务购买中影响决策的人比消费者购买决策的人多得多。⑥直接采购或租赁。业务购买者常直接从生产厂商那里购买产品,而非经过中间商环节,尤其是那些技术复杂和贵重的项目更是如此,如大型计算机或飞机。此外,许多业务购买者日益转向设备租赁,以取代直接购买。

4.2.2 影响组织购买行为的因素

组织市场的购买行为受到很多因素的影响,概括起来主要有环境因素、组织因素、人际因素和个人因素四种。

(1) 环境因素包括政治、经济、法律、文化、科技、生态及市场竞争等因素。当经济不景气或前景不佳时,生产者就会缩减投资,压缩原材料的库存和采购。此外,生产资料购买者也受科技、政治和竞争发展的影响。营销者要密切关注这些环境因素的作用,力争将问题变成机遇。

(2) 组织因素是指企业内部因素。每个企业的采购部门都有自己的目标、政策、工作程序和组织结构。市场营销者应了解并掌握组织的经营目标和经营战略是什么；需要什么样的产品，采购程序是怎样的；有哪些人参与采购或哪些人对采购产生什么影响等。只有对这些问题做到心中有数，才能使自己的营销做到有的放矢。

(3) 人际因素包括采购部门在组织中的权利、地位和作用，这是企业内部的人事关系的因素。生产资料购买的决定，是由企业各个部门和各个不同层次的人员组成的"采购中心"做出的。"采购中心"的成员由具体的质量管理者、采购申请者、财务主管、工程技术人员等组成。这些成员的地位不同，权力有异，说服力有所区别，他们之间的关系也有所不同，而且对生产资料的采购决定所起的作用也不同，因而在购买决定上呈现出纷繁复杂的人际关系。

> **知识点　如何判断采购中心具有影响力的人物**
>
> ① 辨别采购中的主要风险承担者：那些在采购中承担个人风险的人员比其他人员更能发挥影响作用。
> ② 注意信息的流动方向：采购中心有影响力的人物往往是有关采购决策信息的中心人物。组织中的其他人员将会及时地将信息传递给那些有影响力的采购中心成员。
> ③ 确认专家：专家性权力是采购中心的一个重要影响因素。那些在采购中心具有渊博的学识且经常向销售人员提出犀利问题的人员往往是具有影响力的。
> ④ 充分理解采购人员的角色：在常规采购中，采购人员具有决定性作用。
> ⑤ 追寻与高层的联系：有权威的采购中心成员经常与最高管理层保持着密切的联系。这种联系加强了采购中心成员的地位和影响力。
>
> （资料来源：郭毅. 组织间营销[M]. 北京：电子工业出版社，2001）

(4) 采购人员的个人感情因素对具体的购买行为和购买决策也会产生影响。采购人员的年龄、收入、受教育程度、职位和个人特性等都会对采购行为造成影响。因此，市场营销人员应了解采购人员的个人情况，以便采取针对性的营销措施。

4.2.3　组织购买决策过程分析

组织市场的购买者和消费者市场的购买者一样，也有决策过程，供货企业的管理层和市场营销人员必须要了解组织市场购买过程各个阶段的情况。一般来说，购买过程经历阶段的多少，取决于购买过程的复杂程度。组织购买决策大致会经历如图 4-3 所示的七个阶段。

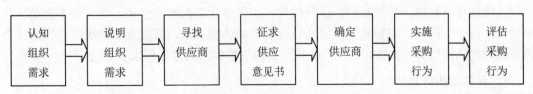

图 4-3　组织购买决策过程

1. 认知组织需求

认知组织需求是组织市场购买决策过程的起点。需求的提出，既可以是内部刺激引起的也可以是外部刺激引起的。内部刺激包括企业决定生产新产品，需要新的设备和原材料；因存货水平开始下降，需要购进生产资料；因发现过去采购的原料质量不好，需要更换供应者；设备发生故障，需要更新设备或零部件等。外部刺激有商品广告、营销人员的上门推销等。

2. 说明组织需求

在认知组织需求的基础上，确定所需品种的特征和数量。在这一阶段，供应商应该主动提供有关产品的信息资料。企业专家小组会对所需产品进行价值分析，并做出详细的技术说明，供采购人员参考。价值分析的目的是以最少的资源耗费，取得最大的经济效益。最后还要把各种原材料的规格和数量要求的明细表格，交上级主管部门审核批准。

3. 寻找供应商

在全新采购的情况下，采购复杂的、价值高的品种，需要花较多时间物色供应商。采购人员通常利用工商名录或其他资料查询供应商。生产者对供应商的选择，主要从产品的质量、价格、信誉及售后服务等方面进行分析和比较。供应商企业一定要加强广告宣传，提高本企业的知名度。

4. 征求供应意见书

企业采购部门会邀请合格的供应商提供报价单，对经过筛选后留下的供应商，要求他们提出正式的说明。供应商企业的营销人员必须十分重视报价单的填写工作，善于提出富有创新性的建议书，以引起客户信任，争取成交。

5. 确定供应商

与供应商进行接触后，企业采购部门就可以对供应商做出评价和提出选择建议。在选择供应商时，不仅要考虑其技术能力，还要考虑其能否及时供货，能否提供必要的服务。选择供应商的主要条件有：①交货快慢；②产品质量；③产品价格；④企业信誉；⑤产品品种；⑥技术能力和生产设备；⑦服务质量；⑧付款结算方式；⑨财务状况；⑩地理位置等。通常要选定一个或几个供应商，这样一方面可以促使供应商之间展开竞争，另一方面也可以防止市场波动给企业供货带来风险。

6. 实施采购行为

确定供应商后，通过商务谈判达成协议，就要给选定的供应商发出采购订单，写明所需产品的规格、数量、交货时间、退款政策、担保条款、保修条件等。现在许多企业日趋采用"一揽子合同"，即和某一供应商建立长期的供货关系，只要企业购买，供应商就会按原定的价格条件及时供货。这种"一揽子合同"给供求双方都带来了方便。

7. 评估采购行为

采购部门最后还会向使用部门征求意见，了解他们对购进的产品是否满意，检查和评价各个供应商履行合同的情况,然后根据这种检查和评价,决定以后是否继续向某个供应商采购。因此,供应商在产品销售出去以后,还要加强追踪调查和售后服务,以赢得采购者的信任,保持长久的供求关系。

4.2.4 组织购买行为类型

由于采购的目标与需要不同,按其购买性质,组织购买行为大致可分为三种类型。

1. 直接续购

直接续购是指企业采购部门为了满足生产活动的需要,按惯例进行订货的购买行为。也就是企业的采购部门根据过去和供应商打交道的经验,从供应商名单中选择供货企业,并连续订购采购过的同类产品。这是最简单的采购类型,生产者的购买行为是惯例化的。直接续购的产品主要是原材料、零配件和劳保用品等。供应商的营销人员要努力保证稳定的产品质量,维护与客户的良好关系,以保持现有客户并争取新客户。

2. 修正重购

修正重购是指企业的采购人员为了更好地完成采购任务,适当改变采购产品的规格、价格和供应商的购买行为。生产企业要想争夺更多的消费者,扩大市场规模,必须不断对所购买原材料的花色、品种和质量等进行调整、改变,提出新的商品价格和供货方式,以至于有可能在市场上更换供应商,这类购买情况较复杂,参与购买决策过程的人数较多。供应商的营销人员必须做好市场调研和预测工作,努力开发新的品种规格,并努力提高生产效率,降低成本,设法保护自己的既得市场。

3. 全新采购

全新采购是指企业为了增加新的生产项目或进入新的目标市场而采取的购买新产品的购买行为。这是最复杂的购买类型,因为影响采购的因素越多,完成决策所需的时间也就越长。这种采购类型对供应商来说是一种最大的挑战,同时也是最好的机会。全新采购的生产者对供应商尚无明确选择,是供应商的营销人员应该大力争取的市场。这对所有的供应商都是机会,也是挑战。

【课程小结】

企业市场营销活动必须以分析市场购买行为为前提。

营销人员必须分析消费者购买行为的产生、形成过程,探索消费者购买行为的影响和制约因素,研究消费者购买行为的类型,只有这样才能为营销决策提供强有力的市场依据。

为了开拓组织市场,营销人员还必须分析组织市场的购买决策过程、购买特征以及影响组织市场购买决策的因素。

通过分析消费者市场和组织市场的购买行为,可以为企业制定有效的市场战略和市场营销组合指明方向。

【课堂讨论】

1. 传统的"勤俭持家""量入为出"与目前的"消费饥渴""能挣会花""月光族"形成了强烈的对比,请以此对比来分析当前中国消费者购买行为的走势。

2. 中国正在步入老龄化社会,老年人的数量越来越多,老年人有哪些显著的消费特征?企业应该采取什么样的营销对策?

3. 有一次,美国大思想家爱默生与独生子欲将牛牵回牛棚,两人一前一后使尽所有力气,但怎么也弄不进去。家中女佣见两个大男人满头大汗,却徒劳无功,于是便上前帮忙,她仅拿了一些草让牛悠闲的嚼食,并一路喂它,就很顺利地将牛引进了栏里,剩下两个大男人在那里目瞪口呆。从这个故事中你能得到什么启示?

【技能训练】

1. 一位同学为朋友预定生日蛋糕,中午 11 点与蛋糕店张姓服务员预定下午 5 点做好蛋糕来取,但在 5 点来取蛋糕时,张姓服务员已经下班,其他服务员没有接到这个订单,因此没有做蛋糕,这位同学很生气,与蛋糕店交涉。请一位同学扮演服务员,另一位同学扮演预订蛋糕的顾客,完成此场景。其他同学注意观察,然后反馈哪些地方做得不错,哪些地方需要改进,以及如何改进。

2. 以小组为单位,选择一个节日,如情人节、母亲节(每年五月的第二个星期天)、父亲节(每年六月的第三个星期天)、儿童节、教师节、中秋节等,进行商机发掘,开发设计某个产品来赢得目标对象好感,创造流行。

3. 有这样一幅图,图上画着很多妇女,她们的手推车中都放着同一种产品,并且还围在一起谈论着什么。发挥你的想象力,思考三分钟,然后说出你认为她们在讨论什么?以小组为单位完成此游戏。

【课后自测】

1. 消费者购买行为过程的起点和终点是( )。
   A. 一手交钱一手交货,交换结束,购买行为就结束
   B. 从顾客向售货员询问到交易完双方道别
   C. 从走进商店到交易完走出商店
   D. 从需求产生到对所买商品的最终评价

2. 人们的购买行为有时很复杂,有时又很简单,决定人们购买行为复杂程度的因素是( )。
   A. 人的心理复杂程度   B. 是否冲动型购买行为
   C. 人们的经济能力   D. 商品价值大小和顾客对所购买商品的熟悉程度

3. 消费者购买决策在很大程度上受到社会、文化、个人和心理等因素的影响。下列( )属于社会因素。
   A. 角色   B. 消费者的年龄
   C. 生活方式   D. 亚文化群

4. 有些产品品牌差异明显，但消费者不愿花太长时间来选择和估价，而是不断变换所购产品的品牌，这种购买行为称为( )。
  A. 习惯型购买行为   B. 简单型购买行为
  C. 选择型购买行为   D. 复杂型购买行为
5. 生产者用户初次购买某种产品或服务称为( )。
  A. 直接续购   B. 修正重购
  C. 重购   D. 全新采购

【案例分析】

广东凉茶在北方遭遇水土不服

  郭老板在北京黄金地段开了一家广东凉茶馆，原以为凭借着加多宝、王老吉在神州大地刮起的广东凉茶热风能大赚一笔。不承想开业仅三个月，经营就陷入困境。大部分顾客都是奔着新鲜来喝上一杯，但回头客极少。在这个以客户为中心的时代，忠诚客户的多少是衡量企业竞争力的根本特征。郭老板的广东凉茶馆因缺乏忠诚顾客，而导致缺乏活力，日常经营陷入困境。虽然郭老板的广东凉茶馆一再向北京顾客宣传其广东凉茶的鲜明特色，但他却忽视了北京消费者是否接受这一特色。所以其经营陷入困境就是理所当然了。

  首先，凉茶起源于岭南地区，因为广东广西属于典型的亚热带气候，夏季炎热，多雨潮湿，水质偏于燥热，炎热时间较长很容易令人生"热气"，即北方人所说的"上火"，人们为了除湿去热，便将一些清热消暑、去湿解毒的中草药配成各式各样的凉茶。北方的气候则四季分明，冬天寒冷，春季干燥，夏季炎热，秋高气爽。干燥的气候特征使得消费者对上火的概念不强。

  其次，广东凉茶的推广需要时间。凉茶是岭南文化的产物，由于色、味及制作工艺与中药类似，大多数外地市场的消费者都将凉茶混淆等同于中药。北京消费者需要时间了解和接受凉茶文化。

  再次，传统广东凉茶口味很淡，而且有一点苦涩，北方人很难习惯。虽然凉茶开始深入人心，但北京消费者能否接受并形成消费习惯还需要在口味上做些改良。

  (资料来源：转载自 http://club.china.alibaba.com/forum/thread/html.view/110_24893323_，2008-06-19)

案例思考

郭老板在北京开的凉茶馆为什么会陷入经营困境？

案例分析与提示

略

【综合实训】

对老年人保健品需求的调查

一、实训项目

  为了了解老年人对保健品的需求，拓展老年人保健品销售市场，金色阳光保健品营销公司决定委托你们团队设计一份老年人保健品需求调查问卷,实施调查并撰写调查报告。

二、实训内容

设计一份合格的调查问卷,关键在于问项和选项的设计,**这就必须要认真分析消费者的购买行为过程**。具体可从以下八个方面进行思考。

①老年人对保健品有无关注和兴趣?

②老年人如果购买保健品,是基于什么样的购买动机?

③老年人的收入来源和经济状况(决定了购买力水平)怎样?

④老年人如果购买保健品,会购买什么样的保健品?

属 性	内 容
功效	A.免疫调节　B.延缓衰老　C.改善记忆　D.改善骨质疏松 E.抗疲劳　F.改善睡眠　G.美容(祛斑、保持水分等) H.其他
产品形态	A.片剂　B.口服液　C.冲剂　D.胶囊
品牌	A.安利纽崔莱　B.养生堂　C.天狮　D.无限极　E.国珍 F.汤臣倍健　G.脑白金　H.完美　I.其他

⑤老年人能够接受的保健品价位?(A.100元以内　B.100~300元　C.300元以上)

⑥老年人一般是从哪里了解保健品信息的?(A.报纸　B.广播　C.电视　D.杂志　E.互联网　F.墙幕广告　G.电话推销　H.熟人推荐　I.专家建议　J.其他)

⑦老年人如果购买保健品,会从哪里购买?

⑧其他问题。

三、实训组织

分为若干小组,每组4~5人,确定组长1人。每个小组成员至少调查5位老年人。

四、实训成果

现场调查照片、调查问卷、调查报告。

 微课视频

扫一扫,获取本章相关微课视频。

任务4.mp4

任务 5　市场定位策划

【能力目标】

通过完成本任务，你应该能够：
- 灵活运用市场细分的标准，按照市场细分的程序，进行市场细分。
- 认识影响目标市场选择的因素，选择目标市场以及目标市场策略。
- 对企业与产品进行有效的市场定位。

【名言警句】

只有一种取胜战略，那就是，精心确定目标市场并提供一种卓越的价值。

——菲利普·科特勒

市场上最珍贵的资源是消费者的心智资源。营造一种独特的概念，率先深入人心，便是市场营销的一切。

——佚名

【案例导入】

日本泡泡糖市场年销售额约为 740 亿日元，其中大部分被"劳特"所垄断。可谓江山唯"劳特"独坐，其他企业再想挤进泡泡糖市场谈何容易。但江崎糖业公司对此却并不畏惧，该公司成立了市场开发班子，专门研究霸主"劳特"产品的不足和短处，寻找市场的缝隙。经过周密调查分析，他们终于发现了"劳特"的四点不足：第一，以成年人为对象的泡泡糖市场在扩大，而"劳特"却仍旧把重点放在儿童泡泡糖市场上；第二，"劳特"的产品主要是果味型泡泡糖，而现在消费者的需求正向多样化发展；第三，"劳特"多年来一直生产单调的条板状泡泡糖，缺乏新型式样；第四，"劳特"产品价格是 110 日元，顾客购买时需多掏 10 日元的硬币，往往感到不便。通过分析，江崎糖业公司决定以成人泡泡糖市场为目标市场，并制定了相应的市场营销策略，不久便推出功能性泡泡糖四大产品：①司机用泡泡糖，使用了高浓度薄荷和天然牛黄，以强烈的刺激消除司机的困倦；②交际用泡泡糖，可清洁口腔，祛除口臭；③体育用泡泡糖，内含多种维生素，有益于消除疲劳；④轻松性泡泡糖，通过添加叶绿素，可以改变人的不良情绪。公司精心设计的产品包装更像飓风一样席卷日本。江崎糖业公司不仅挤进了由"劳特"独霸的泡泡糖市场，而且还占领了一定的市场份额，从零猛升至 25%，当年销售额达到 175 亿日元。

企业营销策划的重要任务之一就是要找到自己的目标市场，然后根据目标市场的特点来确定营销方案。具体来说，企业首先要对市场进行细分，然后根据细分市场的特征和本企业的实际情况，综合考虑并选择产品可以进入的细分市场。企业可以进入的细分市场一旦确定，这个细分市场就成了企业营销的目标市场。企业为了占领市场，就必须从各方面为产品培养一定的特色，树立一定的市场形象，市场定位在企业营销策划中占有重要地位。

5.1 市场细分

任务情境

长征电子仪器厂的陈经理最近很苦恼。以前，企业主要生产军用和工业用电子测量仪器，这两类产品的社会需求量呈现逐年下降的趋势，工厂的效益也一年不如一年。市场部在进行广泛市场调查的基础上分析了本厂的技术优势，并进行了需求预测，决定以电子琴作为新产品进行开发。

但是陈经理也知道，消费者市场的需求存在很大的差异，企业的资源有限，不可能同时满足消费者千差万别的消费需要，市场竞争也很激烈，企业只能选择其中的部分市场进入。于是陈经理想应该根据不同用户的需求差异来进行市场细分，先了解一下不同用户的需求特点。那么，**陈经理应该如何进行市场细分呢？**

企业面对的是复杂多变的市场，消费者的需求也存在很大的差异，任何企业以有限的资源都不可能满足众多消费者千差万别的消费需求。企业要想在竞争激烈的市场中站稳脚跟，就必须根据企业的经营目标对潜在的细分市场进行分析和研究，以确定企业的目标市场和产品定位的方案及措施。

5.1.1 市场细分的概念及原则

1. 市场细分的概念

市场细分是由美国营销学家温德尔·斯密在 20 世纪 50 年代提出的，现在已被理论界和企业界广泛接受和使用，有人称之为营销学研究中继"消费者中心观念"之后的又一次革命。所谓市场细分，是指从顾客的不同购买欲望和需求的差异性出发，按一定标准将一个整体市场划分为若干个子市场，从而确定企业目标市场的活动过程。其中任何一个子市场都是一个具有相似的购买欲望和需求的群体。

市场细分的基础主要体现在以下两个方面。

(1) 市场细分的客观基础是消费者需求的差异性。由于消费者所处的地理、社会环境不同，自身的心理素质及购买的动机也不同，造成了他们对产品的价格、质量、款式上需求的差异性。

例如，有的消费者要求服装的款式新颖、面料质地精良，有的消费者则要求服装穿着舒适、面料耐磨，这样就可将服装的消费者分为两个类别，服装市场也就被细分为两个子市场。如果再考虑到儿童、女性、男性在服装款式方面的不同需求，则服装市场可以进一步细分为六个子市场。这些引起需求差异的原因就是市场细分的客观基础。

(2) 消费者需求的相似性是市场细分的理论基础。只有认识并挖掘消费者需求的相似性，才有可能把需求大致相似的消费者归为一个群体，并针对这一消费群体生产能满足这一群体需求的产品，保持一个相对独立并且比较稳定的企业经营目标，一个相对独立并且比较稳定的细分市场才有可能得以建立和保持。实际上这种相似性的形成是有其主观依据的。在生活中，有相同社会背景、相同文化氛围、相同经济层次、相同生活习俗等客观条件的消费群体总显现出在某种需求、欲望、心理、行为、习惯等方面的相似性，这种相似性就成为市场细分的依据，也是该细分市场的特征。

2．市场细分的原则

市场细分是否科学有效，可以从以下四个方面进行评判。

(1) 可衡量性。细分出来的市场是可以识别和衡量的，细分标准是用来描述细分市场特征的，这些标准应该可以明确细分出来，而且描述这些市场特征的资料应该能够获得，对其容量大小也能大致做出判断。有些细分变量(如具有"依赖心理"的青年人、"生态环保型产品")在实际中是很难测量的，以此为依据细分市场就不一定有意义。

(2) 可进入性。细分出来的市场应是企业营销活动能够抵达的，即在企业现有资源条件下，能够利用现有营销力量进入细分后的某个市场。一方面，有关产品的信息能够通过一定媒体顺利传递给该市场的大多数消费者；另一方面，企业在一定时期内有可能将产品通过一定的分销渠道运送到该市场。否则，该细分市场的价值就不大。

(3) 有效性。细分出来的市场应具备给企业带来盈利的潜力。进行市场细分时，企业必须考虑细分市场上顾客的数量，以及他们的购买能力和购买产品的频率。如果细分市场的规模过小，市场容量太小，细分工作烦琐，成本耗费大，获利小，就不值得去细分。例如，宝洁公司曾经细分出了一个低热量糖果的消费市场，不过该市场太小，不足以应付一条糖果生产线的投资成本。

(4) 对营销策略反应的差异性。一方面，各细分市场的消费者对同一市场营销组合方案会有差异性反应，或者说对营销组合方案的变动，不同细分市场会有不同的反应。如果不同细分市场顾客对产品需求差异不大，行为上的同质性远大于其异质性，此时，企业就不必费力对市场进行细分。另一方面，企业应当对于细分出来的市场分别制定出独立的营销方案，如果无法制定出这样的方案，或其中某几个细分市场对是否采用不同的营销方案不会有大的差异性反应，便不必进行市场细分。

5.1.2 市场细分的依据

市场细分涉及的范围很广泛，企业在进行市场细分时的依据如下。

1．从地理环境角度进行市场细分

企业可按区域划分市场，可按气候条件划分市场，可按城乡划分市场，也可按自然条件划分出山区、平原、丘陵、湖泊、沙漠、草原等地区市场。

从地理环境角度进行市场细分是最古老的细分方法之一，原因是同一地区通常会存在"地区偏好"。例如，江西人不怕辣、湖南人辣不怕、四川人怕不辣、广东人爱喝汤……

> **案例 5-1 美国某食品公司的市场细分**
>
> 美国某食品公司根据美国东西部地区消费者对咖啡口味的不同需求，分别推出不同的产品，因为东部地区偏爱清淡的咖啡，而西部地区偏好口味醇厚的咖啡。
>
> (资料来源：转载自 http://doc.mbalib.com/view/bb458ba4883662e9eec2445ac592734b.html, 2010-06-23)

按照地理变量进行市场细分的优点是：在增长缓慢和竞争激烈的情况下增加销售的出路；易于评估地区最畅销品牌；易于开发针对地区偏好的区域品牌；对竞争做出更快的反应。

这种细分方法的缺点主要是细分基础过于粗略，最好结合其他变量一起实施市场细分。此外，地理变量属于静态变量，没有考虑人口迁移可能改变地区偏好或改变分销渠道，例如人口由市中心向郊区迁移使乡村购物中心瓦解。

2. 从人口因素角度进行市场细分

按人口统计因素细分，就是按年龄、性别、收入、民族、职业、教育状况、家庭人口、家庭生命周期、宗教、国籍等变数，将市场划分为不同的群体。由于人口变数比其他变数更容易测量，且适用范围比较广，因此人口变数一直是细分消费者市场的重要依据。

（1）年龄。不同年龄段的消费者，由于生理、性格、爱好、经济状况的不同，对消费品的需求往往存在很大的差异，同年龄层的人具有近似的核心价值观，最终将影响其购买行为和偏好。因此，可按年龄将市场划分为许多各具特色的消费者群，如儿童市场、青年市场、中年市场、老年市场等。

> **案例 5-2　资生堂公司的市场细分**
>
> 日本资生堂公司根据女性消费者的年龄，将化妆品市场分为四个子市场。
> 15～17岁，妙龄，讲究打扮，追求时髦，以单一化妆品为主要消费品。
> 18～24岁，积极消费，只要满意，不惜价格。
> 25～34岁，化妆是日常习惯。
> 35～50岁，单一品种。
>
> （资料来源：转载自http://wenku.baidu.com/view/68893e030740be/e650e9a8c.html，2010-01-05）

（2）性别。按性别可将市场划分为男性市场和女性市场。不少商品在用途上有明显的性别特征，如男装和女装、男表与女表。在购买行为、购买动机等方面，男女之间也有很大的差异，如妇女是服装、化妆品、节省劳动力的家庭用具、小包装食品等市场的主要购买者，男士则是香烟、饮料、体育用品等市场的主要购买者。美容美发、化妆品、珠宝首饰、服装等许多行业，长期以来都是按性别来细分市场的。

> **案例 5-3　零食消费男女有别　细分市场有潜力**
>
> 为了了解孩子对零食的消费情况，架起食品生产商与市场沟通的桥梁，北京一家调查公司对儿童零食消费市场进行了一次调研。调查涉及北京、上海、广州、成都、西安五大城市。调查以街头拦截的访问方式进行，调查对象为0～12岁儿童的家长和7～12岁的儿童。调查结果如下。
> ① 女孩偏爱果冻和水果，男孩偏爱饮料和膨化食品。
> ② 9岁以下儿童喜爱饼干和饮料，10岁以上儿童偏爱巧克力和膨化食品。
> ③ 零食消费中果冻独占鳌头，城市儿童对果冻有特别的偏好。
>
> 本次调查显示，"喜之郎"在儿童家长中的综合知名度最高，提及率达到90%；"乐百氏"和"旺旺"的提及率也超过五成，分别为66.2%和53.9%；"徐福记"和"波力"的

提及率分别为 42.8%和 35.2%，分列第四、五位。

男孩女孩消费品种和比例不同的调查，可以帮助相关企业在儿童零食商品市场开发、宣传等方面准确定位。

(资料来源: 转载自 http://finance.sina.com.cn/x/20020805/0810240059.html, 2002-08-05)

(3) 收入。收入的变化将直接影响消费者的需求欲望和支出模式。根据平均收入水平的高低，可将消费者划分为高收入、次高收入、中等收入、次低收入、低收入五个群体。收入高的消费者会比收入低的消费者购买更高价的产品，如钢琴、汽车、空调、豪华家具、珠宝首饰等，收入高的消费者一般喜欢到大百货公司或品牌专卖店购物；收入低的消费者则通常在住地附近的商店、仓储超市购物。因此，汽车、旅游、房地产等行业一般按收入变量细分市场。

(4) 民族。不同的民族有不同的传统习俗、生活方式，从而呈现出不同的商品需求，如我国西北少数民族饮茶很多、回族不吃猪肉等。只有按民族这一细分变数将市场进一步细分，才能满足各族人民的不同需求，并进一步扩大企业的产品市场。

(5) 职业。不同职业的消费者，由于知识水平、工作条件和生活方式等不同，其消费需求存在很大的差异，如教师比较注重书籍、报刊等方面的需求，文艺工作者则比较注重美容、服装等方面的需求。

(6) 教育状况。受教育程度不同的消费者，在兴趣、生活方式、文化素养、价值观念等方面都会有所不同，因而会影响他们的购买种类、购买行为、购买习惯。

(7) 家庭人口。据此可分为单身家庭(1 人)、单亲家庭(2 人)、小家庭(2～3 人)、大家庭(4～6 人，或 6 人以上)。家庭人口数量不同，在住宅大小、家具、家用电器乃至日常消费品的包装大小等方面都会出现需求差异。

3．从心理因素角度进行市场细分

按心理因素细分，就是将消费者按其生活方式、性格、购买动机、态度等变数细分成不同的群体。

(1) 生活方式。越来越多的企业，如服装、化妆品、家具、娱乐等，开始重视按人们的生活方式来细分市场。生活方式是人们对工作、消费、娱乐的特定习惯和模式，不同的生活方式会产生不同的需求偏好，如"传统型""新潮型""节俭型""奢侈型"等。这种细分方法能显示出不同群体对同种商品在心理需求方面的差异性。

案例 5-4　餐饮发展新趋势——小众、健康、精准化

最近朋友圈流行"如何避免成为一个油腻的中年男人"，耳提面命的首要一点就是：千万不要有大肚腩！

这从一个层面反映出近年来身材管理的焦虑已在社会上蔓延开来，所以，健身火了起来，沙拉火了起来，素食也火了起来。

市场上也不断涌现出各种品牌(如好色派、米有沙拉、大开沙界、大蔬无界、月子餐等)的餐饮店，这些都是小众、健康甚至精准面向某一群有特定需求的人群。这些现象反映的都是消费者生活方式的转变。

比如，据估算，大概在上海有 1000 个门店或品牌在经营主食沙拉。业内人士预计未来

5年内，主食沙拉会打开一个大市场。

针对这些经营难点，市场上有三种有效的应对之术。

1. 用筹码点餐，新潮的互动体验和搭配的自主权大开沙界网红营销手法——"筹码选餐"。每种食材对应一个筹码，拿上筹码、选单、刷机，一气呵成。好玩的同时，又可以从50种以上的自选食材里自由搭配自己想要的沙拉，充分满足自主性。

2. 用餐报告和健康管理数据。下单之后，或系统打印，或微信消息，把用餐报告和健康管理数据提供给消费者，才算是把痛点解决到位，无形中增加了用户黏性。

3. 定位鲜明有个性，成为年轻人认同的标签。

(资料来源：转载自 http://www.docin.com/p-48514283.html, 2017-11-08)

(2) 性格。消费过程就是消费者自觉和不自觉地展示自己性格的过程，营销者可以给产品赋予个性，树立品牌形象，从而求得目标市场的认同。性格外向、容易感情冲动的消费者往往好表现自己，因而他们喜欢购买能体现自己个性的产品；性格内向的消费者则喜欢大众化，往往购买比较朴素的产品；富于创造性和冒险心理的消费者，则对新奇、刺激性强的商品特别感兴趣。在20世纪50年代末，福特与通用汽车公司就通过分别强调其个性的差异来促销。购买福特车的顾客有独立性、易冲动，有男子汉气概，敏于变革，有自信心；购买雪佛兰车的顾客保守、节俭、重名望，阳刚之气表现较弱，恪守中庸之道。

案例 5-5　中国消费者的五种面貌

日前，根据全球市场资讯权威机构 AC 尼尔森的最近一项调查表明，在当今复杂的市场环境当中，中国消费者呈现五种不同的面貌。

"中国有五类消费者，分别为敢于冒险者(占 14%)、努力耕耘者(占 22%)、价格至上者(占 27%)、潮流追随者(占 26%)和时代落伍者(占 10%)"，艾励达先生解释说："我们可以根据消费者类型进行市场细分。"敢于冒险者乐于尝试新事物，喜欢购买最新技术和新潮的东西；努力耕耘者则以质量为第一位，愿意花钱买高质量的品牌；价格至上者讲究物有所值，为了买得合算情愿等到商品降价；潮流追随者容易受到广告影响；时代落伍者也要买品牌，但国际品牌还是国内品牌对他们来说区别不大。调查结果表明：商家应该更加注重市场细分，避免陷入价格竞争和盲目广告投放。

调查所覆盖的三个城市当中，上海以价格至上者为主，有 31%的受访者属于这类群体；而在广州，潮流追随者占所有受访者的三分之一；北京是唯一一个各类消费者群体分布较为平均的城市。

(资料来源：国际金融报. 2002-04-04)

(3) 购买动机。即按消费者追求的利益来进行细分。消费者对所购产品追求的利益主要有求实、求廉、求新、求美、求名、求安等，这些都可作为细分的变量。例如，有人购买服装是为了遮体保暖，有人是为了对美的追求，有人则是为了体现自身的经济实力等。因此，企业可对市场按利益变数进行细分，以确定目标市场。

4. 从行为因素角度进行市场细分

按行为因素细分，就是按照消费者购买或使用某种商品的时间、购买数量、购买频率、对品牌的忠诚度等变数来细分市场。

(1) 购买时间。许多产品的消费具有时间性,如烟花爆竹的消费主要在春节期间,月饼的消费主要在中秋节以前,旅游点在旅游旺季生意最兴隆。因此,企业可以根据消费者产生需要、购买或使用产品的时间进行市场细分。例如,航空公司、旅行社在寒暑假期间大做广告,实行优惠票价,以吸引师生乘坐飞机外出旅游;商家在酷热的夏季大做空调广告,以有效增加销量;双休日商店的营业额大增,而在元旦、春节期间,销售额则会更大等。企业可根据购买时间进行市场细分,在适当的时候加大促销力度,采取优惠价格,以促进产品的销售。

(2) 购买数量。据此可分为大量用户、中量用户和少量用户。大量用户人数不一定多,但消费量大,许多企业以此为目标,反其道而行之也可取得成功。例如,文化用品的大量使用者是知识分子和学生,化妆品的大量使用者是青年妇女等。

(3) 购买频率。据此可分为经常购买、一般购买、不常购买(潜在购买者)。例如,铅笔,小学生经常购买,高年级学生按正常方式购买,而工人、农民则不常购买。

(4) 购买习惯(对品牌的忠诚度)。据此可将消费者划分为坚定品牌忠诚者、多品牌忠诚者、转移的忠诚者、无品牌忠诚者等。例如,有的消费者忠诚于某些产品,如柯达胶卷、海尔电器、中华牙膏等;有的消费者则忠诚于某些服务,如东方航空公司、某某酒店或饭店等,或忠诚于某一个机构、某一项事业等。为此,企业必须辨别自己的忠诚顾客及特征,以便更好地满足他们的需求,必要时给忠诚顾客以某种形式的回报或鼓励,如给予一定的折扣。

以上标准只是理论上的笼统概括,市场细分并不存在统一的模式,而且作为划分标准的各种因素均为变数,须用动态的观念来细分。在众多纷繁的变数标准条件下,应当找出主要变数作为标准。为了保证能掌握准确的市场细分标准,企业市场细分要进行市场调查,掌握市场变化动态。

5.1.3 市场细分方法

企业进行市场细分时必须注意以下三个问题:第一,市场细分是动态的。市场细分的各细分变量不是一成不变的,而是随着市场状况的变化而不断变化的,如年龄、收入、城镇规模、购买动机等都是可变的。第二,不同的企业在市场细分时应采用不同的细分变量。因为各企业的生产技术条件、资源、财力和营销的产品不同,所采用的标准也应有区别。第三,企业在进行市场细分时,可采用一个细分变量,即单一变量因素细分,也可采用多个变量因素组合或系列变量因素进行市场细分。下面介绍三种市场细分的方法。

(1) 单一变量因素法。根据影响消费者需求的某一个重要因素进行市场细分。例如,服装企业,按年龄细分市场,可分为童装、少年装、青年装、中年装、中老年装、老年装;或按气候的不同,可分为春装、夏装、秋装、冬装。

(2) 多个变量因素组合法。根据影响消费者需求的两种或两种以上的因素进行市场细分。例如,生产者市场中的锅炉生产厂,主要根据企业规模的大小、用户的地理位置、产品的最终用途及潜在市场规模来细分市场。

(3) 系列变量因素法。根据企业经营的特点并按照影响消费者需求的诸因素,由粗到细地进行市场细分。这种方法可使目标市场更加明确而具体,有利于企业更好地制定相应的市场营销策略。例如，自行车市场，可按地理位置(城市、郊区、农村、山区)、性别(男、女)、年龄(儿童、青年、中年、中老年)、收入(高、中、低)、职业(工人、农民、学生、职员)、购买动机(求新、求美、求价廉物美、求坚实耐用)等变量因素细分市场。

5.1.4 市场细分的步骤

美国学者杰罗姆·麦卡锡提出一套逻辑性强、粗略直观的七步细分法，很有实用价值，其具体步骤如下。

(1) 明确企业的经营方向和经营目标。这是市场细分的基础和前提，一般而言企业的经营方向和经营目标是由企业高层决定的。

(2) 根据用户需求状况，确定市场细分的变量。这是企业进行市场细分的依据，企业一定要按照实际需要加以确定。

(3) 根据细分变量进行初步细分。一般根据用户需求的具体内容，可初步确定将顾客群分为哪几种不同的类型。

(4) 进行筛选。由于同类顾客群还存在某些差异，因而要抓住重点、求同存异，删除某些次要的因素。

(5) 对市场细分初步命名。企业应采用形象化的方法，使细分市场的名称既简单又富有艺术性。

(6) 进行检查分析。进一步认识初步确定的细分市场是否科学、合理和恰当，是否需要做一些合并或者进一步拆分。

(7) 选定目标市场。企业要对各个细分市场进行细致全面的分析，尤其要对经济效益和发展前景做出评价，这将有利于明确选择目标市场。

5.2 目标市场选择

任务情境

长征电子仪器厂的陈经理和市场部同事一起进行了充分的市场调查，发现各类电子琴销售趋势如下：中小学和幼儿园约占45%；文化馆、文化站和青少年文化宫等约占25%，音乐爱好者约占20%，其他约占10%。

文艺团体使用的电子琴要求音色美、功能全、品质好，能适应多种乐曲的舞台演奏需要；中小学和幼儿园教学用电子琴要求音色优于风琴，质量一般，功能从简，但至少有一个风琴音色和一个欣赏音色，弹奏方式要与风琴一致，以适应教师的演奏习惯，且售价要低；音乐爱好者弹奏用的电子琴由于欣赏水平、经济条件、演奏技巧以及审美观与其他人不同，因而对电子琴的功能、结构、质量、价格和外形等方面的要求有其特色。那么，请思考长征电子仪器厂到底应该选择哪个市场进入呢？

5.2.1 评估细分市场

市场细分揭示了公司面临的细分市场的机会，现在企业需要接着对这些细分市场进行评估，以确定准备为哪些市场服务。

1. 评估方式

市场细分后，应评估不同细分市场的价值，将需求数量化，以便根据每一目标市场的价值有效地分配市场营销资源，争取用最低的成本获得最高的报酬。

评估市场价值，首先应估计市场需求与市场潜力；其次应估计企业需求与销售的潜力。

(1) 市场需求是指在一定的时间和一定的市场环境中，某一类顾客购买某一种产品的数量总和。

(2) 市场潜力是指在一定的时间和一定的市场环境中，企业对某一种产品不断增加营销努力后所能达到的最高市场需求。

(3) 企业需求是指在整个市场需求中属于企业的那一部分。企业需求也受企业营销措施的影响，企业营销有方，得到的市场份额就大，如果整个市场为某一企业所独占，则企业需求相当于市场需求。可用下述公式表示：

$$Q_t = S_t Q$$

式中：Q_t——企业 t 的需求；

S_t——企业 t 的市场占有率；

Q——整个市场需求。

(4) 销售潜力是指企业在某一段时间里不断增加营销努力后所达到的最高企业需求。

经过市场评估，企业可以选定符合自己营销目标的市场。下面以罐头厂为例，说明目标市场选定的基本步骤。

假定有一家罐头厂，为了明确自己的经营发展方向，采用产品/市场方格图的方法，用产品(顾客需求)和市场(顾客群)两个变数来细分市场。假设顾客需要水果罐头、蔬菜罐头、海产罐头三类产品；客户有内地客户、港澳客户、海外客户。这样就把整个市场分成九个细分市场，如图5-1所示。

市场(顾客群)

产品(顾客需求)	内地客户	港澳客户	海外客户
水果			
蔬菜			
海产			

图 5-1 产品/市场方格图

企业应选定哪一个或哪些子市场作为自己的目标市场，具体程序如下。

首先，收集各子市场的详细资料，包括当前的市场需求量、市场潜力，预测未来的销售额和销售增长率。

其次，估计企业在各个细分市场上的地位，包括企业目前在市场上能销售多少产品、销售潜力、市场占有率及其变化趋势。

最后，估计企业在各个细分市场的营销能力，企业能够利用哪些营销因素开展市场营销活动,能利用到何种程度。例如,向远洋客户销售海产品罐头,企业有无外销渠道;在广告宣传方面,企业能开展什么形式的促销活动,能投入多少费用等。

2. 目标市场应具备的条件

一般而言,企业考虑进入的目标市场,应符合以下三个标准或条件。

(1) 有一定的规模和发展潜力。企业进入某一市场是期望能够有利可图,如果市场规模狭小或者趋于萎缩状态,企业进入后难以获得发展,此时应审慎考虑,不宜轻易进入。当然,企业也不宜以市场吸引力作为唯一取舍,特别是应力求避免"多数谬误",即与竞争企业遵循同一思维逻辑,将规模最大、吸引力最强的市场作为目标市场。如果大家共同争夺同一个顾客群就会造成过度竞争和社会资源的无端浪费,同时使消费者的一些本应得到满足的需求遭受冷落和忽视。

(2) 竞争者未完全控制。不言而喻,企业应尽量选择那些竞争相对较少、竞争对手比较弱的市场作为目标市场。如果竞争已经十分激烈,而且竞争对手势力强劲,企业进入后付出的代价就会十分昂贵。

(3) 符合企业目标和能力。一方面,某些细分市场虽然有较大吸引力,但不能推动企业实现发展目标,甚至分散企业的精力,使之无法完成其主要目标,这样的市场应考虑放弃。另一方面,还应考虑企业的资源条件是否适合在某一细分市场经营。只有选择那些企业有条件进入、能充分发挥其资源优势的市场作为目标市场,企业才会立于不败之地。

5.2.2 选择目标市场

企业在对整体市场进行细分、评估之后,就要结合自身资源情况、竞争情况等因素,决定把哪一个或哪几个市场作为自己的目标市场。

目标市场就是企业在市场细分的基础上,根据自身条件和外界因素所确定的营销对象。企业在对整体市场进行细分之后,要对各细分市场进行评估,然后根据细分市场的市场潜力、竞争状况、本企业资源条件等多种因素决定把哪一个或哪几个细分市场作为目标市场。企业的目标市场可以是一个或几个子市场,也可以包括大部分子市场,也可以是整个市场。目标市场的多少,取决于企业的营销战略目标及企业的实力。

在评估不同的细分市场之后,企业就要决定选择哪些和选择多少细分市场。这就是目标市场的选择问题。企业可以考虑下列五种目标市场模式。

(1) 密集单一市场。这是最简单的一种模式,公司只选择一个细分市场集中营销。这样,公司就能更清楚地了解细分市场的需求,从而树立良好的信誉,建立稳固的地位。同时,公司通过生产、销售和促销的专业化分工,可以实现规模经济效益,如果细分市场补缺得当,公司的投资便可获得高报酬。但是,密集单一市场的风险比较大,个别细分市场可能出现不景气的情况,或者某个竞争者决定进入同一个细分市场。由于这些原因,许多公司宁愿在若干个细分市场分散营销。

(2) 有选择的专业化。公司有选择性地进入几个不同的细分市场。每个细分市场都要具有吸引力,且符合公司的目标和资源水平。采用此法选择若干个细分市场,在各细分市场之间很少有或者根本没有任何联系,然而每个细分市场都有可能盈利。这种多细分市场目标优于单细分市场目标，因为这样可以分散公司的风险，即使某个细分市场失去吸引力，公司仍可继续在其他细分市场获取利润。

(3) 市场专业化。公司集中满足某一特定顾客群的各种需求。这种模式能更好地满足顾客的需求，树立良好的信誉。公司还可以向这类顾客群推销新产品，成为有效的新产品销售渠道。但一旦顾客需求发生变化，公司会面临一定的风险。例如，公司可为大学实验室提供一系列产品，包括显微镜、示波器、本生灯、化学烧瓶等。公司因专门为这个顾客群体服务而获得良好的声誉，并成为这个顾客群体所需各种新产品的销售代理商，但如果大学实验室经费预算突然削减，他们就会减少从这个市场专门化公司购买仪器的数量，这就会产生危机。

(4) 产品专业化。公司同时向几个细分市场销售一种产品。即集中生产一种产品，公司向各类顾客销售这种产品。例如，显微镜生产商向大学实验室、政府实验室和工商企业实验室销售显微镜。公司准备向不同的顾客群体销售不同种类的显微镜，而不去生产实验室可能需要的其他仪器。通过这种战略，公司可在特定的产品领域树立良好的信誉。但如果产品——这里是指显微镜，被一种全新的显微技术所代替，就会发生危机。

(5) 完全覆盖市场。这是指公司想用各种产品满足各种顾客群体的需求。只有大公司才能采用完全市场覆盖战略，如国际商用机器公司(计算机市场)、通用汽车公司(汽车市场)和可口可乐公司(饮料市场)。

5.2.3 目标市场营销策略

企业可根据具体条件考虑以下四种不同的营销策略使自己的营销力量到达并影响目标市场。

(1) 无差异性营销策略是指企业以整个市场为目标市场，提供单一的产品，采用单一的营销组合策略。即用一种产品和一套营销方案吸引尽可能多的购买者。

这种策略的特点是企业只注重细分市场的共性而不考虑细分市场的特性，把市场看成一个无差别的整体。例如，在很长的一段时间内，可口可乐公司利用其产品拥有的世界性专利条件，只向市场提供一种口味、一种规格和形状的瓶装可口可乐。这种策略的优点在于能够通过单一产品的大批量生产，在生产、运输、存货、广告等方面节省成本，以利于用低价争取广泛的消费者；而缺点在于它不能满足消费者各种不同的需要，只是停留在大众市场的表层，无法进一步发展，同时这种策略缺乏弹性，难以适应市场的频繁变化。这种策略对于需求广泛、市场同质性高且能大量生产、大量销售的产品比较合适。

(2) 差异性营销策略是指企业在对市场进行细分的基础上，根据各细分市场的不同需求，分别设计不同的产品和运用不同的市场营销组合，服务于各细分子市场。这是很多企业采用的目标市场策略。例如，宝洁公司洗衣粉类产品有强力去污的"碧浪"、去污很强的"汰渍"、物美价廉的"熊猫"，洗发用品有潮流一族的"海飞丝"、优雅的"潘婷"、新一代的"飘柔"、品位代表的"沙宣"等。

差异性营销策略的优点是：由于重视消费者的需求差异，使企业的产品在市场上容易得到消费者的认同，因此能够促进产品销售。另外，由于企业是在多个细分市场上经营，一定程度上可以减少经营风险；一旦企业在几个细分市场上获得成功，将有助于提升企业的形象及提高市场占有率。差异性营销策略的不足之处主要体现在两个方面：一是增加营销成本。由于产品差异化，因此经营成本较高。二是可能使企业的资源配置不能有效集中，顾此失彼，甚至在企业内部出现彼此争夺资源的现象，使拳头产品难以形成优势。

案例 5-6　爱迪生兄弟公司的鞋店

美国爱迪生兄弟公司经营了 900 家鞋店，分为 4 种不同的连锁店形式，每一种形式都是针对一个不同的细分市场，有的专售高价鞋，有的专售中价鞋，有的专售廉价鞋，有的专售时髦鞋。在芝加哥斯泰特大街短短距离的 3 个街区内就有该公司的 3 家鞋店。尽管这些商店彼此很近，但并不影响彼此的生意，因为它们针对的是女鞋市场上的不同细分市场。

（资料来源：转载自 http://www.doc88.com/p-31890137255.html，2010-05-03）

(3) 集中性营销策略是指企业集中全部力量进入一个或极少数几个细分子市场，实行专业化生产和销售，提供能满足这些细分子市场需求的产品，以期在竞争中获得优势。实行这一策略，企业不是追求在一个大市场角逐，而是力求在一个或几个子市场占有较大份额。

集中性营销策略的指导思想是：与其四处出击收效甚微，不如突破一点取得成功。这一策略特别适合于资源力量有限的中小企业。这些企业规模较小，资源较缺乏，采用这种策略可以充分利用有限的资源，发挥某些方面的优势，目的是希望积聚力量在较小的市场上取得优势，拥有较高的市场占有率。同时由于目标集中，企业可以对顾客的需求进行更加深入的了解，容易做到适销对路，便于创名牌，树立企业的信誉。其缺点在于这种策略风险较大，由于企业选择的目标市场范围较狭窄，产品单一，产品结构单调，一旦目标市场突然发生变化，如消费者趣味发生转移、或强大竞争对手的进入、或新的更有吸引力的替代品的出现，都可能使企业因没有回旋余地而陷入困境。

案例 5-7　佰草集的营销模式

佰草集是上海家化 1998 年开始打造的以"自然、平衡"为主旨，定位于中高端市场的现代中草药系列护理产品。其建立原因是国内大众化市场被国外品牌骚扰，佰草集仿照了 body shop 的草本精华模式，加上中国元素——中药，这一元素就是区别于其他商品的"隔阂"，形成了差异化。而正是这一中国元素，为佰草集的长期战略奠定了基础，如发展衍生出来的中国太极文化等，影响了佰草集的长期品牌定位、销售模式和经营渠道等。

（资料来源：转载自 http://www.doc88.com/p-9022852082278.html，2016-12-23）

(4) 定制营销策略是指与每一位顾客进行一对一的沟通，把握特定顾客的需求，为其提供个性化的商品或服务。定制营销也被称为"一对一营销""个性化营销"。将市场细分进行到最大限度，每一位顾客就是一个与众不同的细分市场。现代化信息技术和现代制造业的迅速发展，使得为顾客提供量体裁衣式的产品和服务成为可能。

案例 5-8　"钻石小鸟"的成功

"钻石小鸟"是国内最早将网购模式引入珠宝行业的钻石首饰零售专业品牌，其以钻石婚戒 DIY 而闻名，始终致力于引领全新钻石消费潮流。"钻石小鸟"可在同一时间向顾客提供2万多颗不同品级的钻石以供挑选，极具特色的DIY个性定制服务满足了年轻群体对钻饰款式个性化的需求，赢得了近百万会员的赞誉。钻石小鸟独创的钻戒DIY模式、一对一购钻服务等优势服务项目，致力于传播钻石文化，以及"因为特别，所以闪耀"的品牌理念，在为广大用户带来非凡购钻体验和高超性价比钻石的同时，也为中国网络珠宝业开创了一个崭新的未来！

(资料来源：http://baike.baidu.com/view/1355746.htm?fr=aladdin, 2014-10-28)

5.2.4 切入目标市场

在选定目标市场以后，还必须就怎样切入目标市场及切入目标市场的时机进行策划。

1. 目标市场的切入方式

目标市场的切入方式是指企业进入选定目标市场的方式。下面就新产业市场和非新产业市场分别介绍。

(1) 新产业市场的切入方式。新产业市场往往具有经营风险大、市场潜力大、科技含量高及进入成本高等特点。切入新产业市场的策略有以下三个。

① 以技术优势挺进市场。对于高新技术产业，企业必须凭借自身的技术优势切入市场。这些技术可以是企业的专利，也可以通过与科研单位、高等院校联合开发获得，使企业一进入市场就树立起技术力量雄厚的形象，确定企业的市场位置。

② 借助企业原有的声誉切入。如果企业属知名企业，长期经营中已形成了较高的声誉、广阔的营销网络和驰名商标，这些都是企业切入新产业市场的条件。

③ 填补空白，大胆全面切入。如果企业具有与众不同的能力，足以填补某类市场的空白，就可以大胆地全面切入市场。

(2) 非新产业市场的切入方式。这是指企业在原有目标市场上拓展或进入非新产业但属企业新选定的目标市场的方式。切入非新产业市场的策略有以下三种。

① 收购现成的产品或企业，是进入目标市场最快捷的方式之一。一般在下列情况下采取这种方式：企业进入某个目标市场，但对这一行业的知识还很不足；尽快进入该市场对企业有很大的利益，如靠内部发展的方式进入新市场将遭到种种阻碍，如专利权、经营规模、原料及其他所需物资供应受限制等。

② 以内部发展的方式切入市场。企业依靠自身的科研，设计、制造及销售目标市场需要的产品进入市场。这种方式适用于下列情况：对于巩固该企业的市场地位有利；没有适当的企业可供收购或收购价格过高；收购现有产品或企业的障碍太多等。

③ 与其他企业合作进入市场。企业间的合作可以是生产企业与生产企业合作，也可以是生产企业与销售企业合作。这种方式在企业界运用比较广泛，因为采用合作的方式便将风险由于合作分担而降低，合作企业在技术上、资源上相互支援，优势互补，发挥出整体组合效应，形成新的经营能力。

2. 切入目标市场的方法

企业切入目标市场，在选择适合本企业切入方式的同时，还要选用一定的方法。

(1) 广告宣传法。通过精心策划推出广告，使目标市场上的顾客知晓企业、了解产品，激起购买欲望，促成购买行为。

(2) 产品试销法。通过产品小批量试产、试销，广泛征求用户及顾客的意见、建议，为改进产品及经营提供依据。这种方式可以减少企业经营的盲目性及由此带来的风险。

(3) 公共关系法。通过各种形式的公关活动(如专项活动、开业庆典、赞助公益事业、策划新闻等)赢得目标市场上公众的信赖和支持。

(4) 感情联络法。人是有感情的，在做购买决策时势必受到感情因素的影响。为此，企业切入目标市场就要注意感情投入，加强联络。

(5) 利益吸引法。在利益上给购买者以实惠是切入目标市场的有效方法。

(6) 权威人士推介法。切入某个目标市场可以巧妙地利用名人效应，达到进入市场的目的。

除上述方法外，推介会、展销会等都是切入市场行之有效的方法，策划者要根据目标市场的特点、产品特征、市场态势及竞争状况、费用高低等加以选用。

3. 切入目标市场的时机

企业切入市场的时间安排也很重要，过早或过晚切入市场都对企业经营不利。确定切入市场的时间主要取决于以下两个方面。

(1) 正常的准备时间。在切入目标市场之前，要计算在正常情况下做好一切准备工作需要花多少时间，这些准备工作包括：产品设计、试销、批量生产、推销培训、建立销售渠道等。

(2) 适应市场形势变化的调整时间。市场形势发生变化时，可以比正常切入市场的时间提前或推迟。

另外，也要注意准确切入市场的时机，尤其是季节性强或具有特定消费对象的产品，适时视情况切入市场会收到事半功倍的效果。

5.3 市场定位

任务情境

丽丽是一名在校大学生，学校位置距离市中心较远，周围商业门脸大部分从事小吃或日用品经营，除此之外，只有一家全市连锁经营的饰品商店和一家出售运动服饰的商店。由于平时经常利用课余时间做一些服装相关的兼职工作，积累了一些服装经营的经验，因此丽丽打算在学校附近开一家服装店，作为自己创业的开端。

如果你是丽丽，应该怎样为自己的服装店进行市场定位？

5.3.1 市场定位的依据

市场定位是指企业根据自己的优势和目标市场的竞争情况，努力塑造出本企业产品在顾客心目中与众不同的、印象鲜明的个性和形象，并把这种形象和个性特征生动有力地传递给目标顾客，从而确定产品在市场上强有力的竞争位置。通俗地讲，市场定位就是塑造产品在市场上的独特位置，使顾客明显感觉和认同这种差别，从而在顾客心目中占有特殊位置，所以定位针对的是顾客的"心"。

各个企业经营的产品不同，面对的顾客也不同，所处的竞争环境也不同，因而市场定位所依据的原则也不同。总的来讲，市场定位所依据的原则有以下四点。

1．根据具体的产品特点定位

这种定位是企业为突出产品的某个特色使其在消费者心目中形成突出印象。构成产品内在特色的许多因素都可以作为市场定位的依据，如所含成分、材料、质量、价格等。"七喜"汽水的定位是"非可乐"，强调它是不含咖啡因的饮料，与可乐类饮料不同。"泰宁诺"止痛药的定位是"非阿司匹林的止痛药"，显示药物成分与以往的止痛药有本质的差异。一件仿皮皮衣与一件真正的水貂皮衣的市场定位自然不会一样。同样，不锈钢餐具若与纯银餐具定位相同，也是难以令人置信的。

2．根据特定的使用场合及用途定位

不断为产品找到新的用途，是为该产品创造新市场定位的好方法。我国曾有一家生产"曲奇饼干"的厂家最初将其产品定位为家庭休闲食品，后来又发现不少顾客购买后是为了馈赠亲友，因此又将之定位为礼品。

3．根据顾客得到的利益定位

产品提供给顾客的利益是顾客最能切实体验到的，也可以用作定位的依据。美国米勒公司曾推出一种低热量的"Lite"牌啤酒，将其定位为喝了不会发胖的啤酒，迎合了那些经常饮用啤酒但又担心发胖的人的心理。世界上各大汽车巨头的定位也各有特色，如劳斯莱斯车豪华气派、丰田车物美价廉、沃尔沃车则结实耐用。

4．根据使用者类型定位

企业常常试图将其产品指向某一类特定的使用者，以便根据这些顾客的看法塑造恰当的形象。美国米勒啤酒公司曾将其原来唯一的品牌"高生"啤酒定位为"啤酒中的香槟"，吸引了许多不常饮用啤酒的高收入妇女。后来发现，占30%的狂饮者大约消费了啤酒销量的80%，于是，该公司在广告中展示石油工人钻井成功后狂欢的镜头，还有年轻人在沙滩上冲刺后开怀畅饮的镜头，塑造了一个"精力充沛的形象"。在广告中提出"有空就喝米勒"，从而成功占领啤酒狂饮者市场达10年之久。

事实上，许多企业进行市场定位依据的原则往往不止一个，而是多个原则同时使用。要体现企业及其产品的形象，市场定位必须是多维度、多侧面的。

5.3.2 市场定位策略

常见的市场定位策略有以下三种。

1．针锋相对的定位策略

针锋相对的定位策略又称竞争性定位策略，是指企业选择在目标市场上与现有的竞争者靠近或重合的市场定位，这种策略要与竞争对手争夺同样的目标消费者。采用这种策略时，企业与竞争对手在产品、价格、分销及促销等方面基本没有差别。

案例 5-9 竞争"未必要打倒敌人"

百事可乐采取了针锋相对的策略,专门与可口可乐竞争,把自己置身于"竞争"这个独到的市场定位中。半个多世纪以来,这两家公司为争夺市场而展开了激烈的竞争,而他们都以相互间的激烈竞争作为促进自身发展的动力及最好的广告宣传,百事可乐借机得到迅速发展,成为可口可乐强有力的竞争者,应该说这与百事可乐借名创名牌的市场定位策略密不可分。百事可乐总裁罗杰·恩瑞将竞争定义为"未必要打倒敌人"。事实正是这样,通过这场旷日持久的饮料大战,可乐饮料引起了越来越多消费者的关注,当大家对百事可乐与可口可乐之战兴趣盎然时,双方都是赢家,因为当喝可乐的人越来越多时,两家公司都将获益匪浅。

(资料来源:转载自 http://www.777.net.cn/lib186hn5352.html,2009-06-11)

2. 填补空隙策略

填补空隙策略也叫避强定位策略,是指企业尽力避免与实力较强的其他企业直接发生竞争,而将自己的产品定位于另一市场区域内,使自己产品的某些属性或特性与较强的对手有比较明显的区别。

案例 5-10 在淘宝、京东的夹缝中,如何成长出一个千亿的拼多多

在拼多多之前,腾讯在电商领域可以说屡战屡败,屡败屡战,如果没有微信的出现,腾讯在电商这件事情上基本可以盖棺定论了。但随着微信的发展,逐步接近 10 亿级别的活跃用户,手握重器的腾讯无法接受在电商领域一直被阿里巴巴压制的局面,除了借助京东曲线抗争之外,自己也开始扶持拼多多,而拼多多的异军突起,也将有可能改变电商的看似已成定局的竞争局面。

目前从拼多多上购物的基本上是一些中国三、四、五线城市的消费者,淘宝、京东们虽然发展多年,但主要的影响力还是集中在一、二线城市,在中国广大的三、四、五线城市,仍然有很多消费者不会使用淘宝、京东购物。但在电商还没有覆盖到这一部分人群的时候,微信却已经率先渗透了,因此在用户的覆盖面上,微信有着天然的优势。

除了用户的广度之外,由于目前主流的电商平台已经度过了生存期,在逐步向规范化、品质化方向发展,原本在淘宝上靠 9.9 元包邮生存的商家和消费者形成了一定的市场空当,而拼多多恰如其分地填补了这个空隙,除了覆盖原本淘宝、京东覆盖不到的区域的消费者外,还承接了很多被规范管理清除出主流电商平台的商家,当然,在承接商家的同时,也承接了他们的消费者。

(资料来源:转载自 https://baijiahao.baidu.com/s?id=1594420036634762180&wfr=spider&for=pc, 2018-03-09)

3. 重新定位策略

企业对已经上市的产品实施再定位就是重新定位策略。采用这种策略的企业必须改变目标消费者对其原有的印象,使目标消费者对其建立新的认识。一般情况下,这种定位目的在于摆脱困境,重新获得增长与活力。

> **案例 5-11　"王老吉"重新定位**
>
> 在广东，"王老吉"可以说是家喻户晓，作为最著名的凉茶老字号，有超过 180 年的历史。在消费者观念中，"王老吉"这个具有百年历史的品牌就是凉茶的代称，是一种有药效的饮用品。由于凉茶药性太凉，不宜经常饮用，所以"王老吉"在消费者心目中就是个"药茶"，被人们当成药服用，不宜经常饮用，使消费者拥有心理障碍，销量有限。后来，"王老吉"从战略定位入手，将"王老吉"从"药茶"重新定位为饮料，明确"王老吉"是一种功能饮料，改变了产品的类别属性，为"王老吉"从区域市场走向全国市场和挖掘潜在需求扫除了障碍。
>
> （资料来源：杨群祥. 市场营销概论：理论、实务、案例、实训[M]. 北京：高等教育出版社，2011）

5.3.3　市场定位的过程

实现市场定位，需要通过明确潜在的竞争优势、选择相对的竞争优势以及显示独特的竞争优势三个步骤来实现。

1. 明确潜在的竞争优势

明确潜在的竞争优势要求一个企业从以下三个方面寻找明确的答案：①目标市场上的竞争者做了什么，做得如何？②目标市场上的顾客确实需要什么，他们的欲望满足得如何？③本企业能够为此做些什么？

2. 选择相对的竞争优势

相对的竞争优势是一个企业能够胜过竞争者的能力，有的是现有的，有的则是具备发展潜力的，还有的是可以通过努力创造的。简而言之，相对的竞争优势是一家企业能够比竞争者做得更好的方面。

3. 显示独特的竞争优势

选定的竞争优势不会自动地在市场上显示出来，企业要进行一系列活动，使其独特的竞争优势进入目标顾客的心中。应通过自己的一言一行，表明自己的市场定位。要做到这一点必须进行创新策划，强化本企业及其产品与其他企业及其产品的差异性。这主要在于：①创造产品的独特优势；②创造服务的独特优势；③创造人力资源的独特优势；④创造形象的独特优势等。

【课程小结】

选择目标市场是营销工作的重点，由于企业资源的有限性和顾客需求的多样化，企业选择目标市场需要经过市场细分、目标市场选择和市场定位三个步骤。

市场细分能够为企业分析、研究市场，选择目标市场提供依据，提高企业的经济效益，更好地满足消费者需求。在评估各细分市场之后，企业就需要按照科学的步骤选择目标市场。企业要想取得目标市场上的竞争优势，确定产品在顾客心目中的适当位置，就要进行准确的市场定位。

【课堂讨论】

1. 市场细分是不是越细越好？如果不是，请说出你的理由。

2. 成功的定位总是相似的，失败的定位则各有所痛。每个市场天天都在上演着一幕幕起起落落、生生死死的悲喜剧。请讨论三分钟，找出市场中定位失败的例子。

(提示：以下几种都属于定位失败的类型：①定位模糊。消费者对产品印象模糊不清。②定位过窄。如一家同时生产高、低档产品的企业使消费者误以为只提供低档产品。③定位摇摆。定位太多或频繁改变定位。)

【技能训练】

1. 挑选某一个产品市场，如洗发水市场、方便面市场、手机市场、轿车市场等，运用所学的细分变量对上述产品市场进行市场细分，并开发针对性的产品。

2. 元旦，某高校大门前，一老妇守着两筐大苹果叫卖，因为天气寒冷，问者寥寥。一教授见此情形，上前与老妇商量几句，然后走到附近商店买来节日用的红彩带，并与老妇一起将苹果两个一扎，接着高叫道："情侣苹果！两元一对！"经过的情侣们甚觉新鲜，用红彩带扎在一起的每一对苹果看起来都很有情趣，因而买者甚众。一会儿工夫，苹果就全卖光了。老妇收获颇丰，感激不尽。

你还能为这位老妇提出哪些更好的建议？请选择某一商品，为该商品恰当定位，扮演销售者，然后模拟销售。

3. 识别产品卖点一分钟训练：自由选择一种商品(如某品牌服饰、手机等)，上台阐述选定商品的卖点，并为该商品设计一条广告语。

【课后自测】

1. 对于差异性较小或需求上共性较大的产品，如大米、白糖、食盐等，可以实行(　　)。
   A. 无差异市场策略　　　　　　　　B. 差异化市场策略
   C. 密集性市场策略　　　　　　　　D. 产品多样化市场策略

2. 最适于实力不强的小企业采用的目标市场策略是(　　)。
   A. 选择性市场策略　　　　　　　　B. 无选择性市场策略
   C. 集中性市场策略　　　　　　　　D. 产品开发策略

3. 百事可乐的总裁罗杰·恩瑞表示："竞争未必打倒敌人"，他将百事可乐的市场定位选择在与竞争产品可口可乐相同的市场位置上，这种定位策略属于(　　)。
   A. 成本领先策略　　　　　　　　　B. 填补空隙策略
   C. 重新定位策略　　　　　　　　　D. 针锋相对策略

4. 某工程机械公司专门向建筑业用户供应推土机、打桩机、起重机、水泥搅拌机等建筑工程中所需要的机械设备，这是一种(　　)策略。
   A. 市场集中化　　　　　　　　　　B. 市场专业化
   C. 全面市场覆盖　　　　　　　　　D. 产品专业化

5. 在市场定位策划过程中，企业最终要(　　)。

A. 分析目标市场顾客的需求　　B. 明确潜在的竞争优势
C. 选择相对的竞争优势　　　　D. 显示独特的竞争优势

【案例分析】

江小白的市场定位

我是江小白——生活很简单。相信大家对这个酒一定不会陌生，作为曾经再普通不过的白酒江小白，5年从0干到10亿，它到底做对了什么？

一说到"白酒"，大部分人联想到的是功成名就的中年人举着酒杯滔滔不绝的场景。过去几十年，我们对酒文化的塑造主要集中在两个字：高档。每瓶酒都在强调自己是古法酿造，都拥有深厚的历史文化根底，都地处粮食和泉水最优秀的地域，几乎每瓶酒祖上都是皇帝的亲戚，几乎每瓶酒都在千方百计做一件不太理智的事情：远离老百姓。

相对于众多酒企的傲慢与麻木，根植于重庆传统酿造工艺的纯高粱新生代品牌江小白，则凭借对消费情绪的深度挖掘，用直达人心的文案表达，为中国酒类品牌带来了新的生命和活力。江小白开创小而美，小瓶酒、小投入、小传播、小营销就成了江小白的模式，并定位年轻群体，在战略上实现与其他品牌的区别。现在一提到江小白，浮现在脑海的是它酒瓶上文艺的语录和清淡的酒香。大众对品牌的感知奠定了品牌在大众心里的印象。"文艺青年""青春小酒"……是"江小白"的品牌烙印。

(资料来源：https://zhuanlan.zhihu.com/p/27468603，2018-12-05)

案例思考

江小白采取了何种市场定位策略？它的定位与竞争对手有什么不同？

案例分析与提示

填补空隙定位。

【综合实训】

对某楼盘市场定位的调查

一、实训项目

以学校附近某准备销售的楼盘为例，对该楼盘的市场定位进行调查。

二、实训内容

1. 资料收集

以潜在顾客的身份开展市场调查，调查提纲如下。

①该楼盘的名称、开发商背景。
②该楼盘所在的地理位置及附近的商业设施。
③该楼盘的主要客户群(目标市场)。
④竞争对手销售的楼盘项目。

⑤该楼盘的市场定位(市场形象、主打概念、项目亮点和卖点等)。
⑥该楼盘的户型、面积、价位。
⑦该楼盘的广告宣传语。

2. 对该楼盘市场定位的分析

主要研讨内容为以下三点。

①该楼盘的市场定位是否与竞争对手所推出的楼盘存在差别？如果有差别，这种差别体现在什么地方？
②该楼盘的市场定位是否鲜明、独特？能否取得目标顾客的认同？
③该楼盘的名称，户型、面积、价位，以及广告宣传语是否与市场定位吻合？

三、实训组织

本项实训活动组织分两个阶段进行。

1. 市场调查阶段

①由教师担任项目总指导；②设计调查提纲，进行实地调查；③收集相关资料。

2. 研讨阶段

①全班分为若干小组，每组4~5人，确定组长1人；②每组就所调查的内容开展研讨；③每组推举1人进行全班交流发言。

四、实训成果

以 PPT 形式呈现的调查报告。

 微课视频

扫一扫，获取本章相关微课视频。

任务 5.mp4

任务6　市场竞争策划

【能力目标】

通过完成本任务，你应该能够：
- 识别竞争对手，了解竞争对手的目标和战略，掌握分析竞争对手优劣势的内容，判断竞争对手的反应模式。
- 进行一般竞争战略策划和处于不同竞争地位的企业竞争策划。

【名言警句】

如果怕热，就别进厨房。

——哈里·S. 杜鲁

小智者抢占市场，中智者发现市场，大智者创造市场。

——高德康

做企业就像打高尔夫，遇强则强，遇弱则弱。如果对手水平太低，就会随意发挥，甚至打坏几杆也不介意。因此，要选择对手。

——汪书福

【案例导入】

由于可口可乐是最早进入中国的美国企业，具有百事可乐不可比拟的先入优势，百事可乐在中国处于挑战者的位置。百事可乐在中国市场的竞争战略主要有以下四个方面。

(1) 以年轻人和爱好体育的人士为目标市场。从1999年开始到2003年，甲A联赛将冠名为百事可乐全国足球甲A联赛，同时，合同规定，禁止其他饮料进入甲A联赛俱乐部和球队。一举独占了中国最大的体育市场的宣传权。另外，百事可乐的广告也全部以时尚、新潮、青年人或运动人士为诉求重点。

(2) 集中开拓北京和南方主要大中城市。

(3) 并购国内饮料企业。百事可乐在广州成立百事亚洲饮料有限公司，设立了两家浓缩液生产厂：一家负责生产百事饮品，另一家负责生产当地品牌。后又同天府可乐和北冰洋饮料公司达成协议，成立了重庆百事天府饮料有限公司和北京百事北冰洋饮料有限公司。

(4) 多样化经营。百事公司旗下的饮料和餐饮业务均已在中国展开。目前，百事可乐饮料在国内产品包括百事可乐、七喜、美年达等，百事可乐餐饮在中国主要是肯德基炸鸡和必胜客比萨饼。

百事公司积极扩展的成绩十分显著，以百事可乐勇于向强手挑战的精神，杰出的经营销售经验，以及人才云集优势，百事可乐公司绝不会甘居人后，好戏还在后头。

竞争是市场经济的基本特征之一,任何企业都无法回避。优胜劣汰是自然的法则,也是市场的法则,是推动市场经济运行的强制力量,它迫使企业不断研究市场、开发新产品、改进生产技术、更新设备、降低经营成本、提高经营效率和管理水平,获取最佳效益并推动社会进步。企业要在市场上获得成功,仅仅了解顾客是不够的,还必须认真分析竞争者的优势与劣势、竞争者的战略和策略,明确自己在竞争中的地位,制定适合企业的市场竞争战略,才能在竞争中求得生存和发展。

6.1 竞争对手分析

任务情境

某民营企业的刘总常常用下面的故事教育自己的下属:森林里两个猎人遇到了一只老虎。其中一位马上低下头去系鞋带。另一个人就嘲笑:"系鞋带干什么?你跑不过老虎的!"系鞋带的猎人说:"只要我跑得比你快就行!"

一天,刘总获知当地一个汽车制造企业计划未来两到三年内大规模采购生产保险杠原材料的信息。通过对汽车制造业的分析(汽车的生产要求、预计的销售价格、拥有的加工技术等),刘总知道,除了要知道谁对自己的威胁最大、谁是自己主要的竞争对手是远远不够的。比如,未来对公司构成更大威胁的更可能来自那些生产替代品的企业(铝材或者工程塑料)。还有,公司要保持竞争优势,除了加强自己在行业内的竞争优势外,还要紧盯着钢材替代型材料的发展趋势和企业动向等。那么,**刘总怎样才能做出完整的竞争分析,从而做到知己知彼,做出有利于企业今后发展的决策呢?**

6.1.1 识别竞争对手

从表面上来看,识别竞争对手是一项非常简单的工作,如"可口可乐"知道"百事可乐"是其竞争对手。但是在识别竞争对手时,很多企业会患上"竞争者近视症",只注意到最接近的、提供价格相当的相同产品或服务给消费者的竞争对手,而忽视潜在的竞争对手。其实,企业的竞争范围非常广泛,可以从不同的角度来识别竞争对手。

1. 从行业的角度识别竞争对手

行业是由一组提供一种或一类密切替代产品的相互竞争的企业组成,如汽车行业、石油行业等。从行业角度看,企业的竞争对手主要有以下三种。

(1) 现有厂商。现有厂商是指本行业内现有的与企业生产同样产品的其他厂家,这些厂家是企业的直接竞争者。如九阳、美的、步步高等公司都生产豆浆机。

(2) 潜在加入者。当某一行业前景乐观、有利可图时,会引来新的竞争企业,使该行业增加新的生产能力,并要求重新瓜分市场份额和主要资源。另外,某些多元化经营的大型企业还经常利用其资源优势从一个行业侵入另一个行业。新企业的加入,将可能导致产品价格下降,利润减少。如当九阳豆浆机风行全国,诱发了投资者跟进效仿热潮,全国各地如雨后春笋般新生了一百多家豆浆机生产企业。

(3) 替代品厂商。与某一产品具有相同功能、能满足同一需求的不同性质的其他产品,属于替代品。随着科学技术的发展，替代品将越来越多，某一行业的所有企业都将面临与生产替代品的其他行业的企业进行竞争。

2. 从市场的角度识别竞争对手

另外一些企业不是以行业竞争观点去识别竞争对手，而是遵循市场竞争观点。即企业把所有那些力求满足相同顾客需要，或服务于同一顾客群的企业，甚至那些满足消费者的不同需求的企业都看成是竞争对手。从市场角度看，企业的竞争对手主要有以下四类。

(1) 品牌竞争者。企业把同一行业中以相似的价格向相同的顾客提供类似产品或服务的其他企业称为品牌竞争者。如家用汽车市场中，夏利、一汽大众、长安、长城等厂家之间就互为品牌竞争者。品牌竞争者之间的产品相互替代性较高，因而竞争非常激烈，各企业均以培养顾客品牌忠诚度作为争夺顾客的重要手段。

(2) 行业竞争者。企业把提供同种或同类产品，但规格、型号、款式不同的企业称为行业竞争者。所有同行业的企业之间存在彼此争夺市场的竞争关系。如高清电视与液晶电视的厂家、家用空调与中央空调的厂家、生产高档汽车与生产中档汽车的厂家之间的关系。

(3) 需要竞争者。提供不同种类的产品，但满足和实现消费者同种需要的企业称为需要竞争者。如航空公司、铁路客运、长途客运汽车公司都可以满足旅客外出旅行的需要，当飞机票价下降时，乘火车、坐汽车的旅客就可能减少，相互之间争夺满足消费者的同一需要。

(4) 消费竞争者。提供不同产品，满足消费者的不同愿望，但目标消费者相同的企业称为消费竞争者。如很多消费者收入水平提高后，可以把钱用于旅游，也可用于购买笔记本电脑、摄像机，或是购置汽车、房产，因而这些企业间存在相互争夺消费者购买力的竞争关系。

6.1.2 了解竞争对手的目标

在识别了主要竞争对手之后，企业经营者下一步应回答的问题是：每个竞争对手在市场上寻求什么？什么是竞争对手行动的动力？最初经营者推测，竞争者的最终目标是追逐利润最大化。但是这种假设过于简单。每个企业对长期利润和短期利润的重视程度不同，对利润满意水平的看法也不同。如有的企业追求利润"满足"目标而不是"最大利润"。尽管有时通过一些其他的战略可能使他们取得更多利润，但它们有自己的利润目标，只要达到既定目标就满足了。

在利润目标的背后，竞争对手的目标是一系列目标的组合，对这些目标竞争对手各有侧重。所以，企业应该了解竞争对手的获利能力、市场占有率、现金流量、成本降低、技术领先、服务领先等目标组合，判断他们对不同竞争行为的反应。如一个追求低成本领先的竞争者对于他的竞争对手因技术性突破而使成本降低所做出的反应，比对同一位竞争对手增加广告宣传所做出的反应强烈得多。

企业必须密切观察和分析竞争对手目标及其行为的变化，为企业的竞争行为提供方向。如若发现竞争对手开拓了一个新的细分市场，这对企业来说可能是一个发展机遇；若发现竞争对手试图打入自己的市场时，这意味着企业将面临新的竞争与挑战。

6.1.3　了解竞争对手的战略

了解竞争对手的竞争战略对企业制定竞争战略具有十分重要的意义。竞争对手之间可能采取类似的战略,也可能采取各不相同的战略。竞争对手采取的战略越是相似,市场的竞争程度就越激烈。

根据竞争对手采取的主要战略不同,可以把竞争对手划分为两种不同的战略群体。

(1) 同一战略群体。同一战略群体指采取类似竞争战略的企业,如某些豪华百货公司采取的是面向高档市场的高价战略。由于同一战略群体采用的战略类似,因此彼此间的竞争非常激烈。

(2) 不同战略群体。不同战略群体指采取不同竞争战略的企业。如豪华百货公司采取高价战略,而一些连锁商店采取的则是面向工薪阶层的低价战略,它们分属于不同的战略群体。在不同的战略群体之间也存在着竞争。表现为:企业具有相同的目标市场,相互间存在争夺市场的竞争;战略差异的不明确性,使顾客混淆了企业间的差别;企业战略的多元化,使不同战略群体企业的战略发生了交叉;企业可能改变或扩展自己的战略,加入另一战略群体的行列。

区别战略群体有利于认识以下三个问题:同一战略群体内的竞争最为激烈;不同战略群体之间存在现实或潜在的竞争;不同战略群体的进入与流动障碍不同。

6.1.4　分析竞争对手的优劣势

在市场竞争中,企业需要分析竞争对手的优势与劣势,并在此基础上有针对性地制定正确的市场竞争战略,利用竞争对手的劣势来争取市场竞争的优势,从而实现企业的营销目标。

1. 竞争对手优劣势分析的角度

获取有关竞争对手的信息是一项非常困难的工作。企业一般通过市场调研的方式来获取竞争对手的优劣势,也可以借助于某些二手资料来进行了解。竞争对手的优势与劣势通常体现在以下八个方面。

(1) 产品。竞争企业产品在细分市场顾客心目中的地位;产品的适销性;产品系列的宽度与深度等。

(2) 销售渠道。竞争企业销售渠道的广度与深度;销售渠道关系网的效率与实力;销售渠道的服务能力等。

(3) 市场营销。竞争企业在产品、价格、促销和分销等营销组合各方面要素的水平;市场调研与新产品开发的能力;销售队伍的培训与技能等。

(4) 生产与经营。竞争企业的生产规模与生产成本水平;设施设备的技术先进性与灵活性;生产能力的扩张;质量控制、成本控制;区位优势;原材料的来源和成本、纵向组合能力等。

(5) 研究与开发能力。竞争企业内部在产品、工艺、仿制等方面所具有的研究与开发能力;研究与开发人员所具备的素质与技能等。

(6) 资金实力。竞争企业的资金结构；现金流量；短期和长期的贷款能力；获取新增权益的能力；财务比率；财务管理能力等。

(7) 组织。竞争企业组织成员价值观的一致性与目标的明确性；组织结构与信息传递的有效性；组织对环境变化的适应性与反应程度等。

(8) 综合管理能力。竞争企业领导的素质与激励能力；协调沟通能力；管理决策的灵活性、适应性、前瞻性等。

2．分析竞争对手优劣势的基本步骤

分析竞争对手可分为三步。

(1) 收集竞争对手的情报信息。主要收集有关竞争对手最新的关键数据，如销售量、市场份额、心理份额、情感份额、投资收益、现金流量、生产能力、成本及综合管理能力等。

(2) 分析评价。根据所收集的信息综合评估竞争对手的优势与劣势。

(3) 定点超越。即找出竞争对手在管理和营销方面的最好做法作为标准，然后加以模仿、组合和改进，并力争超过标杆者。如施乐公司向美国运通公司学习账单处理技术，向卡明斯工程公司学习生产计划技术，向比恩公司学习仓库整理，因为比恩公司仓库整理速度比施乐公司快三倍。

6.1.5 判断竞争对手的反应模式

竞争对手的目标、战略及其优势与劣势还不足以解释其可能采取的行动和对其他企业的削价、加强促销或推出新产品等活动的反应模式。因此，企业经营者还要了解竞争对手的经营哲学、内在文化、主导信念和心理状态，预测竞争对手对竞争行为的反应。竞争中常见的反应模式有以下四种。

1．从容型竞争者

竞争者对某些特定的攻击行为没有迅速反应或强烈反应。竞争者缺少反应的原因有：认为顾客忠诚度高，不会转移购买；对自己的竞争实力过于自信，认为该攻击行为不会产生大的效果；对其他企业的行动缺乏观察力，反应迟钝；缺乏做出反应所必需的资金等。企业一定要弄清楚竞争者从容不迫的原因。

2．选择型竞争者

竞争者只对某些特定的攻击做出反应，而对其他的攻击无动于衷。例如，大多数竞争者对降价总是反应敏锐，力求在第一时间采取措施进行攻击，而对广告费用的增加、改善服务、强化促销等措施则不做反应，认为这些构不成威胁。了解主要竞争者在哪些方面做出反应可为企业提供可靠的攻击类型。

3．凶狠型竞争者

竞争者对所有的攻击行为都做出迅速而强烈的反应。这种攻击措施往往是全面的、致命的，甚至是不计后果的、不达目的绝不罢休。这种强烈反应型竞争者往往是市场上的领导者，具有某些竞争优势，一般企业轻易不敢或不愿挑战其在市场上的权威，尽量避免与其进行正面交锋。

例如，宝洁公司绝不会轻易听任一种新型洗涤液就投放市场。利佛兄弟公司在首次攻击占领先地位的宝洁公司的"Ultra"洗涤液市场时，就发现了这个道理。"Ultra"洗涤液装在较小的瓶中，所以占用的货架较少，因而它受到零售商的欢迎。但当利佛在威士科和沙夫品牌中引进这种洗涤液的装瓶技术时，它并不能长期地得到货架位置，原因是宝洁公司用它的大量洗涤液品牌代替了利佛的产品。

4. 随机型竞争者

有些竞争者对竞争攻击的反应具有随机性，有无反应和反应强弱无法根据其以往的情况加以预测。许多小公司都是随机型竞争者，当他们发现能承受这种竞争时就站在前沿竞争；而当竞争成本太高时，他们就躲到后面不做出任何反应。

6.2 市场竞争策划

任务情境

远大公司的刘经理最近几天烦躁不安。作为一家专门生产和销售空气净化器的民营企业营销总监，带领自己的营销团队在市场上取得了不菲的业绩，尤其是针对装修市场的"甲醛克星"，已经成为市场的佼佼者，目前无论如何已经处于行业的前列。

但是，公司无论是品牌形象、产品销售力，还是渠道网络以及市场份额，都未能与其他对手拉开距离。广大的消费者也无法辨别谁的产品更好、谁的品牌更值得信任，整个行业都处于低水平的价格竞争当中，这样下去对公司的长远发展是非常不利的。

最近，有媒体报道说著名家电企业意欲挟品牌影响和渠道优势进入空气净化器行业。这对一直梦想要做行业第一的远大公司来说，是一个非常致命的威胁，如果这个时候大集团品牌进入，那么远大很有可能成为又一个行业的铺路石和牺牲品，而刘经理的烦恼就是因此而起。他想通过采取一些具有杀伤力的市场战略和战术，打垮身边的竞争对手，快速抢占市场份额，使自己的企业尽快从行业中脱颖而出，拉开与对手的距离。**但是刘经理应该如何制定有效的竞争战略和竞争策略进行应对呢？**

6.2.1 一般竞争战略策划

一般竞争战略是由美国哈佛商学院著名的战略管理学家迈克尔·波特提出的。迈克尔·波特在《竞争战略》一书中，提出一般竞争战略的三种基本形式。

1. 成本领先战略

成本领先战略又称低成本竞争战略，是指通过有效途径，使企业的全部成本低于竞争对手的成本，以获得同行业平均水平以上的利润。

实现成本领先战略需要有一整套具体政策，即要有高效率的设备、积极降低经验成本、紧缩成本和控制间接费用以及降低研究开发、服务、销售、广告等方面的成本。要达到这些目的，必须在成本控制上进行大量的管理工作，既要重视质量、服务及其他一些领域工作，又要重视与竞争对手有关的低成本的任务。

1) 成本领先战略的优势

采用成本领先战略，可使企业具备以下优势。

(1) 价格竞争优势。在竞争中，企业由于处于低成本地位上，具有实施价格战的良好条件；同时面对购买者要求降低产品价格的压力，仍可以有较好的收益。

(2) 形成进入障碍。在与潜在进入者的竞争中，形成低成本地位的因素常常使企业在成本优势或规模经济方面形成进入障碍，削弱了新进入者对低成本的进入威胁。

(3) 获得大规模低廉的供应。在争取供应商的竞争中，面对原材料、零部件价格上涨具有较强的承受能力，能够在较大的范围内承受各种因素所带来的影响；同时，由于企业的需求量大，因而为获得廉价的原材料或零部件提供了可能，同时也便于和供应商建立稳定的合作关系。

2) 成本领先战略的劣势

采取成本领先战略的劣势体现在以下三个方面。

(1) 取得成本领先需要的投资较大。企业必须具备先进的生产设备，才能高效率地进行生产，以保持较高的劳动生产率。同时，企业需要大量的预先投资，如为提高市场占有率而形成的投产亏损等。

(2) 如果企业过多地关注生产成本，可能导致企业忽视顾客需求特性和需求趋势的变化，忽视顾客对产品差异的兴趣。

(3) 由于企业集中大量投资于现有技术及设备，提高了退出障碍，因而对新技术的采用以及技术创新反应迟钝甚至采取排斥态度。

3) 成本领先战略的适用条件

成本领先战略有一定的适用范围，当具备以下条件时，采用成本领先战略才会更有效力。

(1) 现有竞争企业之间的价格竞争非常激烈，价格需求弹性大。

(2) 企业所处行业的产品基本上是标准化，从而使价格竞争决定企业的市场地位。

(3) 实现产品差异化的途径很少。

(4) 多数客户以相同的方式使用产品。

(5) 用户从一个销售商转换到另一个销售商时，转换成本为零，因而倾向于购买价格最优惠的产品。

企业实施成本领先战略，除具备上述外部条件外，企业本身还必须具备以下资源：持续的资本投资和获得资本的途径；生产加工的工艺技能；认真的劳动监督；设计容易制造的产品；低成本的分销系统；培养技术人员等。

4) 实现成本领先战略的途径

企业成本领先的途径主要有两条。

(1) 采用先进设备实现产品大批量生产。企业必须具备先进的生产设备，才能高效率地进行生产，生产产量越大，单位平均成本越低，同时随着规模的扩大，有形成本及无形成本也会降低。因而产品大批量生产是实现成本领先的重要途径。

(2) 采取各种措施进行成本控制。企业可以通过以下途径进行成本控制：降低研发、生产、营销等环节的成本；加强与供应商的合作关系，降低原材料等采购成本；提高经营管理水平；提高设备利用率和产品合格率；降低库存率；控制费用开支等。

案例 6-1　美的集团的成本领先战略

美的集团的前身是 1968 年由何享健先生集资 5000 元在北窖创办的一家乡镇企业。1980 年进入家电行业，1981 年正式注册使用"美的"商标；1993 年成立美的集团。目前，美的集团员工 13 万人，旗下拥有美的、小天鹅、咸灵、华凌等十余个品牌，跻身全球白色家电制造商前五名，成为中国最有价值的家电品牌。探寻美的成功之路，成本领先战略是其制胜的法宝。

1. 技术创新

美的不断在研发方面加大投入，成立制冷研究院及技术专家委员会，建设国内一流的研发基地和实验中心，使美的空调的研发能力达到世界先进水平，引领中国空调产业不断升级。向美国、日本等发达国家输出最先进的变频技术，实现我国家电行业向全球制造业产业链高端转移的飞跃。

2. 规模经济

美的实现规模经济的途径包括：一是沿着企业既有主导产品的价值链进行纵向一体化合并。例如，美的"微波炉产业链"包括产业链上游的磁控管公司和变压器公司，在做大家用微波炉市场后，又进军工业微波炉、烤箱、微波路面养护机械市场。二是通过进入与企业产品基础具有协同效应的市场从事多元化生产。美的是从生产电风扇开始进入家电行业，后来生产空调、冰箱、微波炉、洗衣机等产品。目前，美的集团拥有中国最大最完整的空调产业链、微波炉产业链、小家电产品群和厨房家电产品群。

3. 效率驱动

2011 年，在全球制造业遭遇严冬的季节，美的集团提出了"成本效率管控""效率驱动"方案。应用这一方案，美的把空调、冰箱、洗衣机的营销进行了整合，整合后销售规模扩大，营销费用大大降低。

（资料来源：转载自 http://edu.yjbys.com/zhanlueguanli/318959.html，2020-11-25）

2. 差异化竞争战略

差异化竞争战略是指为使企业产品与竞争对手的产品有明显的区别，形成与众不同的特点而采取的战略。如奔驰的做工精细、宝马的驾驶性能、日本车的节油等。

1）差异化竞争战略的优势

差异化竞争战略的优势主要体现在以下三个方面。

(1) 避开价格竞争。企业实行差异化战略容易形成顾客对其特色的偏好和忠诚，由此可以降低对产品价格的敏感性，使企业避开价格竞争，在特定领域形成独家经营的市场，比其他同类企业处于更有利的地位。

(2) 形成进入障碍。企业实行差异化战略如产品独特的功能、专有的销售渠道和分销方式等，很难为其他竞争对手模仿，从而形成强有力的进入障碍，抵御其他竞争对手的攻击。

(3) 增强对付供应者和顾客的议价能力。顾客对企业的忠诚度一旦确立，就不会更多地转换其他品牌，顾客的议价能力被大大减弱。同时企业一经在行业中确立独占地位，也会使某些供应商很难在市场上寻找到其他更好的交易对象，供应商的议价能力也被大大削弱。

2) 差异化竞争战略的劣势

差异化竞争战略的劣势主要有以下四点。

(1) 成本高。企业要想保持产品的差异化,需要进行广泛的研究开发、产品设计、高质量原料等工作,这些工作的进行往往以高成本为代价。

(2) 并非所有的顾客都愿意或能够支付产品差异所形成的较高价格。同时,顾客对差异化所支付的额外费用是有支付极限的,若超过这一极限,顾客就可能会转向购买低成本低价格企业的产品。

(3) 有时要放弃获得较高市场占有率的目标,因为差异化的排他性与高市场占有率是矛盾的。

(4) 没有技术壁垒的差异,容易被竞争对手"克隆",从而使这种差异消失,因差异可能带来的巨额利润也就消失。

3) 差异化竞争战略的适用条件

差异化战略有一定的适用范围,当具备以下条件时,采用此战略才会更有效力:①有多种途径使产品或服务差异化,并且这种差异化被顾客认为是有价值的;②消费者对产品的需求不同;③采用差异化战略的竞争对手不多;④具有很强的研究开发能力;⑤企业具有以其产品质量或技术领先的声望;⑥具有很强的市场营销能力。

企业实施差异化战略,除具备上述外部条件外,企业本身还必具备以下资源:企业研究开发、生产、营销等职能部门之间能够密切协作;要具备能吸引高级研究人员、创造性人才和高技能职员的物质设施等。

4) 实现差异化的途径

实现差异化的途径多种多样,如产品设计、品牌形象、技术特性、销售网络、用户服务等。

(1) 产品差异化战略是从产品质量、款式等方面实现差异,寻求产品与众不同的特征。

(2) 服务差异化战略是从服务内容、服务渠道和服务形象等方面实现差异,寻求服务与众不同的特征。

(3) 人事差异化战略是指通过聘用和培训比竞争者更为优秀的人员以获取差别优势。

(4) 形象差异化战略即企业实施品牌战略和企业识别系统战略而产生的差异。

案例 6-2 贝因美实施差异化竞争战略

商场如战场;又如逆水行舟,不进则退。贝因美为了进一步做强做大,综合运用差异化竞争战略进军竞争激烈的婴幼儿奶粉市场。具体而言,贝因美奶粉在目标顾客、产品定位、包装、配方、渠道和推广方面全面实施了如下差异化竞争战略。

1. 目标顾客的差异化

贝因美奶粉的顾客群体具有学历和社会地位较低、收入相对低的特征,而外企高端奶粉的顾客具有高学历、社会地位高、收入高的特征,两者的目标顾客特征有显著的不同,避免了针锋相对的争夺战和资源消耗战。

2. 产品及品牌定位差异化

产品定位——国产高档精品奶粉。高档婴儿奶粉一直是外资品牌的天下,国产婴儿奶粉给人的感觉一直是大众化,档次不高,市场上几乎没有高端定位的国产婴儿奶粉,这是一个巨大的市场空缺。

婴儿奶粉品牌定位——贝因美婴幼儿专用奶粉,中国宝宝第二餐——这是贝因美的广告口号,也是贝因美奶粉的品牌诉求点。

3. 产品成分及包装的差异化

贝因美率先在国产婴儿奶粉中添加"DHA+AA"营养成分,与普通配方奶粉相比,构成明显的品质差异化。同时,贝因美在奶粉包装形态上寻求新的突破,将有封口拉链的立袋作为袋装奶粉的包装,此包装卫生、安全、防潮、陈列醒目,有利于终端陈列的抢占,吸引顾客眼球,能突显产品包装的与众不同。

4. 重点销售区域的差异化

贝因美将重点销售区域锁定在二、三线城市和乡镇,一方面这些区域地方偏远,为外资品牌所忽视;另一方面这正是贝因美大量"两低一高"目标顾客的所在地。

5. 市场推广的差异化

在终端促销方面,贝因美公司系统运用了在保健品业已经盛行的导购策略。在品牌形象塑造方面,开展育婴讲座和爱婴工程,大量赞助全国多胞胎家庭和儿童福利院,争取新闻媒体的大量报道,潜移默化地树立品牌形象。

总之,在差异化竞争战略的引领下,贝因美婴儿奶粉上市后,销量一路攀升。如今,贝因美已经是浙江省国产婴儿奶粉的第一品牌,在许多地区销量已经和多美滋、惠氏等外资品牌并驾齐驱。

(资料来源:转载自http://www.docin.com/p-201862972.html,2011-05-13)

3. 集中性竞争战略

集中性竞争战略是指企业把经营的重点目标放在某一特定顾客群,或某种产品系列的一个细分区域,或某一地区市场,来建立企业的竞争优势及其市场地位。

该策略不谋求在全行业中达到目标,而追求在一个比较狭窄的市场上取得其地位和利润。

1) 集中性竞争战略的优势

集中性竞争战略的优势主要有以下三点。

(1) 便于企业集中全部力量和资源,更好地服务于某一特定的战略目标。

(2) 将目标集中于特定的部分市场,便于企业更好地熟悉产品的市场、顾客以及同行业竞争对手等各方面的情况,全面把握市场,获取竞争优势。

(3) 由于生产高度专业化,在制造、科研等方面可以实现规模效益。

2) 集中性竞争战略的劣势

集中性竞争战略也有其自身的劣势,主要体现在以下三个方面。

(1) 由于企业将全部力量和资源都投入了一种产品或服务或一个特定市场,当顾客偏好发生变化、技术出现创新或出现新的替代品时,导致市场结构性变化,此时集中战略的优势也将随之消失。

(2) 该行业的其他竞争对手采取了更优于企业的集中化战略,打入企业选定的目标市场,对企业构成威胁。

(3) 在过度细分的市场上,因为市场容量很小,目标集中企业是没有明显好处的。

3) 集中性竞争战略的适用条件

集中性竞争战略也有一定的适用范围,当具备以下四个条件时,采用此战略才会更有效力。

(1) 具有完全不同需求的顾客群,这些顾客或有不同的需求,或以不同的方式使用产品。

(2) 在相同的目标细分市场中,其他竞争对手不打算实行重点集中战略。

(3) 企业资源有限,不允许其追求广泛的细分市场。

(4) 行业中各细分市场在规模、成长率、收利能力等方面存在很大差异,致使某些细分市场比其他市场更有吸引力。

> **案例6-3 联合利华的集中性竞争战略**
>
> 集中性竞争战略在联合利华得到了充分体现。
>
> 一是企业集中化。1999年,把14个独立的合资企业合并为4个由联合利华控股的公司,使经营成本下降了20%,外籍管理人员减少3/4。
>
> 二是产品集中化。果断退出非主营业务,专攻家庭及个人护理用品、食品及饮料和冰激凌三大优势系列,取得了重大成功。
>
> 三是品牌集中化。虽然拥有2000多个品牌,但在中国推广不到20个,都是一线品牌。
>
> 四是厂址集中化。2004年5月至8月,通过调整、合并,减少了3个生产地址,节约了30%的运行费用。
>
> 五是营销环节集中化。通过将食品零售营销网络转包,实现营销环节集中化,把自己不特别擅长的零售营销转包出去,从而专心制订战略计划、管理主要客户及分销商,有利于迅速提高市场占有率和知名度,实现在华投资的战略目标。
>
> (资料来源: 转载自 http://wenku.baidu.com/view/843f222ded630b1c59eeb5d1.html, 2010-06-13)

6.2.2 处于不同竞争地位的企业竞争策划

著名营销专家菲利普·科特勒认为企业在进入市场以前就有一个明确的定位思想,确定自己在市场上占据何种位置,然后根据企业的竞争目标选择相应的战略战术。他根据企业在市场中的竞争地位,把企业分为四种类型:市场领导者、市场挑战者、市场追随者和市场补缺者。

1. 市场领导者

市场领导者指在相关产品的市场上,市场占有率最高的企业。大多数产业都有一家企业是市场领导者,它在价格变动、新产品开发、分销渠道和促销力量等方面处于主导地位。

如美国汽车市场的通用汽车公司、日用化工市场的宝洁公司、电脑软件市场的微软公司、饮料市场的可口可乐公司、剃须刀产业的吉列公司等，都是市场领导者。市场领导者既是市场竞争的先导者，也是其他企业挑战、效仿或回避的对象。市场领导者为了维护自己的优势，保住自己的领先地位，通常可采用以下三种做法。

1) 扩大总需求

当市场总需求得到扩大时，市场领导者必然是最大的受益者。市场领导者可以通过以下三个途径扩大市场的需求。

(1) 开发新用户。开发新用户是扩大市场总规模最简便的途径。具体做法有市场渗透、新市场开发、地理扩展三种。

市场渗透：就是在现有产品和现有市场的基础上，努力增加销售，以维持和提高市场占有率。

新市场开发：就是针对未使用产品的群体用户，说服他们购买使用产品。如 2004 年北京现代在市场竞争非常激烈的情况下，挺进政府用车及出租车市场，使得当年前 10 个月的销量达到 11.09 万辆，同比增长 162%，轿车销售排名超过上海通用和广州本田，排在一汽大众和上海大众之后，位列第三名。

地理扩展：即将产品销售到国外或其他地区市场。

(2) 寻找新用途。可以通过发现现有产品的新用途，并推广这些新用途来扩大市场对产品的需求。杜邦公司的尼龙就是这方面的典范。每当尼龙进入产品生命周期的成熟阶段，杜邦公司就会发现新用途：尼龙首先是用作降落伞的合成纤维；然后是用作女袜的纤维；接着成为男女衬衫的主要原料；再后又成为汽车轮胎、沙发椅套和地毯的原料。每项新用途都使产品开始了一个新的生命周期。这一切都归功于该公司为发现新用途而不断进行的研究和开发计划。

(3) 增加使用量。促使消费者扩大产品的使用量也是扩大产品需求的一种重要手段。可以通过提高产品的使用频率、增加每次使用量、增加使用场所等途径来扩大需求。如宝洁公司劝告用户，在使用海飞丝洗发水洗发时，每次将使用量增加一倍，效果更佳。

2) 保持现有市场份额

市场领导者在努力扩大市场规模的同时，还必须时刻注意保护自己的市场份额不受侵犯。可供选择的策略有以下六种。

(1) 阵地防御。阵地防御就是在现有阵地周围建立防线。这是一种静态的保守的防御，是防御的基本形式。如美国的福特汽车公司和克莱斯勒汽车公司都曾由于采取过这种做法而先后从顶峰跌下来。

(2) 侧翼防御。侧翼防御是指市场领导者除保卫自己的阵地外，还应建立某些辅助性的基地作防御基地，防止对手乘虚而入，或必要时作为反攻基地。这就要求企业填补相关产品和服务的空白，不让进攻者有机可乘。如 20 世纪 80 年代中期，当 IBM 公司在美国连续丢失个人计算机市场和计算机软件市场份额后，对行业或是组织市场的用户所使用的小型计算机加强了营销力度，率先采用改良机型、降低产品销售价格的办法来顶住日本和原西德几家计算机公司在这一细分市场上的进攻。

(3) 以攻为守。这是一种"先发制人"式的防御，即在竞争对手尚未进攻之前，主动攻击。具体做法是当竞争对手的市场占有率达到某一高度时，就对它发动攻击；或是对市场上全部竞争对手进行攻击,使人人自危;或者企业对自己的技术或品牌声誉有充分自信,足以承受某些进攻的话,也可以沉着应战,不轻易发动进攻。美国亨氏公司对汉斯公司在番茄酱市场上的进攻就置之不理,结果是汉斯公司得不偿失,以败阵告终。

(4) 反击防御。当市场领导者遭到竞争对手进攻时,向竞争对手作出的反击。可实行正面反攻、侧翼反攻,或发动钳形攻势,切断进攻者的后路等。如美国西北航空公司最有利的航线之一——明尼波里斯至亚特兰大航线受到另一家航空公司降价和促销进攻时,西北航空公司采取的报复手段是将明尼波里斯至芝加哥航线的票价降低,由于这条航线是对方的主要收入来源,结果迫使进攻者不得不停止进攻。

(5) 运动防御。这种防御要求市场领导者不仅要防御目前的阵地,而且还要扩展到新的市场阵地,作为未来防御和进攻的中心。可以通过市场扩大化和市场多角化两种方式实现市场扩展。如美国施乐公司为保持其复印机产品市场的领先地位,积极开发电脑复印技术和相应软件,并重新定义本公司是"文件处理公司"而不再是"文件复制公司",以防止随着计算机技术对办公商业文件处理领域的渗入而使公司市场地位被削弱。

(6) 收缩防御。收缩防御是指企业根据自己的资源状况和市场的发展前景,有计划地放弃某些疲软市场或业务,而把企业的资源集中于更具有发展前景的市场或业务上。如2010年8月,美国通用公司放弃悍马品牌,虽然通用的市场份额将会随之缩小,但这对于通用来讲是一件好事,可以让通用汽车的市场份额维持在一个比较健康的水平。

3) 提高市场占有率

市场领导者可以通过提高市场占有率增加收益,保持企业发展和市场主导地位。许多企业都以提高市场占有率为目标,原因在于只需提高市场占有率一个百分点,其销售额就可以增加许多。如美国通用电气公司要求在它的每个市场上占有第一或第二位,否则便放弃该市场,该公司就曾将电脑和空调机两项业务的投资撤回,因为它们在其中无法取得独占鳌头的地位。企业在提高市场占有率时应考虑以下因素:是否引起反垄断行为;是否提高企业经营成本;采取的营销策略是否准确。

案例6-4 阿呀呀——饰品业领跑者的致富故事

"阿呀呀",一个新鲜的时尚品牌。从第一家自营店诞生起,在短短的五年时间里,凭着其超强的竞争力迅猛崛起,一跃成为饰品业的领跑者。所引发的终端营销革命,不仅打破了饰品业的竞争格局,还把饰品消费带入了全新的品牌时代。为了维护市场领导者地位,"阿呀呀"运用了如下策略。

1. 品牌战略,巩固市场老大地位

2005年年初,阿呀呀正式调整所经营的"饰品店"为"女孩个人用品店",并以"女孩个人用品专家"为市场定位,围绕"时尚、唯美、个性"三大理念,通过为消费者提供时尚个性的商品、快乐的购物环境和专业的资讯等服务来传达时尚个性的生活理念。所经营的商品中,品类比例也进行了重新调整,饰品占35%,化妆品及个人护理品占30%,化妆工具占25%,玩具占10%,剩余的10%是一些文具及美容类的商品。

2. 从"单一化"转向"多元化"

阿呀呀确立了"以全面的客户导向、充分的市场认知、积极的营销互动"作为新的品牌推广理念，品牌推广的核心业务从单一的"产品管理"向"市场管理""品牌管理"延展，调整为"产品、市场、品牌推广"统一地全面推广，推广手段也从"单一的广告、促销"向"整合品牌传播"全面提升。

3. "明星式"品牌突围，提高品牌号召力

为了能在较短的时间内造就强势品牌，阿呀呀企业策划中心经过反复筛选，最后锁定超人气小天后蔡依林，因为蔡依林所散发出的时尚、动感、活泼的个人魅力与公司的品牌形象有着神似的统一。经过公司多次的沟通与谈判，2004年，蔡依林正式成为阿呀呀的品牌形象代言人，开创了饰品界的先河。

4. "三朵金花"媒体传播策略

为了进一步巩固及加强品牌知名度，阿呀呀在全国推出了"三朵金花"媒体传播策略：平面媒体方面，阿呀呀分别在《女友》(校园版)、《瑞丽》(时尚先锋版)等强势媒体上投放大量的以"诱惑的就是你"为主题的系列广告。

5. 公关推广活动，为品牌注入新的品牌内涵

阿呀呀深知：企业的价值不仅仅在于它创造的经济效益，更在于企业的创新奉献所带来的社会进步，这正是阿呀呀的使命。2004年，阿呀呀被中国儿童少年基金会和世界华商总会授予"公益爱心单位"的企业。

6. 管理模式，先进而深入人心

阿呀呀对加盟店一直实施物流配送统一化、店面设计时尚化、员工培训专业化的规范化管理。对所有加盟店实施物流统一配送，店面统一风格，员工统一培训的策略。特别是在培训方面，阿呀呀更是下足功夫，凡是新的加盟商必须接受阿呀呀总部全面培训，从而实现公司与加盟商的共赢。阿呀呀采用了国际最新的营销管理模式，实行高度人性化管理，创造出了一支具有国际水准的团队。阿呀呀在管理上实现了电子商务信息网络化，公司构建计算机商务网络系统，建立了管理、生产、销售等各个环节的计算机终端网络，实现了内部资源共享和网络化管理。

7. 品牌核心价值，由"服务"迈向"体验"

未来的零售服务将不再是简单地通过店铺销售产品，并借成功的成本控制和采购来提高竞争力和盈利能力，而是更加关注顾客，关注顾客的情感需求，并通过自己的服务和产品组合真正反映出他们所渴求获得的价值主题，让他们感觉到购物是一种乐趣、一种舒适、一种满足，而非简单的购物行为。

(资料来源：转载自 http://blog.sina.com.cn/s/blog_5ddca3860100bk3n.html，2008-12-23)

2. 市场挑战者

市场挑战者是指那些相对于市场领导者来说在行业中处于第二位及以后位次的企业，如软饮料市场的百事可乐公司等。市场挑战者可以向市场领导者发起进攻，也可以固守已有的市场地位。市场挑战者必须首先确定自己的目标和挑战对象，然后再选择适当的进攻策略。

1) 确定目标和竞争对手

市场挑战者的目标多数是提高市场占有率和盈利水平。挑战者在明确目标后，要明确主要竞争对手是谁。一般有以下三种思路可供选择。

(1) 攻击市场领导者。这是一种具有高回报高风险的做法。挑战者要认真研究自身的竞争优势，如成本优势或创新优势，制定相关策略阻止市场领导者的报复，并找到市场领导者的弱点和失误作为自己的攻击目标，以夺取市场的领导地位。例如 20 世纪 80 年代，"七喜"汽水重新定位为"不含咖啡因的非可乐"，此举痛击了可口可乐与百事可乐，使七喜汽水一跃成为仅次于可口可乐与百事可乐之后的美国饮料业的第三品牌，打响了赢得可乐的进攻战。

(2) 攻击与自身实力相当者。攻击与自身实力相当的竞争对手，挑战的难度较攻击市场领导者要小得多，而且容易成功。可以选择对手经营不善的产品或项目作为攻击对象，夺取它们的市场份额，壮大自己的市场。

(3) 攻击实力较弱者。市场挑战者也可将一些经营不善、财务困难的企业作为攻击的对象，夺取这些企业的市场份额，提高自身实力和扩大市场占有率，甚至兼并这些企业本身。如百事公司从 1977 年开始，进军快餐业，先后将肯德基食品公司、必胜客、意大利比萨饼和特柯贝尔墨西哥餐厅收归麾下，百事可乐兼并它们之前，都只是一些忽冷忽热的餐馆，仅仅在自己狭小的市场内略有优势。

2) 进攻策略

市场挑战者可采取以下五种进攻策略。

(1) 正面进攻。市场挑战者集中优势力量向竞争对手发动正面进攻，即进攻竞争对手的强项而不是弱项，其胜负取决于谁的实力更强，谁的耐力更持久。因此，挑战者必须在产品、广告、价格等主要方面领先于竞争对手。百事可乐曾经在杜拉斯进行了品尝实验，将百事可乐和可口可乐都去掉商标，分别以字母 M 和 Q 做上暗记，结果表明，百事可乐比可口可乐更受欢迎。随后，百事可乐公司对此大肆宣扬，在广告中表现，可口可乐的忠实主顾选择标有字母 M 的百事可乐，而标有 Q 的可口可乐却无人问津，广告宣传完全达到了百事可乐公司所预期的目的，销售量猛增，与可口可乐的差距缩小为 2：3。

(2) 侧翼进攻。当市场挑战者难以采取正面进攻或是采取正面进攻风险太大时，可集中优势力量向竞争对手的弱势进攻。具体可采取两种策略：一是在某一地理范围内寻找竞争对手力量薄弱的地区发动进攻；二是寻找竞争对手尚未服务的细分市场迅速填补空白。如美国微软公司的比尔·盖茨，就是利用了各大型电脑公司 DOS 操作系统互不兼容的特点，创造出通用性很好的视窗操作系统而发展起来的。

(3) 包围进攻。市场挑战者同时从竞争对手的正面、侧翼、后方几条战线上展开进攻。该策略要求具有的条件：一是竞争对手留有多处市场空白；二是挑战者具有比竞争对手更大的资源优势，并确信能够打败对手。如日本的索尼公司在向原由美国几大公司控制的世界电视机市场进攻时，采用了此类做法，其提供的产品品种比任何一个美国公司提供的产品品种都齐全，使当时这些老牌大公司节节败退。

(4) 迂回进攻。这是一种间接的进攻策略，市场挑战者避开竞争对手的现有阵地，进攻对手尚未涉足的业务领域和市场。具体办法有三种：一是实现产品多元化；二是实现市场多元化；三是实现产品创新化。如日本富士胶卷公司对美国柯达公司的进攻就是采取迂回进攻策略。富士深知自己没有向柯达公司直接挑战的实力,因此,它竭力避开与柯达的任何直接对抗。富士最初通过销售适用于柯达标准相机的胶卷,获得了一个狭窄而又有利可图的市场。在富士的地理市场发展方面,它致力于开发柯达力量相对较弱的发展中国家的胶卷市场,以扩大销量和改善营销技巧,准备将来向柯达直接挑战。

(5) 游击进攻。这种进攻策略主要适用于规模较小实力较弱的企业。游击进攻的目的是以小型的间断性进攻骚扰对方,使其士气衰落,并最终获得长久性的立足点。

> **案例 6-5　关公坊的成功**
>
> 湖北稻花香集团旗下关公坊品牌,在武汉市场运作之初,品牌力和产品力都不是太强势,其没有选择在武汉城区与枝江、黄鹤楼、白云边等成熟品牌直接对抗。而是选择了武汉周边的郊区以农村包围城市的深度分销策略切入市场。武汉的郊区市场因为成熟品牌关注度相对不高,关公坊牢牢抓住了这个机会,在郊区市场全面成熟后反扑渗透武汉城区市场,短短几年的时间就从名不见经传的小品牌成长为湖北区域重量级的白酒品牌。

(资料来源:http://www.jy135.com/zhichang/18217.html,2017-05-12)

3．市场追随者

市场追随者是指那些在市场上处于次要地位的,安于次要地位,在"共处"的状态下求得尽可能多的收益的企业。这种"自觉共处"在资本密集且产品同质的行业是很普遍的现象,但这不等于说市场追随者就无所谓策略。常见的追随者的竞争策略有以下三种。

1) 紧密跟随

这种策略是在各个细分市场和产品、价格、广告、促销等营销组合策略方面,尽可能仿效领导者,不进行任何的创新。这种跟随者有时好像是挑战者,但它不会侵犯领导者的地位,有时甚至被看成是依赖市场领导者而生存的寄生者。

2) 距离跟随

这种策略是在主要方面,如目标市场、产品质量、价格水平、分销渠道、促销方式等方面追随领导者,但仍与领导者保持若干差异。这种追随者可以通过兼并小企业使自己发展壮大。

3) 选择跟随

这种策略是在某些方面追随领导者,在另外一些方面则发挥自己的独特性,但不进行直接的竞争。这类跟随者之中有些可能发展成为挑战者。

4．市场补缺者

市场补缺者是指精心服务于市场的某些细小部分,而不与主要的企业竞争,只是通过专业化经营来占据有利的市场位置的企业。这种有利的市场位置在西方称为"利基"。

1) 选择补缺基点

市场补缺者应寻找到一个或多个安全的和有利可图的补缺基点。理想的补缺基点具有如下特征:足够的市场潜力和购买力、对主要竞争者不具有吸引力、企业具备占有理想补缺基点所需的资源和能力、企业的信誉足以对抗竞争者。

2) 主要竞争策略

专业化市场营销是关键,可供选择的策略有以下八种。

(1) 最终用户专业化。专门致力于对某类最终用户服务,如一些较小的计算机软件公司专门提供防病毒软件,成为"防病毒专家"。

(2) 垂直层面专业化。专门致力于对营销链的某个环节提供产品或服务,如专业化的清洗公司。

(3) 顾客规模专业化。专门致力于某一种规模的客户,如某些小型装修公司,专门承接家庭用户的住房装修业务。

(4) 特定顾客专业化。只对一个或几个主要客户服务,如美国有些企业专门为通用汽车公司供货。

(5) 地理区域专业化。专为国内外某一地区或地点服务,这些地理区域往往具有交通不便的特点,为大企业不愿经营。

(6) 产品或产品线专业化。专门生产一种产品或一大类产品,如美国的绿箭公司专门生产口香糖一种产品,现已发展成为一家世界著名的跨国公司。

(7) 服务专业化。专门为市场提供一项或有限的几项服务,如近年来我国城市中出现的许多"家政服务公司""家教服务中心"等。

(8) 分销渠道专业化。专门服务于某一类分销渠道,如专门为航空公司的旅客提供食品。

案例6-6　罗技:像鼠标一样灵活

罗技(Logitech)——全球最大的电脑周边产品设备提供商,产品几乎出现在每一个有电脑的角落。据国际数据公司(IDC)估计,自1982年以来,全球出厂的9亿台个人台式机中,有55%使用了罗技鼠标,世界排名前20位的电脑厂商都是其客户。

翻开罗技公司的早期发展史,令人惊讶的是这家公司在1981年创立时居然是一家软件企业。1984年,由于公司转型制造业,在现金管理和库存管理上出现了问题,公司现金流几近中断。但在惠普和AT&T等客户的支持下,罗技幸运地逃过一劫。早期罗技只生产鼠标,而且全部都是OEM产品。20世纪90年代,随着图形化界面操作系统的全面普及,键鼠外设产品也开始飞速的进步和发展,罗技以出色的品质和优异的设计被广大消费者所接受。翻开鼠标发展的编年史,可以发现近一半内容都在讲述罗技的革新及创造。尽管罗技不是鼠标等外设的发明者,但鼠标技术发展与成熟的每一步,都与罗技密不可分。

(资料来源:https://tech.hqew.com/news_330022,2016-08-10)

【课程小结】

任何企业都无法回避竞争,只有制定适合企业的竞争战略和策略,才能在竞争中求得生存和发展。

在分析竞争对手时,企业要识别竞争对手,了解竞争对手的目标和战略,分析竞争对手的优劣与劣势,判断竞争对手的反应模式。

在市场竞争策划中,要学会运用成本领先战略、差异化竞争战略和集中性竞争战略三种竞争战略,出于不同竞争地位的企业也可以采取不同的竞争策略。

【课堂讨论】

1. 哈里·S. 杜鲁曾经说过："如果怕热,就别进厨房。"而威勒·嘉洛维也说过："没有比这更能集中你的注意力了:你不断地看到你的竞争对手想把你从地图上驱逐出局"。市场竞争对企业到底是好还是不好?谈谈你的理解。

2. 有人说价格就是一把双刃剑,杀敌一千,自损八百。但是却有很多企业很喜欢使用这把利剑,有的企业通过价格竞争取得了行业领导的地位,但是还有些企业通过大打价格战导致了全行业整体亏损,企业自己也元气大伤。你是如何理解低成本竞争战略的?

【技能训练】

一条街道上同时住着三家裁缝,生意竞争非常激烈。为了抢生意,他们都想挂出一块招牌来招揽客户。第一家裁缝挂出的招牌写着:北京城里最好的裁缝。第二家裁缝挂出的招牌写的是:全中国最好的裁缝。第三个裁缝一看前两家挂出的这么大气的招牌,并且抢走了大部分生意,开始茶饭不思。一位营销人问明情况后,告诉他不妨在招牌上写这样几个字:"……"。果然,这个裁缝从此生意兴隆。请问招牌上写的是什么字?

【课后自测】

1. 生产高清电视与液晶电视的厂家之间是( )关系。
   A. 品牌竞争者 B. 行业竞争者
   C. 需要竞争者 D. 消费竞争者
2. 竞争者只对某些特定的攻击做出反应,而对其他的攻击无动于衷,属于( )。
   A. 从容型竞争者 B. 选择型竞争者
   C. 凶狠型竞争者 D. 随机型竞争者
3. 沃尔玛能够成为世界上最大的连锁零售商,其重要原因是成功地实施了( )。
   A. 成本领先战略 B. 差异化竞争战略
   C. 集中化竞争战略 D. 多元化经营战略
4. 2004年北京现代挺进北京市政府用车及出租车市场,属于( )战略。
   A. 开发新用户 B. 寻找新用途
   C. 增加使用量 D. 市场专门化

【案例分析】

手机市场的竞争战略

在手机市场,有两种典型的竞争战略。小米公司,从创业初期开始,采用的就是成本领先战略。当同配置的智能手机标价都在3000元左右时,小米手机却通过死磕供应链,最终把产品价格定在1999元,这让很多之前买不起智能手机的青年用户都大为心动,成功打开了市场,小米公司也快速从创业公司成长为一方诸侯。

与之对照的是苹果公司,它非常具有创新精神,推出了划时代的iPhone,但iPhone的售价可不便宜,一直处在手机行业的金字塔尖。能让消费者为这么高的价格买单,苹果靠的是对细节的苛求。比如，为苹果的 iPod 和 Macbook 产品打磨后盖的合作企业，是一家只有 7 个人的日本"小作坊"——小林研业。小林研业虽然规模很小，但却有积累了几十年的手工经验，以及追求极致的工匠精神，因此能将 iPod 和 Macbook 的后盖打磨得毫无瑕疵，且厚度只有 0.5 毫米左右。这种苛求体现在苹果产品的每一个零件上，也贯穿苹果企业发展的始终。据统计，为了研发第一代 iPhone，苹果一共投入了 1.5 亿美金的研发和设计费用，最终做出了风靡世界的产品。

这两家企业的例子，说明了这两个战略都可行，只是需要根据自身的不同情况来做出选择。需要注意的是，这两种战略都是有缺点的。

成本领先战略的核心不是低成本，而是成本比别人更低。如果一个行业竞争特别激烈，那么毛利率就会很低，为了维持成本领先地位的代价也就会变得高昂。万一这个行业的产品还在不断革新，那压力就更大了，而手机正是这样的行业。

小米公司之前一直受到产能不足的困扰，经常被消费者诟病为"饥饿营销"，其实根源就是低成本战略导致的低利润，但凡利润高点，供应链还不开足马力生产？你没钱，那代工厂当然就可能优先去组装 iPhone 了。那么，苹果公司就高枕无忧了吗？当然不是。实行差异化战略的企业需要一直保持产品的优异，才能保住地位。

对苹果来说，就是要一直保持创新，一直有令人耳目一新的发明。这当然是非常难的。在库克的带领下，苹果的业绩和市值一路高涨，但仍有很多反对者说："没了乔布斯的苹果，味道已经变了。"确实，在苹果好几代手机产品都没有特别大迭代的情况下，不少消费者都转换了阵营，成了其他手机品牌的拥趸。归根结底，就是苹果的差异化地位受到了竞争对手的挑战。当你和竞争对手的差异变少，你也就没资格再卖那么贵。

(资料来源：http://finance.sina.com.cn/wm/2020-08-30/doc-iivhvpwy3866530.shtml, 2020-08-30)

案例思考

请说出小米和苹果成功的原因。

案例分析与提示

清晰明确的战略定位。

【综合实训】

调查了解当地培训市场的竞争情况

一、实训项目

选择一个培训细分市场(如少儿英语培训、资格认证培训、电脑/IT 技术培训、文体爱好培训、考研培训等)，调查当地培训市场竞争情况。

二、实训内容

以少儿英语培训市场为例，对该培训市场竞争调查的步骤如下。

1. 组建小组

全班分为若干小组，每组 4~5 人，确定组长 1 人，每组调查当地 3~4 家少儿英语培训机构。调查结束后，各组就调查内容进行全班交流发言。

2．资料收集

①当地少儿英语培训市场的容量和发展潜力。

②行业的整体竞争情况。

③主要培训机构的名称、成立时间、培训场地、分校数量、师资构成、学员数量、授课模式、培训价位等。

④每个培训机构的优势和劣势。

⑤每个培训机构的经营特色，主要竞争手段。

3．提出结论

对各少儿英语培训机构的意见建议。

三、实训成果

以PPT形式呈现的调查报告。

微课视频

扫一扫，获取本章相关微课视频。

任务6.mp4

任务 7　企业形象策划

【能力目标】

通过完成本任务，你应该能够：
- 了解企业形象策划，掌握企业形象策划的基本方法。
- 灵活运用企业形象策划的原理和方法对企业形象进行创新和维护。

【名言警句】

企业形象是潜在销售金额，也是潜在的无形资产。

——佚名

理念识别是企业的心；行为识别是企业的手；视觉识别是企业的脸。

——林磐耸

CIS 的要点，就是要创造个性。

——中西元男

【案例导入】

有人曾做过一个试验，把不同企业不同品牌的水(包括纯净水、矿物质水)放到一起，请消费者进行试喝，看是否有消费者能辨别出他所喝的水是哪一个企业哪一个品牌的水，结果是大部分消费者都不能做出准确的判断。在同类产品日益同质化的今天，为什么不同的消费者选择不同企业的产品，难道真的是因为产品质量存在较大差异吗？

在日益激烈的市场竞争中，企业之间的对垒已由产品力、行销力的较量发展至形象力的短兵相接，消费者面对不同企业生产的同一类产品，做出不同的购买选择，不是因为产品质量、产品功能的差异，而是因为对不同企业品牌的偏好，因此企业形象至关重要。在今天，企业形象既是企业安身立命之本，又是企业克敌制胜的法宝，塑造优良的企业形象必然成为企业的必要举措和迫切要求。

7.1　企业形象认知

任务情境

有一个家用电器公司，生产多种家电产品：电视、冰箱、洗衣机等。它应该为每一种商品定一个商标，还是所有的商品都使用同一个商标？

如果你是这家公司的总经理，你会如何决定？

近年来，随着世界经济一体化进程的加快、经济快速增长和国际化竞争向纵深发展，企业之间的相互竞争日趋激烈。企业形象作为企业的无形资产，对企业生存和发展的作用越来越受到人们的关注。随着竞争日益激烈，许多企业都受到了巨大冲击，就连一些世界知名品牌的大公司也陷入了重组或破产的危机，面临着前所未有的困境和挑战。在这种情况下，企业形象塑造的意义和作用再次凸显出来。如何塑造良好的企业形象，使企业在激烈的竞争中立于不败之地成为重中之重。

7.1.1 企业形象

企业形象策划发源于欧洲，成长于美国，深化于日本。它的历史最早可追溯至20世纪初。1908年，德国著名建筑设计师彼得·贝伦斯为德国的AEG电器公司设计了简明的字母化的标志，如图7-1所示，并将其应用到公司的系列化产品以及便条纸、信封、建筑、店面之中，贝伦斯AEG的设计实践被公认为是企业形象策划的雏形。

第二次世界大战后，国际经济复苏，企业蓬勃发展，竞争加剧。企业经营者感觉到建立统一形象、正确传达企业信息、塑造独特经营理念的重要性。从20世纪50年代起，欧美大企业纷纷导入企业识别系统(Corporate Identity System，CIS)，早期成功导入CIS的是美国国际商用机器公司IBM，设计师把公司的全称"INTERNATIONAL BUSINESS MACHINES"浓缩为"IBM"三个字母，并创造出富有美感的造型，用蓝色作为公司的标准色，以此象征高科技的精密和实力，如图7-2所示。

图 7-1 德国 AEG 公司的标志

图 7-2 IBM 公司标志

IBM公司通过设计塑造企业形象，成为美国公众信任的"蓝色巨人"，并在美国计算机行业占据非常显赫的地位。随着IBM公司导入CIS的成功，美国许多公司纷纷仿效，而且导入CIS的企业纷纷刷新原有的经营业绩，如克莱斯勒公司在20世纪60年代初因此市场占有率提高18%；东方航空公司凭借CIS的成功导入从破产边缘起死回生。

20世纪70年代CIS被广泛应用。1970年可口可乐公司导入CIS，更新在世界各地的标志，从此在世界各地掀起CIS的热潮。美国模式的CIS战略重视视觉传播，主要通过对企业视觉识别的标准化、系统化的设计和规范来表现企业的经营理念和特色，从而达到使社会公众认知、识别并建立良好企业形象的目的。

日本第一个开发CIS的是马自达汽车公司，他们在30年代进行CIS设计，为日本工商业树立了典范。图7-3为马自达公司标志。

其后，大荣百货、伊势丹百货等企业如雨后春笋般地涌现出来，CIS战略为日本企业树立了良好的企业形象，并创造了很多的全球品牌，如SONY、富士等。日本CIS设计在实践中逐渐转向人性管理，注重理念识别、行为识别和视觉识别的融合，以完整地传达企业独特的经营理念和特色,并将其上升到企业经营和企业文化建设的高度,突出以人为主的企业文化。如今,CIS 已成为日本企业不可缺少的经营理念。

图 7-3　马自达公司标志

台湾省是我国最先引进 CIS 的。20 世纪 70 年代,台塑董事长王永庆请留日归来的郭叔雄设计其企业标志,郭叔雄利用波浪形外框将企业的标志联合起来,以表现塑胶的可塑性,并象征整个体系的联系与发展。此举获得很好的效果。随后,味全、统一等企业先后导入 CIS,极大地提高了他们在市场竞争中的地位。中国内地随着改革开放到 80 年代中后期才出现 CIS,最初以理论的形式作为美术院校的学术教材被引进。1988 年,经济发展迅速的广东省出现了专业的经营理念设计机构,策划实施了"太阳神"的 CIS。太阳神集团的前身是广东东莞黄冈保健饮料厂,导入 CIS 后,企业以崭新的形象面市,面目焕然一新,使人印象深刻。此举迅速取得大众的认同,四年间产值提高了 200 倍,成为当时著名的企业。图 7-4 为太阳神集团标志。

图 7-4　太阳神集团标志

在短短的几年内,以太阳神为开端,"李宁""健力宝""联想"等企业相继导入 CIS,以鲜明的企业形象屹立于中国市场。CIS 在中国的实践取得了初步的成功,中国的 CIS 仍处在学习、模仿和探索之中。CIS 经历了从德国始创、美国发展到日本成熟、中国台湾地区的导入再到中国内地的学习几个阶段,在未来建立中国独特的 CIS 体系,无疑是一个重要的战略目标。

7.1.2　CIS

企业形象是企业精神文化的一种外在表现形式,是社会公众对企业的整体感觉、印象和认知,是企业状况的统合反映。CIS 是英文 Corporate Identity System 的简称,称为企业识别系统；是社会组织、企业将其理念、行为、视觉及一切可感知的形象实行的统一化、标准化与规范化的科学管理体系，包括理念识别系统、行为识别系统和视觉识别系统[①]。

　　CIS 是公众辨别企业的依据，是企业在经营与竞争中赢得公众认同的有效手段。在本质上 CIS 是社会公众对企业的一切活动及其表现的总体印象和评价。它的主体是企业，是企业有意或无意地展现在社会公众面前的，包括内部生产经营管理和外部销售服务及所有社会活动在内的形象。客体是社会公众，CIS 是社会公众对企业的总体印象和评价。

　　CIS 将市场营销与企业形象设计提高到经营哲学的水准，并使其见之于具体行动，变成可观、可闻、可感知的系统，而不是架空的经营理论与策略。它不是短期的即兴之作，而是长远规划，并定期监测，具有管理控制的组织性、操作实施的系统性等特征。

　　在企业的市场竞争日益同质化的时代，需要进行形象竞争，即产品质量价格相差无几，社会公众更注意选择形象好的名牌企业的产品，于是，形象力导向上升为决定竞争成败的关键因素，如图 7-5 所示。

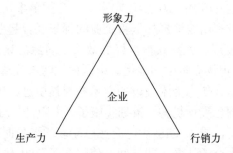

图 7-5　生产力、行销力和形象力的关系

　　由图 7-5 可见，三种力相互作用，相互支撑，构成一个稳定的三脚架，使企业发展更加稳固，提高企业的经济效益和文化品位。

　　随着经济和文化的发展，社会和时代的观念以及人们的生活方式经历了巨大的转变，从早期的温饱型时代过渡到富裕型时代，进而进入到表现型时代。表现型时代追求精神消费，即消费者注重产品形象、品牌形象是否满足他们的审美要求。

　　随着时代的进步，企业的营销战略也发生了极大的改变，由传统推销战略即以卖方为主的战略，进入营销战略即按买方要求来调整产品的价格和质量，进而进入形象战略时代，包括产品的内在品质、外在包装、销售服务等，也就是说，顾客选择商品最重要的是考虑到企业产品的形象。

7.2　企业形象策划

任务情境

　　世界上著名的餐饮企业麦当劳，在全球五大洲都开有分店，每个大洲的消费者只要一看到麦当劳的标志，就会想起麦当劳，并且麦当劳的产品在不同的大洲、不同的国家其味

[①] 关于 CIS 的构成要素，社会上普遍的是三要素说，但有的学者提出应包括听觉识别系统和环境识别系统共五要素说。

道是相同的。中国地大物博，各种特色美食更是数不胜数，很多地方特色小吃广受男女老少顾客的欢迎，你打算在当地开设一个特色小吃店，请为这个特色小吃店设计一个企业形象识别系统。

企业形象的塑造是经由理念——行为——视觉三个方面的贯彻而达成的，它包括理念识别系统(MIS)、行为识别系统(BIS)和视觉识别系统(VIS)，这三部分处于不同层次。如果以一棵树来比喻 CIS 的话，VIS 是树冠，BIS 是树干，而 MIS 则是树根。如果我们将 CIS 比作一个人的话，MIS 是心，BIS 是手，VIS 是脸，三者偏废一方，都不能形成完整的形象。"心"之想，需要通过"手"之做才能实现，需要通过"脸"之情才能展现。

7.2.1 企业识别系统设计

1. 理念识别系统设计

理念识别系统(Mind Identity System，MIS)也称理念统一化，是"企业的心"。企业理念是一种企业整体的价值观和经营思想，是经营观念和经营战略的统一，通常由企业的主题理念、价值观、企业使命等组成，其目的是告诉公众：我们是谁？我们要做什么？我们为什么而生存？我们怎样做？在 CIS 设计中，MIS 是核心，是原动力。它的形成是由企业大多数员工对企业的使命、发展目标的认定，一个企业不管自觉与否，都存在一种支配自己一切活动的理念。理念系统是 CIS 系统中精神层面的系统，是一种无形资产。用理念来协调人的行为，既能充分发挥企业员工的自主性和创造性，又能使他们的行为自觉趋向一致，构成团结和谐的整体。它是一种无形而有效的管理方式，是企业的精神支柱。

理念设计一般从如下两个方面进行。

1) 企业形象理念

企业形象理念指企业对外宣传的简单的一句话式的理念。此种理念主要有以下四种设计方法。

(1) 技术开发策略。这种类型的企业以尖端技术的开发意识来代表企业精神，着眼于企业开发新技术的观念。例如：

联想的理念为"联想从事开发、制造及销售最可靠的、安全易用的技术产品"；

杜邦公司的理念为"创造科学奇迹"。

(2) 产品质量策略。企业一般采用质量第一、注重质量等含义来规定或描述企业理念。它的目的在于以产品的高质量来树立企业的好形象。例如：

杭州胡庆余堂的理念为"采办务真，修制务精"；

同仁堂的理念为"炮制虽繁必不敢省人工，品味虽贵必不敢减物力"；

统一企业的理念为"三好一公道(质量好、信用好、服务好、价钱公道)"。

(3) 优质服务策略。优质服务策略是企业将理念的设计突出为顾客、为社会提供优质服务的意识，以"顾客至上"作为其经营理念的基本含义。例如：

海尔公司的形象理念为"真诚到永远"；

IBM 提出"最佳服务精神"；

北京西单购物中心的理念为"热心、爱心、耐心、诚心"。

(4) 目标导向策略。目标导向策略是企业将自己在经营过程中所要达到的目标作为其理念。企业目标可分为具体目标和抽象目标。显然，具体目标是指企业要达到的销售、利润或市场目标；抽象目标是指企业要达到的一种社会目标或所要实现的一种精神境界。现实中，企业大多使用抽象目标来规定企业理念。例如：

苏宁电器公司的理念为"您生活中的电器专家"；

迪士尼的理念为"让世界更加欢乐"。

2) 综合性企业理念

目前很多企业的理念系统，是由多个要素组成的，统合性企业理念包括企业使命、价值观等不同内容。例如，伊利公司的企业理念包括以下三个。

(1) 伊利愿景：引领中国乳业打造世界品牌。

(2) 伊利使命：不断创新追求人类健康生活。

(3) 伊利核心价值观：Health——健康兴旺，基业长青。

无论企业选择哪一种理念策略，在设计理念时，应根据企业需要，够用就行，不必面面俱到，多了就记不住了。一个优秀的企业理念系统应该能够体现企业目标，具有信息个性，符合公众心理与审美情趣。企业目标包括企业的社会目标与经济目标，即理念应反映企业的生存意义、企业家的志向与抱负。信息个性，就是要独特、新颖，与其他企业不雷同，体现创造性。公众心理即应符合社会公众的心理认知、心理评价；要让内外公众能认同，有正确的理解。审美情趣即为哲学家的思维高度和老百姓能懂的精美语言。语言要朗朗上口，易于理解，便于记忆，宜于传播，不产生歧义与误解。

理念设计出后要宣传，以使社会公众能知晓企业理念，形成统一的理念形象。

2. 行为识别系统设计

企业行为识别系统(Business Identity Systerm，BIS)，也称行为统一化，是"企业的手"，是指在企业实际经营过程中，对企业所有行为包括员工操作行为实行系统化、标准化、规范化的统一管理，以便形成统一的企业形象，便于统一经营管理。它是企业处理和协调人、事、物的动态运作系统。

松下公司的创始人松下幸之助有一句名言："松下公司培养松下人，兼营电器。"很多企业能在竞争中取胜，是因为他们不仅对企业最重要的因素——员工进行精神、文化的培养，且对员工的行为进行科学、规范化的培训。与日常的规章制度相比，行为识别侧重于用条款形式来塑造一种能激发企业活动的机制，这种机制应该是独特的，具有创造性的，因而也是具有识别性的。

企业行为识别系统是在企业理念的指导下逐渐培育起来的，它是一个企业通过科学的管理、制度、措施等手段，对企业员工行为的要求和约束。它包括企业的对内行为活动和对外行为活动两个方面。对内行为活动有组织制度、员工教育、工作环境、生产设备等。对外行为活动有公关活动、广告活动、促销活动等。其方法主要有以下六种。

1) 确定企业的组织结构

企业的组织结构指为了实现组织的目标，在组织理论指导下，经过组织设计形成的组织内部各个部门、各个层次之间固定的排列方式，即组织内部的构成方式。主要有直线制、职能制、直线—职能制、事业部制、模拟分权制和矩阵制等形式。

2) 员工手册

员工手册是指导企业员工行为的规则,应人手一份,签字认同。它的主要内容包括以下十项。

(1) 目录。

(2) 领导致词。比如欢迎您加入××行列。

(3) 经营理念和企业精神。

(4) 公司简介。

(5) 聘用规定。包括:试用期、聘用的终止、劳动合同、离职手续、业绩考评。

(6) 员工福利。包括:社会保险、津贴与补贴。

(7) 工作规范。包括:行为准则、工作态度、工作纪律、奖励与惩罚、沟通与投诉。

(8) 考勤制度。包括:工作时间、考勤办法、请假程序和办法。

(9) 员工的发展。包括:在职培训、内部竞聘、晋升机会。

(10) 附言。包括:如手册不慎遗失或员工在离职时等特殊情况下的处理规定。

3) 行为规范制度

有别于员工手册的具体规则,它是企业员工共同遵守的行为准则,如服务礼仪、服务规范等内容。

案例7-1 海尔的服务模式:"12345"服务规范

一证件。服务人员上门服务时出示"星级服务资格证"。

二公开。公开出示海尔"统一收费标准";公开一票到底的服务记录单,服务完毕后请用户签署意见。

三到位。服务前"安全测电并提醒讲解"到位;服务中通电试机及向用户讲解使用知识到位;服务后清理现场到位。

四不准。不喝用户的水;不抽用户的烟;不吃用户的饭;不要用户的礼品。

五个一。递上一张名片;穿上一副鞋套;配备一块垫布;自带一块抹布;提供一站式产品通检服务。

(资料来源:转载自 http://www.haier.cn/service/serviceMode.shtml, 2008-04-06)

4) 公关活动

形成企业的公关报告,包括企业的品牌战略、公关原则、公关活动策划等内容。

5) 广告活动

形成企业的广告策划报告,包括企业的广告原则、主题广告语、广告媒介组合战略等内容。

6) 营销活动

形成企业的营销报告,包括企业的营销策略、营销手册等内容。

案例7-2 麦当劳的行为规范

麦当劳的经营理念是品质(Q)、服务(S)、清洁(C)、价值(V)。为了保证麦当劳餐厅的Q、S、C&V,麦当劳把每项工作都标准化,即"小到洗手有程序,大到管理有手册"。

OTM(Operation Training Manul)即麦当劳营运训练手册。随着麦当劳连锁店的发展,

> 雷·克罗克坚信：快餐连锁店只有标准统一，而且持之以恒坚持标准才能保证成功。因此，在第一家麦当劳餐厅诞生的第三年，麦当劳公司就编写出第一部麦当劳营运训练手册。营运训练手册详细说明麦当劳政策，餐厅各项工作的程序、步骤和方法。三十年来，麦当劳系统不断丰富和完善营运训练手册，使它成为指导麦当劳系统运转的"圣经"。
>
>   SOC(Station Operation Checklist)即岗位工作检查表。麦当劳把餐厅服务组的工作分成二十多个工作站。例如煎肉、烘包、调理、品管、大堂等，每个工作站都有一套"SOC"。SOC 上详细说明在工作站时，应事先准备和检查的项目、操作步骤、岗位第二职责、岗位注意事项等。员工进入麦当劳后将逐步学习各个工作站，通过各个工作站后，表现突出的员工将会晋升为训练员，由训练员训练新员工，训练员中表现好的就会晋升到管理组。
>
>   PG(Pocket Guide)即袖珍品质参考手册。麦当劳管理人员人手一份，手册中详细说明各种半成品接货温度、储存温度、保鲜期、成品制作温度、制作时间、原料配比、保存期等等与产品品质有关的各种数据。
>
>   MDT(Management Development Training)管理发展手册。麦当劳依靠餐厅经理和员工把麦当劳的 Q、S、C&V 传递给顾客，因此对餐厅经理和员工的训练是非常重要的，所有的经理都从员工做起，必须高标准地掌握所有基本岗位操作并通过 SOC。麦当劳系统专门为餐厅经理设计了一套管理发展手册。管理发展手册一共四册，手册采用单元式结构，循序渐进。管理发展手册中既介绍各种麦当劳管理方法，也布置大量的作业让学员阅读营运训练手册和实践。与管理发展手册配合的还有一套经理训练课程，例如基本营运课程、基本管理课程、中级营运课程、机器课程、高级营运课程。餐厅第一副经理在完成管理发展手册第三册后，将有机会被送到美国麦当劳总部的汉堡包大学学习高级营运课程。高一级的经理将对下一级的经理和员工实行一对一的训练。通过这样系统的训练，麦当劳的经营理念、行为规范就深深地渗透到了麦当劳员工的行为之中。
>
> （资料来源：转载自 http://www.u-we.com/brandtheory/vi/mdl/index2.htm，2009-10-08）

3. 视觉识别系统设计

视觉识别系统(Visual Identity System，VIS)，即视觉统一化，被称为"企业的脸"。它是以企业理念识别与行为识别为依据(是这两者的静态外化)，对企业视觉信息传递的各种形式的统一。

心理学显示，人所感觉到的外界信息，80%来自眼睛，视觉是人类获取外部信息的主渠道。尤其是在大众传播媒体高度发达的今天，公众认知企业，主要通过视觉形象来接受企业的信息。而今，世界上大多知名企业均有出色的 VIS 系统。VIS 是 CIS 中外在的直观系统，也是一个独特的要素。VIS 的内容清晰明确，具有极强的感染力和传播力。

视觉识别系统主要由基本要素与应用要素组成。

1) 基本要素的设计

VIS 的基本要素严格规定了标志图形标识、中英文字体形、标准色彩、企业象征图案及其组合形式，从根本上规范了企业的视觉基本要素，基本要素系统是企业形象的核心部分，基本要素主要包括：企业标志、企业标准字、标准色彩、企业造型(吉祥物)等。

(1) 企业标志。企业标志是特定企业的象征与识别符号，是 CIS 设计系统的核心基础，企业标志是通过简练的造型、生动的形象来传达企业的理念。标志的设计不仅要具有强烈的视觉冲击力，而且要表达出独特的个性和时代感，能广泛地适应各种媒体、各种材料及各种用品的制作，其表现形式可分为以下三种。

一是图形表现。图形表现可以采用象形类、抽象类和图画类三种方式。象形类标志是实物的图案化，以其特征形象来表达标志的含义。这类标志形象生动活泼，含义清晰，歧义较少。设计时应抓住人们熟悉的象形对象，用其形态特征来进行图案化处理。图7-6所示为象形类标志。

纯羊毛标志　　　　　　　　　　德州扒鸡标志

图7-6　象形类标志

抽象类标志是以抽象的图形符号来表达标志的含义，其来源是象形图案的抽象引申，如用十字来表示医疗。这种标志由于表现不具体，较难为人们所理解，而一旦被理解，则颇有回味。图7-7所示为抽象类标志。

顶新国际集团标志　　　　　　　湖南卫视标志

图7-7　抽象类标志

图画类标志是实物的图案化，有时直接用完整的美术作品作标志。这类标志形象生动，较少歧义。图7-8所示为图画类标志。

北京贵宾楼饭店标志　　　　　　肯德基标志

图7-8　图画类标志

二是文字表现。文字表现可以采用中外文字、阿拉伯数字或它们的组合。可以由文字或字母按次序连接成词语，意思明确，不会有歧义。也可由字母(或其他类型文字)组合来代表企业标志。图7-9所示为文字类标志。

三是综合表现。综合表现使用得较多，即图形与文字的结合应用，构成一个浑然一体的完整图形。这类标志表现力较强，印象和识别性较强，但设计难度较大。图7-10所示为综合类标志。

中央电视台标志

可口可乐标志

康师傅标志

图 7-9　文字类标志

伊利集团标志

蒙牛集团标志

李宁服装标志

英利集团标志

老驴头餐饮标志

中国青年旅行社标志

图 7-10　综合类标志

企业标志要以固定不变的标准原形在实际中应用，设计必须绘制出标准的比例图，并表达出标志的轮廓、线条、距离等精密的数值。其制图可采用方格标示法、比例标示法、圆弧角度标示法等，以便标志在放大或缩小时能精确地描绘和准确复制。随着计算机技术的发展也可采用相关制图软件进行设计。

（2）企业标准字。企业的标准字包括中文、英文或其他文字，标准字是根据企业名称、企业牌名和企业地址等来进行设计的。标准字的选用要有明确的说明性，直接传达企业、品牌的名称并强化企业形象和品牌诉求力。可根据使用方面的不同，采用企业的全称或简称来确定，字体的设计，要求字形正确、富于美感并易于识读，在字体的线条粗细处理和笔画结构上要尽量清晰简化和富有装饰感。在设计时要考虑字体与标志在组合时的协调统一，对字距和造型要作周密的规划，注意字体的系统性和延展性，以适应于各种媒体和不同材料的制作，适应于各种物品大小尺寸的应用。企业的标准字笔画、结构和字形的设计也可体现企业精神、经营理念和产品特性。

案例 7-3　海尔公司的中文标准字

汉字"海尔"的标准字，是中国传统的书法字体，它的设计核心是：动态与平衡，风格是：变中有稳。这两个书法字体的海尔，每一笔都蕴含着勃勃生机，视觉上有强烈的飞翔动感，充满了活力，寓意着海尔人为了实现创世界名牌的目标，不拘一格，勇于创新。

《孙子兵法》上说："能因敌变化而制胜者谓之神。"信息时代全球市场变化非常快，谁能够以变制变，先变一步，谁就能够取胜。

"海尔"在不断打破平衡的创新中，又要保持相对的稳定，所以，在"海尔"这两个字中都有一个笔画在整个字体中起平衡作用,"海"字中的一横,"尔"字中的一竖,"横平竖直",使整个字体在动感中又有平衡,寓意变中有稳,企业无论如何变化是为了稳步发展。

(资料来源:转载自 http://www.haier.cn/about/culture_index_detail68.shtml, 2009-03-08)

企业的标志和标准字是可以随企业的发展壮大而变化的,如我国知名企业联想、美的等企业都曾发生变化。

(3) 标准色彩。企业的标准色彩是用来象征企业并应用在视觉识别设计中所有媒体上的制定色彩。透过色彩具有的知觉刺激于心理,可表现出企业的经营理念和产品内容的特质,体现出企业属性和情感,标准色在视觉识别符号中具有强烈的识别效应。企业标准色的确定要根据企业的行业属性,突出企业与同行的差别,并创造出与众不同的色彩效果。标准色的选用是以国际标准色为标准的,企业的标准色使用不宜过多,通常不超过三种颜色。

案例 7-4 星巴克 logo 图形的意义

星巴克应该算作品牌形象设计做得最成功的企业之一,好的视觉识别,将为品牌建立起鲜明形象,在受众心里留下了深刻印象。最近星巴克首度在网站上公开了团体识别设计的成果,从中可以学习到星巴克对于 logo 设计、颜色、字体与影像的使用准则,以下将其归纳为三大重点。

1. 区分视觉识别的诉求:功能性 vs 感染力

星巴克将"功能性/Functional"与"感染力/Expressive"作为视觉识别的评判指标,借此梳理、定调每一次的视觉应用。

不论从菜单、制作物、食品包装到 Instagram 上的行销素材等,全都可依循着这个主轴强化视觉诉求,致使风格的呈现保有一致性、不显紊乱。

"在这把衡量功能性与感染力的量尺上,每件视觉设计都有属于自己的位置,而这取决于被设计的物件是以怎样的面貌与消费者接触、沟通。"创意总监 Be Nelson 解释。

2. 善用"颜色"为品牌创造记忆点

颜色是品牌最容易给消费者留下记忆点的元素。星巴克设计团队以绿色作为锚点，将视觉风格加以延伸，树立品牌鲜明印象。创意总监 Ben Nelson 解释："从星巴克经典的美人鱼 logo 及店员的围裙出发，我们打造了属于星巴克的绿色世界。"

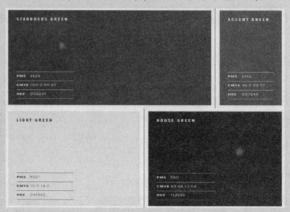

每一季，团队从新推出的饮品中提取灵感，挑选出流行色调，接着便展开、延伸出一系列的视觉设计，然而，这些都得回归星巴克最具代表性的颜色——Starbucks Green。

 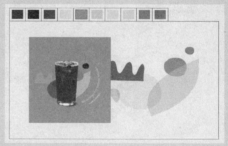

3. 字体的易读性最重要，华丽次之

带文青感的手写字是咖啡店的最爱，可是在阅读上却有不易辨识的缺点，因此星巴克选择了三种耐看易读的字体：Sodo Sans、Lander 以及 Trade Gothic LT。

中规中矩的 Sodo Sans 是星巴克运用最为广泛的字体，常见于文案内容；Lander 是三者中唯一的衬线字体，主要用于表达情绪感染力的情境中；而拥有利落轮廓的 Trade Gothic LT 则作为标题时使用。

Sodo Sans：适用于一般内文文案

Lander：适用于富感染力的文案

Trade Gothic LT：适用于标题

(资料来源：转载自 https://kuaibao.qq.com/s/20190914A0H5B200?refer=spider, 2019-09-14)

(4) 企业造型(吉祥物)。企业造型是以平易可爱的人物或拟人化形象来唤起社会大众的注意和好感，目的在于运用形象化的图形，强化企业性格，表达产品和服务的特质。它兼有标志、品牌、画面模特、推销宣传各方的角色。它犹如一位友好使者密切地联系企业与消费者，使公众看到了企业造型，便立即联想到相关企业与产品，进而受到角色活动的影响，建立起对企业和产品的良好印象。图7-11所示为企业造型。

海尔公司吉祥物

康师傅方便面造型

腾讯吉祥物

图 7-11　企业造型

2) 应用要素的设计

应用要素设计即是对基本要素在各种媒体上的应用所做出的具体而明确的规定。当企业视觉识别的基本要素被确定后，就要从事这些要素的精细化作业，开发各应用项目。当各种视觉设计要素在各应用项目上的组合关系确定后，就应严格地固定下来，以期达到通过同一性、系统化来加强视觉诉求力的作用。应用要素系统大致有如下内容。

办公事务用品的设计。办公事务用品的设计应充分体现出强烈的统一性和规范化，表现出企业的精神。其设计方案应严格规定办公用品的标志图形安排、文字格式、色彩套数及标准尺寸，以形成办公事务用品的严肃、完整、精确和统一规范的格式，给人一种全新的感受并表现出企业的风格，同时也展示出现代办公的高度集中和现代企业文化向各领域渗透传播的攻势。包括信封、信纸、便笺、名片、徽章、工作证、请柬、文件夹、介绍信、账票、备忘录、资料袋、公文表格等。

企业外部建筑环境设计。企业外部建筑环境设计是企业形象在公共场合的视觉再现，是一种公开化、有特色的群体设计和标志着企业面貌的特征系统。在设计上借助企业周围的环境，突出和强调企业的识别标志，并贯彻于周围环境当中，充分体现企业形象统一的标准化、正规化和企业形象的坚定性，以便使观者在眼花缭乱的都市中获得好感。主要包括：建筑造型、旗帜、门面、招牌、路标指示牌、广告塔等。

企业的内部建筑环境。企业的内部建筑环境是指企业的办公室、销售部、会议室、休息室、厂房内部环境。设计时是把企业识别标志贯穿于企业室内环境之中，从根本上塑造、渲染、传播企业识别形象，并充分体现企业形象的统一性。主要包括：企业内部各部门标示、企业形象牌、吊牌、pop 广告、货架标牌等。

企业的服装服饰设计。企业的服装服饰设计可以提高企业员工对企业的归属感、荣誉感和主人翁意识，改变员工的精神面貌，促进工作效率的提高，并导致员工纪律的严明和对企业的责任心。设计时应严格区分出工作范围、性质和特点，符合不同岗位的着装要求。主要有经理制服、管理人员制服、员工制服、礼仪制服、文化衬衫、领带、工作帽、胸卡等。

企业的对外广告宣传。企业的对外广告宣传是一种长远、整体、宣传性极强的传播方式，可在短期内以最快的速度、在最广泛的范围中将企业信息传达出去，是现代企业传达信息的主要手段，主要有电视广告、报纸广告、杂志广告、路牌广告、招贴广告等。

产品包装。产品包装有保护、销售、传播企业和产品形象的作用，是一种记号化、信息化、商品化流通的企业形象，因而代表着产品生产企业的形象，并象征着商品质量的优劣和价格的高低。所以系统化的包装设计具有强大的推销作用。成功的包装是最好、最便利的宣传、介绍企业和树立良好企业形象的途径。产品包装主要包括纸袋包装、木箱包装、玻璃包装、塑料包装、金属包装、陶瓷包装、包装纸等。

企业礼品。企业礼品主要是为企业形象或企业精神更形象化和富有人情味，而用来联系感情、沟通交流、协调关系的，是以企业识标标志为导向、传播企业形象为目的将企业形象组合表现在日常生活用品上的。企业礼品同时也是一种行之有效的广告形式，主要有T恤衫、领带、领带夹、打火机、钥匙牌、雨伞、纪念章、礼品袋等。

CIS系统的理念识别、行为识别和视觉识别系统三个部分设计完成后，要形成一个完整的企业标准化CIS手册，作为下一步推广的科学依据。

7.2.2 企业形象策划的实施过程

企业形象策划的实施是一个系统工程，它比一般的专题活动持续时间要长、规模要大，常常持续几年才能完成，中国许多企业在成功实施CIS后，仅企业商标品牌就估价几百亿元。所以对CIS的投入是非常值得的。企业形象策划的实施程序有以下七个步骤。

1．成立企业形象管理委员会

企业在酝酿、设想导入企业形象系统时，应首先成立企业形象管理委员会，委员会成员应包括企业最高层领导、企业各部门的经理和外聘的专家与学者等人员。企业最高层领导是企业的决策人员，企业形象系统的策划与实施需要依靠他们来提供人力、物力、财力以及决策的保障。各部门经理的参加可以更好地提供企业形象系统策划所需要的信息，同时企业形象系统也依赖于他们在各自的部门全面宣传推广。企业外聘的专家与学者，负责企业形象系统的全部策划、设计、定型等一系列工作。

2．确定CIS导入的时机

不同的企业在市场上所处的地位不同，它们对企业形象系统需求的程度也不同，因而各自导入企业形象系统的时机也不尽相同。任何一家企业导入企业形象系统，都必须从长远的角度出发，把握住导入的最佳时机，以取得最理想的效果。企业一般可利用以下时机导入企业形象系统。

1）企业建成或改制重组

新建企业开业就导入企业形象系统，可以以一种系列性、新颖性、独特性的统一形式，把企业文化信息传播给社会公众。由于是新企业，没有传统及其影响，没有陈规陋习的束缚，因而可以设定最佳的企业经营管理观念与信息传播系统，以完美、完整的企业形象带动企业商品销售，迅速占领市场，站稳脚跟。所以，企业建成开业是导入企业形象系统的最佳时机。

在市场经济环境中，企业改制重组将会经常发生。改制重组后的企业不再使用原企业的识别标志，通常多采用新标志，以利于企业新形象的树立。企业改制重组后，会给社会公众和社会环境带来影响，尤其是股票上市公司，此时导入企业形象系统，可让社会公众重新了解企业，解除他们心中的疑虑，乐于购买企业产品或股票。改革开放以来，中国有许多企业通过合资、合作的形式加入了集团化经营的行列，在合作中，这些企业本身的标识系统变更了。

2）企业创立周年纪念

创立周年纪念，对企业而言，是个意义重大的时机。周年纪念肯定了企业所走过的成长历程，肯定了外界对企业所抱有的信任与好感，此时导入企业形象系统，可使企业迈向更高、更长远的目标。一般来说，创立周年纪念活动在周年为"5"的倍数时举行会显得更为庄重、热烈，更具有历史意义，导入企业形象系统的新闻发布会也宜在周年纪念日当天举行，可使前来祝贺的与会嘉宾和社会公众加深对企业的印象，培育信任感。

3) 开展国际化经营

企业将眼光瞄向国际市场，开展国际化经营时，为了考虑企业国际形象的需要，使国外消费者能了解、记住企业的形象和产品品牌，企业应借导入企业形象系统修正原有的形象识别，以便建立适合全球大多数消费者口味的品牌形象。

4) 缓和经营危机

当企业存在经营危机时，企业需要重新塑造自身的企业形象。一是当企业形象陈旧老化时，企业形象落伍，缺乏时代感。因而，企业应通过导入企业形象系统，调整企业理念，建立行为规程，畅通信息传播渠道，使企业内部公众与外部公众察觉到企业新的形象。二是当企业经营不善，业绩不佳时。企业进入每况愈下的境地，社会公众开始遗忘该企业。应从企业形象识别的多个层面上同时展开，应整顿企业管理制度，形成正确的企业理念，再以新理念规范员工的言行。三是当企业发生恶性危机事件，使企业形象受到损害时。为了清除消费者与社会公众心中的阴影，树立安全、可信的企业形象，可导入企业形象系统。

5) 扩大企业产品品牌的差异性

随着科技进步，同类型的企业在产品品质、成本、售价、服务态度、服务技巧等软件方面也趋向于同质化，导致企业之间差异性渐趋模糊。此时导入企业形象系统，营造新颖的视觉环境，塑造出企业独特的形象，便可收到强化企业市场竞争力与加深消费者对企业、对企业商品品牌的认同与喜好的效果。

3. CIS 调查

把握公司的现况、外界认知，并从中确认企业实际给公众的形象认知状况。主要了解企业的历史与现状、企业的优势与劣势，考察企业有哪些可开发的资源。根据 CIS 的三个系统搜集信息，主要包括四个方面：企业内部信息调查；企业竞争对手调查；企业外在形象现状调查；市场信息。只有做了调查，才有设计权。这一阶段的关键是使情报"具体化"，做到心中有数。

4. 定位企业形象

企业形象定位要根据客源市场的竞争情况以及企业的优势条件，确定企业产品与服务在目标市场上的竞争地位。换言之，就是要在目标市场消费者的心目中为企业产品与服务创造一定的特色与个性特征，赋予企业一定的鲜明形象，以便于消费者与社会公众识别，适应他们的需要与爱好。企业形象定位一般要确立企业经营理念、经营策略及企业的形象是采用一元化还是多元化策略。即要创造一个什么样的企业形象，只有这个前提明确，才能有利于下一阶段设计工作的展开。

5. 设计 CIS 系统

CIS 设计主要是展现企业经营理念的过程，包括理念识别、行为识别和视觉识别的设计。整个系统的设计以调查与形象定位为基础，最后形成 CIS 手册。具体设计要求见分项任务 7.2。

6. 执行和推广 CIS

这一阶段是将 CIS 设计的全部方案变为现实，关键是使之行动化。①要对视觉识别系统的内容在工商行政部门进行注册。②设计信息传播方案，确定对 CIS 系统的理念信息、行为信息、视觉信息等向企业内外进行宣传的方法，并进行信息发布，广而告之。③对企业全体干部员工进行教育培训，培养统一化的理念与规范。④对外进行全面推广，将 MIS、VIS 识别统一化运用到企业的相应领域，将 BIS 行为统一化活动搞起来，贯彻执行。

7. 监督和评估

在企业导入、实施企业形象系统以后，为了了解企业形象系统是否达到预期目标，要通过日常监督评估，以确保设计方案较好地推广，不走样，促进企业内外公众的认同，及时发现问题并核对修正。

企业形象管理委员会应对 CIS 的执行、推广情况进行监督，定期评估，并进行效益统计，提出改进方案。这一阶段关键是保障 CIS 手册的执行。

【课程小结】

在营销策划过程中，企业形象的作用日益重要。在企业形象策划中，企业首先要了解企业形象。其次是设计企业形象，包括企业的理念、行为、视觉形象的设计。在设计企业形象时，要灵活运用各种策略。并不是所有企业的 CIS 实施都很成功，需要经常对 CIS 进行监督评估，以保证企业形象策划的较好实施，企业形象的策划才能取得预期效果。

【课堂讨论】

1. 企业在成立之初应使用什么样的企业品牌形象策略？为什么？
2. 为什么有的企业花了大量的钱做了一个优秀的 CIS 系统设计，但实际上企业的形象并没有得到较大的提升，你认为是什么原因？

【技能训练】

1. 产品概念是告诉消费者"我是什么"，而宣传语就是告诉消费者"我能给你带来什么核心利益"。请为你的专业设计一个宣传标语，要求：第一，突出专业特色，符合专业特征。第二：凝练、简洁，有力，形象、直观。比如广告专业——"做广告达人，前景无限"。(注：达人是指在某一领域非常专业，出类拔萃的人物。)
2. 登录猪八戒威客网(http://www.zhubajie.com/)，注册成为网站会员，尝试接一些与策划有关的任务。
3. 某公司新推出一款儿童果汁饮料；某化妆品公司新推出针对女大学生市场的化妆品。请为这两个新产品各设计一个品牌名称。

【课后自测】

1. 企业形象策划系统包括(   )。
   A. 理念识别系统   B. 视觉识别系统   C. 行为识别系统   D. 都对

2. 企业的视觉识别系统包括( )。
   A. 基础要素　　　　　　　　　　B. 对内要素
   C. 对外要素　　　　　　　　　　D. 应用要素
3. 企业 CIS 导入的时机有( )。
   A. 企业建成或改制重组　　　　　B. 企业创立周年纪念
   C. 开展国际化经营　　　　　　　D. 改善经营危机和扩大企业品牌差异性

【案例分析】

汉堡王全新亮相

2021 年 5 月 18 日，汉堡王宣布推出全新的视觉设计，将汉堡王的用心与品质融入消费过程的每个环节。

汉堡王自 1954 年创立以来，就用"我选我味(Haveit Your Way)"的口号激励着千万消费者。新的汉堡王品牌标识使用全新的极简设计，用一只大个的、可爱有趣的汉堡来体现品牌核心，同时保留了汉堡王的品牌特性：自信、简单、有趣。

颜色：全新启用的颜色丰富、大胆，色调提取自汉堡王选用的新鲜食材，新的色调更易激发消费者的食欲，令人垂涎欲滴。

字体：汉堡王新的英文字体名为"flame"(火焰)。该字体来源于汉堡王的食物特质——丰富、大胆、美味。这也是汉堡王的特色。

工作服：新的员工工作服体现着汉堡王食品火烤特色，既现代又舒适，同样具有极其鲜明的颜色及图案。汉堡王的员工即是汉堡王最好的广告。

包装：汉堡王全新包装将最重要的品牌标识展现出来，同样使用大胆配色，并用有趣的食材原料插画作为设计元素。

汉堡王(中国)投资有限公司首席执行官朱富强先生在致辞中表示："品牌形象标识是我们用来讲述我们是谁、我们的价值是什么的最重要的工具。在创造对食物的欲望，提升消费者体验上，品牌形象标识也扮演着同样重要的角色。我们想让消费者们看到标识就能想到我们独特的火烤体验，对我们的食物垂涎欲滴。"今天，汉堡王在中国开始使用全新的形象标识，这无疑是品牌的一件大事，品牌"焕新"不仅会给消费者带来新鲜的感受，更会让公众感受到汉堡王加大在中国投资、努力为消费者提供优质健康餐饮服务的决心和信心。

案例思考

1. 汉堡王的企业形象改变主要表现在哪些方面？
2. 汉堡王为什么要改变企业标志？

案例分析与提示

1. 企业标志、标准字、标准色等视觉识别系统。

2. 略。

(资料来源：https://baijiahao.baidu.com/s?id=1700069953260182870&wfr=spider&for=pc, 2021-05-18)

【综合实训】

营销社团的 CIS 策划

一、实训目的

通过对营销社团的 CIS 策划，提升学生企业形象策划的能力。

二、实训任务

你所在的学校有一个营销社团刚刚成立，但至今没有明确的章程和理念，也没有非常凝练的标语口号和具有视觉冲击效果的社团标志。这给该营销社团的宣传和运作带来了不小的麻烦。

三、实训内容

①请根据你所学过的 CIS 知识和你自己的理解，为该营销社团起一个名字，要求突出鲜明的专业特色，同时应该凝练、简洁、有力，形象、直观；
②确定社团的宗旨、社团精神；
③反映社团宗旨、精神的标语、口号；
④设计社团标志，社歌等，并对社团标志的内涵予以说明。

四、实训组织

实训活动组织分两个阶段进行。
1. 设计阶段
①由教师担任设计活动总指导；②全班分为若干小组，每组 4~5 人，确定组长 1 人；③以组为单位完成上述实训内容。
2. 演示阶段
每组推举 1 人上台，并对其他小组的成员提出的问题进行答辩。

五、实训成果

团队活动。

 微课视频

扫一扫，获取本章相关微课视频。

任务 7.mp4

任务 8　顾客满意策划

【能力目标】

通过完成本任务，你应该能够：
- 认知顾客满意，划分顾客满意度，设计衡量顾客满意度的常用指标。
- 分析影响顾客满意度的因素，调查、追踪和检测顾客满意度，实施顾客满意策划。

【名言警句】

营销并不是以精明的方式兜售自己的产品或服务，而是一门真正创造顾客价值的艺术。

——菲利普·科特勒

最高的圣德便是为旁人着想。

——雨果

即使赠品是一张纸，顾客也是高兴的。如果没有赠品，就赠送"笑容"。

——松下幸之助

【案例导入】

一天中午，某五星级饭店的中餐厅里来了一位老先生，这位老先生自己找了一个不显眼的角落坐下，对面带笑容前来上茶、点菜的服务员小秦说："不用点菜了，给我一份面条就可以，就三鲜面吧。"服务员仍然微笑着对老先生说："我们饭店的面条口味不错，您请稍等，喝点茶，面条很快就会烧好。"说完，小秦又为客人添了点茶才离开。

十分钟后，热气腾腾的面条端上了老先生的餐桌，老先生吃完后，付了款，就自顾离开了餐厅。

晚上六点多，餐厅里已经很热闹了，小秦发现中午的那位老先生又来了，还是走到老位置坐下，小秦连忙走上前去，笑语盈盈地向老先生打招呼："先生，您来了，我中午没来得及向您征询意见呢？面条合您的口味吗？"老先生看着面带甜美笑容的小秦说："挺好的，晚上我再换个口味，吃炒面，就肉丝炒面吧。"小秦给客人填好单子，顺手拿过茶壶，给客人添好茶，说："请您稍候。"老先生看着微笑着离开的小秦，忍不住点了点头。

用餐完毕，小秦亲切地笑着询问老先生："先生，炒面合您口味吗？"老先生说："好，好，挺好的。我要给我侄子订18桌标准高一些的婚宴，所以到几家餐厅看看，我看你们这儿服务真好，决定就放这儿啦。"小秦一听只吃一碗面的客人要订18桌婚宴，愣了一下，马上恢复了笑容，对老先生说："没问题，我这就领您到宴会预订处办理预订手续。"

赢得顾客的心首先要使顾客感到满意，顾客满意策划是市场营销策划的重要环节。在现代社会，商品越来越丰富，消费者可选择的机会越来越多，企业要想提升市场份额越来越困难，企业重视和提高顾客满意度是巩固和提升企业市场地位的有效途径。

8.1 顾客满意认知

任务情境

有一家管理公司新推出一套项目管理软件，委托一家广告公司进行宣传。这家广告公司花大力气在软件技术、功能方面做足了文章，广告中密密麻麻地阐述了该软件的技术要领，设计得十分专业。但是广告推出后收效甚微，这家管理公司对其非常不满。

广告公司很奇怪，为这家公司设计的广告很精美，内容也很详尽和专业化，可是为什么就不能使顾客满意呢？作为公司的经理，迫切想知道问题出在哪里？

8.1.1 顾客与顾客满意

赢得顾客的心首先要使顾客感到满意，使顾客满意是市场营销活动的重要环节。

1. 顾客

什么是顾客？简单地说，顾客就是具有消费能力或消费潜力的人。在顾客满意理论中，顾客包括两部分：一是内部顾客，二是外部顾客。

1) 内部顾客

在公司内部，员工是企业的基本顾客。企业把就业机会提供给员工，员工向企业付出劳动，企业用工资的形式向员工购买劳动，于是也形成了买与卖的关系。员工满意度的提升有助于留住员工，也有助于提升员工的工作效率，创造更多的外部服务价值，从而提高外部顾客的满意度。

2) 外部顾客

在企业外部，凡是购买或可能购买企业产品的单位或个人都是企业的顾客。这类顾客按与企业的关系程度分为三种。

(1) 忠诚顾客。忠诚顾客与企业、产品有稳固联系，顾客长期使用企业产品，他们是企业的效益保证。

(2) 游离顾客。游离顾客是处于游离状态的顾客，他们使用企业产品，但不是非该企业产品不买，他们经常购买其他企业的产品，是一个处于流动状态的顾客群。这是企业应竭力留住的用户。

(3) 潜在顾客。潜在顾客并不购买该企业的产品，他们不是企业的现实顾客，但是通过企业的营销努力可以变成将来的顾客。

2. 顾客满意

顾客满意(Customer Satisfaction，CS)是顾客需要得到满足后的一种心理反应，是顾客对产品或服务本身满足自己需要程度的一种评价。具体而言，顾客满意就是顾客通过对一种产品感知的结果与他的期望值相比较后所形成的愉悦或失望的感觉状态。

顾客的满意状况是由顾客的期望和顾客的感知这两个因素决定的，如果顾客期望越低就越容易满足，实际感知结果越差越难满足。可见顾客是否满足与期望成反比关系，与感知成正比关系(图 8-1)。据此也可以用一个简单的函数式来描述顾客满意状况，即"顾客满意度＝顾客的感知结果/顾客的期望值"。当满意的数值小于 1 时，表示顾客对一种产品或服务感知到的结果低于自己的期望值，这时顾客就会产生不满意情绪。该值越小，表示顾客越不满意。当满意的数值等于 1 或接近于 1 时，表示顾客对一种产品或服务可以感知到的结果与自己事先的期望值是相匹配的，这时顾客就会表现出满意。当满意的数值大于 1 时，表示顾客对一种产品或服务可以感知到的结果超过了自己事先的期望，这时顾客就会感到兴奋、惊奇和高兴，顾客就会表现出高度满意或非常满意。

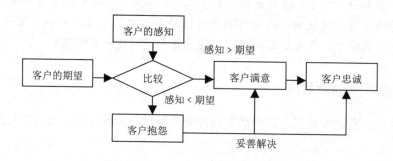

图 8-1　顾客期望与顾客感知比较后的感受

案例 8-1　超出意外的惊喜

诺德史顿是美国一家著名的服饰公司，它的服务被称为是"英雄式服务"。公司对于找不到合适商品的顾客，除了从其他商店调货之外，还以 7 折优惠出售；对于无法亲自上门或者是转机空挡只能在机场试穿的顾客，店员会把西服、皮鞋等产品直接送到顾客面前试穿；寒冬期间，店员会主动帮顾客发动引擎，替在其他停车场停车的顾客支付停车费。

一名国外的顾客写信给诺德史顿负责人约翰，要求修改西服，约翰立刻亲自带了一套新的西服和裁缝师一起抵达这名顾客的办公室，把经过修改之后的那套西服也一并免费送给这名顾客。还有一名顾客在诺德史顿订购了两套旅行用西服，但一直到他出发前还没有送达，这名顾客有些不满。但是当他抵达旅行地的旅馆之后，发现他所订购的两套西服已经由货运公司送达旅馆，还附带着一封道歉函和价值 25 美元的 3 条领带。

(资料来源：苏定林.赢得重点客户满意的 9 堂课[M]. 北京：中国经济出版社，2006)

3．顾客满意的层次

顾客满意主要包含三个层次的内容，如图 8-2 所示。

第一个层次是物质满意，物质满意层次的要素是产品的使用价值，如功能、品质、设计、包装等，这是构成顾客满意的基础因素。企业通过提供产品的使用价值来使顾客感到物质上的满意。某洗衣机厂商的服务非常周到，当消费者的洗衣机产生故障，该企业的售后服务部门就会在两小时内上门服务，如果不能立即修好，立刻送一台洗衣机给消费者替代，并将有故障的洗衣机拉回企业返修，修好后再将之送回。就是这样的服务，最终仍然不能帮助企业生存，原因是该产品故障太多、经常坏，最终遭到消费者的抛弃。最后，该品牌洗衣机全部退出市场。

第二个层次是精神满意,即顾客在企业提供的产品形式和外延的过程中产生的满意。它是顾客对企业的产品所带来的精神上的享受、心理上的愉悦、价值观念的实现、身份的变化等方面的满意状况。比如,企业提供的产品的外观、色彩、品牌等。企业如果仅仅是满足顾客的物质需求,那么,当竞争对手提供更有吸引力的东西时,这些顾客就会容易转向竞争对手的产品。

第三个层次是社会满意,即顾客在购买和消费企业的产品或服务的过程中对社会利益的维护。社会满意主要依靠产品所蕴含的道德价值、社会文化价值和生态价值来实现。它要求企业的产品和服务在被消费过程中,具有维护社会整体利益的道德价值、政治价值和生态价值的功能,从而有利于社会文明的发展、人类的环境、生存与进步的需要。

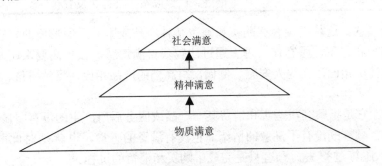

图 8-2 顾客满意的三个层次

以上三个满意层次,具有递进关系。从社会发展过程中的满意趋势看,人们首先寻求的是物质层次的满意,之后才会推及精神上的满意,最后才会进入社会满意。

8.1.2 划分顾客满意度

顾客满意度(Customer Satisfaction Measurement,CSM)是指顾客满意的程度,是顾客在购买和消费相应的产品或服务后所获得的不同程度的满足状态。在顾客满意管理中,要想获得进行顾客满意管理的科学依据,必须建立顾客满意级度来衡量顾客满意的不同状态,以便制定相应的营销策略。

前面所述,顾客满意度是一种心理状态,是一种自我体验。对顾客的这种心理状态也要进行界定,否则就无法对顾客满意度进行评价。心理学家认为情感体验可以按梯级理论划分为若干层次,相应可以把顾客满意程度分成七个级度或五个级度。七个级度为:非常满意、很满意、较为满意、一般、较不满意、很不满意和非常不满意,如表 8-1 所示。五个级度为:十分满意、满意、基本可以、不满意、十分不满意。有的企业在调查顾客满意度时,为了简单操作,也常把顾客满意度划分为满意、一般、不满意三个层次。

(1) 非常满意。它是指顾客在购买与消费某种产品或服务后形成的激动、满足、感谢状态。在非常满意的状态下,顾客购买和消费某种产品或服务的感知结果远远超过了他的期望值,顾客没有任何遗憾并且感到自豪。这时,顾客不仅会充分肯定自己的购买决策和消费行为,还会利用一切可能的机会向其他顾客宣传、介绍和推荐这种产品或服务。

(2) 很满意。它是指顾客在购买和消费某种产品或服务后产生的称心、赞扬和愉快状态。在这种状态下，顾客不仅对自己的选择予以肯定，还会乐于向其他顾客推荐。

表 8-1 顾客满意级度及相应情绪特征

满意级度	主要特征
非常满意	激动、满足、感谢
很满意	称心、赞扬和愉快
较为满意	好感、肯定和赞许
一般	没有明显的情绪变化
较不满意	抱怨、遗憾
很不满意	气愤、烦恼
非常不满意	愤慨、恼羞成怒、投诉和反宣传

(3) 较为满意。这是指顾客在购买和消费某种产品或服务后所形成的好感、肯定和赞许状态。在这种状态下，顾客在心理上通过比较获得满意感，按更高要求还差之甚远，而与一些更差的情况相比，又令人安慰。例如，与高档的产品相比，虽然质量、功能差一些，但价格却便宜许多。

(4) 一般。它是指顾客在购买和消费某一产品或服务后所产生的没有明显情绪的状态。在这种状态下，顾客既没有不满意的情绪，也没有满意的感觉，也就是对此既说不上好，也说不上差，还算过得去。顾客只是完成了购买和消费的过程。

(5) 较不满意。它是指顾客在购买和消费某种产品或服务后产生的抱怨、遗憾状态。这种状态是由于产品或服务的某个非主要构成因素的缺陷或不足，对购买行为和消费行为没有带来较大的损失或伤害，但却使顾客在心理上产生了不太满意的感觉。虽然与其他购买行为和消费行为相比较，顾客觉得没有必要在这个问题上进行计较，但以后他不会再购买和消费这种产品或服务了。

(6) 很不满意。它是指顾客在购买和消费某种产品或服务后，由于物质效用和精神需要都没能得到基本满足而产生的气愤、烦恼状态。在这种状态下，顾客希望通过某种方式对造成的损失获得物质上或精神上的补偿。在适当的时候，也会进行反宣传，提醒其他顾客不要去购买同样的商品或服务。顾客的不满意感的减少程度，与实际所获得的补偿与其期望获得的补偿有关。资料显示，54%~70%感到不满意而投诉的顾客，如果投诉得到解决，他们还会与企业再次进行交易；如果顾客感到投诉很快得到解决，这一比例会上升到令人吃惊的 95%；而在顾客对企业的投诉得到妥善解决后，他们会把处理的情况告诉 5 个人。

(7) 非常不满意。它是指顾客在购买和消费某种产品或服务后，由于产品或服务的质量低劣、数量短少或价格欺诈等给顾客造成物质或精神上的损失或伤害而产生的愤慨、恼羞成怒和难以容忍等心理状态。在这种状态下，顾客一方面积极寻求物质或精神上的补偿，另一方面则会利用一切机会对这种产品或服务进行反宣传，甚至阻止别人购买这种产品或服务，以发泄心中的不满。

需要认识到的是，顾客满意作为一种重要的消费心理活动，虽然有层次之分，但各层次之间的界限是模糊的，从一个层次到另一个层次并没有明显的界限。因此，顾客满意级度的界定是相对的，它只是为测量顾客的满意水平提供了一个相对的标准。之所以进行顾客满意级度的划分，目的是供企业进行顾客满意程度的评价之用。

8.1.3 设计顾客满意度指标

顾客满意指标是指用来测量顾客满意级度的一组项目因素。要评价顾客满意的程度，必须建立一组与产品或服务有关的、能反映顾客对产品或服务满意程度的项目。

企业应根据顾客需求结构及产品或服务的特点，选择那些全面反映顾客满意状况的项目因素作为顾客满意度的总体评价指标。全面就是指评价项目的设定应既包括产品的核心项目，又包括无形的和外延的产品项目。否则，就不能全面了解顾客的满意程度，也不利于提升顾客满意水平。

1. 设计企业员工的顾客满意指标

员工的满意指标可以参考 20 世纪 50 年代末美国管理学家赫茨伯格的"保健因素——激励因素"模型中的职工"满意——没有满意"与"不满意——没有不满意"项目。使职工非常不满意的因素是：公司政策和行政管理、监督、与主管的关系、工作条件、薪水、与同级的关系、个人生活、与下级的关系、地位安全等。使职工非常满意的因素中：成就、认可度、工作本身、责任感、发展、成长等。

员工满意度与顾客满意度有很大关系。研究表明：员工满意度提高 5%，会连带提升 1.3% 的顾客满意度，同时也提高 0.5% 的企业业绩。也就是说，提高员工满意度，最终可以给企业带来收益。

对企业内部顾客的满意测验可以了解企业的经营状态、福利水平和员工意见，对改进和提高企业管理水平是大有益处的。

2. 设计企业产品和服务的顾客满意指标

一般来说，企业产品的顾客满意指标，主要概括为六项：①品质：包括功能、使用寿命、安全性、经济性等；②设计：包括色彩、包装、造型、体积、质感等；③数量：包括容量、供求平衡等；④时间：包括及时性、随时性等；⑤价格：包括心理价值、最低价值、最低价格质量比等；⑥服务：包括全面性、适应性、配套性、态度等。

企业服务的顾客满意指标，可概括为五项：效用、保证、完整性、便利性、情绪/环境等。①效用：主要指服务的核心功能及它所能达到的程度。它在一般情况下表现为成果导向。②保证：主要指提供核心服务功能的过程中的正确性、责任心和安全性。它在一般情况下表现为过程导向，强调服务过程的态度。③完整性：主要是指所提供的服务必须具有多样性和周到性。④便利性：主要是指所提供的服务应具备可接近性、简易性、方便性和使用的灵活性。⑤情绪/环境：主要是指所提供的服务核心功能之外的心理感受。

这里需要强调的是，由于顾客对产品或服务需求结构的要求不同，而产品或服务又由许多部分组成，每个组成部分又有许多属性。如果产品或服务的某个部分或属性不符合顾客要求时，他们都会作出否定的评价，产生不满意感。由于影响顾客满意或不满意的因素很多，因而还应该选择那些特定的、具有代表性的因素作为评价项目。一般做法是在总体指标下，再设立一些具体的小指标，使每一个指标具体化。这样顾客满意度测评指标体系就构成一个多层次、多指标的结构体系如表 8-2 所示。

表 8-2　具体指向的满意指标设立方式

一级指标	二级指标	三级指标
顾客满意度	产品质量	产品使用寿命
		故障率
		质量可靠性
		质量保证期
	交货与运输	交货周期
		交货准时性
		发货准确性
	售后服务	服务人员的响应速度
		人员专业性
		维修质量/返修频率
		配件供应及时性
	……	……

(资料来源：刘建军. 顾客营销：适应中国市场的创新营销[M]. 南昌：江西人民出版社，2003)

比如在对超市的顾客满意度分析中，各衡量指标包括了地理位置的优越性、服务时间长短、内外卫生清洁、空气流通、光线充足、进出方便、便民措施是否到位、服务亲切感、导购耐心讲解、退货保障、投诉渠道畅通、可信赖度、价格的合理性、品种齐全、标识清楚、付款等候时间短、优惠活动多、商品有特色、新鲜等具体指标。而对于某款中高级轿车顾客满意度调查可以从以下项目因素进行衡量：品牌、漆面质量、密封性、外形、内饰质量、内部空间、舒适性、空调性能、行李箱空间、动力性、制动性、操控性、燃油经济性、安全可靠性、噪声、售后服务和养护费用等。

8.2　顾客满意策划

任务情境

随着太仓皮件市场竞争的加剧，一些低档皮件生产企业在太仓市场上打起了恶性价格战，吸引了一部分对价格极为敏感的顾客。与此同时，由于太仓市人均收入水平的持续增长，一些原来购买"赛蒂"皮件的顾客开始转向进口名牌或国内企业生产的知名品牌。"赛蒂"皮件服饰有限公司太仓店的销售额和利润的增长明显趋缓。如果不能扭转顾客流失的情况，太仓店的销售额和利润将会出现负增长的局面。

为了稳定太仓店的顾客队伍，减少顾客的流失，该店经理打算在太仓店尝试开展顾客满意管理活动，那么如何进行顾客满意策划呢？

8.2.1　影响顾客满意度的因素

影响顾客满意的因素是多方面的，涉及企业、产品、营销与服务体系、企业与顾客的沟通、顾客关怀、顾客期望值等各种因素。其中任何一个方面给顾客创造了更多的价值，都有可能增加顾客的满意度；反之，上述任何一个方面顾客价值的减少或缺乏，都将降低顾客的满意度。根据"木桶原理"，一个木桶所能装水的最大限度，由其最短的一块木板所决定。同样，一个企业能够得到的最大顾客满意度，由其工作和服务效率最差的一个环节或部门所决定。也就是说，企业要达到顾客的高度满意，必须使所有的环节和部门都能够为顾客创造超出其期望值的价值。

1. 企业因素

企业是产品与服务的提供者，顾客对企业和企业产品的了解，首先来自于企业在公众当中的形象、企业规模、效益和公众舆论等内部或外部的因素。当顾客计划购买产品或服务时，他们会非常关心购买什么样的产品，购买哪家的产品，这时企业的形象就起到了非常大的决定作用。形象模糊不清的企业，公众一般难以了解和评价该企业，而形象清楚、良好的企业可以带给顾客认同感，提升企业的竞争优势。如果企业给消费者一个很恶劣的形象，很难想象消费者会考虑选择其产品。

2. 产品因素

产品的整体概念包括三个层次，即核心产品层、有形产品层和附加产品层。

(1) 核心产品层是指顾客购买产品时所追求的基本效用或利益，这是产品最基本的层次，是满足顾客需求的核心内容。顾客对高价值、耐用消费品要求比较苛刻，因此这类产品难以取得顾客满意，但一旦顾客满意，顾客忠诚度将会很高。顾客对价格低廉、一次性使用的产品要求较低。

(2) 有形产品层是指构成产品形态的内容，是核心产品得以实现的形式。包括品种、式样、品质、品牌和包装等。由于产品的基本效用必须通过特定形式才能实现，因而企业应该在着眼于满足顾客核心利益的基础上，努力寻求更加完善的外在形式以满足顾客的需要。

(3) 附加产品层是指顾客在购买产品时所获得的全部附加服务或利益。企业生产的产品不仅要为顾客提供使用价值和表现形式，有时还需要提供信贷、免费送货、质量保证、安装、调试、维修等服务项目，否则会影响到顾客满意度。

3. 营销与服务体系

现代的市场竞争不仅在于生产和销售什么产品，而且在于提供什么样的附加服务和利益，企业竞争的焦点已经转移到服务方面。企业的营销与服务体系是否有效、简捷，是否能为顾客带来方便，售后服务时间长短，服务人员的态度、响应时间，投诉与咨询的便捷性，服务环境、秩序、效率、设施和服务流程等都与顾客满意度有直接关系。同时，经营商作为中间顾客，有其自身的特殊利益与处境。企业通过分销政策、良好服务赢得经销商的信赖，提高其满意度，能使经销商主动向消费者推荐产品，解决消费者一般性的问题。

案例8-2 海尔的"星级服务"

首先是售前服务：详尽地介绍产品的特性和功能，通过不厌其烦地讲解和演示，为顾客答疑解惑。如海尔产品的质量究竟好在哪里，功能究竟全在何处，如何安全操作，用户享有哪些权利等，从而使顾客清楚地了解海尔所提供的产品服务，以便在购买时进行比较与选择。

其次是售中服务：在有条件的地方实行"无搬动服务"，向购买海尔产品的用户提供送货上门、安装到位、现场调试、月内回访等多项服务。

最后是售后服务：通过电脑等先进手段与用户保持联系，出现问题及时解决，以百分之百的热情弥补工作中可能存在的万分之一的失误。

具体到每项服务，海尔还有一整套规范化标准：售前、售中提供详尽热情的咨询服务；任何时候，均为顾客送货到家；根据用户指定的时间、空间，给予最恰当的安装；上门调试，示范性指导使用，使用户绝无后顾之忧。

在实施"星级服务"的过程中，海尔还推出了"一、二、三、四"模式。具体来说，一即一个结果：服务圆满；二即两条理念：带走用户的烦恼，留下海尔的真诚；三即三个控制：服务投诉率小于十万分之一，服务遗漏率小于十万分之一，服务不满意率小于十万分之一；四即四个不漏：一个不漏地记录用户反映的问题，一个不漏地处理用户反映的问题，一个不漏地复查处理结果，一个不漏地将处理结果反映到设计、生产、经营部门。

正是靠着不断完善的"星级服务"，海尔才能不断向用户提供意料之外的满足，让用户在使用海尔产品时放心、舒心。这种"顾客满意"的经营理念，驱动着海尔市场份额的持续增长和不断领先的产品创新，造就了一个现代化的大型跨国集团企业。

(资料来源：苏定林. 赢得重点客户满意的9堂课[M]. 北京：中国经济出版社，2006)

4．沟通因素

厂商与顾客的良好沟通是提高顾客满意度的重要因素。很多情况下，顾客对产品性能的不了解，造成使用不当，需要厂家提供咨询服务；顾客因为质量、服务中存在的问题要向厂家投诉，与厂家联系如果缺乏必要的渠道或渠道不畅，容易使顾客不满意。图 8-3 所示为顾客满意形成模型。

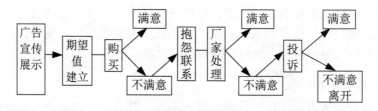

图 8-3　顾客满意形成模型

我国消费者协会公布的有关数据表明，顾客抱怨主要集中在质量、服务方面，而涉及价格、性能的很少。抱怨的倾诉对象通常是家人、朋友，较少直接面对厂家或商家。但是，即使顾客有抱怨，只要沟通渠道畅通，处理得当，达到顾客满意，顾客会对厂家表示理解，并且还会在下一次选择该企业产品。营销专家菲利普·科特勒指出，如果用令人满意的方法处理投诉，那么80%的投诉者不会转向其他厂商。

5．顾客关怀

顾客关怀是指不论顾客是否咨询、投诉，企业都主动与顾客联系，对产品、服务等方面可能存在的问题主动向顾客征求意见，帮助顾客解决以前并未提出的问题，倾听顾客的抱怨、建议。顾客抱怨或投诉不但不是坏事，反而是好事。它不仅能为厂家解决问题提供线索，而且为留住最难以对付的顾客提供了机会。相反，不抱怨或投诉的顾客悄然离去，这才是厂家最担心的。通常顾客关怀能大幅度提高顾客满意度，增加顾客非常满意度。但顾客关怀不能太频繁，否则会造成顾客反感，适得其反。

> **案例8-3　27个加急电话挽救信誉**
>
> 美国著名记者劳伦斯有一次访问日本，回程时路过一家百货商店，购买了一部"索尼"随身听，由于急着赶飞机，就没顾得上试听。等劳伦斯回到美国，居然发现里面只是一个空壳，劳伦斯很恼火，当夜写了一篇新闻稿，名为《一个世界知名企业的骗局》，准备隔天在华盛顿邮报上刊出。
>
> 然而就在当夜的凌晨2点，劳伦斯接到索尼公司打来的越洋电话。一位索尼公司负责人向劳伦斯表达了歉意，原来因为售货员的疏忽，把展示用的样品卖给了劳伦斯。劳伦斯不解地问日本主管："我当时匆匆路过，没有留下名字和任何联系方式，你们是怎么找到我的？"
>
> 负责人解释说，为了寻找劳伦斯，索尼公司东京办事处派了20多个人，查访了上百人，打了27个加急电话，直到凌晨才找到了劳伦斯的联系方式。
>
> 过了一天，劳伦斯收到索尼公司派专人送来的正品机和一封道歉信，当晚他把那篇完成的文章扔进了垃圾筒，重新写了一篇文章，叫作《27个加急电话——一个优秀企业对信誉的挽救与维护》。
>
> （资料来源：https://ishare.ifeng.com/c/s/7suh2OQ8bln, 2020-02-17）

6．顾客的期望值

顾客的期望值越高，顾客达到满意的可能性就相对地减少，就对企业在实现顾客期望上提出了更高的要求，反之亦然。

8.2.2　顾客满意度调查

企业要在激烈的市场竞争中处于不败之地，就必须不断地追踪了解顾客的期望与抱怨，及时改进产品和服务，从而在有限的资源范围内使顾客满意管理最优化。

1．顾客满意度的调查过程和方法

顾客满意度的调查过程主要包括以下几个方面：确定调查目标、对象与范围；确定调查方法；问卷的设计和预调查；调查人员的挑选和培训；实际执行调查；调查问卷的回收和复核；问卷的编码录入和统计分析；撰写调查报告等。

传统的调查方法主要有：入户访问、街头拦访、电话调查、留置问卷调查、邮寄调查、固定样本组连续调查等。随着现代信息技术的运用，出现了一些新的调查方法，包括计算机辅助个人访问CAPI、计算机辅助电话访问CATI、传真调查、电子邮件调查、自动语音电话调查、网上调查等。企业自己所做的顾客满意度指数调查多采用街头拦访、电话调查、留置问卷调查等方法。

2. 监测与追踪顾客满意度

企业要在激烈的市场竞争中处于不败之地，就必须不断地追踪了解顾客的期望与抱怨，及时改进产品和服务，从而在有限的资源范围内使顾客满意管理最优化。顾客投诉和建议处理系统、定期的顾客访问、神秘顾客调查、流失顾客分析是当前企业追踪和监测顾客满意度的主要方法。

1) 设立投诉与建议系统

以顾客为中心的企业可以通过建立起方便顾客传递他们投诉与建议的信息管理系统来追踪和监测顾客满意度。比如为顾客提供表格和意见卡来反映他们的意见和建议，企业在营业大厅里设置意见簿，建立和开通"800"免费电话的"顾客热线"。从而最大限度地收集顾客的建议或者意见，为企业制定提高顾客满意度的措施提供信息和决策依据。

> **案例8-4 联想的呼叫中心**
>
> 联想的呼叫中心采用了多种调查方式获取顾客满意度，并把顾客满意度作为指导联想呼叫中心工作的重要导向。每次调研都会严格按照满意度调查(Survey)、结果分析(Analysis)、调整完善(Promote)、实施改进(Action)四个步骤去做。而且，联想公司还会定期地组织第三方调查。调研内容涉及：总体满意度、总体不足、对服务中各项因素(如：接通及时性、工作态度、服务规范性等的重要性评价)、对服务中各项因素的满意度评价等。
>
> 第三方满意度调查公正、全面，可以从宏观上了解呼叫中心的运作质量，保证最终顾客的满意。同时，联想注意到定期的第三方调查虽然很系统、全面，但却无法保证及时性，而顾客拨入呼叫中心后所产生感觉的测试不应等到几天或几星期后，而应该在电话后立即完成，只有这样才能捕捉到顾客那一时刻的真实感受。所以联想呼叫中心没有话后IVR语音调查功能，每一次咨询电话结束后，用户都可以通过语音选择评判此次咨询的满意程度。顾客的这些选择都将被记录在数据库中，便于后期的分析，使调查人员能够及时发现一些共性或流程层次的问题，所有这些问题都会责任到人地落实改进。同时，针对所有顾客选择不满的电话，都会由更高一级的咨询人员很快进行回复，了解顾客不满的原因，并为顾客及时解决问题。
>
> (资料来源：苏定林. 赢得重点客户满意的9堂课[M]. 北京：中国经济出版社，2006)

2) 定期进行顾客访问

对于一个致力于提高顾客满意度的企业来说，仅仅建立抱怨与建议系统是远远不够的，因为企业不能用抱怨程度来衡量顾客满意程度。敏感的公司应该主动定期拜访顾客，获得有关顾客满意的直接衡量指标。企业可以在现有的顾客中随机抽取样本，向其发送问卷或电话询问，以了解顾客对企业业绩等各方面的印象，企业还可以向顾客征求对竞争对手的看法等。

3) 神秘顾客调查

收集顾客满意情况的另一个有效途径是花钱雇人装扮成顾客，以报告他们在购买公司及其竞争对手的产品过程中所发现的优点和缺点。这些神秘顾客甚至可以故意提出一些问题，以测试公司的销售人员能否适当处理。由于被检查或需要被评定的对象无法确认"神秘"顾客，较之领导定期或不定期的检查，能够更真实、客观并系统地反映出目标对象的真实状况。

企业不仅应该雇用神秘顾客，管理人员也应该经常走出他们的办公室，进入他们不熟悉的企业以及竞争者的实际销售环境，亲身体验作为"顾客"所受到的待遇。经理们也可以采用另一种方法，他们可以打电话给自己的企业，提出各种不同的问题和抱怨，看他们的雇员如何处理这样的电话。新加坡航空公司就应用这种方法。让公司职员有时装作乘客检查飞行服务，以掌握机组人员的工作表现。作为第一个把快餐带进中国的罗杰斯快餐店总经理王大东先生，认为罗杰斯设"神秘顾客"的原因是为了让他们客观地评价餐饮做得是否足够好，而这些"神秘顾客"打的分数对餐厅员工的奖金等是直接挂钩的，之所以叫"神秘顾客"，就是因为员工们也不知道哪位是真正的"顾客"。目前全国许多厂家在主要城市的大商场都设有专柜并派出促销员经营，聘请"神秘顾客"暗中在商场监视，便是精明厂家加强管理出的新招。这些"神秘顾客"的工作就是在商场以普通消费者的身份暗中监视促销员们的服务态度和工作纪律，并如实记录反馈给厂家。

> **案例 8-5　肯德基用"神秘顾客"监督分店**
>
> 美国肯德基国际公司遍布全球 60 多个国家，繁衍的"子嗣"多达 9900 多个。然而，肯德基国际公司在万里之外，又怎么能相信它的下属能循规蹈矩呢？
>
> 一次，上海肯德基有限公司收到 3 份国际公司寄来的鉴定书，对他们外滩快餐厅的工作质量分 3 次鉴定评比，分别为 83、85、88 分。公司中外方经理都为之瞠目结舌，这 3 个分数是怎么评定的？
>
> 原来，肯德基国际公司雇用、培训了一批人，让他们佯装顾客，秘密潜入店内进行检查评分。这些"神秘顾客"来无影、去无踪，而且没有时间规律，这就使快餐厅的经理、雇员时时感受到某种压力，丝毫不敢疏怠。

（资料来源：转载自 http://www.trade-114.cn/html-61news-127855848613424-1.html, 2010-07-08）

4) 分析流失顾客

对于那些已停止购买或已转向另一个供应商的顾客，公司应该与他们主动接触，了解发生这种情况的原因。国际商用机器公司每流失一个顾客时，他们会尽一切努力去了解他们在什么地方做错了，是价格定得太高、服务不周到，还是产品不可靠等。公司不仅要和那些流失的顾客谈话，而且还必须控制顾客流失率，从事"流失调查"和控制"顾客流失率"都是十分重要的。因为顾客流失率的上升明显地意味着公司难以使顾客感到满意。

8.2.3　顾客满意策划

要想真正使顾客对所购商品和服务满意，并期待他们未来能够继续购买，必须切实可行地制定和实施如下七种关键策略。

1. 塑造"以客为尊"的经营理念

"以客为尊"的企业经营理念是顾客满意最基本的动力，是引导企业决策、实施企业行为的思想源泉。麦当劳、IBM、海尔、联想等中外企业成功的要素就是它始终重视顾客，千方百计让顾客满意，它的整体价值观念就是"顾客至上"。

"以客为尊"的经营理念，从其基本内涵上来看，大致有三个层次：顾客至上、顾客永远是对的、一切为了顾客。没有了这种经营理念，员工就缺少了求胜求好的上进心，而且缺乏优秀企业那种齐心协力的集体意志。麦当劳的创办人克罗克曾用简单的几个字来注释麦当劳的经营理念："品质、服务、整洁、价值"。有明确的且为全体员工接受的目标，企业才能充满活力，真正地为顾客服务。这一经营理念不仅要在高级管理层加以强调，更重要的是要使之深入人心，使企业内部全体人员都明确这一观念的重要性。

2. 树立企业良好的市场形象

企业形象是企业被公众感知后形成的综合印象。产品和服务是构成企业形象的主要因素，还有一些因素不是顾客直接需要的但却影响顾客的购买行为，如企业的购物环境、服务态度、承诺保证、品牌知名度和号召力等。这就要求企业应该做到：①理念满意，企业的经营理念带给顾客的心理满足状态。其基本要素包括顾客对企业的经营宗旨、质量方针、企业精神、企业文化、服务承诺以及价值观念的满意程度等。②行为满意，企业的全部运行状况带给顾客的心理满足状态。包括行为机制满意、行为规则满意和行为模式满意等。③视听满意，企业具有可视性和可听性的外在形象带给顾客的心理满足状态。包括企业名称、产品名称、品牌标识、企业口号、广告语、服务承诺、企业的形象、员工的形象、员工的举止、礼貌用语及企业的硬件环境等给人的视觉和听觉带来的美感和满意度。

3. 开发令顾客满意的产品

产品价值是顾客购买的总价值中最主要的部分，是总价值构成中比例最大的因素。顾客的购买行为首先是冲着商品来的，冲着商品的实用性和满意程度来的，也就是冲着商品的价值来的。

这就要求企业的全部经营活动都要以满足顾客的需要为出发点，把顾客需求作为企业开发产品的源头。企业必须熟悉顾客，了解用户，要调查他们现实和潜在的要求，分析他们购买的动机、行为、能力和水平，研究他们的消费传统、习惯、兴趣和爱好。只有这样，企业才能科学地顺应顾客的需求走向，确定产品的开发方向。

4. 提供顾客满意的服务

热情、真诚为顾客着想的服务能带来顾客的满意，所以企业要从不断完善服务系统、以便利顾客为原则、用产品具有的魅力和一切为顾客着想的体贴等方面去感动顾客。售后服务是生产者接近顾客直接的途径，它比通过发布市场调查问卷来倾听消费者呼声的方法要有效得多。在现代社会环境下，顾客也绝对不会满足于产品本身有限的使用价值，还希望企业提供更便利的销售服务，如方便漂亮的包装，良好的购物环境，热情的服务态度，文明的服务语言和服务行为，信息全面的广告、咨询，快捷的运输服务，以及使用中的维修保养等，服务越完善越受欢迎。

案例 8-6　以解决顾客的问题为最高目的

几乎每一位波音公司的技术人员都可以告诉你一个有关波音公司如何在危难之时为旅客解决难题的故事。

波音公司通过周到的售前、售后服务，急顾客之所急，从而赢得了顾客的信赖。波音公司不惜成本大量印制各种宣传品，介绍其飞机的优秀性能及安全性、先进性，以达到人人皆知的效果；这样，各地航空公司出于尊重广大乘客的意愿，也乐于购买波音飞机。另外，波音公司的董事长威尔逊反复教育其员工说："我们决不能让各航空公司感觉到，波音公司只有向其推销产品时才找他们。"波音公司内部有条不成文的规定，当波音公司的产品发生问题时，不论是什么原因，波音公司的维修小组必须携带备用零部件，迅速从西雅图赶到世界的任何地方去帮助解决。如加拿大航空公司有一架波音飞机因排气管结冰阻塞，飞行发生故障。波音公司获悉后，立即派工程师携带有关零部件飞赴加拿大，昼夜加班抢修，为加拿大航空公司减少了误点时间。瓦拉斯加的航空公司，为了让飞机在泥泞的跑道上降落，急需特殊降落设备，这时波音毫不迟疑地立即送去了。又如喀里多尼亚租用的一架波音707飞机，在伦敦郊外机场装货时，机件部分配线短路失火，扑灭火后飞机有了故障而不能起飞。波音公司闻悉后，立即派维修组飞抵伦敦，很快完成了维修任务。再如1978年12月，意大利航空公司一架飞机在地中海坠毁，他们急需一架代替飞机。于是，意航总裁翁贝托·诺迪奥立刻打电话给波音的董事长威尔逊，提出一项特别要求："你们能否尽快送来一架波音727客机？"当时订购这种飞机至少要等上两年，但波音在出货表上稍作了变动，使意航在一个月之内就得到了飞机。为了回报波音，6个月后，意航取消了购买道格拉斯公司的DC10飞机的原定计划，而转为向波音公司订购9架波音747超大型客机，其价值高达5.75亿美元。

凡此种种及时的服务，为波音公司赢得了信誉、顾客和市场，使其业绩得到稳步增长。

(资料来源：苏定林.赢得重点客户满意的9堂课[M].北京：中国经济出版社，2006)

5.科学地倾听顾客意见

现代企业实施顾客满意战略必须建立一套顾客满意分析处理系统，用科学的方法和手段检测顾客对企业产品和服务的满意程度，及时反馈给企业管理层，为企业不断改进工作、及时地满足顾客的需要服务。

目前，很多国际著名企业都试图利用先进的传播系统来缩短与消费者之间的距离。一些企业建立了顾客之声(VOC，Voice of Customer)计划，搜集反映顾客的想法、需求的数据，包括投诉、评论、意见和观点等。日本的花王公司可以在极短的时间内将顾客的意见或问题系统地输入电脑，以便为企业决策服务。据美国的一项调查，成功的技术革新和民用产品，有60%~80%来自用户的建议。美国的P&G日用化学产品公司首创了"顾客免费服务电话"，顾客向公司打进有关产品问题的电话时一律免费。不但个个给予答复，而且进行整理与分析研究。这家公司的许多产品改进设想正是来源于"免费电话"。

案例8-7　割草的男孩

一个替人割草的男孩打电话给一位陈太太："您需不需要割草？"陈太太回答说："不需要了，我已有了割草工。"男孩又说："我会帮您拔掉花丛中的杂草。"陈太太回答："我的割草工也做了。"男孩又说："我会帮您把草与走道的四周割齐。"陈太太说："我请的那人也已做了，谢谢你，我不需要新的割草工人。"男孩便挂了电话。此时，男孩的室友问他："你不是就在陈太太那儿割草打工吗？为什么还要打这电话？"男孩说："我只是想知道我做得有多好！"

(资料来源：https://www.jianshu.com/p/d2dbfef7d2b3，2019-08-07)

6. 加强顾客沟通与关怀

企业要完善沟通组织、人员、制度，保证渠道畅通、反应快速。企业要定期开展顾客关怀活动，特别当顾客刚刚购买产品，或到了产品使用年限，或使用环境发生变化时，厂家的及时感谢、提醒、咨询、征求意见往往能达到顾客非常满意的效果。

(1) 建立顾客数据库。顾客数据库是进行顾客服务、顾客关怀、顾客调查的基本要求。要努力使顾客数据库从无到有，逐步完整、全面。否则，顾客满意无从谈起。

(2) 关注顾客感受。有许多被公认的优秀企业，以亚马逊公司为例，通过与顾客密切沟通，了解顾客关系中的哪个环节出现了问题，找出问题的根源并系统地依据事实进行解决。

7. 控制顾客的期望值

顾客满意与顾客期望值的高低有关。提高顾客满意度的关键是：企业必须按自己的实际能力，有效地控制顾客对产品或服务的期望值。营销人员应该控制顾客的期望值，尽可能准确地描述产品或服务，不要夸大产品的性能、质量与服务，否则只能吊起顾客的胃口，效果适得其反。由于顾客的期望值可能还会变化，在描述产品或服务内容后，还要描述与竞争对手的比较、市场需求的变化，必要时介绍产品不适用条件，让顾客有心理准备，达到控制顾客期望值的目的。如果为了得到顾客而误导顾客，玩文字游戏，赋予顾客过高的期望、过大的想象空间，麻烦一定随之而来。如果顾客期望比较客观，企业的工作成果如果能超越顾客的期望，顾客会非常满意，并为企业说好话，为企业介绍生意。

除此之外，企业还可以把提高顾客满意度纳入企业战略范畴。由于顾客满意度影响产品销售，并最终影响企业获利能力，因此应纳入战略管理。企业要把顾客满意度作为一项长期工作，体现在企业的一切经营活动中，从组织、制度、程序上予以保证。

【课程小结】

顾客满意策划是市场营销策划的重要环节。如何建立衡量顾客满意的指标体系，调查顾客满意度，进而采取有效措施提升顾客满意水平是主要任务。

要学会能够根据需要设立顾客满意程度，选择那些全面反映顾客满意状况的项目因素作为顾客满意度的总体评价指标。要在总体指标下，再设立一些具体的小指标，从而构成一个多层次、多指标的结构体系。

全面、深入分析影响顾客满意的因素是顾客满意策划的前提。在此基础上，通过具体措施切实有效地提高顾客满意度。

【课堂讨论】

在美国芝加哥的一栋大楼前，有这样一尊雕塑——耶稣蹲下他高大的身子跪着为他的门徒洗去双脚的泥尘。旁边的注解是：耶稣说，"每天去传播福音的人不是我，而是我的门徒，所以我要跪下来为他们洗脚"。由耶稣的行为你想到了什么？

【技能训练】

1. 夏日炎炎,三位青年去饭馆就餐,首先叫来冰爽饮料,三人一口气喝下了许多,其中一人无意中发现饮料瓶底的生产日期,才发现饮料已经过期了,三人招呼来老板,火气冲天地与老板嚷嚷。

请一位同学扮演老板,另三位同学扮演就餐青年,完成此场景。其他人注意观察,然后反馈哪些方面做得不错,哪些需要改进,以及如何改进。

2. 这里有一张调查表,请根据自己的理解打"√"或"×"。

(1)顾客的期望值总是很高。	
(2)顾客应尽量体谅我们的难处。	
(3)顾客期望每次打电话能快点儿得到回话,这种要求是不合理的。	
(4)顾客会对鸡毛蒜皮的事情进行抱怨。	
(5)可以让顾客在电话里等待几分钟。	
(6)如果不知道如何答复,你可以让顾客去找另一个部门。	
(7)可以告诉你的顾客,你每天要处理许多顾客问题,以此降低对方的期望值。	
(8)要是同一位顾客就某些问题不断地打电话抱怨,可以不必太介意。	
(9)要是你提供的服务比较复杂,所需时间长,你要让顾客知道,并用热情和友善来弥补。	
(10)顾客是决定企业生存发展的关键因素。	

【课后自测】

1. 企业的外部顾客不包括(　　)。
   A. 忠诚顾客　　　　　　　　B. 游离顾客
   C. 潜在顾客　　　　　　　　D. 冲动顾客
2. 企业能否顺利导入 CS 战略,关键在于(　　)。
   A. 是否进行了严格的成本核算
   B. 是否建立了一套以顾客为中心的服务指标体系
   C. 是否建立了完整的质量监控体系
   D. 是否进行了深入的市场调查
3. 在 CS 概念里,顾客满意的"满意"二字的特定含义不包括(　　)。
   A. 顾客满意是顾客个体的一种心理体验
   B. 顾客满意是绝对的满意
   C. 顾客满意必须符合公众道德、国家法律和社会义务
   D. 顾客满意有明显的个体差异

【案例分析】

新加坡航空——两个忠诚度，创造非凡价值

1993年，英国伦敦著名的杜莎夫人蜡像馆，出现了一尊东方空姐蜡像。这是杜莎夫人蜡像馆第一次以商业人像为原形而塑造的蜡像，其原形是美丽的新加坡航空公司小姐，人们称之为"新加坡女孩"(Singapore Girl)。杜莎夫人蜡像馆破例的原因，则是基于新加坡航空公司(简称新航)完善的机舱服务和长久以来成功塑造东方空姐以客为尊的服务形象。如何通过高质量的产品或者服务，保持顾客的忠诚度，这是一个令众多公司绞尽脑汁、冥思苦想的问题，因为忠诚的顾客往往带来高额的商业利润。不可否认，享誉世界的新航无疑是最有资格回答这一问题的公司之一。

一、关注客户——优质服务塑造客户对公司忠诚度

"不管你是一名修理助理，或是一名发放工资的职员，或者是一个会计，我们能有这份工作，那是因为客户愿意为我们付费，这就是我们的'秘密'"。新航前总裁Joseph Pillay在创业伊始就不停地以此告诫员工，塑造和灌输"关注客户"的思想。事实上，正是持之以恒地关注客户需求，尽可能为客户提供优质服务，新航才有了今天的成就。

"只有新生事物才能创造出出其不意的效果。我们要为客户提供他们所意想不到的服务，产品创新部会不断地关注这些新的需求趋势：为什么人们以某种方式去做事，为什么人们去做某种事。然后我们把眼光放在3年到5年内，设法去跟踪短期和长期的趋势。了解他们潜在的需求，并提供服务。"新航负责产品和服务的高级副总裁Yap先生曾在接受媒体采访时透露。

在长达32年的经营中，新航总是果断地增加最好的旅客服务，特别是通过旅客的需求预测来推动自身服务向更高标准前进。早在20世纪70年代，新航就开始为旅客提供可选择餐食、免费饮料和免费耳机服务；20世纪80年代末，新航开始第一班新加坡至吉隆坡之间的"无烟班机"；1992年年初，所有飞离新加坡的新航客机都可以收看美国有线电视网络的国际新闻；2001年，新航在一架从新加坡飞往洛杉矶的班机上首次推出了空中上网服务——乘客只需将自己的手提电脑接入座位上的网络接口，就可以在飞机上收发电子邮件和进行网上冲浪。在过去3年内，新航花费将近4亿元提升舱内视听娱乐系统，为将近七成(所有远程飞机)飞机换上这个系统，花费了超过6亿元提升机舱娱乐设施和商务舱座位。

随着竞争的加剧，客户对服务的要求也像雨后破土的植物一样疯长，"人们不仅仅把新航和别的航空公司做对比，还会把新航和其他行业的公司，从多个不同的角度进行比较。"Yap先生清醒地意识到新航遇到的挑战永无止境。事实上，"任何时候都要从整个服务过程出发，去寻找可以改进的地方"，这样的理念在新航已经成为一个清晰的文化和政策。

"即使是一道鸡饭，也要做成本地市场中最好的鸡饭。"为了在竞争中保持优势地位，新航成为世界上第一家引入国际烹饪顾问团(SIA International Culinary Panel，简称ICP)和品酒师的航空公司，该顾问每年为新航提供4次食谱和酒单。硬件只是基础，软件才是真功

夫。当然，服务的一致性与灵动性同时受到关注。比如，怎样让一个有十三四个人的团队在每次飞行中提供同样高标准的服务？新航在对服务进行任何改变之前，所有的程序都会经过精雕细琢，研究、测试的内容包括服务的时间和动作，并进行模拟练习，记录每个动作所花的时间，评估客户的反应。

力求服务做到灵活且富有创造性，这一点也是新航对员工的要求。当一位乘客要求吃素食，而飞机上正好没有准备这种食物，新航希望乘务人员做到的是，返回厨房想办法找出一个解决方案，比如把各式各样的蔬菜和水果拼在一起，而不是告诉乘客没有准备这种食物。

二、向内"吆喝"——培育员工对公司的忠诚度

所有培养客户忠诚度的理念文化、规章制度都需要人来执行。这就意味着，如果新航内部员工没有对公司保持足够的满意度和忠诚度，从而努力工作，把好的服务传递给顾客，那么，客户的忠诚度将无从谈起。事实上，科林·米切尔(Colin Mitchell)曾在《营销别忘了向内"吆喝"》的文章中提到，在市场营销中，除了外部市场，其另一个"市场"也同等重要，这就是公司的员工。

注意倾听一线员工的意见，关注对员工的培训，这些都是新航能够在市场上取得优异表现的根本所在。换句话说，只有内部员工对企业忠诚，才能使外部客户对企业忠诚。

"新航对待员工的培训几乎到了虔诚的地步！"在以动态和专注于培训而闻名的新航，从上到下，包括高级副总，每个人都有一个培训的计划，一年会有9000名员工被送去培训。新航所属的新加坡航空集团有好几个培训学校，专门提供几个核心的职能培训：机舱服务、飞行操作、商业培训、IT、安全、机场服务培训和工程。即使受到经济不景气打击时，员工培训仍然是新航重点优先投资的项目。假如你完成很多培训课程，就可以去休息一段时间，甚至还可以去学习一门语言，做一点儿新的事情，其目的是"使员工精神振奋"。

注意倾听一线员工的意见是新航另一个传统，因为他们认为，机组人员和乘客的接触是最紧密的，他们是了解客户的"关键人物"。

在1972年，新航还只是一个拥有10架飞机的小型航空公司，如今，几乎每年新航都会获得各种世界性的营销服务大奖，也一直是世界上最盈利的航空公司之一。对于这家保持30多年领先，并总是能够获得丰厚利润的航空公司而言，成功的原因可能很多，但是，"致力于培养员工和客户对企业的忠诚度"无疑是其中一个重要的答案。

(资料来源：https://ishare.iask.sina.com.cn/f/32yD0nzPpfP.html，2018-09-28)

案例思考

新加坡航空公司成功的原因是什么？

案例分析与提示

1. 提供优质服务，塑造客户对公司忠诚度；
2. 培育员工对公司的忠诚度。

【综合实训】

"东阿阿胶"顾客满意度调查

一、实训项目

1. 学会设计顾客满意度调查问卷。
2. 能够分析影响顾客满意的因素；实施顾客满意策划。

二、实训内容

下面已经提供关于"东阿阿胶"的顾客满意度调查问卷，请复印若干份，完成以下任务。

1. 了解该企业及产品的种类、功效、价位、目标人群等信息。
2. 确定调查目标、对象与范围；了解影响顾客满意的因素；实施调查；回收调查问卷；进行问卷分析并汇总调查结果。
3. 根据调查结果撰写顾客满意度分析报告。

"东阿阿胶"顾客满意度调查问卷

1. 您购买过东阿阿胶的哪款产品？
□阿胶　　□复方阿胶浆　　□桃花姬阿胶糕　　□阿胶补血膏　　□其他_____
2. 您服用本产品的目的是什么？
□治疗贫血　□改善睡眠　□辅助放化疗　□手术后康复　□改善睡眠
□增强抵抗力　□滋补保健　□其他_____
3. 本产品改善了您哪些症状？
□疲劳　□改善睡眠　□减轻头晕　□使面色红润　□增强抗病力
□增强记忆力　□改善月经不调　□改善贫血　□手术后康复　□其他_____
4. 您通常从哪里购买东阿阿胶的产品？
□药店　□商超　□东阿阿胶直营店　□网络　□医院　□别人送　□其他_____
5. 您希望东阿阿胶为您提供什么样的服务？
□健康养生书籍　□公司专刊　□健康养生指导　□打粉熬膏　□热线咨询
□参加东阿阿胶健康旅游活动　□俱乐部活动　□其他_____
6. 阿胶您通常采用什么方法服用？
□打粉冲服　□熬制固元膏　□煮粥炖菜　□黄酒浸泡蒸服　□其他_____
7. 您认为阿胶产品辨别真假重要吗？
□非常重要　　□重要　　□不重要
8. 您是首次使用东阿阿胶产品还是多次使用？
□第一次　　□多次
9. 您还会继续购买以及推荐给您的朋友购买东阿阿胶产品吗？
□会　　□不会
10. 除了购买东阿阿胶产品，您还购买过其他品牌的阿胶产品吗？
□没有　　□购买过，请您填写产品或品牌名称_____

11. 您对本产品的功效是否满意?
□满意　　□较满意　　□一般　　□较不满意　　□不满意
12. 您对我公司的产品包装是否满意?
□满意　　□较满意　　□一般　　□较不满意　　□不满意
13. 您对我公司产品口感是否满意?
□满意　　□较满意　　□一般　　□较不满意　　□不满意
14. 您对我公司产品安全性是否满意?
□满意　　□较满意　　□一般　　□较不满意　　□不满意
15. 您觉得购买的产品服用方便吗?
□方便　　　　　　　　□不方便
16. 您对产品的防伪方式满意吗?
□满意　　□较满意　　□一般　　□较不满意　　□不满意
17. 你接受过公司何种服务?
□热线　　□官网　　□直营店　　□市场人员　　□增值服务　　□打粉熬胶
18. 您对我公司提供的服务是否满意?
□满意　　□较满意　　□一般　　□较不满意　　□不满意
19. 您的性别是
□男　　　　　　　　　□女
20. 您的年龄是
□20~30岁　　□31~40岁　　□41~50岁　　□51~60岁　　□60岁以上
21. 您的生日是
22. 您的姓名或姓氏
23. 您的联系方式

(资料来源：转载自 http://www.edongeejiao.cn/Survey/20130710154901.aspx, 2013-07-10)

三、实训组织

①由教师担任设计活动总指导；②全班分为若干小组，每组4~5人，确定组长1人；③以组为单位完成上述实训内容。

四、实训成果

调查报告。

微课视频

扫一扫，获取本章相关微课视频。

任务8.mp4

任务9 产品策划

【能力目标】

通过完成本任务,你应该能够:
- 认知产品的整体概念,分析产品生命周期各阶段的市场特征并进行营销策划。
- 进行产品组合策划、品牌策划和包装策划。
- 了解影响新产品开发成功的因素并进行新产品开发策划。

【名言警句】

没有商品这样的东西。顾客真正购买的不是商品,而是解决问题的办法。

——特德·莱维

我们的目标是把"老鼠变成米老鼠"。"老鼠"就是一般商品,很多,但人们不一定喜欢。可是米老鼠就不一样,虽然都是老鼠,但它可以给人们带来快乐,可以获得人们的热爱——米老鼠就是品牌。

——唐锐涛

一个企业应该具有的最重要的技能,是创造和叙述故事的能力。不管是生产什么产品的公司,都必须善于在自己的产品背后创造故事。

——罗尔夫·詹森

【案例导入】

在漫漫10年的时间里,以营养、柔顺、去屑为代表的宝洁三剑客潘婷、飘柔、海飞丝几乎垄断了中国洗发水市场的大部分份额。想在洗发水领域有所发展的企业无不被这三座大山压得喘不过气来,无不生存在宝洁的阴影里难见天日。后来的"舒蕾""风影""夏士莲""力士""花香"等等更让诸多的洗发水品牌难以突破。采乐"出山"之际,国内去屑洗发水市场已相当成熟,从产品的诉求点看,似乎已无缝隙可钻。而西安杨森生产的"采乐"去头屑特效药,上市之初便顺利切入市场,销售量节节上升,一枝独秀。

"采乐"的突破口便是治病。它的成功主要来自产品创意,把洗发水当药来卖,同时,基于此的别出心裁的营销渠道"各大药店有售"也是功不可没。

去头屑特效药,在药品行业里找不到强大的竞争对手,在洗发水的领域里更如入无人之境!采乐找到了一个极好的市场空白地带,并以独特产品品质,成功地占领了市场。

"头屑是由头皮上的真菌过度繁殖引起的,清除头屑应杀灭真菌;普通洗发只能洗掉头发上头屑,我们的方法,杀灭头发上的真菌,使用8次,针对根本。"

任务9 产品策划

以上独特的产品功能性诉求,有力地抓住了目标消费者的心理需求,使消费者要解决头屑根本时,忘记了去屑洗发水,想起了"采乐"。

企业在选定目标市场以后,就需要制定市场营销组合策略。产品策略是企业营销组合策略中的重要因素。企业的营销目标能否得以实现,取决于产品能否被消费者或用户所接受,取决于企业产品策略是否运用得当。因此,制定切实有效可行的产品策略,成为企业营销活动的关键。

9.1 单一产品策划

任务情境

吴老板掌管着西部一家颇具规模并且有着地域知名度的制药企业。以他为首组成的"研发智囊团"苦心研制出来的国药准字号产品壮骨胶囊已在市场中销售有五个年头了。

壮骨胶囊作为补钙补血又兼备治疗功效的准字号产品,自从五年前刚进入市场就显现出了强大的市场生命力,可谓是吴老板制药厂的拳头产品。但近一年多来,吴老板不仅闷闷不乐,更是忧心忡忡,原因就是自壮骨胶囊进入了第四个年头开始,就呈现出下滑态势,整一年时间一滑再滑,如何才能使下滑局面得以缓解和扼制?并且使这个产品重新焕发青春呢?吴老板一时也苦无良策。**作为吴老板刚刚聘请的市场部经理,你有何良方来扭转这种不利的市场状态?**

产品策划是营销组合策划的核心内容,如果没有产品,价格、渠道和促销等其他营销组合要素就失去了意义,企业要在激烈的市场竞争中站稳脚跟,就要推出具有竞争力的产品。

9.1.1 产品整体概念

市场营销所指的产品不仅是指通常在市场上供出售的物质实体,而且是指能提供给市场、用于满足人们某种欲望和需要的任何事物,具体包括实物、服务、场所、组织、技术、思想等各种有形或无形的东西。

市场营销所讲的产品是适应消费者需求的整体性的产品概念,因为衡量一个产品的价值,是由顾客决定的,而不是由生产者决定的。随着市场消费水平和层次的提高,市场竞争焦点不断转移,对企业产品也提出了更高要求。例如消费者购买空调,不仅希望购买到一定品牌和款式、一定质量、适当价格的空调来给他带来凉爽的夏季,同时也希望企业能免费安装并给予使用指导,定期进行检测。产品整体概念如图9-1所示。

1. 核心产品

核心产品是指产品能为消费者带来的基本效用和核心利益,是顾客需求的中心内容。顾客之所以愿意支付一定的货币购买某种产品,首先在于它能够给顾客带来某种利益或欲望的满足。例如钟表的核心产品是显示时间,洗衣机的核心产品是洗涤衣服,住宿旅店的顾客购买的是"睡眠和休息"。核心产品是消费者购买该产品的出发点和归宿。企业提供给顾客的效用是客观的,但顾客对它的理解是主观的,不同的顾客对同一产品效用的理解是不同的。对于同样一辆汽车,有的消费者购买它,主要是为了解决交通问题;而有的消费者购买它,主要是作为财富的象征。因此,企业营销人员要从不同角度提示商品的效用,以吸引更多的顾客。

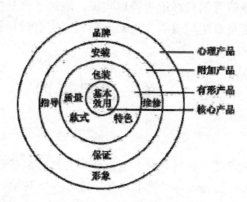

图9-1 产品整体概念图

案例9-1 芭比娃娃的成功

一份调查显示,到目前为止,已经有10亿多个芭比娃娃被卖出。在美国,3岁到11岁之间的女孩平均每人有10个芭比娃娃;在意大利和英国,同样年龄段的女孩每人拥有7个芭比娃娃;在德国和极力抵制美国文化的法国,这个数字是5个。首先,从芭比娃娃的外形设计上看,芭比娃娃有一个微微噘起的小嘴、极度夸张的丰满胸部、纤细的腰身,有点弯曲的双腿配上一双高跟鞋。这都非常符合西方人的审美观,给天性喜欢幻想的女孩子带来极大的遐想空间。

其次,每一年它都会随着时代潮流的改变而推出众多新的芭比娃娃,还有各种不同的配套产品。这些新产品的推出,不仅丰富了顾客对产品的选择,同时满足了不同时期、不同顾客对芭比娃娃的不同要求,从而牢牢吸引住了顾客。

路特·汉德勒女士创造出来的芭比娃娃,已经远远超越了玩具的定义,成为一个不朽的文化符号。路特曾经在她的自传里说过:"我创造'芭比娃娃'的理想就是,通过这种玩具的诞生,让所有的女孩子都意识到她们能够成为自己梦想成为的任何一种人。'芭比娃娃'代表了女性拥有同男性一样的选择权……'芭比娃娃'已不仅仅只是一种玩具,她已经成为女性消费者生活当中的一部分,我为此而感到高兴。"

从更深层次来看,对于美国女孩来说,芭比娃娃代表了一种美国时尚;而对于外国女孩来说,芭比娃娃代表的是美国梦想。正如马特尔公司所说的那样:"芭比娃娃不再是一种简单的品牌,而是一种时尚,一种生活方式。"

(资料来源:https://zhidao.baidu.com/question/281637317.html,2017-12-15)

2. 有形产品

核心产品所展示的全部外部特征。即呈现在市场上的产品的具体形态或外在表现形式。因为核心产品只是一个抽象的概念,产品设计者必须把它转化为具体形式的产品,主要包括品种、式样、质量、品牌、包装等。企业在进行产品设计时，除了要重视用户所追求的核心利益外，也要重视如何以独特的形式将这种利益呈现给目标顾客。

3．附加产品

附加产品是消费者在购买实体产品时所获得的全部附加服务和利益。企业生产的产品不仅要为消费者提供使用价值和表现形式，有时还要提供信贷、免费送货、质量保证、安装、调试、维修等服务项目，这些就是附加产品。索尼公司不只是提供摄像机，还必须协助消费者解决在拍摄上的困难，因此当顾客购买摄像机时，所获得的不仅有摄像机，索尼公司和其经销商也提供购买零件保证书、技术、免费操作课程、快速维修服务和咨询热线。现代市场竞争不仅在于生产和销售什么样的产品，更重要的是在于企业能够给顾客提供什么样的附加服务和利益。美国著名市场营销学家西奥多·李维特曾说过："未来竞争的关键，并不在于企业能生产什么样的产品，而在于它们能否为产品增加这些内容——包装、服务、用户咨询、购买信贷、及时交货、仓储以及人们所重视的其他价值。每一个公司应寻求有效的途径，为其产品提供附加价值。"

> **案例9-2　星巴克的定位**
>
> 星巴克(Starbucks)成立于1971年，是全球最大的咖啡连锁店，其总部坐落于美国华盛顿州西雅图市。除咖啡外，星巴克也有茶、馅皮饼及蛋糕等商品。星巴克人认为，他们的产品不单是咖啡，咖啡只是一种载体。通过咖啡这种载体，他们把一种独特的格调传送给顾客。咖啡的消费在很大程度上是一种感性的文化层次上的消费，文化的沟通需要的就是咖啡店所营造的环境文化能够感染顾客，并形成良好的互动体验。所以其目标市场非常清晰：一群注重享受、休闲、崇尚知识、尊重人本位的富有小资情调的城市白领。"我不在办公室，就在星巴克；我不在星巴克，就在去星巴克的路上。"——"星巴克"的这句经典广告语已为绝大多数时尚小资所熟知。

(资料来源：转载自http://news.163.com/10/0507/0662FJITU0014AED.html, 2010-05-07)

4．心理产品

这是指产品的品牌和形象给顾客带来的心理上的满足。产品的消费往往是生理消费和心理消费相结合的过程。随着人们生活水平的提高，人们对产品的品牌和形象看得越来越重，因而它也是产品整体概念的重要组成部分。

产品整体概念体现了以顾客为中心的现代市场营销观念，产品的构思、设计、开发和商业化，都必须考虑是否符合消费者的需求与愿望，是否能为消费者带来最大效用和利益。只有懂得产品整体概念，才能真正贯彻市场营销观念的要求，全面满足顾客的需求，同时才能提高企业的声誉和效益。

9.1.2　产品生命周期

研究产品生命周期的目的是为了帮助企业了解产品在其生命周期不同阶段所具有的不同特征，从而有针对性地进行营销策划，来适应快速变化的市场需求。

1. 产品生命周期的概念

任何产品在市场上的销售情况和盈利水平都要随着时间的推移而变化，这种变化同生物生命历程相似，有一个诞生、成长、成熟，直至衰亡的过程。产品生命周期(Product Life Cycle，PLC)是指产品从投入市场到退出市场的整个过程，包括导入期、成长期、成熟期和衰退期四个阶段。

在理解产品的市场生命周期时应注意两个问题：第一，产品的生命周期是指产品的社会经济周期，是产品的市场寿命，不是产品的使用寿命。产品的使用寿命是指产品的耐用程度。例如，时装的市场生命周期虽然很短，但时装的使用寿命可以很长。第二，不同的产品，其生命周期的持续时间也长短不一。影响产品生命周期的因素有很多，如科技进步、消费者偏好的变化、产品本身的性质和用途、产品的品质和价格、竞争的激烈程度及政府的宏观政策等。

2. 划分产品生命周期阶段

划分产品生命周期阶段一般有三种方法。

(1) 运用销售增长率划分产品生命周期。销售增长率=(本年度的销售量-上年度销售量)/上年度的销售量×100%。一般来说，销售增长率小于10%且不稳定，为导入期；销售增长率大于10%，为成长期；销售增长率小于10%且销售情况较稳定，为成熟期；销售增长率小于0，为衰退期。

(2) 运用产品普及率划分产品生命周期。一般来说，可利用人口普及率和家庭普及率来衡量产品所处生命周期阶段。当普及率在0%～5%时，为导入期；当普及率在5%～50%时，为成长期前期；当普及率在50%～80%时，为成长期后期；当普及率在80%～90%时，为成熟期；当普及率大于90%时，为衰退期。

(3) 运用同类产品类比划分产品生命周期。即用一种产品的生命周期变化规律类比分析另一种同类产品的生命周期。如日本国内的彩电和我国国内彩电的类比，也可以用相关产品进行对比，如用彩电的发展趋势来分析电冰箱的发展趋势。因为两种产品同属于高档耐用消费品，而且人们对拥有这类产品的消费心理很相似，所以可以进行类比分析。

3. 产品生命周期各阶段的市场特征

按照产品销售量和利润额随时间的变化情况，通常可将产品生命周期划分为四个阶段，即导入期、成长期、成熟期和衰退期。各阶段划分如图9-2所示。

1) 导入期的市场特征

导入期也称介绍期、投入期或诞生期，是产品开始投入市场到销售量逐渐增加的阶段。

导入期的主要特点有：①生产企业少，批量小；由于刚进入市场，知名度较低，市场推广费用大；产品不成熟，技术有待改进；产品成本高、价格高。②消费者对产品了解少，市场需求量增长缓慢，销售量有限，企业很少获利。③消费者出于冲动和好奇心理购买，一般为高收入者或年轻人。

2) 成长期的市场特征

成长期是产品逐渐被了解、销售量迅速增加、企业进入大批量生产和销售的阶段。

成长期的主要特点有：①由于技术方面的改进，生产效率提高，生产量扩大，所以产品成本降低。②由于产品有利可图,生产厂家增多,开始出现竞争。③多数消费者开始追随领先者,属于早期使用者。④销售量迅速增长。⑤价格不变或略有下降,企业扭亏为盈,利润迅速上升。

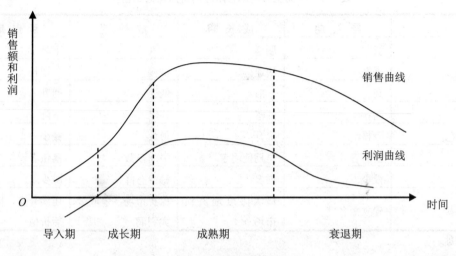

图 9-2 产品生命周期

3) 成熟期的市场特征

成熟期是大多数购买者已经接受这种产品,市场销售额基本稳定并达到最高点的阶段。一般来说,这一阶段经历的时间最长,可分为成长中的成熟、稳定中的成熟和衰退中的成熟三个时期。

成熟期的特点主要有:①成长中的成熟期。各销售渠道基本呈饱和状态,销售增长率开始下降,还有少数后续的购买者继续进入市场。②稳定中的成熟期。由于市场饱和,消费水平平稳,销售增长率一般只与购买者人数成比例。③衰退中的成熟期。销售水平显著下降,原有用户的兴趣已开始转向其他产品和替代品;全行业产品出现过剩,竞争加剧,销售增长率下降,一些缺乏竞争能力的企业将渐渐被淘汰;竞争者之间各有自己特定的目标顾客,市场份额变动不大,突破比较困难。

4) 衰退期的市场特征

衰退期是指产品需求量迅速下降,产品逐渐老化转入产品更新换代的阶段。

衰退期的主要特点有:①顾客数量不断下降,现有的顾客主要是年龄较大、比较保守的后期追随者。②产品的弱点和不足已经暴露,出现了性能更加完善的新产品。③除少数品牌的产品,大多数产品销量下降,并由缓慢下降转为急剧下降。④市场竞争突出地表现为价格竞争,产品市场价格不断下降,利润减少,甚至无利可图。⑤生产经营者减少,竞争减弱。

产品生命周期各阶段的特点与营销目标如表 9-1 所示。

4. 产品生命周期各阶段的市场策划

产品处于不同生命周期阶段,企业要根据不同阶段的市场特征进行相应的市场策划。

1) 导入期的市场策划

由于在导入期,产品知名度低,消费者对产品了解较少,销量有限,为了迅速打开市场，获得顾客认同，价格与促销费用依不同产品、不同市场而有所不同。通常有如图 9-3 所示的四种策略可供选择。

表 9-1 产品生命周期各阶段的特点与营销目标

	导入期	成长期	成熟期	衰退期
销售量	低	剧增	最大	下降
销售速度	缓慢	快速	减慢	负增长
成本	高	一般	低	回升
价格	高	回落	稳定	下降
利润	亏损	提升	最大	减少
顾客	创新者	早期使用者	中间多数	落伍者
竞争	很少	增多	稳中有降	减少
营销目标	建立知名度	最大限度地占领市场	保护市场，争取最大利润	压缩开支，榨取最后价值

	高促销	低促销
高价格	快速撇脂策略	缓慢撇脂策略
低价格	快速渗透策略	缓慢渗透策略

图 9-3 导入期的市场策略

(1) 快速撇脂策略。撇脂原意是指把牛奶上面的那层奶油撇出，这里是指产品定价比其成本高出很多，即高价策略。快速撇脂策略是以高价和大量的促销支出推出新产品，以期尽快收回投资。这种策略的适用条件是：产品确有特点，有吸引力，但知名度还不高；市场潜力很大，并且目标顾客有较高的支付能力；面对潜在竞争者的威胁，急于树立品牌形象。

(2) 缓慢撇脂策略。缓慢撇脂策略是以高价和少量的促销支出推出新产品，目的是以尽可能低的费用开支取得最大限度的收益。这种策略的适用条件是：市场规模有限；产品已有一定的知名度；目标顾客愿支付高价；潜在的竞争并不紧迫。

(3) 快速渗透策略。快速渗透策略是以低价和大量的促销支出推出新产品，以争取迅速占领市场，然后再随着销量和产量的扩大，使产品成本降低，取得规模效益。这种策略的适用条件是：市场规模很大，但消费者对该产品还不了解；多数购买者对价格十分敏感；潜在竞争的威胁严重；单位成本有可能随生产规模的扩大和生产经验的积累而大幅度下降。

(4) 缓慢渗透策略。缓慢渗透策略是以低价和少量促销支出推出新产品。低价可扩大销售，少量促销支出可降低营销成本，增加利润。这种策略的适用条件是：市场规模很大并熟悉该产品；市场对价格很敏感；存在某些潜在的竞争者，但威胁不是很大。

2) 成长期的市场策划

经过导入期的考验，新产品已被消费者所接受，产品的结构和工艺也基本定型，大批量生产能力形成，生产成本降低，企业的销售量和利润大幅度上升，同时竞争对手出现并日渐增多。因此，企业的策略要紧紧围绕如何保持来之不易的市场地位这一目标展开。

(1) 改进产品品质。从品质、性能、式样、包装等方面继续加以改进，以对抗竞争产品，还可以从拓展产品的新用途着手以巩固自己的竞争地位。

(2) 调整产品的售价。产品在适当的时候降价或推出折扣价格，这样既可以吸引更多的购买者加入，又可以阻止竞争对手的进入。

(3) 开辟新渠道。开辟新渠道或开拓新市场，增加销售途径和网点，方便消费者的购买。

(4) 转变促销策略。广告宣传的重点由建立产品知名度逐渐转向建立产品信赖度，增加宣传产品的特色，使其在消费者心目中产生与众不同的感觉。

3) 成熟期的市场策划

成熟期是产品获利的黄金时期，同时也是竞争异常激烈的阶段，行业内生产能力开始出现过剩。因此，企业这一阶段的主要任务是集中一切力量，尽可能地延长产品的生命周期，扩大市场，增加销售量，为企业获取更多现金收入。这一阶段有以下三种策略可以采用。

(1) 市场改进。使产品进一步向尚未涉足的市场进军。在分析销售业绩的基础上，仔细寻找出产品尚未到达的领域，做重点努力。同时，扩大销售网点，方便消费者购买。

(2) 产品改进。企业通过对产品的改良，使顾客对产品产生新鲜感，从而带动产品的销售。改进产品也是对付竞争对手的一个措施。产品的改进仍然主要在质量、性能、特色、式样上下功夫。

(3) 营销组合改进。增加分销渠道和广告费用、更改媒体、变化广告时间及频率、改进促销方式、降低价格、提高服务品质等措施来避免衰退期过早到来。

案例 9-3　杜邦公司延长尼龙袜的生命周期

尼龙袜的销售曲线日趋平坦后，杜邦公司便潜力研究，发现那时女人已趋于"露腿"，青年妇女对于穿袜子的"社交需要"的感觉也日渐淡薄。由于这些发现，杜邦管理部门认为要使销售曲线回升，有一个直接的方法就是重复强调社交必须穿袜子。这种方法显然颇为困难，宣传的成本也很高，不过它却能在现有的使用者之间，促使她们时常穿着袜子，达到延长产品生命周期的目的。

对杜邦来说，这种策略主要是要使妇女更普遍地购买尼龙丝袜。首先，杜邦公司推出一种淡色的丝袜，当作时髦标致的装饰。让大家普遍购买使用后，杜邦又推出一些带有花样的高级丝袜，取代以前那种花色单调的丝袜，妇女受花样的吸引，纷纷换旧购新，货色的换新变化，使人觉得年年有新花样可以买、可以穿。

此外，让人们接受少女穿尼龙丝袜也是一种正当的需要，从而增加少女这一阶层的顾客。此时，杜邦公司采用了广告、公共关系等手段来进行这种宣传，打开少女市场。

(资料来源：转载自 http://www.docin.com/p-72915765.html, 2010-08-22)

4) 衰退期的市场策划

在衰退期，由于技术的进步，消费者需求偏好发生了变化，或者由于激烈的竞争，导致产能过剩，使得销售额和利润急剧下降。一般来说，在衰退期有以下三种策略可供选择。

(1) 维持策略。是指企业继续沿用过去的策略，按照原来的细分市场，使用相同的销售渠道、定价和促销方式，直到该产品完全退出市场为止。当企业在该市场中有绝对支配地位,且竞争者退出市场后,该市场仍有一定潜力时,通常采用这种策略。

(2) 集中策略。企业缩短产品营销战线,将人力、财力、物力等集中在具有最大优势的细分市场或产品线上,从最有利的局部市场获得尽可能多的利润。

(3) 退出策略。当老产品无法为企业带来利润的时候,很显然,企业应该当机立断放弃该产品。当然,产品退出市场后,还要继续提供一定期限的维修和售后服务,这样,才能维持企业的良好声誉,对企业的长远发展有利。

9.2 产品组合策划

任务情境

在得声公司的会议室里,正在召开由总经理召集、营销经理主持的工作会议。在这半年时间,国内的通信行业受到了来自各方面的影响,当年特别是传真机受到的影响最大。原材料价格上涨、国外知名名牌价格下跌,政府也出台规定,由主管部门统一招标采购。大家都认为以目前的局势以及今后的传真机、电话机、收音机及通信行业发展来看,公司的产品线必须尽快作出适应形势的调整。

但是在怎样调整上却出现了很大的分歧。一些人的意见是:多开发低成本的产品,研发高附加值和高技术含量的产品,同时主张保留所有产品线;另一些人认为公司应该以利润为中心,要删除部分亏损和盈利能力差的产品线和型号;还有一些人提出,应该加大工厂的投入,研发新产品,增加自己工厂产品的竞争能力。**到底应该如何调整产品线呢？**

9.2.1 产品组合的相关概念

企业不能仅仅经营单一的产品,世界上很多企业经营的产品往往种类繁多,如美国光学公司生产的产品超过 3 万种,美国通用电气公司经营的产品多达 25 万种。当然,并不是经营的产品越多越好,企业应该生产和经营哪些产品才是有利的?这些产品之间应该有些什么配合关系?这就是产品组合问题。

所谓产品组合,是指一个企业生产经营的全部产品项目和产品线的组合方式。其中,产品线也称产品大类,是指能够满足同类需要,在功能、使用和销售等方面具有类似性的一组产品。产品项目是指产品大类中各种不同品种、规格的特定产品,企业产品目录中列出的每一个具体的品种就是一个产品项目。产品项目是构成产品线的基本元素。例如,某企业生产电视机、电冰箱、空调和洗衣机四个产品系列,即有四条产品线。电视机系列中的 29 英寸彩色电视机就是一个产品项目。

产品组合的宽度是指一个企业生产经营的产品大类的多少,即拥有产品线的多少。产品线多,则产品组合宽,少则窄。

产品组合的深度是指企业的每个产品大类中产品项目的多少。

产品组合的长度是指一个企业所有产品大类中产品项目的总和。

产品组合的关联度是指企业各产品大类在最终用途、生产条件、销售方式或其他方面相互联系的密切程度。例如,一个企业生产牙膏、肥皂、洗涤剂、除臭剂,则产品组合的关联性较大。若这个企业同时又生产服装和儿童玩具,那么,这种产品组合的关联性就很小。

不同的产品组合宽度、长度、深度和关联性，构成不同的产品组合方式。企业的产品组合就是由这四个因素来描述的。表 9-2 是宝洁公司的产品组合关系。

表 9-2 宝洁公司的产品组合

产品组合的宽度						产品组合的深度
清洁剂	牙膏	香皂	方便尿布	纸巾	洗发水	
象牙雪 地来夫特 汰渍 快乐 奥科多 德希 波尔德 奎尼 伊拉	格里 佳洁士	象牙 柯克斯 洗污 佳美 香味 保洁净 海岸 玉兰油	帮宝适 露肤	媚人 粉扑 旗帜 绝顶	海飞丝 飘柔 潘婷 沙宣 润妍	

如上表所示，该企业产品组合的宽度是 6，产品组合的长度是 30，产品组合平均深度为 5(产品项目总数÷产品线总数)。可见，产品组合宽度表示企业生产经营的产品种类的多少和范围大小；产品组合平均深度表示企业生产经营的产品品种多少和复杂程度高低；产品组合关联度表示企业生产经营的产品之间相关性大小，以及对企业经营管理要求的高低。

9.2.2 产品组合策划

产品组合策划就是根据客户的需求，通过对现有产品大类以及各大类产品中的产品项目分析、评估、筛选，最终确定出企业最优化的产品组合。

1．扩大产品组合

扩大产品组合是指增加产品组合的宽度和深度，前者指在原产品组合中增加产品大类，扩大经营范围；后者指在原有的产品大类中增加新的产品项目。当企业预测现有产品大类的销售额和盈利率在未来可能下降时，就应考虑在现有产品组合中增加新的产品大类，或加强其中有发展潜力的产品大类。

2．缩减产品组合

当市场繁荣时，较长较宽的产品组合会给企业带来更多的盈利机会，但市场不景气或原料、能源供应紧张时期，缩减产品线也能使总利润上升。因为剔除那些获利小甚至亏损的产品线或产品项目，企业可集中力量发展获利多的产品线和产品项目。如日本经济的衰退导致许多公司通过削减产品线以降低成本。松下公司在 1988 年有 5000 条音频产品线，现在削减至 1000 条。

案例 9-4 杰克·韦尔奇的"数一数二"策略

杰克·韦尔奇临危受命担任通用电气的 CEO，当时通用电气的产品组合大到超级油轮，小到烤面包都做，严重分散企业资源。韦尔奇上台后决定，只要本公司产品在行业内不能做到数一数二的全部砍掉，集中主要资源和精力做好优势产品，通用电气的市值从2001年140亿美元涨到如今的5750亿美元。

(资料来源：转载自 http://xuzen.blog.sohu.com/35127635.html, 2007-02-24)

3. 延长产品线

延长产品线是指一个企业把自己的产品线长度延伸超过现有范围。具体有向下延伸、向上延伸和双向延伸三种策略。

(1) 向下延伸是指在高档产品线中增加低档产品项目。实行这一策略主要是利用高档名牌产品的声誉，吸引购买力水平较低的顾客慕名购买此产品线中的廉价产品。如我国著名白酒品牌"五粮液"，在原有高档产品的基础上向中、低档产品扩展，陆续推出"五粮春""五粮醇""尖庄"等数十个品牌，产品线从单价四五百元的高档白酒，覆盖到了一百多元的中档白酒和二三十元的低档白酒。但是实行这一策略也有一定的风险，如处理不当，会影响企业原有产品特别是名牌产品的市场形象。

案例9-5 失败的向下延伸策略

美国的"派克"钢笔质优价贵，是身份和体面的标志，许多上层人物都以使用该笔为荣。然而，当新总经理詹姆斯·彼特林上任后，盲目采取向下延伸策略，把派克品牌用于每支售价仅3美元的低档笔，毁坏了派克在消费者心目中的高贵形象，而其竞争对手则趁机侵入高档笔市场。结果，派克非但没有顺利打入低档笔市场，反而丧失了一部分高档笔的市场。

(资料来源：转载自 http://www.people.com.cn/GB/paper53/1765/285101.html, 2000-10-25)

(2) 向上延伸是指在原有的产品线内增加高档产品项目。这种策略一般适用于：高档产品市场具有较大的潜在成长率和较高的利润率；企业的技术设备和营销能力已具备了加入高档产品市场的条件；企业要重新进行产品线定位。美国非常畅销的"加罗"桶装葡萄酒，为了与高档品牌"戈兰·艾伦"进行竞争，不得不推出瓶装高档的"加罗·维尔特斯"葡萄酒。在很多年里，公司将从"加罗"品牌上获得的利润源源不断地补充到"加罗·维尔特斯"上。从短期来看，公司的营销成本上升了，但是从长期来看，公司的这种策略最终使得"加罗"品牌的形象得以改善了，而品牌形象改变的一个直接结果就是品牌的资产得以提升。我国方便面行业著名品牌"华龙"，创立之初时定位目标消费群为普通工薪消费者，主推零售价在1元以下的产品，如"甲一麦""小康家庭"等。2003年前后，"华龙"开始向高端市场进军，推出了价位相对价高的"今麦郎"系列产品，并且获得了巨大的成功。但是采用这一策略也存在一定的风险，因为要改变产品在消费者心目中的原有地位是相当困难的。

(3) 双向延伸即原定位于中档产品市场的企业在掌握了市场优势后，向产品线的上下两个方向延伸。一方面增加高档产品，另一方面增加低档产品，力争全方位地占领市场。20世纪70年代后期的钟表工业市场竞争中，日本"精工"采用了双向延伸策略，当时正逐渐形成高精度、低价格的数字式手表的需求市场。精工以"脉冲星"为品牌推出了一系列低价表，从而向下渗透进入这一低档产品市场。同时，它也向上渗透到高价和豪华型手表市场，精工收购了一家瑞士公司，连续推出了一系列高档表，其中一种售价高达5000美元的超薄型手表进入最高档手表市场。

> **案例9-6 吉利产品线两头延伸**
>
> 2006年8月29日，在吉利金刚北京上市现场，吉利控股集团常务副总裁杨健对在场的记者表示，下半年将是汽车市场的大会战，全国各个厂家的各种新车大概都会在9、10月份陆续上市。同时，11月份北京车展也将成为新车上市的一个高潮。他表示，吉利下半年仍有多款新车面市，产品范围已经向两头延伸。所谓向两头延伸，首先是指吉利要做小排量经济型轿车；此外，吉利正在尝试着往中高档车型发展，排量会有六缸3.0的整车，也有2.0、2.4的四缸整车，包含的技术含量也会更高，要求会达到欧IV标准，能够进入欧美市场的新车会陆续研发出来。
>
> (资料来源：王志伟. 市场营销学[M]. 北京：对外经济贸易大学出版社，2008)

采用这一策略应该注意的问题是：随着产品项目的增加，市场风险会逐渐加大，经营难度增加。因此，采用双向延伸策略的企业应具有较高的经营管理水平，否则可能会导致失败。

9.3 品牌与包装策划

任务情境

有一家生产油漆的小企业，经过十多年的用心经营，该厂的产品占据了该地区比较大的市场份额。该企业领导一直沉浸在辉煌战绩带来的喜悦中，继续着生产、销售的初级循环运作。

随着涂料巨头立邦漆进入市场，它独有的品牌运作和强大的宣传推广很快使之成为家喻户晓的品牌，并迅速抢占了市场。终于这家企业老总坐不住了，他想不通为什么自己的产品销量很好，盈利却很低？此后，随着外来品牌的强压，该厂举步维艰，几次想通过价格竞争来扭转局势，但最终都落于下风。该企业也想通过像国外涂料巨头那样的品牌运作，使顾客具有一定的消费忠诚度，来稳固市场网络。但对于品牌建设却是不知道从何下手？

9.3.1 品牌、名牌和商标

品牌代表了企业产品的信誉和形象，品牌、名牌和商标既相互联系，又有所区别。

1. 品牌

美国市场营销协会(AMA)给品牌下的定义是：打算用来识别一个或一群卖主的商品或劳务的名称、术语、符号、象征、设计或其组合。品牌也常被称为厂牌、牌子，包括品牌名称和品牌标志。

(1) 品牌名称。品牌名称是指品牌中可以用语言称呼的部分，也称商号或字号，如"全聚德""麦当劳""海尔""松下""长虹"等都是品牌名称。

(2) 品牌标志。品牌标志是指品牌中可以被识别但不能用语言直接称呼的部分，包括符号、设计、颜色、图案等,如海尔的英文名称"Haier"、海尔兄弟图案、海尔蓝的颜色标记等都属于海尔的品牌标志,奔驰的三叉星圆环就是奔驰的品牌标志。

> **案例9-7　名车大观**
>
> 宝马(BMW):宝马的品牌中间是蓝白相间图案,代表蓝天、白云和旋转不停的螺旋桨,喻示宝马公司渊源悠久的历史,象征公司一贯的宗旨和目标:在广阔的时空中,以先进的精湛技术、最新的观念,满足顾客的最大愿望。
>
> 大众(Volks Wagen):大众汽车公司是德国最大也是最年轻的汽车公司,总部在沃尔夫斯堡。德文意为大众使用的汽车,标志中的"VW"为全称中头一个字母。标志像是由三个用中指和食指作出的"V"字形组成,表示大众公司及其产品必胜—必胜—必胜。
>
> 沃尔沃(Volvo):又称为富豪。"VOLVO"为拉丁语,是"滚动向前"的意思,喻示着汽车车轮滚滚向前、公司兴旺发达和前途无限。
>
> 别克(Buick):别克的品牌图案是三把刀,它的排列给人们一种起点高并不断攀登的感觉,象征着一种积极进取,不断攀登的精神。

(资料来源:转载自http://read.cucdc.com/cw/83227/73482.html,2009-04-30)

2.名牌

名牌是消费者心目中知名的、著名的、驰名的品牌,也就是消费者认可和信赖的品牌,如前面所说的"全聚德""麦当劳""海尔""松下""长虹"等。名牌标志着悠久的历史和雄厚的实力,体现上乘的品质和良好的信誉,表现出精湛的工艺和典雅的风格,具有广泛的知名度和认同度,有强烈的示范效应和较高的市场占有率。所以说,名牌是集质量、个性、服务、信誉、历史和相应的文化含量于一体,因而赢得消费者的普遍信赖和认可。

3.商标

商标是指经过注册登记,受法律保护的品牌或品牌中的某一部分。经注册登记的商标一般有"R"标记或"注册商品"的字样。商标实质是品牌,但其是受到法律保护的产权标志,具有独占性,不容他人或企业侵犯。严格来说,商标是一个法律名词,而品牌是一种商业称谓。两者是从不同角度来说明同一事物,因此二者常被混淆。

9.3.2　品牌策划

一个好的品牌,有助于新产品尽快被消费者接受,提高顾客对于企业和产品的认知程度,有助于促进销售,甚至提高产品身份。为了使品牌在市场营销中更好地发挥作用,必须采取适当的品牌策略。品牌决策如图9-4所示。

1.品牌有无策划

品牌有无策划包括无品牌和使用品牌两种类型。

1)无品牌

企业不为其产品使用品牌。诸如生产简单、无一定技术标准、选择性不大的产品,一次性或临时性产品,不同生产者具有均匀质量的产品,习惯上不必认牌购买的产品等都可考虑采用此种策略。比如钢材、电力、煤炭、棉花、沙石、食盐、纽扣等产品。不使用品牌，能够帮助企业节省设计费、制作费、广告费等开支。

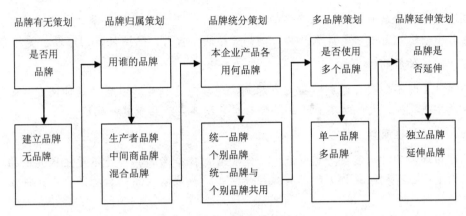

图9-4 品牌决策一览

2) 使用品牌

企业决定为其产品建立品牌。一般来讲，现代企业都建立有自己的品牌和商标。采用此种策略会增加企业的成本费用，但也会为企业带来许多好处：虽然这会使企业增加成本费用，但也可以使卖主得到一些好处，如便于管理订货；有助于企业细分市场和树立良好的企业形象；有利于吸引更多的品牌忠诚者；注册商标可使企业的产品特色得到法律保护，防止别人模仿、抄袭。

小资料　品牌命名的原则

一、易读易记原则

(1) 简洁。名字单纯、简洁明快，字数不能太多，要易于传播，如"IBM"。

(2) 独特。品牌名要彰显出独特的个性，并与其他品牌名有明显的区分或表达独特的品牌内涵，如"红豆"衬衫的命名就具有中国文化特色，会触物生情。

(3) 新颖。如中国移动给自己推出针对青年人一款通信产品命名为"动感地带"，就比较新颖、时尚，所以也赢得年轻人欢迎。

(4) 响亮。这是指品牌名称要朗朗上口，发音响亮，避免出现难发音或音韵不好的字，如娃哈哈、上好佳等。

二、尊重文化与跨越地理限制

具体地说要适应消费者的文化价值观念和潜在市场的文化观念。由于世界各国、各地区消费者的历史文化、语言习惯、风俗习惯、民族禁忌、宗教信仰、价值观念等存在一定差异，使得他们对同一品牌的看法也会有所不同。可能一个品牌在这个国家是非常美好的意思，可是到了那个国家其含义可能会完全相反。

三、无歧义原则

品牌的命名可以让消费者浮想联翩，但千万不能让消费者产生歧义和通过谐音联想歧义。可以说，"金利来"能够发展到今天，取得如此辉煌的业绩，这与它美好的名称密不可分。

四、暗示产品特点

在进行品牌命名时，可以从产品的特点、功能、形态等属性来命名，这样能让消费者从它的名字一眼就看出它是什么产品。例如五粮液、雪碧、佳洁仕、创可贴、美加净等。

五、可延伸原则

品牌命名时不但要考虑到以上几点原则，还要考虑到品牌以后的延伸问题，如果品牌名称和产品关联度太大，就不利于品牌今后扩展到其他产品或其他领域。

六、可保护性原则

进行品牌命名时一定要考虑两点：一是要考虑被命名的品牌是不是侵权其他品牌的行为，查询是否已有相同或相近的品牌被注册；二是要注意该品牌名称是否在允许注册的范围内。

七、亲和性原则

在进行品牌命名时，亲和性原则主要体现在与消费者的文化背景相吻合。例如，金六福酒，不但有亲和力，而且也迎合了中国人对福文化的追求和渴望的心理，很容易打动消费者的心。

(资料来源：http://www.1628.cn/newview.asp?id=6508, 2009-11-18)

2．品牌归属策划

企业在决定使用品牌后，还需要对使用谁的品牌做出决策。在品牌的选择和使用上主要有三种方式。

1) 使用制造商品牌

传统上，品牌是厂商的制造标记，产品的设计、质量、特色都是由制造商决定的。绝大多数制造商都使用自己的品牌。但是，近年来，制造商使用中间商品牌也日益增多。

2) 使用中间商品牌

使用中间商品牌是指制造商将产品大批量地卖给中间商，中间商再使用自己的品牌将产品转售出去。由于消费者对所购买的商品并非都是内行，而且缺乏选购知识，消费者总是愿意在具有良好信誉的商店中采购商品，中间商借助良好的信誉可以将产品顺利销售出去。

3) 混合使用制造商品牌和中间商品牌

采用这种品牌策略的方式有三种：①制造商在部分产品上使用自己的品牌，另一部分则使用中间商品牌，以谋求既能扩大销路又能保持本企业品牌的特色；②为了进入新市场，先采用中间商的品牌扩大市场占有率，后再改用制造商品牌；③制造商品牌与中间商品牌同时使用，兼顾两种品牌的优点。

3．品牌统分策划

如果企业决定其产品使用自己的品牌，那么还要进一步决定其产品线是分别使用不同的品牌，还是统一使用一个品牌。在这个问题上有四种可供选择的策略。

1) 个别品牌

个别品牌是指企业各种不同的产品分别使用不同的品牌。其好处主要是：第一，企业

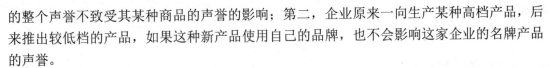

的整个声誉不致受其某种商品的声誉的影响；第二，企业原来一向生产某种高档产品，后来推出较低档的产品，如果这种新产品使用自己的品牌，也不会影响这家企业的名牌产品的声誉。

2) 统一品牌

统一品牌是指企业所有的产品都统一使用一个品牌名称。例如，美国通用电气公司的所有产品都统一使用"GE"这个品牌名称，日本东芝家用电器公司其全部产品均采用"Toshiba"这一品牌，我国海尔集团的系列产品空调、彩电、冰箱等也全部采用"海尔"这一品牌。企业采取统一品牌策略的好处主要是：企业宣传介绍新产品的费用开支较低；如果企业的名声好，其产品必然畅销。但使用这种策略要冒较大风险，企业市场上的某一产品一旦出了问题，就会波及其他产品，影响销售。

3) 分类品牌

分类品牌是指企业的各类产品分别命名，一类产品使用一个品牌。如第一汽车制造厂生产的各种载重车都用"解放"牌，而各种小轿车用"红旗"牌。

4) 企业名称加个别品牌

这种策略是指企业对其不同的产品分别使用不同的品牌，而且各种产品的品牌前面还冠以企业名称。企业采取这种策略的好处主要是：在各种不同新产品的品牌名称前冠以企业名称，可以使新产品合法化，能够享受企业的信誉，而各种不同的新产品分别使用不同的品牌名称，又可以使各种不同的新产品各有不同的特色。

4．多品牌策划

多品牌策划是指企业在同一种产品上同时使用两个或两个以上相互竞争的品牌。例如，宝洁公司是经营品种和使用品牌最多的企业之一，仅洗发水就有"飘柔""潘婷""海飞丝""沙宣""伊卡璐"五种品牌。在深圳，有一个海马家具，还有一个香江家具，它们常在同一条街上开门市，产品档次、价格几乎差不多，常有顾客去香江看家具，一旦价格谈不拢，往往是一跺脚跑到海马买了。同样，顾客在海马也有此种状况。几年以后，深圳人才明白，香江海马是一家，一个公司的两个品牌。

一般来说，企业采取多品牌的主要原因是：①多种不同的品牌可占用更大的货架面积，而竞争者所占用的货架面积当然会相应减小。②多种不同的品牌可吸引更多顾客，提高市场占有率。这是因为：一贯忠诚于某一品牌而不考虑其他品牌的消费者是很少的，大多数消费者都是品牌转换者。发展多种不同的品牌，才能赢得这些品牌转换者。③发展多种不同的品牌有助于在企业内部各个产品部门、产品经理之间开展竞争，提高效率。④发展多种不同的品牌可使企业深入到各个不同的市场部分，占领更大的市场。

5．品牌延伸策划

品牌延伸是指企业利用其成功品牌名称的声誉来推出改良产品或新产品，包括推出新的包装规格和式样的产品等。企业采取这种策略，可以节省宣传介绍新产品的费用，使新产品能迅速顺利地打入市场。

9.3.3 产品包装

1. 包装的含义

包装是指产品的容器或外部的包装物。绝大多数产品都需要包装，随着包装新材料的出现和包装技术的提高，包装已经成为一种专门的技术，形成了一门新的学科和独立的行业。现代营销过程中的包装已经远远超出作为容器保护产品的作用，而成为促进和扩大产品销售的重要因素之一。产品包装一般分三个层次。

(1) 内包装。内包装又称销售包装。它是产品的直接容器或包装物，随同商品一起卖给顾客。如香烟的小纸盒、啤酒瓶、墨水瓶等。

(2) 中层包装。中层包装用来保护内包装和促进销售。如酒瓶外的纸盒。

(3) 外包装。外包装也称运输包装或储运包装。它是为了便于储存、搬运和辨认产品的包装。如装运酒的纸板箱。

此外，附在产品包装上的标签也是包装的组成部分，用来说明产品名称、成分、用法、质量标准、生产厂家、使用有效期、生产日期等与买方利益有关的信息。

2. 包装的设计

包装的设计应根据包装的不同层次进行，作为外包装，其设计主要是立足于保护商品和便于运输、储存。内包装的设计优先考虑的是保护商品、美化商品、促进销售、便于使用。一般来说，产品包装的设计在科学、经济、适销和牢固的基础上应符合以下四种要求。

(1) 外形和结构。包装应根据产品的理化性能和形状、消费者的购买习惯和购买力大小等因素，尽量减小体积，以便于运输、储存、携带和使用。在结构合理、突出产品特点的前提下，外形要美观大方、不落俗套、不搞模仿、便于识别。尽量利用新材料、新图案，生动形象，使人耳目一新。

(2) 要与产品的价值和消费水平相适应。包装与产品的档次和价值相一致。包装水平要考虑到消费者的承受能力，如贵重的高档产品或礼品包装要华丽高雅，增加产品的价值感。因此，不同产品要配以不同包装，要考虑到消费者的购买目的和消费层次，满足不同消费者的需要。

(3) 图案、色彩要符合民族习惯、宗教信仰及消费者心理。不同心理爱好的消费者对图案、色彩含义的理解可能是完全不同的。例如，中国人喜欢红色，埃及人喜欢绿色，伊斯兰国家和地区忌用猪的图案，北非忌用狗的图案，法国人视孔雀为祸鸟等。

(4) 节省费用、减少污染。设计要尽量合理，减少材料的使用，并尽量使用物美价廉、适宜的包装材料。为了追求社会的长远利益，维护生态平衡，应尽量选用易降解、污染小、易回收利用的包装材料。

> **小资料　何谓过度包装？**
>
> 过度包装是指商品超出制度的包装功能需求，包装孔隙率、包装层数、包装成本超过必要程度的包装。一种商品是否过度包装可以从包装孔隙率、包装层数、包装成本和销售价格比三个要素进行判断。国家对于具体的产品有着包装的具体规定。比如月饼包装，在孔隙率方面规定为 60%，包装与产品之间的空隙超过这一规定即违规不得出售，而化妆品

的孔隙率为50%。

《中华人民共和国标准化法实施条例》第三十三条规定,生产不符合强制性标准的产品的,对生产者责令停止生产、没收产品、监督销毁或者做必要的技术处理,处以该批次产品货值金额20%至50%的罚款,对有关责任者处以5000元以下的罚款。

(资料来源:转载自http://news.sina.com.cn/0/2010-09-10/04118092420s.shtml,2010-09-10)

9.3.4 包装策划

为了更好地发挥包装的作用,实现保护商品、满足消费者需求和加强促销、降低成本以及减少环境污染的目的,企业需要使用有利的包装策略。例如,苏州生产的檀香扇,在香港市场上原价是65元一把,后来改用成本是5元钱的锦盒包装,售价达165元一把,结果销量还大幅度提高。包装策划主要包括以下六种。

1. 统一包装策划

统一包装是指一个企业所生产的各种不同产品,在包装上采用相同的造型、图案、色彩或其他相同的特征,使消费者很容易发现是同一家企业的产品。统一包装策略的优点是既节省了包装设计费用,也壮大了企业声势,还有利于推销新产品。但是,统一包装只适用于质量水平相近的产品,如果质量水平相差较大,这种包装策略将对质量较好的产品产生不利影响。

2. 差异包装策划

当企业经营的各种产品质量存在着较大差别时,企业对不同档次、不同质量、不同等级的产品分别采用不同的包装,而对质量水平相近的产品采用一种包装。采用不同包装方便消费者选购,也能够减小由于某一种商品销售失败而对其他商品信誉产生的影响。但是,多种包装策略会增加包装设计费用和新产品的促销费用。

3. 配套包装策划

配套包装是把在使用时有关联的几种商品,纳入一个包装内,同时出售,使消费者购买一次就可以满足多种需求,为消费者提供较多的方便。如家用药箱、针线袋、化妆盒、工具箱等。

4. 复用包装策划

复用包装是指原包装的商品用完后,包装物可再利用。如果汁杯、咖啡瓶等可作水杯用;印有游览图的包装纸可作旅游指南。这样可以利用消费者一物多用的心理,使他们得到额外的使用价值。另外在再使用中,包装上的商标,常被消费者看到,产生回忆,具有广告宣传的效果,激发顾客重复购买的欲望。

5. 附赠品包装策划

这是市场上比较流行的包装策略,尤其对于儿童市场,效果是明显的。在玩具、糖果等商品中附赠连环画、小玩具来产生消费者的惠顾效应,导致重复购买。又如珍珠霜在每一盒内附赠一颗珍珠,待顾客买完五十盒后,可把赠得的珍珠串起成一条漂亮的珍珠项链,从而有利于促进产品销售。

6. 变更包装策划

正如产品需要不断推陈出新、更新换代一样，商品包装也要适应市场的发展，不断改进。当企业的某种产品在同类产品中，内在质量相近而销路不好时，就应考虑是否包装方面存在不足之处；当一种产品的包装已采用较长时间，消费者对其感到乏味时，也应改变包装，以扩大销售。2007年8月，海飞丝升级版正式面市，全新包装的海飞丝系列产品开始投放终端。升级版的海飞丝采取月牙形流线设计，并有全新的系列套盒包装产品，在包装和设计上给人的感觉比较"新"。

9.4 新产品开发策划

任务情境

东方贸易公司是一家刚刚起步的企业，公司研制了一种全新的营养品，与市场已有的产品有很大的不同。现在该产品面临着如何进入市场的难题。公司决定先集中力量在临近的大城市搞"广告轰炸"，在这点上公司上下意见一致，但在广告的侧重点上，大家发生了争议。你认为广告的侧重点应放在哪些方面？**如果你是该公司市场部经理，请为其设计一套该产品进入市场的营销方案。**

9.4.1 新产品的概念

随着现代科学技术的迅速发展，市场上的产品日益丰富，消费者的需求也在不断变化，企业产品生命周期日益缩短。企业要立足于市场，就必须根据市场的需要，不断开发适销对路的新产品以适应消费者的需求。市场营销策划中的新产品是指企业从来没有生产过的并能给消费者带来新利益的产品。具体来说可分为六种基本类型。

（1）全新产品。是指全部采用新原理、新材料及新技术制成的具有全新功能的产品，与现有的产品基本上无雷同之处。例如，电话、飞机、尼龙、复印机、电视机、电脑等就是19世纪60年代到20世纪60年代之间世界公认的最重要的新产品。

（2）新产品线。是企业首次进入一个新市场的产品。比如某空调制造企业生产卡车，进入汽车市场领域。

（3）在现有产品线上增补产品。

（4）现有产品的改进或更新，对现有产品性能进行改进或注入较多的新价值。例如手表从圆形到方形，又发展到各种艺术造型都是属于这种改良新产品。由于改良新产品对于科技开发的要求并不很高，所以企业依靠自身力量比较容易开发，在新产品的开发中属于此类型的新产品要占绝大多数。

（5）企业进行再定位，进入新的目标市场或改变原有产品市场定位而推出的新产品。

（6）成本减少，以较低成本推出同样性能的新产品。

9.4.2 新产品开发的程序

新产品开发直接关系到企业的生存和发展,是一项非常重要和需要慎重对待的系统工程。为了减少风险,新产品的开发必须按照一定的科学程序来进行。市场营销专家将产品开发过程划分成七个阶段,即构思、评价、概念形成、市场营销战略研究、试制、试销和正式销售,如图 9-5 所示。

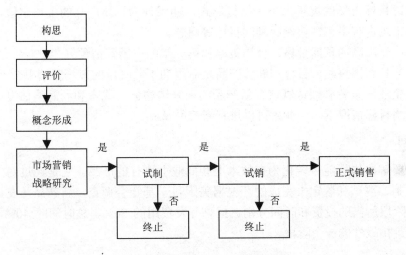

图 9-5 新产品开发过程

1. 构思

产品开发能否取得成功在很大程度上取决于产品的构思。一个新产品的出现首先来源于构思,而且构思要有创意。构思主要来源于消费者、科研人员、竞争对手、中间商、营销人员和经营者等。这就要求企业要立足于市场,广泛地收集各方面的信息。

2. 评价

有了好的构思,只是迈出产品开发的第一步。对构思还要进行评价,评价应立足于市场、围绕着市场来进行。依据市场需求量、产品质量、性能、成本、价格、分销渠道、产品发展趋向、顾客反映和资金、技术水平、设备能力、营销能力、管理水平等因素,开展可行性研究。在此基础上,对所有构思进行筛选,淘汰那些不可行或可行性较低的构思,选出可行性较高的构思。可行性较高的构思主要体现在以下两个方面:一是市场对该产品的需求量较大,企业有利可图;二是企业有足够能力实现该构思,这些能力指技术能力、资金能力、销售能力等,能保证产品质量和性能要求。

3. 概念形成

企业还应当站在消费者的角度对这个构思做详尽的分析描述,这就是所谓的产品概念的形成。例如,一台电冰箱,从生产企业角度看,它是制冷剂、压缩机、箱体及制造过程、管理手段与成本核算。而对消费者而言,则要考虑电冰箱的外形、价格、控温性能、保修期等。企业必须根据消费者在上述各方面的要求,把产品构思发展为能被其理解,能用文字、图形、模型予以具体描述的产品概念，看看他们的反应如何。从中可以判断出新产品究竟是否有优点，是否真正符合消费者的需要，给消费者带来多大程度的满足，消费者对新产品还会有哪些印象，新产品对消费者的吸引力大小等。

4．市场营销战略研究

在产品概念形成之后，就要开始进行营销战略研究，明确新产品进入市场的初步的营销战略。它主要由三个方面组成。

(1) 探讨目标市场的规模大小、结构形式、购买行为，新产品的市场定位，估计前几年新产品的市场占有率、销售额、利润目标等问题。

(2) 探讨新产品的预期价格、分销策略和第一年的市场营销预算。

(3) 预计长期销售额、目标利润和产品生命周期不同阶段的市场营销组合。

此时，企业决策者必须认真核查新产品的未来销售额、成本和利润的估算，只有在符合企业的战略目标情况下，企业才可以进行新产品试制。

5．试制

试制主要解决构思能否转化为在技术上和商业上可行的产品。它是通过对新产品实体的设计、试制、测试和鉴定来完成的。根据美国科学基金会调查，新产品开发过程中的产品实体开发阶段所需的投资和时间分别占据总开发费用的 30%、总时间的 40%，且技术要求高，是最具挑战性的一个阶段。

6．试销

由于新产品在正式销售过程中，可能会有一些意想不到的事情发生，所以首先要进行试销。试销的目的就在于了解经销商和消费者对于该新产品的市场反应和市场的大小。通过试销，企业可以获得不少有价值的信息。例如，对日用消费品来说，如果新产品的试销市场呈现高试用率和高再购买率，这说明该产品可以正式上市；如果呈现高试用率和低再购买率，这说明该产品还不能上市，仍需完善；如果呈现低试用率和高再购买率，这说明该产品可以勉强正式上市，但应加强促销工作；如果试用率和再购买率都很低，这说明该产品应当放弃。试销虽然要耗费一些资金和时间，但可及时发现问题，防止以后出现重大失误，并有利于制定有效的市场营销策略组合。

7．正式销售

经过以上六个阶段的努力，比较理想的新产品开始正式投放市场。此时，企业决策者应当采取的营销策略如下。

(1) 选择投放新产品的最佳时间。如果新产品是替代老产品的，就应尽快将老产品卖掉，然后再将新产品推出，以免影响老产品销售，造成损失；如果新产品的市场需求有一定的季节性，就应在销售旺季刚刚开始时将新产品推出。

(2) 选择投放新产品的最佳地点。应当在市场购买力高、有潜力、企业在该地区的声誉好、投放成本较低、容易进入市场的地区投放，以便尽快进入市场，站稳脚跟，然后逐渐扩展到其他地区。

(3) 选择投放新产品的最佳对象。应当以早期使用者、能够较多使用的消费者、在社会上影响力较大的消费者为投放最佳对象，利用他们来带动其他消费者。

> **案例9-8 "飘柔定型"的营销策略**
>
> 宝洁公司宣布1999年10月在中国大连首推齐全新产品"飘柔定型洗发露"，这一新产品突破原有的洗发概念，将洗发和定型融为一体，产品还未上市就撩拨得消费者心花怒放。
>
> 新产品的诞生一般要经历"构思—筛选—概念—设计—测试—商品化"这一过程，而顾客的需要和欲望则是构思的逻辑起点。宝洁一向重视消费者的信息反馈工作，每年用于消费者调查的费用大约占其销售额的2%，正是基于这种对市场的极大关注和了解才为产品设计提供了正确的方向。但问题在于为何其他公司觉得市场已进入成熟期无文章可做时，宝洁却有新的创意呢？许多厂家是从产品的角度考虑的，但市场营销的思维不应从产品或其种类开始，而应从广大消费者的内在需要开始，产品只是作为满足需要的许多解答之一而存在的。拿洗发水来说，企业要创造的不是"洗发水"而是对"使头发更加健康美丽"这一需求的满足。洗发水是载体，技术是桥梁，这样看来"飘柔定型"的诞生就顺理成章了。

(资料来源：李丽．"飘柔定型"的营销策略[M]．企业研究，2000(01))

9.4.3 新产品开发策略

在市场营销活动中，企业通常采用的新产品开发策略有以下四种。

1．领先策略

领先策略是指企业要在其他企业的新产品还未开发成功或还未投放市场之前，抢先开发新产品，投放市场，使企业的某种产品处于领先地位。如日本索尼公司，初期不过20人，资本不过500美元。40多年后，职工已逾4万人，年销售额达到50亿美元，产品远销180多个国家和地区。究其成功的奥秘，就在于索尼公司是"晶体管先驱者"和"新潮流创始者"(便携式立体声系统)。

领先策略实质上是以攻取胜、出奇制胜，企业采用这种策略需要有较强的新产品开发能力和风险承受能力，关键在于企业领导人员要有敏锐的目光和开拓的胆识，看到社会需求的新动向，选准科技发展的制高点，果断决策。

2．跟随超越策略

跟随超越策略是以跟随为先导、以超越为目标，善于利用外界条件达到事半功倍的最有效途径。企业在发现市场上刚崭露头角的畅销产品或竞争力强的产品后，不失时机地仿制和组织力量将仿制产品及时地投放市场。这种策略风险小，要求的科研能力不高，可以大大缩短新产品的研制周期，降低研制费用。"先引进，后改进，不发明"已成为日本一些企业的主要开发策略。但是，采用跟随超越策略必须具备两个条件：一是要对市场信息捕捉快、接收快；二是要具备一定的应变能力和研究开发能力，这样才能及时地把仿制的新产品开发出来，投放市场。

3．更新换代策略

更新换代策略是指在老产品的基础上，采用新技术、新材料，开发具有更高技术经济性能的新产品。产品更新换代是科技进步的必然结果。在企业不改变服务对象,老产品所提供的基本功能仍为用户所需,但技术经济明显落后的条件下,企业保持产品方向不变,常常采用这种策略。

4. 系列延伸策略

一种新产品的问世往往会延伸出与该产品使用密切联系的一系列配套需求。如电冰箱的使用会延伸出对冰箱断电保护器、冰箱去臭剂、保鲜膜、冰糕盒的需求等。针对人们在使用某一产品时所产生的新的需要,推出特定的配套产品,可以加深企业产品组合的深度,为企业新产品的开发提供更广阔的天地。

【课程小结】

产品策划是市场营销策划的重要内容,对企业营销活动的成败具有举足轻重的作用。营销人员要树立产品整体概念,分析产品生命周期各阶段的市场特征,能够简单划分产品生命周期阶段并采取不同的市场策略。产品组合策划,包括扩大产品组合、缩减产品组合和延长产品线,必须要实现产品组合的动态平衡。通过品牌与包装策划,增强企业竞争力,促进产品销售。新产品开发是企业在这个市场中不断发展的生命力。通过学习新产品开发的程序,运用新产品开发的策略来延长产品的市场生命力。

【课堂讨论】

1. "做品牌是找死,不做又无异于在等死。"一位小企业主这样说:"对于做品牌,我的感情很复杂。像我们这样的企业,要做好一个品牌并不容易,财力、规模、影响力都是问题,还有大企业强势品牌的打压。但不做品牌,我们似乎又永远也做不大。"你是如何理解这一段话的?

2. 新产品开发成功率的数据:"每七个观念中,有一个能获得成功";"每四个开发项目中,只有一个能成为商业上的成功者";"即使在完成阶段(完成了所有测试,即将上市),每三个项目还有一个在商业操作市场失败"。新产品成功率不高的原因有哪些?如何才能提高新产品的成功率?

3. "没有永远的'蜜月',只有磕磕绊绊的岁月!产品的生命应该掌握在营销者自己的手中。"如何才能延长产品的生命周期?

【技能训练】

1. 随着我国进入老龄化社会,企业界已经注意到根据"银发族"的特殊需求,为他们提供称心如意的服务和产品,甚至在每种产品的通用设计中,还要考虑到"银发族"的特殊需求。这一趋势带来了众多新的商机。请设计出一种专门针对"银发市场"的产品或服务。

2. 某药厂应市场需求生产中草药合制的保健咽喉糖含片,其对咽喉炎、咽喉肿痛、咽干口燥、口臭等疗效奇佳,无副作用。请根据产品特性给这个产品设计一个品牌名称。

3. 形象代言人选择

内容:从现在起,你是某大公司男性化妆品部品牌推广经理,请你从中挑选一位形象代言人，第一个是黑脸张飞，第二个是贾宝玉，并简单阐述一下自己的想法。

程序：将班级人员分成两组，分别代表张飞、贾宝玉。各自经过商讨后进行辩论。

讨论：

①你产品的独特卖点是什么？

②如何发觉和打造你的独特卖点？

③你为什么选择张飞(贾宝玉)？

【课后自测】

1. 导入期选择快速撇脂策略是针对目标顾客的(   )。
   A. 求名心理　　B. 求实心理　　C. 求新心理　　D. 求美心理
2. 处于市场不景气或原料、能源供应紧张时期，(   )产品线反而能使总利润上升。
   A. 增加　　　　B. 扩充　　　　C. 延伸　　　　D. 缩减
3. 企业欲在产品分销过程中占有更大的货架空间以为获得较高的市场占有率奠定基础，一般会选择(   )策略。
   A. 统一品牌　　B. 分类品牌　　C. 多品牌　　　D. 复合品牌
4. 在应用(   )时，必须注意市场需求的具体特点、消费者的购买能力和产品本身的关联程度大小。
   A. 更新包装策略　　　　　　　B. 附赠品包装策略
   C. 配套包装策略　　　　　　　D. 再使用包装策略
5. 三叉星圆环是奔驰的(   )。
   A. 品牌名称　　B. 品牌标志　　C. 品牌象征　　D. 品牌图案

【案例分析】

J牌小麦啤酒生命周期延长策略

国内某知名啤酒集团针对啤酒消费者对啤酒口味需求日益趋于柔和、淡爽的特点，积极利用公司的人才、市场、技术、品牌优势，进行小麦啤酒研究。2000年利用其专利科技成果开发出具有国内领先水平的J牌小麦啤。这种产品泡沫更加洁白细腻、口味更加淡爽柔和，更加迎合啤酒消费者的口味需求，一经上市在低迷的啤酒市场上掀起一场规模宏大的J牌小麦啤消费的概念消费热潮。

一、J牌小麦啤的基本状况

J牌啤酒公司当初认为，J牌小麦啤作为一个概念产品和高新产品，要想很快获得大份额的市场，迅速取得市场优势，就必须对产品进行一个准确的定位。J牌集团把小麦啤定位于零售价2元/瓶的中档产品，包装为销往城市市场的500mL专利异型瓶装和销往农村、乡镇市场的630mL普通瓶装两种。合理的价位、精美的包装、全新的口味、高密度的宣传使J牌小麦啤酒2000年5月上市后，迅速风靡本省及周边市场，并且远销到江苏、吉林、河北等外省市场，当年销量超过10万吨，成为J牌集团一个新的经济增长点。由于上市初期准确的市场定位使J牌小麦啤迅速从诞生期过渡到高速成长期。高涨的市场需求和可观的利润回报率使竞争者也随之发现了这座金矿,本省的一些中小啤酒企业不顾自身的生产能力,纷纷上马生产小麦啤酒。一时间市场上出现了五六个品牌的小麦啤酒,而且基本上都是外包装抄袭J牌小麦啤,酒体仍然是普通啤酒,口感较差,但凭借1元左右的超低价格,在农村及乡镇市场迅速铺开,这很快造成小麦啤酒市场竞争秩序严重混乱,J牌小麦啤的形象遭到了严重损害,市场份额也严重下滑,形势非常严峻。J牌小麦啤酒因此而从高速成长期,一部分市场迅速进入了成熟期,销量止步不前,而一部分市场由于杂牌小麦啤酒低劣质量的严重影响,消费者对小麦啤不再信任,J牌小麦啤销量也急剧下滑,产品提前进入了衰退期。

二、J牌小麦啤的战略抉择

面对严峻的市场形势,是依据波士顿理论选择维持策略,尽量延长产品的成熟期和衰退期最后被市场自然淘汰,还是选择放弃小麦啤酒市场策略,开发新产品投放其他的目标市场?决策者经过冷静的思考和深入的市场调查后认为:小麦啤酒是一个技术壁垒非常强的高新产品,竞争对手在短期内很难掌握此项技术,也就无法缩短与J牌小麦啤之间的质量差异;小麦啤的口味迎合了当今啤酒消费者的流行口味,整个市场有较强的成长性,市场前景是非常广阔的。所以选择维持和放弃策略都是一种退缩和逃避,失去的将是自己投入巨大的心血打下的市场实在可惜,而且研发新产品开发其他的目标市场,研发和市场投入成本很高,市场风险性很大,如果积极采取有效措施,调整营销策略,提升J牌小麦啤的品牌形象和活力,使其获得新生,重新退回到成长期或直接过渡到新一轮的生命周期,自己将重新成为小麦啤酒的市场引领者。事实上,通过该公司准确的市场判断和快速有效的资源整合,使得J牌小麦啤化险为夷,重新夺回了失去的市场,J牌小麦啤重新焕发出强大的生命活力,重新进入高速成长期,开始新一轮的生命周期循环。

(资料来源:https://wenku.baidu.com/view/ea00ca96bb0d4a7302768e9951e79b8969026801.html,2018-11-23)

案例思考

1. 分析J牌小麦啤的优势和劣势;
2. 如果你是公司决策人,你会采取哪些措施延长J牌小麦啤的生命周期?

案例分析与提示

1. 优势:技术壁垒非常强的高新产品;产品泡沫更加洁白细腻、口味更加淡爽柔和,更加迎合啤酒消费者的口味需求。劣势:市场不规范,鱼目混珠,使人们对小麦啤的信任感下降。

2. ①加强宣传力度,提升消费氛围,提高消费者对J牌小麦啤的认可度和忠诚度。②稳定价格,使消费者产生"便宜没好货,好货不便宜"的感觉,保证经销商的终端利润空间。③持续改进产品,向系列化发展。④依法规范秩序,净化市场。

【综合实训】

制定野生酸枣汁产品上市推广策划方案

一、实训项目

有一家公司新推出一款饮品——野生酸枣汁，即将进入市场，公司委托你们团队制定一份该产品在当地市场的上市推广策划方案。

二、实训内容

1. 为此产品设计一个品牌名称(凝练、简洁，有力，形象、直观、有创意、易识别)，并设计一个品牌标志。
2. 了解此产品主要的功能特性。
3. 此产品主要针对哪一部分消费者群体？有哪些消费特征？
4. 此产品有哪些竞争对手？市场竞争情况如何？与竞争对手产品的差别在哪里？如何面对市场竞争？
5. 此产品的最大亮点是什么？如何进行产品定位？
6. 此产品应该采取什么样的定价策略？
7. 选择哪些经销商经销该产品？原因是什么？有哪些激励经销商的政策？
8. 设计广告宣传方案(最好设计一到两条广告语)，设计卖场、超市促销活动方案。

三、实训组织

①由教师担任研讨活动总指导；②分为若干小组，每组4~5人，确定组长1人；③各组开展研讨，并进行全班交流发言。

四、实训成果

产品上市推广策划方案。

 微课视频

扫一扫，获取本章相关微课视频。

任务9.mp4

任务 10 价格策划

【能力目标】

通过完成本任务，你应该能够：
- 认知影响定价的因素，掌握定价的目标、定价的程序和定价的基本方法，分析、比较各种定价方法的优缺点。
- 通过价格策划，使企业产品更好地迎合市场，以促进销售，增加盈利。

【名言警句】

定价是猜测。通常人们认为营销人员用科学方法定价，但这离真相很远，几乎每次定价都是在猜测中进行。

——佚名

没有任何一个地方比错误定价更让你白白送钱给别人。

——西蒙

每个笨蛋都会用降价 10%的方法来提高竞争力。

——佚名

【案例导入】

休布雷公司在美国伏特加酒的市场上，属于营销出色的公司，其生产的史密诺夫酒，在伏特加酒的市场占有率达23%。20世纪60年代，另一家公司推出一种新型伏特加酒，其质量不比史密诺夫酒低，每瓶价格却比它低一美元。

按照惯例，休布雷公司有 3 条对策可选择：

(1) 降低一美元，以保住市场占有率；
(2) 维持原价，通过增加广告费用和销售支出来与对手竞争；
(3) 维持原价，听任其市场占有率降低。

由此看出，不论该公司采取上述哪种策略，休布雷公司都处于市场的被动地位。但是，该公司的市场营销人员经过深思熟虑后，却采取了对方意想不到的第 4 种策略。那就是，将史密诺夫酒的价格再提高 1 美元，同时推出一种与竞争对手新伏特加酒价格一样的瑞色加酒和另一种价格更低的波波酒。

这一策略，一方面提高了史密诺夫酒的地位，同时使竞争对手新产品沦为一种普通的品牌。结果，休布雷公司不仅渡过了难关，而且利润大增。实际上，休布雷公司的上述 3 种产品的味道和成分几乎相同，只是该公司懂得以不同的价格来销售相同的产品策略而已。

价格策划是市场营销策划的重要内容。尽管现代市场营销过程中非价格因素的作用越来越突出，但价格依然被看作是最重要的交易条件。价格的变化直接影响着市场对产品的接受程度，影响着产品在市场上的竞争力，影响着市场的需求和企业利润。企业要获得经营上的成功，必须重视价格这个既敏感又难以控制的因素，科学而艺术地制定产品的价格和熟练进行价格修正与调整。

10.1 制定产品价格策划

任务情境

商品应该如何定价？有一个服装店的老板，最近进了一批新款 T 恤衫共 100 件，每件进货价格是 50 元，总运费是 200 元，这家店的每月租金、人员费用、水电费、税金和其他杂费大约 4000 元。虽然商店还有其他货品，但店老板对这批新货的款式非常有信心，她觉得这件新品会大受欢迎，因此打算制定较高的价格来缓解前阵子货品积压所导致的资金压力。几天后，她忽然发现，就在自己商铺的斜对面，另外一家服装商店也进了这件新品，售价为 150 元，于是该店老板又想制定较低的价格去对抗邻近的商店。

如果你是该店老板，你应该怎么制定这 T 恤的价格？

10.1.1 选择定价目标

定价目标是企业在对其生产或经营的产品制定价格时，要求达到的目的和标准。科学地确定定价目标是选择定价方法和修正及调整价格的前提和依据。不同企业、不同产品、不同时期、不同市场条件有着不同的定价目标。企业的定价目标主要有以下 5 种。

1. 以利润最大化为定价目标

以最大利润为定价目标，指的是企业期望获取最大限度的销售利润。这几乎是所有企业的共同愿望。在市场销售前景看好、市场容量很大、产品在市场上占有极大的优势特别是垄断优势时，企业往往会期望获取最大的销售利润。

利润最大化的定价目标可能会导致高价策略。但不应该把利润最大化目标与高价策略等同起来。因为，当一个企业的产品在市场上处于某种绝对优势地位时，如有专卖权或垄断等，固然可以实行高价策略，以获得超额利润。然而，当商品价格过高时，势必招致各个方面的抵制，诸如需求减少、代用品盛行、竞争者加入、购买行为推迟，甚至政府干预等，最后迫使价格重新回到合理的标准。所以，因高价策略而达到的利润最大化只能是一种短期行为，最大利润应以公司长期最大利润和全部产品的总利润为目标。

2. 以保持和扩大市场占有率为定价目标

市场占有率是指在某一时期内，企业产品在市场中的销售量占同行业产品总销售量的比率。一个企业的市场占有率是企业经营状况和企业产品在市场上的竞争能力的直接反映和重要标志。企业可以采取不同的价格策略提高其市场占有率，许多资金雄厚的大企业，常以低价渗透的方式来提高市场占有率；一些中小企业为了在某一细分市场获得一定优势，也十分注重扩大市场占有率。

但是市场占有率并非越大越好，如果市场占有率的扩大是由单纯的低价销售造成的，而产品成本没有随着销量增加呈现逐渐下降趋势、利润有逐渐上升的可能，那么这种定价目标的确定就是不合理的。

> **案例 10-1　米其林公司的定价目标**
>
> 米其林公司在力争成为全球轮胎业领导者时，所强调的是市场占有率。30年来，米其林注重保持轮胎的品质，并以较高的价格销售。但是后来该公司设定的目标是，增加其在美国汽车轮胎市场占有率6%、卡车轮胎市场占有率10%。为了达到这个目标，该公司大幅削减价格。

（资料来源：史丘伟，希安. 行销学[M]. 汕头：汕头大学出版社，2003）

3．以争创产品质量领先为定价目标

当其市场上存在数量较多的关心产品质量胜于关心价格的消费者时，企业可以考虑产品质量领先的定价目标。采用这种定价目标的企业，企业产品必须有一个较高的价格，一方面高价格能弥补高质量所带来的研发、生产的高成本，另一方面，高价格本身就是产品质量、信誉的一种体现。这种定价目标利用了消费者的求名心理，制定一个较高的价格，有利于保持产品内在质量和外在形象的统一。

采取这一目标的企业必须具备以下两个条件：一是高质量的产品；二是提供优质的服务。如果企业不具备以上条件而采取高价位策略，只会吓跑消费者，失去市场。

4．以应付竞争为定价目标

一般的企业，为了避免竞争，喜欢采用随行就市的定价方法。当市场存在领导者价格时，新加入者要想把产品打入市场，争得一席之地，只能采取与竞争者相同的价格。一些小企业因生产、销售费用较低，或某些企业要扩大市场份额，定价会低于竞争者。一些实力雄厚的大企业，为防止竞争者进入自己的目标市场，故意把价格定得很低，抢先占领市场并制造很高的进入障碍。只有在具备特殊优越条件，诸如资金雄厚、拥有专有技术产品、质量优越、推销服务水平高等情况下，才有可能把价格定得高于竞争者。

5．以维持企业生存为定价目标

当企业处于生产能力过剩、市场竞争激烈、顾客需求发生转移，严重影响着企业产品的销路和市场占有率时，企业为渡过难关、减少亏损、维持生存，以寻求更好的市场机会，这时企业为产品的定价，只要能收回变动成本或部分固定成本即可，以求迅速出清存货，回收资金，减少亏损，继续进行生产。但生存只能是短期的定价目标，与此同时，企业必须在市场上设法提高产品的价格或转产，否则长期下去企业将会面临危机，难以为继。

> **案例 10-2　雷诺公司的产品定价**
>
> 一家美国汽车公司的经理曾说，他为什么不喜欢在法国销售，抢雷诺汽车的地盘？因为雷诺公司是国营企业，企业的基本目标是保持就业而不是追求利润。所以，雷诺公司能比竞争者承受更低的价格，它就迫使竞争者将价格压低到几乎无利可图的水平。而德国的

汽车公司与美国公司一样，以利润最大化为企业的目标，所以这就允许竞争者在德国市场制订更为有利可图的价格。

(资料来源：转载自http://jpkc.wzu.edu.cn/im/wenjian_text.aspx?id=438fid=238，2010-04-13)

10.1.2 分析定价环境

产品的最高价格取决于产品的市场需求，产品的最低价格取决于产品的成本费用，在最高价和最低价之间，企业对产品价格制定的高低，取决于竞争对手同种产品的价格水平。市场需求、成本费用、竞争是影响定价的基本因素，如图10-1所示，除此之外，影响定价的因素还有渠道、政府的法律法规等。

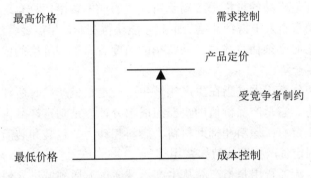

图10-1　产品定价与影响因素之间的关系

1．市场需求

市场需求是影响企业定价的最重要的外部因素，它决定着产品价格的上限，价格再高也不能高到无人问津的程度。

(1) 消费者收入状况。消费者收入状况决定了其购买力大小和对价格的承受力的高低。我国有些企业的产品不管出口到什么国家和地区，都一味强调物美价廉，把不同经济发展水平的国家和地区消费者的购买力不加区分，结果往往达不到预期的效果。

(2) 需求弹性。富有弹性的产品，价格只要略微变动，就会引起需求的明显变动。对需求弹性大的产品，稍微降低一点价格，就会大幅度增加销售量，从而使总收入增加。相反，稍微提高价格就会使销售量大幅减少，总收入也随之减少。因此对这类产品，企业可采取降价策略。需求弹性小的产品，当价格做较大的变动时，需求量的变动并不显著。对这类商品提高价格只会引起销售量较小的减少，从而提价使总收入增加；相反，降低价格，销售量并不会增加很多，反而销售收入会减少。

(3) 消费者的消费偏好和消费习惯。当消费者对某种产品具有强烈的品牌偏好、品牌忠诚度较高时，消费者对于产品的价格敏感度是较低的，这时企业可以制定一个相对高价来获取较高的利润。

案例10-3　心理的较量

在比利时的一间画廊里，一位美国画商正和一位印度画家在讨价还价，争辩得很激烈。其实，印度画家的每幅画底价仅在10～100美元之间。但当印度画家看出美国画商购画心切时，对其所看中的 3 幅画单价非要 250 美元不可。美国画商对印度画家敲竹杠的宰客行为很不满意，吹胡子瞪眼睛要求降价成交。印度画家也毫不示弱，竟将其中的一幅画用火柴点燃，烧掉了。美国画商亲眼看着自己喜爱的画被焚烧，很是惋惜，随即又问剩下的两幅画卖多少钱。印度画家仍然坚持每幅画要卖 250 元。从对方的表情中，印度画家看出美国画商还是不愿意接受这个价格。这时，印度画家气愤地点燃火柴，竟然又烧了另一幅画。至此，酷爱收藏的画商再也沉不住气了，态度和蔼多了，乞求说"请不要再烧最后一幅画了，我愿意出高价买下。"最后，竟以 800 美元的价格成交。

（资料来源：http://www.doc88.com/p-4095257181316.html，2016-02-01）

2．成本费用

从长期来看，任何产品的价格都应高于所发生的成本费用，只有这样，在生产经营过程中的耗费才能从销售收入中得到补偿，企业才能获得利润，生产经营活动才能继续进行。因此，企业制定价格时必须估算成本。从营销的角度看，影响价格的成本费用主要有生产成本、流通费用、税金等。

(1) 生产成本。生产成本是指在生产领域生产一定数量产品时所耗费掉的物质资料和劳动报酬的货币形态。它是产品价值的重要组成部分，也是制定产品价格的重要依据。构成生产成本的因素主要有：原料和辅助材料、燃料和动力、包装和装潢、工资福利和劳务费、企业管理费、固定资产折旧或待摊费用等。

(2) 流通费用。流通费用是指产品从生产领域通过流通领域进入消费领域所耗用的物化劳动和活劳动的货币表现。主要由两部分组成：①销售费用，是生产领域的生产企业为推销商品而发生的费用，它和生产成本共同构成生产企业的全部成本。②商业流通费用，是在流通领域各个环节之中发生的费用，是批发价格和零售价格的组成部分，是正确制定各种商品差价的基础。

(3) 税金。税金也是价格的构成因素，税率的高低直接影响产品的价格。

3．竞争状况

如果市场竞争激烈，则企业可以采取低价抢占市场份额，巩固市场地位；如果市场竞争不激烈，则企业可以制定相对高的价格，获取高额利润。企业还应该采取适当方式，了解竞争者所提供的产品质量和价格，与竞争产品比质比价，更准确地制定本企业产品的价格。

还应看到，竞争者也可能随机应变，针对企业的产品价格而调整；也可能不调整价格，而调整市场营销组合的其他变量，与企业争夺顾客。当然，对竞争者价格的变动，企业也要及时掌握有关信息，并做出明智的反应。

4．渠道因素

产品会因渠道商的议价能力、地点、交易量、过去的信用以及供货契约等因素的不同而导致产品售价的差异。例如，靠许多经销商支撑产品销售的生产者，将不得不在价格中设定较大的经销商利润差额。

5．政府的法律法规

政府干预企业价格制定也直接影响企业的价格决策。一些攸关民生的行业，价格变动须向政府部门申请，经同意后才能实施。例如，国家规定某一商品的最低限价或最高限价，对某些产品实行价格补贴等。

> **案例 10-4　政府的法律法规对企业定价的影响**
>
> 　　2008 年 1 月 15 日，发改委表示，由于部分重要商品价格已经明显上涨，对低收入群体生活造成较大影响，一些企业伺机哄抬价格已影响到社会稳定，而颁布实行了《关于对部分重要商品及服务实行价格干预措施的实施办法》。《办法》对与居民消费联系紧密的食品、方便面、食用油、肉制品、液化石油气等进行了提价申请或调价备案制度。《办法》同时也明确表示，各级价格主管部门如果没有正当理由不得要求企业亏损经营。
> 　　企业如果要上调价格，需要先向发改委递交价格上调申请并在发改委备案，说明价格上涨的因素，如成本上涨，以及申请上涨的幅度等，最后由发改委审核。
>
> 　　（资料来源：转载自 http://wjj.nc.gov.cn/default.aspx?newsid=5561, 2008-03-11）

10.1.3　定价策划

如前所述，影响企业定价的因素有很多，但最主要的还是成本费用、市场需求和竞争状况这三个方面。在实践中，企业定价一般会根据不同的情况有所侧重，或侧重以成本为中心的定价，或侧重以需求、竞争为中心的定价。大体上，企业定价有三种策划思路，分别为：成本导向定价、需求导向定价、竞争导向定价。

1. 成本导向定价

成本导向定价以成本为中心，是一种按卖方意图定价的方法。其主要理论依据是，在定价时，首先要考虑收回企业在生产经营中投入的全部成本，然后再考虑获得一定的利润。

以成本为中心的定价方法主要有以下三种。

1) 成本加成定价法

这是一种最简单的定价方法，就是在单位产品成本的基础上，加上一定比例的预期利润作为产品的售价。由于利润的多少是按一定比例反映的，这种比例习惯上称为"几成"，所以这种方法称为成本加成定价法。

成本加成定价法计算公式为：单价产品价格 = 单位产品成本 × (1+加成率)，其中：加成率即为预期利润占产品成本的百分比。

> **案例 10-5　某企业空调产品定价**
>
> 　　某企业销售一款空调，其单位变动成本为 800 元/台，年固定成本为 1000 万元，今年计划生产 10 万台，目标利润率是 5%，问：该产品应定价多少？
> 　　单位产品价格=(800+1000÷10) × (1+5%)=945(元/台)

采用这种定价方法，关键问题是确定一个合理的加成率。不同的产品应根据其不同的性质、特点、市场环境、行业情况等制定不同的加成率。一般来说，高档消费品和生产批量较小的产品，加成率应适当地高一些，而生活必需品和生产批量较大的产品，加成率低一些。

成本加成定价法的优点是简便易行，因为确定成本要比确定需求容易，价格盯住成本，企业可简化定价工作，也不必经常依据需求情况而作调整。如果同行都采取此种方法定价，价格竞争就会大大削弱。

这种方法的不足之处是仅从卖方的利益出发进行定价，其基本原则是将本求利和水涨船高，没有考虑市场需求和竞争因素的影响，因而这是一种卖方市场条件的产物。另外，加成率是一个估计数，缺乏科学性，由此计算出来的价格，很难说一定能为顾客所接受，更谈不上在市场上具有竞争能力，同时此种方法过分强调了历史实际成本在定价中的作用。因此在应用这种方法时，应当根据市场需求、竞争情况等因素的变化作必要的调整。

2) 目标收益定价法

这种方法又称目标利润定价法或投资收益率定价法。它是在成本的基础上，按照目标收益率的高低计算价格的方法。其计算步骤如下：

(1) 确定目标收益率。目标收益率 = 1/投资回收期×100%；
(2) 确定目标利润。单位产品目标利润 = 总投资额×目标收益率/预期销售量；
(3) 计算单价。单价 = 单位变动成本 + 单位产品目标利润。

> **案例 10-6　某服装厂服装产品定价**
>
> 某服装厂总投资额为 80 万元，投资回收期为 5 年，固定成本为 40 万元，每件服装的变动成本为 80 元，当产品的销量为 2 万件时，问单价应为多少？
>
> 目标收益率=1/5 × 100%=20%
>
> 单位产品目标利润= 80 × 20%/2=8(元)
>
> 单价= 40/2 + 80 + 8=108(元)

目标收益定价法的优点是可以保证企业既定目标利润的实现；缺点是这种方法仍然从卖方的利益出发，没有考虑竞争因素和市场需求情况，先确定销量，再计算出产品的价格，这在理论上是说不通的。因为，对于任何商品而言，一般是价格影响销售，而不是销售决定价格。因此，按此种方法计算出来的价格，不可能保证预计销售量的实现。尤其是那些价格弹性较大的商品，不同的价格，有不同的销售量，而不是先有销售量，然后再确定价格。

所以，目标收益定价法，一般适应于需求价格弹性较小，而且在市场中有一定影响力的企业，市场占有率较高或具有垄断性质的企业，对于大型的公用事业单位更为适用。因为这类企业的投资大，业务具有垄断性，又和公众利益息息相关，需求弹性较小。政府通常为保证其有一个稳定的收益率，允许这类企业采用目标收益进行定价，而政府则只对其目标收益率进行限制和控制。

3) 边际贡献定价法

边际贡献是指产品销售收入与产品变动成本的差额，单位产品边际贡献指产品单价与单位产品变动成本的差额。边际贡献定价法的原则是，产品单价高于单位变动成本时，就可以考虑接受。因为不管企业是否生产、生产多少，在一定时期内固定成本都是要发生的，而产品单价高于单位变动成本，这时产品销售收入弥补变动成本后的剩余可以弥补固定成本，以减少企业的亏损或增加企业的盈利。

单位产品的价格=单位产品变动成本+单位产品边际贡献

案例10-7 某企业产品定价决策

某企业某产品的生产能力为年产70万件,年固定成本50万元,单位产品变动成本为1.80元,产品单价为3元,现在企业只接到订单40万件。这时,企业是否该生产呢?

其决策过程应该是这样的:

固定成本	50万元
变动成本 1.8×40万件	72万元
销售收入 3×40万件	120万元
企业盈亏 120-50-72	-2万元

根据边际贡献定价法原则,此订单是可以接受的。如果不接此订单,仍然发生着固定成本。接受后,企业将能够弥补部分固定成本损失。

边际贡献定价法的基本点是不求盈利,只求少亏。它改变了售价低于总成本便拒绝交易的传统做法。通常适用于:一是市场竞争激烈、产品供过于求、库存积压,企业坚持以总成本为基础定价,市场难以接受,其结果不仅不能补偿固定成本,连变动成本也难以回收;二是订货不足、生产能力过剩、企业开工不足,与其闲置,不如利用低于总成本高于变动成本的价格,扩大销售维持生存,同时,尽量减少固定成本的亏损。但是,过低的成本有可能被指控为从事不正当竞争,并招致竞争对手的报复,在国际市场则易被进口国认定为是"倾销",产品价格会因"反倾销税"的征收而上扬,失去其最初的意义。

以上几种定价方法的共同特点是:以产品的成本为基础,在成本的基础上加上一定的利润来定。所不同的只是对利润的确定方法略有差异。它们的共同缺点是没有考虑市场需求和市场竞争情况。

2. 需求导向定价

需求导向定价是以需求为中心,以顾客对商品价值的理解和认识为依据来确定价格的。

1) 理解价值定价法

理解价值定价法是根据顾客对商品价值的理解、认知水平为定价的依据,而不是以卖方的成本为依据。因此,在定价时,先要估计和测量在营销组合中的非价格变量在顾客心目中建立起来的认知价值,然后根据顾客对商品的认知价值,制定出商品的价格。

一般来说,每一种商品的性能、用途、质量、外观及其价格等在消费者心目中都有一定的认知和评价。当卖方的价格水平与消费者对商品价值的认知水平大体一致时,消费者才能接受这种价格。例如,假定服务业中有A、B两家饭店位于一条街道上,它们所提供的饭菜质量相当,但A饭店在门面装潢、内部环境、服务态度等方面优于B饭店,这样A饭店完全可以利用消费者对其较高的接受程度,将其饭菜价格定得比B饭店高一些。

案例10-8 品牌的价值

某种由我国厂家生产的MP4,在国际市场上只能按每台30美元的价格销售,而由日本索尼公司收购后,贴上"SONY"的品牌标志,就可以按每台60美元的价格销售。也就是说,在消费者心目中,"SONY"这个品牌的价值感觉更高些,即消费者的"心理价格"高。因而虽然产品是一样的,但消费者却宁愿支付更高的价格购买有更高认知价值的产品。

(资料来源:李宁红,周湘平.市场营销实践教程[M].北京:人民邮电出版社,2009.)

2) 需求差别定价法

需求差别定价法是指在给产品定价时，可根据不同需求强度、不同购买力、不同购买地点和不同购买时间等因素，制定不同的价格。

(1) 以顾客为基础的差别定价。例如，对老客户和新客户采用不同价格，对老客户给一定的优惠；同一产品卖给批发商、零售商或消费者，采用不同的价格；一些景点对本国籍乘客和外国籍乘客实行不同的价格等。

(2) 以产品部位差别为基础的差别定价。例如，对于不同地区的购买者采用不同的价格；同一地区或城市的影剧院、运动场、球场或游乐场等因地点或位置的不同，要价也不同。

(3) 以产品形式为基础的差别定价，即企业对不同型号、外观、花色、规格的产品，根据顾客对于产品的喜好程度不同，分别制定不同的价格。例如，同样的椅子，具有同样的使用功能，但可能因为样式的时尚与否而价格差别很大。

(4) 以时间和地理位置为基础的差别定价。不同季节、不同日期，甚至在不同时点的商品或劳务可以制定不同的价格。例如，旅游宾馆、饭店在旅游旺季和淡季的收费标准不同；公用事业如电话、电报等在不同时间(白天、夜晚、节假日、平日等)的收费标准不同；出租小摊贩车在白天和夜晚的收费标准不同等。

案例10-9　同一条航线上10种不同的票价

在乘坐飞机从克利夫飞往迈阿密的同一条航线上，有10种不同的票价可供选择。在这条航线上服务有3家航空公司。在3家公司的激烈竞争中，精明的乘客就可以得到不少好处。许多票价是针对着不同的细分市场的。这10种可能的票价是：头等舱是218美元；标准经济舱是168美元；晚间二等舱是136美元；周末短途旅行是134美元；义务工作人员是130美元；周内短途旅行是128美元；短途旅游观光团是118美元；军事人员是128美元；青少年机票是112美元；周末机票是103美元。

(资料来源：许春燕，孟泽云. 新编市场营销[M]. 北京：电子工业出版社，2009)

采用差别定价法，要具备一定的前提条件：市场必须可以细分，各个子市场能够表现出不同的需求程度；以较低价格购买某种产品的顾客不会以较高价格把这种产品倒卖给别人；竞争者不会在企业以较高价格销售产品的市场上以低价竞销；控制市场的成本费用不得超过因实行差别定价而得到的额外收入；差别定价不会引起顾客反感；差别定价形式不能违法。

3. 竞争导向定价

竞争导向定价是指企业为了开拓、巩固和改善企业在市场上的地位，保持市场竞争的优势，通过研究竞争对手的生产条件、服务状况、价格水平等因素，参考自身的竞争实力，来制定有利于竞争的产品价格。其特点是：产品的价格不与产品成本发生直接的关系。竞争导向的定价方法主要有以下三种。

1) 随行就市定价法

企业依照行业的平均现行价格水平来定价。此法常用于下列情形：难以估算成本；企业打算与同行和平共处；如果另行定价，难以估计购买者和竞争者的反应。采用这种方法既可以追随市场领导者定价，也可以采用市场的一般价格水平定价，这要根据企业产品特征及其产品的市场差异性而定。

2) 密封投标定价法

这也是一种依据竞争情况来定价的方法,是招标人通过引导卖方竞争的方法来寻找最佳合作者的一种有效途径。买方在报刊上登广告或发出函件,说明采购的商品的品种、数量、规格等要求,邀请卖方在规定的期限内投标。企业为了中标,就必须根据对竞争对手报价的估计来相应制定自己的竞争报价,只有当己方的报价低于竞争对手的报价时,才有较大可能的中标机会。因此企业报价既要考虑目标利润,又要考虑中标概率。这种竞争性的定价方法叫作密封投标定价法。

这种方法主要适用于大宗产品、成套设备和建筑工程的定价,招标价格是企业能否中标的关键。但并非价格最低都能中标,因为当价格低于边际成本时,企业将亏损,这对买卖双方都并非好事。

3) 拍卖定价法

这是指卖方委托拍卖行,以公开叫卖方式引导买方报价,利用买方竞争求购的心理,从中选择高价格成交的一种定价方法。这种方法历史悠久,常见于出售古董、珍品、高级艺术品或大宗商品的交易中。

10.2 修订产品价格策划

任务情境

有一家珠宝店专门经营由少数民族群众手工制成的珠宝首饰。几个月前,珠宝店进了一批珠宝首饰。经理十分欣赏这批造型独特、款式新颖的珠宝,她认为这个新品种将会形成购买热潮。她在考虑进货成本和平均利润的基础上,确定了销售价格,为的是让顾客感觉物超所值。

一个月过去了,商品的销售情况很不理想。经理决定尝试运用她熟知的几种营销策略。比如把这些珠宝装入玻璃展示箱,摆放在店铺入口醒目的地方。经理还印制了精美的宣传彩页,以便更详尽、更准确地将信息传递给顾客。可是这些方法都失败了。

如果你是这个经理,你应该如何修订这批首饰的价格,从而促进销售呢?

市场营销是一种动态的活动,企业按照定价方法确定了产品的基本价格后,为了适应环境的变化和实现经营战略的需要,还应根据产品特点、销售心理、销售对象以及销售时间和地点的不同,运用灵活的定价策略和技巧对产品的基本价格进行修订,使价格与市场营销组合中的其他因素更好地配合,促进和扩大销售。

10.2.1 新产品定价策划

在激烈的市场竞争中,新产品能否及时打开销路、占领市场和获得满意的利润,这不仅需要企业要进行适宜的产品策划,而且还取决于其他市场营销手段和策略的协调配合。其中新产品定价策划必不可少。新产品的定价既要遵从产品定价的一般原则,又要考虑其特殊性。

1. 撒脂定价策略

新产品刚刚上市，类似产品还没有出现之前，为在最短时间内获取最大的利润，企业可以采取这一定价策略。

撒脂定价策略的优点是：新产品初上市，利用顾客求新心理，以较高价格刺激消费，开拓早期市场；可以在短期内取得较大利润，使企业有足够的资金开拓市场；定价较高，在竞争者大量进入市场时，便于主动降价，增强竞争能力，同时也符合顾客对待价格由高到低的心理。缺点是：在新产品尚未建立起声誉时，高价不利于打开市场，有时甚至会无人问津。如果高价投放市场销路旺盛，很容易引来竞争者，加速本行业竞争的白热化，容易导致价格下跌、经营不长就会转产的局面。因此，在采用高价策略时，要注意这种方法的适应条件。

撒脂定价法一般适用于以下四种情况：①产品有特色，有吸引力，高价仍有较大的需求。②拥有专利或技术诀窍。研制这种新产品难度较大，用高价也不怕竞争者迅速进入市场。③对新产品未来的需求或成本无法估计。定价低则风险大，因此，先以高价投石问路。④高价可以使新产品一投入市场就树立高级、质优的形象。

> **案例 10-10　iPhone X 的定价**
>
> 以在中国市场的发售为例，iPhone X 在苹果官方商店的零售价 8388 人民币起，黄牛市场更是炒到万元上下，即使对于多年果粉来说，也是属于高价位产品，但是一经推出，11月3日的首批供货立马抢购一空。苹果的撒脂定价取得了成功，而且屡试不爽，可以预见的是随着 iPhone X 热度逐渐下降，明年此时仍会有一款新的机型刺激果粉们的钱包。
>
> （资料来源：http://www.woshipm.com/operate/877386.html，2017-12-30）

2. 渗透定价策略

渗透定价策略是与撒脂定价策略完全相反的低价格策略，即在新产品投入市场时，价格定得较低，以便消费者容易接受，很快打开销路，提高市场占有率。

运用渗透定价策略的优点是：可以利用低价迅速打开产品销路，占领市场，同时又可以阻止竞争者进入，树立良好的企业形象。缺点是：投资的回收期较长，见效慢、风险大，一旦渗透失利，企业就会一败涂地。

这种方法的适应条件是：①产品的规模效益显著，大量生产定会降低成本。②企业想利用低价排斥竞争者，占领市场。③产品的需求价格弹性较大，消费者对价格比较敏感，低价可以吸引较多的顾客，可以扩大市场份额。

> **案例 10-11　小米的渗透定价**
>
> 小米一经面世，就给广大用户树立了"高性能，低价格"的品牌印象，旗舰机型只卖 1999 元，小米 2A、MAX 等更是降到了 1699、1499，更不用提定位更低端的红米系列了。一方面，小米通过自己浓厚的社区基因给自己的用户打上了手机发烧友的标签，在此前提下，又有如此有竞争力的价格护航，撒豆成兵，迅速占领了市场，尔后凭借越发成熟的产研供系统，手机生产与分销的单位成本会随生产经验的积累而下降，可谓是渗透定价的完美执行者了。
>
> （资料来源：http://www.woshipm.com/operate/877386.html，2017-12-30）

3. 满意定价策略

满意定价策略是介于上面两种策略之间的一种新产品定价策略，即将产品的价格定在一种比较合理的水平，使顾客比较满意，企业又能获得适当利润。这是一种普遍使用、简便易行的定价策略，以其兼顾生产者、中间商、消费者等多方面利益而广受欢迎。但此种策略过于关注多方利益，反而缺乏开拓市场的勇气，仅适用于产销较为稳定的产品，而不适应需求多变、竞争激烈的市场环境。

10.2.2 地理定价策划

地理定价策划是依据消费者地理位置的不同，考虑运输、仓储、装卸和保险等费用的差异，决定在将产品卖给这些不同地区的顾客时，是执行同样的价格还是执行不同的价格。

1. 产地定价

产地定价策略是指顾客在产地按厂价购买产品，卖主负责将产品运至顾客指定的运输工具上，交货前的有关费用由卖方负担，交货后的有关运费、保险费等由买方负担。我国企业的商品进口多选择这种方式，一般适用于市场供应紧张的商品。对于路途较远、运费和风险较大的买主是不利的。

2. 统一交货定价

统一交货定价也称邮资定价，就是对所有的买主，不论路途远近，由卖主将货物运往买主所在地，都收取同样的运费。这种定价策略适用于商品价值高，而运杂费占成本比重小的商品，使买主感觉运送是免费的附加服务，有利于开拓市场。

3. 基点定价

基点定价是企业选定某些地区作为基点，按基点到客户所在地的距离收取运费，有利于减少顾客购买价格的差异。例如，企业的产品出口到欧洲，可先将产品运到荷兰的港口，然后通过集装箱将产品运到欧洲各地。

4. 区域定价

区域定价策略是把整个市场划分为几个大的价格区域，在不同的区域实行不同的价格，但在每个区域内实行统一价格。一般是原材料和农产品实行此种价格策略。企业采用此种策略也存在一定的问题，如同一个区域内，顾客离企业也有远近之分；相邻价格区域内的顾客，尽管彼此相距不远，但价格差别较大。

5. 运费补贴定价

运费补贴定价策略是指卖方对距离远的买方给予适当的价格补贴，以补偿买方较大的运输费用。

10.2.3 价格折扣与折让策划

产品的价格有目录价格和成交价格之分。成交价格在目录价格的基础上降低的那一部分，叫作价格折扣与折让。它是企业为了更有效地吸引顾客，扩大销售，在价格方面给顾客的优惠。

1. 现金折扣

现金折扣是企业为了加速资金周转，减少坏账损失或收账费用，给现金付款或提前付款的顾客在价格方面的一定优惠。例如，某企业规定"2/10，1/20，n/30"，表示货款必须在 30 天内付清，如果在成交后 10 天付款，可享受 2%的价格优惠，在成交后 20 天付款，可享受 1%的价格优惠，超过 20 天必须全额付款。使用现金折扣需要考虑三个因素：折扣的比率、折扣的时间期限、付清全部货款的期限。

2. 数量折扣

数量折扣是指企业给大量购买的顾客在价格方面的优惠。购买量越大，折扣越大，以鼓励顾客大量购买。数量折扣又分为两种形式：①累计折扣。这是指在一定时期内，购买商品累计达到一定数量所给予的价格折扣。例如，百货商店采用的积分活动。采取这种策略，可以鼓励顾客经常购买本企业的商品，稳定顾客，建立与顾客的长期关系。②非累计折扣。这是规定每次购买达到一定数量或一定金额所给予的价格折扣。例如，百货商场的买 200 元货物送 80 元抵价券活动。采取这种策略，可以鼓励顾客一次性地大量购买，扩大销售，同时又可以减少交易次数和时间，从而节省人力、物力等方面的费用，达到增加利润的目的。

3. 功能折扣

功能折扣又称交易折扣，是指生产企业针对其中间商在分销过程中所起的作用的不同而在价格上给予的折扣。例如，某生产企业报价为 200 元，按价目表给批发商和零售商分别为 15%和 10%的功能折扣，以鼓励他们经销自己的产品。

给中间商折扣的目的是为了和中间商建立长期、稳定、良好的合作关系，鼓励中间商大批量进货、扩大销路。折扣比例的确定，主要依据中间商的地位、承担的责任和风险、购买的批量以及在促销方面所起的作用。

4. 季节折扣

季节折扣是指生产季节性产品或经营季节性业务的企业为了调节常年生产季节性消费、季节生产常年消费的矛盾，鼓励中间商、零售商或顾客早进货、早购买而给予的价格优惠。例如，冬季购买电风扇、夏季购买皮大衣、旅游淡季乘坐飞机等都可给予一定的价格折扣。采取这种策略，是为了减少企业的仓储费用，加速资金周转，实现企业均衡生产和经营。折扣比例的确定应考虑成本、储运费用、基价和资金利息的因素。

5. 津贴

津贴是企业为特殊目的，对特殊顾客以特定形式所给予的价格补贴或其他补贴。比如生产企业为了报答中间商在广告宣传、展销等推广方面所做的努力，给予中间商一定数额的资助或补贴。又如，对于进入成熟期的消费者，开展以旧换新业务，将旧货折算成一定的价格，在新产品的价格中扣除，这也是津贴的一种形式。

10.2.4 心理定价策划

心理定价策划是一种运用消费心理学的相关原理，依据不同类型的顾客在购买商品时的不同心理要求所采用的定价技巧。具体策略包括以下五种。

1. 尾数定价策略

尾数定价策略是指在商品定价时，利用消费者求廉的心理，取尾数而不取整数的定价方法。价格尾数的微小差别，往往会产生不同的效果。比如一盒牙膏售价定在9.9元，而不定在10元，使人有便宜的感觉。除此之外，尾数经常会给顾客一个精确印象，使消费者对价格产生信任感。尾数定价多用在需求弹性大的中低档商品，不适合名牌高档商品的定价，另外也会给计价收款带来不便。

> **案例 10-12　超市提高销量有诀窍**
>
> 据国外市场调查发现，在生意兴隆的商场、超级市场中商品定价时所用的数字，按其使用的频率排序，先后依次是5、8、0、3、6、9、2、4、7、1。这种现象不是偶然出现的，究其根源是顾客消费心理的作用。带有弧形线条的数字，如5、8、0、3、6等似乎易为顾客接受；而不带有弧形线条的数字，如1、7、4等比较而言就不大受欢迎。所以，在商场、超级市场商品销售价格中，8、5等数字最常出现，而1、4、7则出现次数少得多。
>
> （资料来源：转载自 http://www.stnn.cc/commerce/200703/t20070321_495521.html, 2007-03-21）

2. 整数定价策略

在定价时，对于那些不能明显确定其质量的产品，消费者往往会产生价高者优的印象。把商品的价格定成整数，不带尾数，使消费者产生"一分钱一分货"的感觉，以满足消费者的某种心理，提高商品的形象。例如，一件貂皮大衣定价10000元，而不定价9997.9元。

这种策略主要适用于高档消费者、礼品、奢侈品、时尚品或消费者不太了解的某些商品。

3. 声望定价策略

声望定价策略是指企业利用消费者崇拜名人、名牌商品或较高声誉的企业的心理而采用的一种定价技巧。此种定价法有两个目的：一是提高产品的形象，以价格说明其名贵质优；二是满足购买者的地位欲望，适应购买者的消费心理。

> **案例 10-13　电影《无极》的定价策略**
>
> 《无极》在全国上映时，各地影院的票价统一定价60元。对于新新人类而言，只要是自己感兴趣的东西，只要价格不是高得离谱，一般都能痛快地接受。而60元的价格，不过相当于进口大片的价格，当然可以接受。但是，对于那些本来就不喜欢《无极》的消费者来说，即使票价低到二三十元，也不会激发他们一睹为快的热情。此外，京沪等地还面向高端观众推出了高达1888元人民币的高价票，让观众可以和影片的主创人员陈凯歌、陈红等对话，吸引那些有"贵族心理"的中年人和外国观众等高端消费者。
>
> （资料来源：涟漪. 市场营销学理论与实务[M]. 北京：北京理工大学出版社，2007）

4. 招徕定价策略

招徕定价策略是指在多品种经营的企业中,利用顾客的求廉心理,对某些商品定价很低,以吸引顾客,目的是招徕顾客购买低价商品时,顺便购买其他商品,从而带动其他商品的销售。招徕策略是一些大型商场、超市经常使用的一种策略。

采取招徕定价方式时,要注意两个方面:一是廉价商品的确定,这种商品既要对顾客有一定的吸引力,又不能价值过高以致大量低价销售给企业造成较大的损失;二是数量要充足,保证供应,否则没有购买到特价商品的顾客会有一种被愚弄的感觉,会严重损害企业形象。

> **案例 10-14 每日商场的定价策略**
>
> 北京地铁有家每日商场,每逢节假日都要举办 "一元拍卖活动",所有拍卖商品均以一元起价,报价每次增加五元,直至最后定夺。但这种由每日商场举办的拍卖活动由于基价定得过低,最后的成交价就比市场价低得多。因此会给人们产生一种 "卖得越多,赔得越多" 的感觉。岂不知,该商场用的是招徕定价术。它以低廉的拍卖品活跃商场气氛,增大客流量,带动了整个商场的销售额上升。
>
> (资料来源:https://wenku.baidu.com/view/660b931348649b6648d7c1c708a1284ac9500500.html,2020-03-24)

5. 习惯定价策略

有些商品在顾客心目中已经形成了一个习惯价格,这些商品的价格稍有变动,就会引起顾客不满,提价时,容易产生抵触心理,降价时,会被认为是质量出现了问题。因此,对于这一类商品应该以被消费者普遍接受的习惯价格作为定价的主要依据。

10.2.5 产品组合定价策划

大多数企业生产或营销的是多种产品。各种产品需求和成本之间存在着内在的相互联系,在制定价格策略时,要考虑到各种产品之间的关系,以提高全部产品的总收入。产品组合定价即从企业整体利益出发,为每种产品定价,充分发挥每种产品的作用。

1. 产品线定价

企业产品线中一般不只一个产品,定价时企业应该适当地确定产品线中相关产品的价格阶梯,比如一个空调器生产企业可以为不同系列的空调器分段制定 1800 元、2800 元、3800 元的价格。当产品线中前后系列的产品的价格差异较小,顾客会购买更先进的产品,这时如果两种产品的价格差异大于成本差异,企业的盈利会增加;而价格差异较大时顾客又会购买较低级的产品。

2. 选择品定价

许多企业不仅提供主要产品,还提供某些与主要产品密切关联,但又可以独立使用的产品。例如,顾客选择西装时可能还会搭配一条领带或腰带。此时,西装是主要产品,领带、腰带为选择品。舞厅里提供的饮料、汽车上提供的报警器、餐厅里提供的酒水都是选择品。企业为任选品定价的策略常用的有两种：把选择品的价格定得低一些，以招徕顾客；选择品价格定得较高，靠它来多赚钱。

> **案例 10-15　从四句《木兰诗》看选择品定价策略**
>
> "东市买骏马，西市买鞍鞯，南市买辔头，北市买长鞭"，代父从军的木兰姑娘在出征前有这样一番忙碌。《木兰诗》中这几句描述应该只是一种文学上的手法，从商业角度而言，那些连带品的销售应该就近摆在一起才合理。出售鞍鞯(鞯是马鞍下的垫子)、辔头(驾驭牲口用的嚼子和缰绳)与长鞭的店家应该移到东市去，紧靠在马市的旁边，为买马的顾客提供配套服务。
>
> (资料来源：http://zhangbingteacher.blog.sohu.com/76702468.html，2008-01-16)

3. 连带品定价

连带品是指必须与主要产品一同使用的产品，比如胶卷是相机的连带品，计算机软件是计算机的连带品。连带品定价也称俘虏产品定价。

许多大企业往往是主要产品定价较低，连带品定价较高。以高价的连带品赚取的利润来补偿主要产品低价所造成的损失甚至获得更多的利润。例如，索尼公司出品的 PSP 游戏机价格较低，但是一张游戏碟却十分昂贵。这样既提高了游戏机的销量，又保持了一定的利润水平。

> **案例 10-16　彩照实验室的"俘虏"定价策略**
>
> 美国的一个彩照实验室推出一个"俘虏"消费者的新招，它首先在各大学普遍散发宣传其彩色胶卷新产品的广告，除了说明彩卷性能优越外，还说明由于是新产品，故定价不高，每卷只要 1 美元(柯达胶卷价格为每卷 2 美元多)，以便让消费者有机会试一试。拮据的大学生们纷纷寄钱去购买。几天后，他们收到了胶卷以及一张"说明书"，其上写道：这种胶卷由于材料特殊，性能优良，因此，一般彩扩中心无法冲印，必须将拍摄后的胶卷寄回该实验室才行。说明书上还列出了冲印的价格，这些价格比一般的彩照扩印店的价格贵一倍。但是，每冲印一卷，该实验室将无偿赠送一卷新胶卷。大学生仔细一算，发现损益相抵后，胶卷、冲洗、印片三者的总价格仍高于一般水平，无奈已花费了 1 美元的"投资"只得忍气吞声做了"俘虏"。
>
> (资料来源：转载自 http://doc.baidu.com/view/c36dca868762caaedd33d4e3.html，2010-07-17)

4. 副产品定价

肉类加工和石油化工等行业的企业在生产过程中，往往会有副产品。如果企业不能加以利用，那么就要花钱来处理这些副产品。这会影响企业主要产品的定价。因此，企业必须为这些副产品寻找买主。只要买主愿意支付的价格大于企业储存和处理这些副产品的费用，那么都是可以接受的。这样，能够减少企业的支出，可以为主要产品制定更低的价格，增强竞争力。

5. 产品束定价

产品束是指为了促进销售，企业可以将有连带关系的产品组成一束，一并以低价销售。

其价格低于分别销售时支付的总额。例如,把红酒、酒杯、开瓶器组成一束一起销售,搭配销售的餐具。通过这种定价策略,可以通过低价的吸引而一并带动产品束中的所有产品的销售。使用这种策略应注意不能搞硬性搭配,这样不但不利于产品的销售,反而会损害企业形象。

6. 分部定价

服务性企业经常收取一笔固定费用,再加上可变的使用费。如电话每月收取一笔固定费用,使用时数超过规定,再加上计时费。一般固定费用可低一些,以吸引顾客,而利润则从变动费用中获取。

7. 统一价格定价

企业销售品种较多而成本差距不大的商品,为了方便顾客和管理,实行单一价格。比如自助餐饭店,凡进店内消费的顾客,不管吃多吃少,只有一个价格。还有近几年出现的"一元店",即商店内所销售的商品一律定价为1元。

10.3 变动产品价格策划

任务情境

某快餐店推出力度最大的一次促销活动,在活动中,三款套餐整体售价较调整前便宜三成左右。除此之外,快餐店还免除了以往"超值早餐"享受10元优惠必须使用优惠券的要求,并进一步丰富了"6～7元超值选"的单品项目。参与超级促销活动的产品比例已占到了总数的一半,而且这次的"天天超值套餐"是没有时间限制的,从上午10点钟一直卖到晚上。

该快餐店为什么要对产品进行重新定价?如果你是该快餐店的竞争对手,你会有什么反应?

产品在定价以后,由于情况发生了变化,经常需要对价格进行变动调整。调整价格的主要原因有两种:一是市场供求环境发生了变化,企业认为有必要对自己产品的价格进行调整;二是竞争者的产品价格发生了变动,企业不得不做出相应的反应,以适应市场竞争的需要。

10.3.1 削价策划

削价策划是指企业为了适应市场环境和内部条件的变化,把原有产品的价格调低。企业削价的原因有很多,有企业外部需求及竞争等因素的变化,也有企业内部的原因,比如成本发生了变化,还有国家政策、法令的制约与干预等。调低价格的主要原因有以下五个方面。

第一,竞争压力。企业在竞争对手降价或者新加入者增多的强大竞争压力下,企业的市场占有率下降,迫使企业以降价方式来维持和扩大市场份额。

第二,企业的生产能力过剩,需要扩大销售,而又不能通过产品改进和加强销售等措施来扩大销售，在这种情况下，企业就必须考虑降价。

第三，企业的成本比竞争者低。企业希望通过削价方式来提高市场占有率，从而扩大生产和销售，控制市场。

第四，削价产品的需求弹性大，降价可以扩大销量，增加销售收入。

第五，政治、法律环境及经济形势发生了变化，迫使企业降价。在经济紧缩的形势下，由于币值上升，价格总水平下降，企业的产品价格也应降低。

调低价格的方式与技巧有两种：一种是直接削价，即直接降低产品的销售价格；另一种是间接削价，主要有：①增加额外服务。在价格不变的情况下，企业实行送货上门、技术培训，或免费安装、调试、维修以及为顾客保险等。这些费用本应该从价格中扣除，因而实际上降低了产品价格。②改进产品的性能，提高产品的质量，增加产品功能。在价格不变的情况下，实际上等于降低了产品的价格。③增加或增大各种折扣比例。增加折扣，或者在原有的基础上，扩大各种折扣比例，在其他条件不变的情况下，实际上降低了产品的价格。④馈赠礼品。在其他条件不变的情况下，给购买商品的顾客馈赠某种礼品，如玩具、工艺品等。赠送礼品的费用应从商品价格中补偿，这实际上也等于降低了商品的价格。

10.3.2 提价策划

在市场营销活动中，企业为了适应市场环境和自身内部条件的变化，而把原有的价格调高。调高价格的主要原因有以下五点。

第一，应付成本上涨。这是企业调高价格的最主要原因。如果企业的原材料、工资等费用上升，企业成本提高，产品继续维持原价，妨碍企业合理利润的获得，甚至会影响企业再生产的进行。这时企业只好通过涨价来转嫁成本上涨的压力，维持正常的盈利水平。

第二，应付通货膨胀。由于通货膨胀、货币贬值，使得产品的市场价格低于其价值，迫使企业不得不通过涨价形式来减少因货币贬值造成的损失。

第三，产品供不应求，市场需求旺盛。企业通过调高价格，抑制过度需求。

第四，企业通过技术革新，提高了产品质量，改进了产品性能，增加了产品功能。企业为了补偿改进产品过程中支付的费用和显示其产品的高品位，而提高产品价格。

第五，竞争策略的需要。有的企业涨价，并非出于前几个原因，而是由于竞争策略的需要，以产品的高价格来显示产品的高品位。即将自己产品的价格提高到同类产品价格之上，使消费者感到其产品的品位要比同类产品高。

案例 10-17　科龙："提价"而非"降价"

2001 年 3 月，就在彩电市场大打价格战、空调降价的风声也越来越紧时，科龙却一反常态，宣布全面上调其冰箱的价格，在业界引起普遍的关注。科龙集团提价冰箱涉及 20 余款，尽管最高升幅达到 8%，科龙平均升幅 4.5%，然而市场销售却并未因此降温，经销商打款提货的销势更旺。

对于提价，科龙方面称有三点原因。

(1) 品牌拉力。据权威评估机构最近公布的数据，科龙品牌价值达 96.18 亿元。科龙集团最近加强传播攻势，在中央电视台黄金广告时段投标成功，并投入 5000 万元强化品牌传播，给其冰箱产品足够的拉力。

(2) 好卖的产品当然提价。科龙、容声冰箱去年发起技术战，投下巨额资金开发新品，两大品牌冰箱一月、二月销售业绩比去年同期增长了15%，部分市场出现脱销、供不应求的状况，因此，科龙集团冰箱营销本部顺应经济规律对20余款新品提价。

(3) 冰箱提价后，市场反应良好，提价自然要坚持。细究下去，科龙对提价其实早有准备。科龙去年开始进行了一系列改革，为冰箱价格大战做足准备。首先是技术上的储备。在顺德成立了家电研究所和集团冰箱技术开发部，专门进行新品的开发。其次是巩固终端零售市场。现在，容声冰箱40%的销量，科龙冰箱95%的销量都是由零售商完成的。科龙方面认为，零售渠道的畅通，直接产生了今年首季冰箱的热销。

(资料来源：http://www.mba.org.cn/mbahtml/01400318/28746_1.html, 2008-03-07)

调高价格的方式与技巧主要有：①公开真实成本。这指企业通过公共关系、广告宣传等方式，在消费者认知的范围内，把产品的各项成本上涨情况真实地告诉消费者，以获得消费者的理解，使涨价在没有或较少抵触的情况下进行。有的企业趁成本上涨之机，过分夸大成本上涨幅度，从而过高地提高商品价格，这种做法容易引起消费者的反感。②减少产品含量。这是一种间接涨价的方式，减少产品供应分量，而维持产品价格不变，减少直接提价带来的抵触。③提高产品质量。为了减少顾客因涨价感受到压力，企业在产品质量上应多下工夫，如改进原产品、新设计同类产品，在产品性能、规格、式样等方面给顾客更多的选择机会。使消费者认识到，企业在提供更好的产品，索取高价是应该的。④附送赠品或优待。涨价时，以不影响企业正常的收益为前提，随产品赠送一点小礼物，提供某些特殊优待。例如买一赠一，有奖销售等。这种方式在零售商店最常见。

10.3.3 顾客对价格变动的反应

企业提价或削价会对购买者发生影响，了解购买者对变价的反应方式、反应程度以及可能的影响，有利于企业适当地安排与调整营销活动。

1. 购买者对价格变动的反应方式

购买者可能把一种产品的削价行为理解为：这种产品已经老化，将被新型产品所替代；这种产品有缺点，因而销售不畅；企业财务困难，无法继续经营下去；价格还要进一步下跌；这种产品的质量下降了。

同样，购买者对一种产品的提价行为也有不同的理解：这种产品很畅销，不赶快买就买不到了；这种产品很有价值；卖主想取得更多利润。

购买者对企业削价或提价行为的不同理解，或对企业产生有利的影响，或对企业产生不利的影响，为了确保营销活动的有效性和针对性，企业应注意对购买者的认识加以适当的引导。

2. 购买者对价格变动的反应程度

一般情况下，购买者对价值不同的产品的价格变动会作出不同的反应。购买者对价值高、经常购买的产品的价格变动较为敏感、反应较强，对于价值低、不经常购买的产品的价格变动不太注意、反应较弱。此外，购买者虽然关心产品价格变动，但是通常更为关心取得、使用和维修产品的总费用。因此，如果企业能使购买者相信某种产品取得、使用和维修的总费用比竞争者的产品低，他就可以把这种产品的价格定得高一些，从而提高这种产品的市场竞争力并取得较高的利润。

10.3.4 竞争对手对价格变动的反应

企业改变价格时，不仅要考虑购买者的反应，还必须考虑竞争对手的反应。

1．相向式反应

本企业提价，竞争者也涨价；本企业降价，竞争者也降价。这样一致的行为，对企业影响不太大，不会导致严重后果。企业坚持合理营销策略，不会失掉市场和减少市场份额。

2．逆向式反应

本企业提价，竞争者降价或维持原价不变；本企业降价，竞争者提价或维持原价不变。这种相互冲突的行为，竞争者的目的也十分清楚，就是乘机争夺市场。对此，企业要进行调查分析，首先摸清竞争者的具体目的，其次要估计竞争者的实力，再次要了解市场的竞争格局。

3．交叉式反应

众多竞争者对企业调价反应不一，有相向的，有逆向的，有不变的，情况错综复杂。企业在不得不进行价格调整时应注意提高产品质量，加强广告宣传，保持分销渠道畅通等。

总之，企业在发动价格变动时，应善于利用内部和外部的信息来源推测竞争对手可能的反应，以便采取适当的营销对策。

10.3.5 企业对竞争对手价格变动的反应

当竞争对手主动改变产品价格时，本企业也要作出适当反应并采取相应的对策。

1．企业对竞争者价格变动的态度

在同质产品市场上，由于各家企业的产品没有差异或没有明显的差异，因而购买者对产品价格的高低反应敏感。一家企业削价，其他企业也必须随之下降，否则顾客就会流向削价的企业；一家企业提价，如果其他企业不都随之提价，那么所有提价的企业就不得不取消提价，否则顾客就会流向没有提价的企业。在异质产品市场上，由于各家企业的产品存在着不同程度的差异，购买者在选择卖主时不仅考虑产品价格的高低，而且考虑产品质量、服务、可靠性等因素，因而在异质产品市场上的购买者对较小的价格差异反应不敏感。总的来看，在异质产品市场上企业对竞争者价格变动的反应有更多的自由。

2．企业在对竞争者价格变动作出适当反应之前所必须弄清的问题

第一，竞争者为何要变价？第二，竞争者打算暂时变价还是永久变价？第三，如果对竞争者的变价置之不理将对本企业的市场占有率和利率有何影响？第四，其他企业是否会

对竞争者的变价作出反应？第五，竞争者和其他企业对于本企业的每一个可能的反应又会有何反应？

3. 企业采取的对策

企业面对竞争者通过"侵略性削价"争夺市场阵地的做法，可以根据具体情况采取以下三种对策。

第一，维持价格。这一策略应用在跟随降价会使企业利润减少很多，保持价格不变市场占有率不会明显下降、被侵蚀的市场以后能够恢复等情况下。企业在维持价格不变的情况下，通过改进产品、服务、沟通等，运用非价格手段来反攻。

第二，降低价格。这一策略应用在跟随降价可以使销售量和产品产量增加，从而使成本费用下降，市场对价格很敏感，不降价就会使市场占有率大幅度下降，市场占有率下降后将来难以恢复等情况下。

第三，提高价格。与此同时推出某些新品牌，以围攻竞争对手的品牌。

【课程小结】

在营销策划过程中，尽管非价格因素的作用在增长，但价格仍然是市场营销组合的一个重要因素。

企业首先要分析定价环境，在此基础上，进行制定产品价格策划。

在修订产品价格策划中，要灵活运用新产品定价策略、地理定价策略、价格折扣与折让策略、心理定价策略和产品组合定价策略对产品的基本价格进行修订。

由于外界环境发生了变化，企业经常需要对价格进行变动调整，要注意发动削价和提价的方式和技巧，要分析顾客、竞争对手对变动价格的反应，只有这样，企业变动价格才能取得预期效果。

【课堂讨论】

1. 从市场营销的角度思考，薄利是否一定多销？为什么？
2. 有一家酒厂，利用得天独厚的自然条件和独特的酿酒工艺，酿出来的白酒深受当地市场的欢迎。这家酒厂在发展壮大的过程中，一直想努力开拓外地市场，你认为该企业在开拓市场的过程中应该选择什么样的定价目标？影响定价的因素有哪些？为什么？
3. 某服装店卖西服，定价为233元，可是怎么也卖不出去，然后他将西服放在商场专柜中进行销售，定价为1000元，结果很快就卖掉了，请分析其原因。

【技能训练】

砍价训练：

周末逛街买东西砍价很正常，但近日南京某校园出现了有组织的专业"砍价团"，他们通过帮人砍价来赚取"砍价顾问费"。"砍价团"现在有7名成员，砍价业务主要包括数码产品、服装、饰品等。组员利用各自对所学专业领域产品的了解来帮助买家砍价，每次收取1%至5%的"砍价顾问费"。请选择上述某种产品，一方扮演商家，一方扮演顾客，尝试进行砍价训练。

提示:
常见价格异议问题:
①不是吧,这么贵。
②太贵了,我不舍得买。
③价格太高了,超出了我的预算。
④我是打工的,没必要买这么好的。
⑤同样的产品,为什么你们的比人家的贵那么多?
⑥如果你不便宜点,我就不买了。
⑦九五折算什么优惠,再低点吧。
⑧我不要赠品,你直接换成现金抵给我吧。
⑨你们的价钱时常变动,我怕我买回去不久就又降价了。
⑩我都来过几次了,你再少点我就买了。

【课后自测】

1. 中国服装设计师李艳萍设计的女士服装以典雅、高贵享誉中外,在国际市场上,一件"李艳萍"牌中式旗袍售价高达1000美元,这种定价策略属于(   )。

  A. 声望定价 B. 心理定价 C. 招徕定价 D. 需求导向定价

2. "吉列"公司给其产品剃须刀架定价很低,而给其产品剃须刀片定价很高,这种定价方法属于(   )。

  A. 连带品定价法   B. 产品线定价法
  C. 选择品定价法   D. 统一定价法

3. 某汽车制造商给全国各地的地区销售代理一种额外折扣,以促使他们执行销售、零配件供应、维修和信息提供"四位一体"的功能。这种折扣策略属于(   )。

  A. 现金折扣 B. 数量折扣 C. 功能折扣 D. 复合折扣

4. 企业的产品供不应求,不能满足所有顾客的需要。在这种情况下,企业就必须(   )。

  A. 降价 B. 提价 C. 维持价格不变 D. 降低产品质量

【案例分析】

打1折

商家打折大拍卖是常有的事,人们决不会大惊小怪。但有人能从中创意出"打1折"的营销策略,实在是高明的枯木抽新芽的创意。

日本东京有个银座绅士西装店。这里就是首创"打1折"销售的商店,曾经轰动了东京。当时销售的商品是"日本GOOD"。

具体的操作是这样的:先定出打折销售的时间,第一天打9折,第二天打8折,第三天第四天打7折,第五天第六天打6折,第七天第八天打5折,第九天第十天打4折,第十一天第十二天打3折,第十三天第十四天打2折,最后两天打1折。

商家的预测是:由于是让人吃惊的销售策略,所以,前期的舆论宣传效果会很好,抱着猎奇的心态,顾客们将蜂拥而至。当然,顾客可以在这打折销售期间随意选定购物的日子，如果你想要以最便宜的价钱购买，那么你在最后的那两天去买就行了。但是，你想买的东西不一定会留到最后那两天。

实际情况是：第一天前来的客人并不多，如果前来也只是看看，一会儿就走了。从第三天就开始一群一群的光临，第五天打 6 折时客人就像洪水般涌来开始抢购，以后就连日客人爆满，当然等不到打 1 折，商品就全部买完了。

那么，商家究竟赔本了没有？你想，顾客纷纷急于购买到自己喜爱的商品，就会引起抢购的连锁反应。商家运用独特的创意，把自己的商品在打五六折时就已经全部推销出去。"打1折"的只是一种心理战术而已，商家怎能亏本呢？

(资料来源：转载自 http://www.em-cn.com/article/2007/142032.shtml，2007-03-06)

案例思考

案例中的这个商家采用的是何种定价策略？效果如何？对你有何启发？

案例分析与提示

招徕策略

【综合实训】

设计团购活动方案

一、实训内容

团购即集体购买。就是将有购买意向的消费者聚集起来，形成群体优势，在向供货商进行采购时，将原先的被动权转为主动权，向供货商压低价格，改变消费者形成的弱势地位，不但能最大程度地为每位消费者省钱而且在团购和服务的过程中可以享受到更好的服务。

请设计一次团购活动，并撰写活动过程。

二、实训组织

①由教师担任研讨活动总指导；②全班分为若干小组，每组 4~5 人，确定组长 1 人，组员进行研讨；③设计团购活动方案。

三、实训成果

团购活动设计方案。

微课视频

扫一扫，获取本章相关微课视频。

任务 10.mp4

任务 11 渠 道 策 划

【能力目标】

通过完成本任务，你应该能够：
- 了解渠道和中间商，进行渠道设计和策划及有效的渠道管理。
- 了解直复营销模式，进行直复营销策划。

【名言警句】

渠道为王，终端制胜。

——佚名

企业应该全力以赴地发现分销渠道，分销渠道越多，企业离市场越近。

——菲利普·科特勒

【案例导入】

> B 公司是某国化妆品市场上彩色化妆品的领导者，占据着 16%的市场份额。过去，B 公司的彩色化妆品主要通过百货商店的专柜进行销售，取得了很好的业绩。但是随着零售业态的发展，大型卖场和超市的重要性显得越来越突出。两年前，B 公司开始向百货商店以外的分销渠道发展，逐渐地进入了大型卖场和化妆品专营店。在大型卖场，销售呈现出了稳健的上升趋势。但是在超市，销售情况却不容乐观。
>
> 第一，超市主要经营食品，化妆品区比较小，有些甚至只有日化区而没有化妆品区。
>
> 第二，消费者还没有习惯在卖场和超市买化妆品，即使是 10000 平方米以上的大卖场，销售也远远低于百货商店。
>
> 看来仅有好产品是远远不够的，在竞争日趋激烈的市场上，如何建立和选择快捷、有效的分销渠道，成了企业面临的最复杂和最富有挑战性的问题。

渠道建设是市场营销活动的重要组成部分。在市场营销活动中，有了符合顾客需求的产品和适当的价格以后，企业所面临的问题就是如何把产品顺利送到目标顾客群的手中，来实现产品的价值。这就是渠道策划要解决的问题。

11.1 分销渠道策划

任务情境

刘威是某公司的销售经理，这几天他正在为渠道的问题而大伤脑筋。

该公司是一家生产、销售高档床上用品和布艺饰品的公司。刚刚从"面料厂"改制而来，老总要求他尽快为这个新公司拿出"渠道规划方案"，即为该公司经营的产品规划合适的渠道并制定相关的渠道政策。而这个问题，光销售部门内部讨论的结果，就有5种完全不同的意见，更不要说来自其他部门的了。

刘威必须做出判断：什么样的"渠道"最适合销售高档床上用品？什么样的"渠道"最适合自己企业的状况？什么样的"渠道"在保持稳定性的同时，也便于企业日后的渠道改进？还有一点，他也不能不考虑：什么样的"渠道"最能尽快地让他出"成绩"？

分销渠道是否畅通、合理和有效，不仅关系到产品能否满足市场的需要，实现营销目标，还将影响到其他营销组合要素的效果。这就需要企业选择合适的渠道模式，进行有效的分销渠道策划。

11.1.1 分销渠道

分销渠道是指企业的产品或劳务在从生产企业流向消费者或用户的过程中，产品或服务所有权的转移所经历的路线、途径或流转通道。它包含了两个方面的内容：一方面是把产品从生产者转售给消费者所经过的中间经营环节，如批发商、零售商、代理商等，即分销；另一方面是产品实体从生产者手中运送到消费者手中的运输和存储过程，即物流。分销和物流相结合便完成了企业产品的所有权和实体的转移，共同完成了分销渠道的任务。

> **案例 11-1 非洲国家缘何买不到蚊香？**
>
> 非洲国家普遍蚊子肆虐，居民深受蚊子危害，蚊香等产品在非洲国家是非常受欢迎的，但以前在非洲却很少看到中国品牌的蚊香。原因是，中国蚊香在非洲很少供货。当地小商店买不到，商场也买不到，你怎么能指望那些被蚊子叮得体无完肤的非洲居民熟悉中国品牌的蚊香呢？占领当地市场最有效的手段，就是占领销售点，控制销售渠道。对于大众消费品来说，最重要的不是你的产品和对手有多少差异，而是在于你的产品是否能方便地被消费者购买。
>
> （资料来源：转载自http://www.docin.com/p-48128364.html，2010-04-03）

11.1.2 中间商

中间商是指介于生产者与消费者或用户之间，专门从事商品流通活动的经济组织或个人，是生产者向消费者或用户出售产品时的中间环节。通过中间商的桥梁、纽带作用，既有利于消费者寻找、选择商品，也有利于生产者开辟市场，扩大产品销路，调节、平衡市场供求，协调生产与消费。

中间商作为分销渠道的重要成员，有两种基本形式：批发商和零售商。这是根据它们在商品流通过程中地位和作用的不同而划分的。

1. 批发商

批发商是指那些主要服务于生产者和零售企业，进行商品转售业务的单位或个人，它处于商品流通的中间阶段,并不直接服务于最终消费者。按照所有权关系和基本经营方式的不同,可将批发商分为以下三类。

1) 商人批发商

商人批发商也称为独立批发商,是指自己进货,取得商品所有权后再批发出售的商业企业。商人批发商是批发商最主要的类型,在美国约占60%以上。它又可分为完全服务批发商和有限服务批发商。前者执行批发商的全部职能,他们提供的服务主要有保持存货、提供信贷、物流配送以及协助管理等。而后者为了减少成本费用,降低批发价格,只执行批发商的部分职能,如不提供赊销和送货的现购自运批发商等。

2) 经纪人和代理商

经纪人和代理商是从事购买、销售或二者兼有的洽商工作,但不取得商品所有权的商业单位,其主要职能在于促成产品的交易,借此赚取佣金作为报酬。

(1) 商品经纪人。俗称捐客,既无商品所有权,也不持有和取得现货,其主要职能在于为买卖双方牵线搭桥,协助谈判,促成交易,由委托方付给佣金,不承担产品销售的风险。多见于房地产业、证券交易及保险业务、广告业等。

(2) 制造代理商。受制造商委托,根据双方签署的协议在一定的区域内负责代销制造商产品的中间商。从某种程度上看,制造代理商有点类似生产企业的销售人员。

(3) 销售代理商。受生产企业委托为其代销全部产品,产品销售不受区域限制,在定价、促销等方面拥有较大的自主权。一个生产企业在某一时期只能委托一家代理商销售产品,一旦委托协议签订,生产企业本身不能直接销售产品,这时销售代理商就成为独家代理商,它对生产企业就要承担更多的义务。

制造代理商和销售代理商的不同表现为:第一,每一个制造商只能使用一个销售代理商,而且将其全部销售工作委托给某一个销售代理商以后不得再委托其他代理商代销产品,也不得再雇用推销员去推销产品。但是每一个制造商可以同时使用几个制造代理商,制造商还可以设置自己的推销机构。第二,销售代理商在规定销售价格和其他销售条件方面有较大的权力;制造代理商则要按照委托人规定的销售价格或价格幅度及其他销售条件代销产品。

(4) 采购代理商。采购代理商是利用自己的优势,为顾客采购质优价廉的货物,赚取一定佣金的中间商。

3) 制造商与零售商的分销部和办事处

制造商的分销机构以及零售商的采购办事处,属于卖方或买方自营批发业务的内部组织,有利于掌握当地市场动态和加强促销活动。

2. 零售商

零售商是指所有面向最终消费者直接销售产品和服务,用于个人及非商业性活动的中间商。

> **资料 零售业态分类**
>
> 零售业态从总体上可以分为有店铺零售业态和无店铺零售业态两类。
> (1) 有店铺零售:是有固定的进行商品陈列和销售所需要的场所和空间,并且消费者

的购买行为主要在这一场所内完成的零售业态。

① 食杂店：是以香烟、酒、饮料、休闲食品为主，独立、传统的无明显品牌形象的零售业态。

② 便利店：面积在200平方米以下，满足顾客便利性需求为主要目的的零售业态。

③ 折扣店：是店铺装修简单，提供有限服务，商品价格低廉的一种小型超市业态。拥有不到2000个品种，经营一定数量的自有品牌商品。

④ 超市：是开架售货，集中收款，满足消费者日常生活需要的零售业态。根据满足的需求对象不同，可以分为便利超市、社区超市、综合超市、大型超市。

⑤ 仓储会员店：以会员制为基础，实行储销一体、批零兼营，以提供有限服务和低价格商品为主要特征的零售业态。

⑥ 百货店：在一个建筑物内，经营若干大类商品，实行统一管理，分区销售，满足顾客对时尚商品多样化选择需求的零售业态。

⑦ 专业店：以专门经营某一大类商品为主的零售业态。例如办公用品专业店、玩具专业店、家电专业店、药品专业店、服饰店、家居建材商店等。

⑧ 专卖店：以专门经营或被授权经营某一主要品牌商品为主的零售业态。

⑨ 购物中心：是多种零售业态、服务设施集中在由企业有计划地开发、管理、运营的一个建筑物内或一个区域内，向消费者提供消费、娱乐、休闲等多种综合性服务的商业集合体。

⑩ 厂家直销中心：由生产商直接设立或委托独立经营者设立，专门经营本企业品牌商品，并且多个企业品牌的营业场所集中在一个区域的零售业态。

(2) 无店铺零售：不通过店铺销售，由厂家或商家直接将商品递送给消费者的零售业态。

① 电视购物：以电视作为向消费者进行商品推介展示的渠道，并取得订单的零售业态。

② 邮购：以邮寄商品目录为主向消费者进行商品推介展示的渠道，并通过邮寄的方式将商品送达给消费者的零售业态。

③ 网上购物：通过互联网络进行买卖活动的零售业态。

④ 自动售货亭：通过售货机进行商品售卖活动的零售业态。

⑤ 直销：采用销售人员直接与消费者接触，进行推介，以达到销售其产品或服务目的的零售业态。

⑥ 电话购物：主要通过电话完成销售或购买活动的一种零售业态。

(资料来源：http://www.ccfa.org.cn/，2010-02-10)

11.1.3 分销渠道的结构

产品从生产厂家到达消费者手中，经过的销售渠道种类繁杂，根据不同的标准，可以分成不同的结构形式。

1. 分销渠道的长度

分销渠道的长度结构，又称为层级结构，是指按照其包含的渠道中间商，即渠道层级数量的多少来定义的一种渠道结构，如图11-1所示。

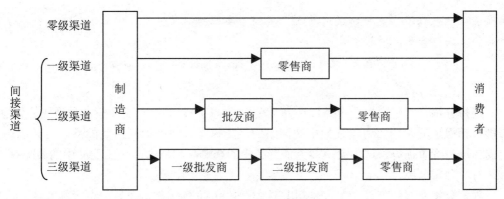

图 11-1 分销渠道的长度类型

根据中间层次的多少可将渠道分为以下四种类型：①零级渠道，即直接渠道，是没有渠道中间商参与的一种渠道结构，产品或服务直接由生产者销售给消费者；②一级渠道，只包含一层中间销售机构，如有的家电生产厂商通过家电连锁等零售商将产品销售给顾客；③二级渠道，包含两个中间环节，如批发商和零售商；④多级渠道，包含两个以上的中间环节，如一级批发商、二级批发商、零售商等。

一般来说，渠道层次的增加，会降低企业对市场信息的灵敏反应程度；而渠道层次的减少，却会增加对中间商的管控难度，降低市场营销效率。企业应该选择适合自身特点的渠道类型，适合市场，尽可能提高效率和效益。总体来说，对于生产者市场，一般会采用直接渠道，企业直接把设备和原料直接销售给用户；而对于消费者市场一般采用简捷渠道，通过中间商把产品卖给分散的、小批量购买的客户。

2．分销渠道的宽度

分销渠道的宽度是指渠道的每个层次使用同种类型的中间商数目的多少。多者为宽度渠道，意味着销售窗口多，市场覆盖面也就相应较大。渠道的宽度结构受产品的性质、市场特征、用户分布以及企业分销战略等因素的影响。渠道的宽度结构通常可分为三种，即密集分销、选择分销和独家分销。

1) 密集分销

密集分销也称为广泛型分销渠道，就是指制造商在同一渠道层级上选用尽可能多的渠道中间商来经销自己产品的一种渠道类型。密集型渠道通常能扩大市场覆盖面，或使某产品快速进入新市场，使众多消费者和用户随时随地买到这些产品。消费品中的便利品(如方便食品、饮料、牙膏、牙刷)和工业品中的作业品(如办公用品)，通常使用密集型渠道。

案例 11-2　山西康美集团的多点辐射

山西康美集团是生产方便面、饮料、果糖、饼干、淀粉糖、儿童食品的企业。一开始，产品销售采取"一点辐射法"，即企业把产品直接销向市场。随着企业生产规模的扩大，企业选择了在全国各地设立数十个办事处、总经销处的"多点辐射法"，并制定了《奖励用户方案》，根据年销售额的多少确定奖励等级，极大地调动了经销商的积极性。康美集团公司根据产品特点、市场状况、渠道成员条件、企业因素，变"一点辐射法"为"多点辐射法"，采取了广泛分销渠道策略，实施了奖励经销商政策，扩大了销售，提高了企业产品的市场占有率，增加了效益。

(资料来源：转载自 http://www.blogchinese.com/47013/viewspace_635800, 2006-06-12)

2) 选择分销

选择分销是制造商按一定条件选择几个(一个以上)同类中间商经销产品形成的渠道。选择型分销渠道通常由实力较强的中间商组成，能较有效地维护制造商的品牌信誉，建立稳定的市场和竞争优势。这类渠道多为消费品中的选购品和特殊品、工业品中的零配件等。

3) 独家分销

独家分销是指生产者在某一地区只选定一家中间商分销其产品，实行独家经营。独家分销是最窄的分销渠道，通常只对某些技术性强的耐用消费品或名牌。采用独家分销方式时，产销双方通常要签订独家经销合同，规定经销商不得经营竞争者的产品，生产企业可以控制中间商，提高其经营水平，加强产品形象。但这种形式有一定风险，如果这一家中间商经营不善或发生意外，生产企业将蒙受损失。

案例 11-3 江苏"好孩子"美国市场独占鳌头

江苏好孩子集团在美国和卡斯科公司合作推出"Cosco Geoby"品牌童车，获得空前成功。在合作过程中，"好孩子"以高度的契约意识来约束自己，坦诚待人，求互利发展。面对"Cosco Geoby"日益扩大的市场份额，另一些美国公司许以更优惠的合作条件，希望与好孩子集团合作，好孩子集团均予以婉言谢绝，恪守与卡斯科公司的既定协议，这既赢得了合作者的信任，又受到竞争者的尊重。

(资料来源：金木，谢宁. 市场报，2003 年 3 月 24 日第 415 版)

三种渠道方式比较如表 11-1 所示。

表 11-1 三种渠道方式的比较

类　型	独家分销	选择分销	密集分销
特征	一地一家分销商	一地几家分销商	一地所有分销商
优势	控制渠道容易、分销商竞争程度低、节省费用	控制渠道较易、市场覆盖面较大、顾客接触率较高	市场覆盖面大、顾客接触率高、充分利用中间商
劣势	市场覆盖面小、顾客接触率低、过分依赖中间商	分销商竞争较激烈，选择中间商难、费用较低	控制渠道难，费用高，分销商竞争激烈
产品	高价值商品、特殊商品	高价商品、选购商品、方便用品	日用商品

11.1.4 分销渠道设计

分销渠道设计包括以下五个步骤。

1. 分析影响分销渠道选择的因素

影响选择商品分销渠道的因素很多，企业在渠道选择中，要综合考虑渠道目标和各种限制因素或影响因素，才能做出恰当的选择。主要分析如下六个制约因素。

1) 市场因素

影响分销渠道选择的市场因素主要有：①目标市场大小。如果目标市场范围大，渠道则较长，反之，渠道则短。②目标顾客的集中程度。如果目标顾客分散，宜采用长而宽的渠道，反之，宜用短而窄的渠道。③消费者购买习惯。顾客对各种各样的消费品购买习惯，包括愿意付出的价格，购买场所的偏好，以及对于服务的要求，均直接影响分配路线。如消费品中的便利品，需要采用传统的分配路线。而特殊品，则可以选择较短的分配路线。④消费者的购买数量。如果消费者购买数量小、次数多，可采用长渠道，反之，购买数量大，次数少，则可采用短渠道。

2) 产品因素

影响分销渠道选择的产品因素主要有：①产品的易毁性或易腐性。如果产品易毁或易腐，则宜采用直接或较短的分销渠道。②产品单价。如果产品单价高，可采用短渠道或直接渠道，反之，则采用间接渠道。③产品的体积与重量，体积大而重的产品应选择短渠道；体积小而轻的产品可采用间接渠道。④产品的技术性。产品技术性复杂且需要安装及维修服务的产品，可采用直接渠道，反之，则选择间接渠道。⑤式样或款式。时尚程度较高的产品，即式样或款式较易发生变迁的产品，如各种新奇玩具、时装等，应尽可能缩短分配路线，以求速售。⑥标准产品与专用产品。通用的、标准的、用户比较分散的产品，例如通用机械、量具刀具等，宜用间接渠道。专用产品，例如专用设备，特殊品种规格的产品，需要量较大的原材料和燃料等应由产需双方直接签订供货合同。⑦开发的新产品。为了尽快把新产品投入市场，一般应采用强有力的推销手段去占领市场。生产企业往往不惜为此付出大量资金，组成推销队伍，直接向消费者推销，在情况许可时，也应考虑利用原有的分销途径。

3) 生产企业因素

影响分销渠道选择的企业因素主要有：①企业实力强弱。主要包括人力、物力、财力，如果企业实力强可建立自己的分销网络，实行直接销售，反之，应选择中间商推销产品。②企业控制渠道的能力。生产者为了实现其战略目标，往往要求对分销渠道实行不同程度的控制。如果这种愿望强，就会采取短渠道；反之，渠道可适当长些。

4) 环境因素

政府有关立法及政策规定。如专卖制度、反垄断法、进出口规定、税法等。又如税收政策、价格政策等因素都影响企业对分销渠道的选择，诸如烟酒实行专卖制度时，这些企业就应当依法选择分销渠道。

5) 竞争者状况

当市场竞争不激烈时，可采用同竞争者类似的分销渠道，反之，则采用与竞争者不同的分销渠道。

6) 中间商特性

各类中间商实力、特点不同，诸如广告、运输、储存、信用、训练人员、送货频率方面具有不同的特点，从而影响生产企业对分销渠道的选择。

2. 确定分销渠道结构

一个渠道选择方案由三个要素确定：中间商的类型、中间商的数目、渠道成员的条件和责任。

(1) 中间商的类型。企业必须决定是否使用中间商和使用哪种类型中间商。

(2) 中间商的数目。企业必须决定每个渠道层次使用多少中间商。一般来说，有三种渠道策略可供选择：独家分销、选择分销、密集分销。

(3) 渠道成员的条件和责任。生产者必须确定渠道成员的条件和责任。每个渠道成员必须区别对待、给予不同的盈利机会。渠道成员的条件和责任主要有：价格政策、销售条件、分销商的地区权利等。对于双方的服务和责任，必须十分谨慎地确定，尤其是在采用特许经营和独家代理等渠道形式的时候。

> **案例 11-4　可口可乐公司在中国的分销渠道**
>
> 可口可乐公司 CEO 称："可口可乐的优势在于，我们拥有全世界最强大、渗透力度最深的营销和分销体系。"可口可乐在中国内地的销售网点已遍布各大中小城市，并从 1999 年起，不动声色地开展"上山下乡"——进军乡镇农村。公司中国区的渠道官员表示：虽然他们坚信批发商这种传统渠道终将因为零售业的竞争而消灭，但毕竟销售渠道的发展是个漫长的竞争过程，在中国市场上，批发商还是一个不能被忽略的角色，他们现阶段不得不为这些传统批发商投入时间和精力——现在每年销售的可口可乐中，只有百分之三十多是由超市、便利店等渠道合作伙伴销售的，百分之四十多是通过合作经销商送货传递到零售商手中，余下百分之二十左右还是通过农贸市场等传统的批发商分销。这是可口可乐针对中国国情的"明智的妥协"。
>
> （资料来源：李世嘉. 国际市场营销理论与实务[M]. 北京：高等教育出版社，2002）

3. 筛选渠道成员

生产者为自己的产品选择中间商时，常处于两种极端情况之间：一是生产者可以毫不费力地找到分销商并使之加入自己的分销系统，例如一些畅销著名品牌很容易吸引经销商销售它的产品。另一个极端是生产者必须通过种种努力才能使经销商加入到渠道系统中来。但不管是哪一种情况，选择中间商必须考虑以下条件，如表 11-2 所示。

(1) 中间商的市场范围与地理位置。市场范围是选择中间商最关键的因素，选择中间商首先要考虑预定的中间商的经营范围与产品预定的目标市场是否一致，这是最根本的条件。选择零售商最理想的区位应该是顾客流量较大的地点，批发商的选择则要考虑其所处位置是否有利于产品的储存与运输。

(2) 中间商综合实力的大小。中间商综合实力的大小是企业选择渠道成员时需要考虑的基础因素，比如中间商的财务状况及管理水平。中间商的财力雄厚，能够及时结清货款。另外，中间商的才能、经营本领、组织机构和人员配备对经营成败关系极大，直接决定产品销售业绩的高低和品牌推广效果的好坏。

(3) 中间商的信誉和知名度。渠道成员间的诚实守信是整个渠道健康、稳定发展的前提条件。对中间商的选择、培训以及渠道成员间的相互磨合是一个需要耗费大量成本和时间的过程，而其中任何一个成员背信弃义、追逐一己私利的行为都可能使所有的努力毁于一旦。因此，要想维持渠道的稳定和长期发展，对中间商诚信度的考察也成为渠道成员选择的重要指标。

(4) 预期合作程度。中间商与生产企业合作关系的好坏，直接影响企业产品的销售。

(5) 中间商的综合服务能力。现代商业经营服务项目甚多，选择中间商要看其综合服务能力如何，如售后服务、技术指导、财务援助、仓储等。合适的中间商所提供的服务项目与能力应与企业产品销售要求一致。

表 11-2　选择中间商的条件

销售和市场方面的因素	产品和服务方面的因素	其他因素
市场专业知识	产品专业知识	预期合作程度
市场范围	综合服务能力	财务状况
与客户合作关系	商品经营范围	管理水平
地理位置	促销措施	信誉和知名度

4．评估渠道方案

分销渠道方案确定后，生产厂家就要根据各种备选方案进行评价，找出最优的渠道路线，渠道评估的标准通常有三个：经济性、可控性和适应性，其中最重要的是经济标准。

1) 评估渠道方案的经济性

评估渠道方案的经济性主要是比较每个方案可能达到的销售额及费用水平。比较由本企业推销人员直接推销与使用销售代理商哪种方式销售额水平更高。比较由本企业设立销售网点直接销售所花费用与使用销售代理商所花费用，看哪种方式支出的费用大，企业对上述情况进行权衡，从中选择最佳分销方式。

> **案例 11-5　两种不同的渠道方案**
>
> 某企业决定在某一地区销售产品，现有两种方案可供选择。
>
> 方案一是向该地区直接派出销售机构和销售人员进行直销。这一方案的优势是，本企业销售人员专心于推销本企业产品，在销售本企业产品方面受过专门训练，比较积极肯干，而且顾客一般喜欢与生产企业直接打交道。
>
> 方案二是利用该地区的代理商。该方案的优势是，代理商拥有几倍于生产商的推销员，代理商在当地建立了广泛的交际关系，利用中间商所花费的固定成本低。
>
> 通过估价两个方案实现某一销售额所花费的成本，利用中间商更划算。
>
> (资料来源：转载自 http://baike.baidu.com/view/23446.htm, 2010-12-21)

2) 评估渠道方案的可控性

企业对分销渠道的设计和选择不仅应考虑经济效益，还应该考虑企业能否对其分销渠道实行有效的控制。因为分销渠道是否稳定对于企业能否维持其市场份额，实现其长远目标是至关重要的。

企业对于自销系统是最容易控制的，但是由于成本较高，市场覆盖面较窄，不可能完全利用这一系统来进行分销。而利用中间商分销，就应该充分考虑所选择的中间商的可控程度。一般而言，特许经营、独家代理方式比较容易控制，但企业也必须相应做出授予商标、技术、管理模式以及在同一地区不再使用其他中间商的承诺。在这样的情况下，中间商的销售能力对企业影响很大，选择时必须十分慎重。如果利用多家中间商在同一地区进行销售，企业利益风险比较小，但对中间商的控制能力就会相应削弱。

3) 评估渠道方案的适应性

在评估各渠道方案时，还有一项需要考虑的标准，那就是分销渠道是否具有适应性。①地区适应性。在某一地区建立产品的分销渠道，应充分考虑该地区的消费水平、购买习惯和市场环境，并据此建立与此相适应的分销渠道。②时间适应性。如季节性商品在非时令季节就比较适合于利用中间商的吸收和辐射能力进行销售；而在时令季节就比较适合于扩大自销比重。③中间商适应性。企业应根据各个市场上中间商的不同状态采取不同的分销渠道。如在某一市场若有一两个销售能力特别强的中间商，渠道可以窄一点；若不存在突出的中间商，则可采取较宽的渠道。

5. 分销渠道管理与控制

对分销渠道的管理和控制包括四个方面的内容。

1) 激励渠道成员

对渠道成员的激励有以下四种措施。

(1) 品牌及产品激励。渠道运营效率的高低取决于消费者对品牌的认可程度，通过向中间商提供具备较高品牌价值的、适销对路的产品，形成对中间商较大的吸引力和激励效果。

(2) 物质激励是渠道激励的重要形式。物质奖励也往往会对中间商起到非常好的激励效果。具体包括以下策略：对中间商返利；利润分成；放宽信用条件，提供资金支持；提供各种补贴等。

(3) 加强渠道成员的参与。如果能使中间商感觉到自己受到了重视，在渠道中有较大的发言权和自主权，那么必然会形成较强的凝聚力和渠道忠诚。具体措施有：通过协商、咨询等方式使中间商参与企业的战略制定及业务管理工作，企业在管理过程中适当授权给中间商，加强与中间商的合作范围与力度等。

(4) 帮助渠道成员共同成长。帮助中间商做强做大，注重中间商成长，也是一种有效的激励方式。可通过以下方式帮助中间商成长：在业务上对渠道成员进行全方位的培训，及时了解渠道成员的实际困难并帮助解决。

2) 控制分销渠道

控制分销渠道的方式有高度控制和影响控制两种。

(1) 高度控制。这是指生产企业能够选择负责其产品销售的营销中介的类型、数目和地理分布，并且能够支配这些营销中介的销售政策和价格政策。利用绝对控制能够维持高价格，可以维护产品品质优良的形象，能够维持渠道秩序，防止渠道商之间价格竞争，保证良好的经济利益。

案例 11-6 商务通的渠道控制模式

商务通可以说是近年在中国市场大获全胜的奇迹。自从 1999 年入市以来，采用小区独家代理制，对终端市场区域进行精耕细作，严格控制销售区域和终端价格，对促销员进行严格的培训和管理，不断淘汰不合格的代理商，只用半年时间，在全国县级市场铺开，销售点达三千多个。

(资料来源：转载自http://baike.baidu.com/view/949668.htm，2010-08-04)

(2) 影响控制。如果生产企业无力或不需要对整个渠道进行绝对控制，企业往往可以通过对中间商提供具体支持协助来影响营销中介，这种控制的程度是较低的，大多数企业的控制属于这种方式。主要包括以下内容。

① 向中间商派驻代表。派驻代表到经营其产品的营销中介去亲自监督商品销售。生产企业人员也会给渠道成员提供一些具体帮助，如帮助中间商训练销售人员，组织销售活动和设计广告等，通过这些活动来掌握他们的销售动态。生产企业也可以直接派人支援中间商，比如目前流行的厂家专柜销售、店中店等形式，多数是由企业派人开设的。

案例11-7 长城汽车的"1+1"通路模式

河北保定长城汽车公司在低档皮卡汽车中拥有60%以上的市场占有率，是该行业中的领头羊。长城的"1+1"通路模式，是指每一位经销商由厂家配备一名驻点业务员，业务员与当地经销商同吃、同住、同工作。

这种模式的主要优点是厂家对经销商提供贴身的服务，从汽车的接货、入库、展场摆放、市场信息反馈到销售现场促销，驻点业务员都承担一定的工作量。更重要的是这种模式为经销商给厂家返回货款提供监督作用。所以长城公司达到了100%控制回款。长城模式被汽车行业的许多公司模仿。

(资料来源：转载自http://www.erry.com/scm/scm-zhongguo-2.html，2008-10-06)

② 与中间商多方位合作。如与中间商联合进行广告宣传，并由生产企业负担部分费用；支持中间商开展营业推广、公关活动；对业绩突出的中间商给予价格、交易条件上的优惠，对中间商传授推销、存货销售管理知识，提高其经营水平。通过这些办法，调动营销中介成员推销产品的积极性，达到控制网络的目的。

3) 处理渠道冲突

由于分销渠道是由不同的独立利益企业组合而成的，出于对各自利益的追求，相互间的冲突是经常的。渠道冲突必须正视，并采取切实措施来协调各方面关系。常见的渠道冲突的类型有以下三种。

(1) 水平渠道冲突。是指存在于渠道同一层次的渠道成员之间的冲突。例如，某一地区经营A企业产品的中间商，可能认为同样经营A企业产品的另一家中间商在定价、促销和售后服务等方面过于进取，抢了他们的生意。

(2) 垂直渠道冲突。这是指在同一渠道中不同层次企业之间的冲突。一些批发商可能会抱怨生产企业在价格方面控制太紧，留给自己的利润空间太小；零售商对批发商或生产企业，可能也存在类似的不满。一方面，分销商从自身利益出发，采取直销与分销相结合的方式销售商品，这就不可避免要同下游经销商争夺客户，大大挫伤了下游渠道的积极性；另一方面，当下游经销商的实力增强以后，不满目前所处的地位，希望在渠道系统中有更大的权利，向上游渠道发起了挑战。在某些情况下，生产企业为了推广自己的产品，越过一级经销商直接向二级经销商供货，使上下游渠道间产生矛盾。

(3) 不同渠道间的冲突。随着顾客细分市场和可利用的渠道不断增加，越来越多的企业采用多渠道营销系统即运用渠道组合、整合。不同渠道间的冲突指的是生产企业建立多渠道营销系统后，不同渠道服务于同一目标市场时所产生的冲突。例如，美国的李维牌牛仔裤原来通过特约经销店销售，当它决定将西尔斯百货公司和彭尼公司也纳为自己的经销伙伴时，特约经销店表示了强烈的不满。

案例 11-8　电商惹的祸

中国女人熟知的雅芳，被竞争对手在网上抢走了不少生意，也被迫"电子商务"了。雅芳把原来的经销商重新包装成"E销售代表"，消费者在网上下单付款后，可以自己在家等"E销售代表"送货上门。据雅芳的一个头面人物讲，他们的"E销售代表"上网特别积极。但经销商却抱怨说，原来每笔买卖都有50%的毛利，现在做送货只能抽20%的代理费，如果消费者选择雅芳提供的邮寄，他们就更是什么都赚不到了。"生意都没得做了，网不网的还有啥意义。"一位做了9年雅芳的经销商说："明眼人一看就知道，现在的竞争对手已经不是其他什么牌子的化妆品，就是雅芳自己。"

(资料来源：http://www.doczj.com/doc/38eabdfcb0717fd5360cdc77-9.html, 2021-04-30)

如果发生了渠道冲突，企业应及时采取有效措施，缓和并协调这些矛盾，否则，就会影响渠道成员的合作及产品的销售。企业必须从全局着手，妥善解决渠道冲突，促进渠道成员间更好地合作。处理渠道冲突的原则如下。

(1) 促进渠道成员合作。合作是处理冲突的根本途径，分销渠道的管理者及其成员必须认识到渠道网络是一个体系，一个成员的行动常常会对其他成员达到目标产生很大影响。

(2) 密切注视渠道冲突。生产者必须明确中间商与自己有不同的立场，例如中间商希望经营几个生产者的各种产品，而不希望只经营一个生产者的有限品种。另外，在分销渠道网络中经常会发生拖欠贷款、相互抱怨、推迟完成订货计划等事件，渠道管理者应关注实际问题或潜在问题所在，并及时收集真正的原因。

(3) 设计解决冲突的策略。第一种是从增进渠道成员的满意程度出发，采取分享管理权的策略，接受其他成员的建议。第二种是在权力平衡的情况下，采取说服和协商的方法。第三种是使用权利，用奖励或惩罚的办法，促使渠道成员服从自己的意见。

(4) 调整渠道成员。单纯地注意冲突和增进合作并不一定能保证完成渠道分销任务，有时有些渠道成员确实缺乏必要的条件，如规模太小、销售人员不足、专业知识不足、财务状况不良等，此时，就应果断地对渠道成员做出调整。

4) 调整分销渠道

生产者在设计了一个良好的分销渠道系统后，不能放任其自由运行而不采取任何纠正措施。事实上，为了适应市场需要的变化，整个渠道系统或部分渠道成员必须随时加以调整。

分销渠道的调整可以从三个层次上来考虑：从经营的具体层次看，可能涉及增减某些渠道成员；从特定市场规划的层次看，可能涉及增减某些特定分销渠道；在企业系统计划阶段，可能涉及整个分销系统构建的新思路。

(1) 增减某些渠道成员。在分销渠道的管理与改进活动中，最常见的就是增减某些中间商的问题。企业在进行这方面的决策时，应注意渠道成员之间业务上的相互关系与交互影响，要着重弄清增减某些渠道成员后企业的销售量、成本与利润将如何变化。只有朝着有利的方向变化时调整才是可行的。

(2) 增减某些分销渠道。随着市场需求、环境条件以及自身生产经营活动的不断变化，企业的某些分销渠道可能会失去作用，同时又需要新的分销渠道进入新的市场部分。因而，企业在分销渠道的管理活动中应注意分销渠道的增减调整。

(3) 调整整个分销渠道系统。对生产企业来说最困难的渠道变化决策就是调整整个分销渠道系统，因为这种决策不仅涉及渠道系统本身，而且涉及营销组合等一系列市场营销政策的相应调整，因此必须慎重对待。

11.2 直复营销策划

任务情境

雅新公司是一家老牌空气净化器生产企业，为国内众多著名企业提供代工服务。由于代工利润稀薄和竞争激烈，而公司目前又是"无品牌、无渠道、无销售团队"。刘总考虑到：公司目前虽具有生产和产品优势，然而许多人头脑中还没有空气净化的概念和意识，感受不到空气净化器的必需之处。现实的需求并不急迫，人们普遍缺少现实购买冲动。所以雅新公司想针对相对急迫的重点人群启动市场。怎样确定并瞄准重点人群，最大限度地发挥生产型企业优势？刘总认为最适宜的方法莫过于直复营销。通过缩减中间环节，实现生产企业面向重点消费者的直接接触，通过将中间商利益让给消费者，实现厂家和消费者都得利的良性局面。但是问题来了，你认为刘总应该如何进行直复营销策划？

11.2.1 直销

直销(Direct Selling)是一种古老的销售形式，是指在产品的生产者和最终用户之间没有任何中间环节，把产品或服务直接提供给消费者的营销方式。我国古代的"售货郎"，现在沿街叫卖的"小贩"，就是一种"直销"的销售方式。

对于直销的概念，无论是学术界还是业界都还存在很大的争论，至今也没有一个统一的说法，目前较为主流的观点主要有以下四种。

世界直销协会的定义：直销是将消费类产品或服务直接销售给顾客的销售方式；直销通常是在顾客本人或是他人的家中发生，也可以在诸如顾客的工作场所等其他非商业店铺的地点开展；直销通常是由直销人员通过产品或是服务的讲解和示范来进行。

台湾DSA(Direct Selling Associations)的定义：直销是人的事业，所有直销成果与活动的推动，都以人为基点，直销商、供应者、消费者，无一不是由人所组成，直销是为服务人、满足人的需要和兴趣而存在。

美国直销教育基金会(Direct Selling Education Foundation)于1992年的定义：直销是一种透过人员接触(销售员对购买者)，不在固定商业地点，主要在家里进行的消费性产品或服务的配销方式。

我国《直销管理条例》中关于直销的概念是：直销是指直销企业招募直销员，由直销员在固定营业场所之外直接向最终消费者推销产品的经销方式。

从上面的种种定义我们可以总结出直销的特点：直销的渠道是商品流通的简单形式，它没有中间商，是生产者直接与用户见面，进行产品交易的；直销有别于一般零售店的销售，它是一种无店铺的零售方式；它不受空间的限制，随消费者与直销商的方便，在任何地点都可进行。

> **资料　透视传销"陷阱"**
>
> 根据中华人民共和国第 444 号国务院令，传销是指组织者或者经营者发展人员，通过对被发展人员以其直接或者间接发展的人员数量或者销售业绩为依据计算和给付报酬，或者要求被发展人员以缴纳一定费用为条件取得加入资格等方式牟取非法利益，扰乱经济秩序，影响社会稳定的行为。
>
> 传销的本质是要求参加者不断发展人员加入，依靠后加入者购买产品或缴纳的钱财维系运作，一旦新加入的下线人员数量不足，整个传销组织将难以为继。
>
> 例如：以加者 A 处于传销"金字塔"的最顶端，他要发展 5 个下线，每个下线再发展 5 个下线，以此类推。在这一过程中，第一层是 1 个人，第二层是 5 个人，第三层是 25 人，第四层是 125 人，第十层则是 195 万余人了。地球上的人口是有限的，愿意参加的人也是有限的，这个金字塔的后续者最终必定枯竭。结果必然崩盘，组织者携款逃跑，给参加者造成巨大损失。

（资料来源：转载自 http://www.gov.cn/jrzg/2009-09/16/content_1419138.htm, 2009-09-16）

11.2.2　直复营销

直复营销起源于美国。1872 年，蒙哥马利·华尔德创办了美国第一家邮购商店，标志着一种全新的营销方式的产生，但直至 20 世纪 80 年代以前，直复营销并不为人重视，甚至被看成是一种不正当的营销方式。进入 20 世纪 80 年代后，直复营销得到了飞速的发展，其独有的优势也日益被企业和消费者所了解。

美国直复营销协会为直复营销(Direct Marketing)下的定义是："一种为了在任何地方产生可度量的反应和(或)达成交易而使用一种或多种广告媒体的互相作用的市场营销体系。"这种营销体系的基本流程模式为：直复营销者通过媒介工具向目标顾客发送广告，目标顾客接收广告信息之后，将反应信息通过回复工具反馈给直复营销者，直复营销者根据收到的反应信息向目标顾客提供产品。

直复营销与直销的区别在于推销人员介入与否。直复营销是以非个人方式向消费者推销产品，非个人方式诸如电话、电视、目录、信函等，公司与顾客之间没有推销员介入；而直销必须是以个人方式向顾客推销商品，公司与消费者之间必须有推销员的介入，如表 11-3 所示。

表 11-3　直复营销与传统营销的区别

	传统营销	直复营销
目标市场	在目标顾客范围内进行普通的营销努力	针对每个潜在顾客进行个别的营销努力
决策信息	以人口、地理等因素细分顾客群，每个顾客的个别信息不详	在细分顾客群的基础上对每位顾客的名字、住址及购买习惯等一切个人信息进行详尽描述

续表

	传统营销	直复营销
产品	向顾客提供标准化产品	向每一位特定顾客提供"特殊"产品
生产	大规模、标准化	有定制化的能力
分销	通过流通渠道进行大规模分销	通过媒体直接销售,产品必含有"送货上门"之附加利益
广告	利用大众媒体,其目的主要在于树立企业形象,引起顾客注意和建立顾客忠诚,广告刺激和采取购买行为之间有时间上的间隔	利用针对性强的媒体向个人传递信息,其目的是让受众立即行动——订货或查询
促销	大规模、公开化促销	对受众进行个别刺激,促销手段有一定的隐蔽性
交流方式	单向信息传递,建立一种普遍的客户关系	双向信息交流,建立起个别的客户关系
竞争实质	分享市场,以吸引顾客为竞争重心	分享顾客,以留住顾客为竞争重心
营销控制	一旦产品进入流通渠道,一般情况下营销者便失去了对产品的控制	产品从营销者手中被送到消费者手中的整个过程中,营销人员都能对其进行控制

11.2.3 直复营销策划

直复营销的形式很多,常见的形式有以下五种。

1. 直邮营销

营销人员将图文并茂的广告、样品、传单、杂志等广告,直接寄至预先选择好的消费者手中。消费者也可以用支票、信用卡等付款方式,直接购买所需物品。直邮营销是直复营销所有形式中,应用最广、花费广告费最少的一种形式。直邮营销具有成本低、操作简便、对目标顾客的选择性强、效果较易衡量的优点外,最重要的一点是它的直接反应率高达35%以上,效果奇佳。

> **案例 11-9 福特汽车公司的直复营销策划**
>
> 著名的福特汽车公司给对它所做的汽车广告有回应的潜在顾客邮寄一种计算机软盘。顾客在软盘的"菜单"上,可以找到他感兴趣的内容,了解有关的技术说明,看到吸引人的汽车图样,得到可能经常被人们提及的一些问题的答案。研究显示,直复营销人员获得的直接反应交易中,以来自直接邮寄和邮购目录者为最多,高达48%,其余来自电话营销的回应为7%,来自传单者的7%,而来自杂志报纸的为6%。
>
> (资料来源:杨明刚. 市场营销策划[M]. 北京:高等教育出版社,2002.)

2. 目录营销

这种方式最先是由莫特戈莫利·华德公司于 1872 年在芝加哥采用。销售商将货品目录寄到预先选定的顾客手中。这些目录所列产品种类非常多元化,都是琳琅满目、印刷精美。销售商同时也会请人在街头散发货品目录,或将货品目录放置街头,随人拿取。消费者根据目录所列内容用邮购或电话购货。贝塔斯曼是一家专营图书杂志的印刷和资讯交流的公司,自 1949 年在德国开始了图书和音像制品的目录销售业务,到现在,其业务遍及欧洲、亚洲、美洲等许多国家和地区,成为国际性的公司。

3．电话营销

电话营销(Telemarketing)是指使用电话直接向客户销售,实现企业与客户的沟通。也有销售商提供免费直拨电话(如 800 专线)或受话者付电话费,让消费者直接用电话购货。营销者可打电话向顾客销售产品或与顾客联系获得一些有价值的销售信息,另外,消费者在接触到直接邮件广告或电视广播广告产生购买动机时,皆可拨免费电话来订购产品或劳务。

电话营销的最大优点就在于它的立即性与直接性,消费者可以不看电视广告,不打开直接邮件,但却很少有人听到电话铃声而不去接电话,电话营销过程中,营销者可以针对产品特性与顾客的反应随机应变。不过电话营销成本很高,而且必须花一些时间才能找到目标顾客,因为营销者不能保证顾客是否在家,即使在家,也不能保证他是否有空与你沟通,所以,电话营销需要系统全面地规划才能取得良好的效果。

4．电视营销

电视营销是指营销者购买一定时段的电视时间,播放某些产品的录像,介绍功能,告示价格,从而使顾客产生购买意向并最终达成交易的行为。其实质是电视广告的延伸。其营销方式又可分两种。第一种称为直接反应广告,直复营销者通常购买 60~120 秒的电视节目广告时间,来展示和介绍自己的产品,并且将订购电话号码告诉消费者,消费者只要打这个免费的订购电话就可完成交易。另一种方式是家庭购物频道,这种方式比较新,主要是通过闭路电视或地方电视台播放一套完整的节目,专门用来宣传、介绍产品。电视观众只需将电视频道转至家庭购物频道上,即可全天 24 小时收视。节目主持人通常会以动人心弦的语气介绍产品,有时候甚至会降价或拍卖产品,观众可立即拨免费电话订购。

5．网络营销

网络营销是个人或企业等组织借助于计算机、网络和交互式多媒体等技术,在虚拟的市场环境中交换商品,满足目标消费者的需求和欲望,实现企业营销目标的一种营销方式,其核心思想是将网络上顾客潜在的需求转化为现实的交换,网络营销是目前最流行的营销活动。

【课程小结】

分销渠道的选择和决策是企业营销部门做出的最关键的决策之一,它影响着产品的定价、供货方式、销售方式、销售额乃至顾客对企业形象的评价等。营销人员需要根据企业、产品、市场等因素选择恰当的中间商类型,确定分销渠道结构,按照分销渠道设计程序进行分销渠道策划,并进行有效的渠道管控。同时,掌握几种重要的直复营销工具,进行直复营销策划。

【课堂讨论】

1．有的人认为长渠道更有利,比如联想通过庞大的市场网络成功拓展了市场;还有一些人认为短渠道更有利,比如戴尔通过绕过分销商等中间环节,直接和消费者打交道获得巨大成功。企业到底是选择长渠道，还是短渠道好呢？

2. 窜货是指经销商置经销协议和制造商长期利益于不顾而进行的产品跨地区降价销售。试举例分析导致窜货的原因有哪些？窜货会带来什么样的危害？如何解决这种渠道冲突？

3. 有的人认为直销和传销都是把产品销售给顾客，因此两者是没有什么本质区别的，还有的人把直复营销简称为直销。如何区分直销、传销与直复营销？

【技能训练】

一年一度的经销商大会要召开了，为了答谢经销商对本企业(家电企业)的支持，你所在的市场部准备策划一次晚会来感谢经销商，如何进行晚会策划？

【课后自测】

1. 某国际知名快餐店的某些特许专售店指控其他专售店用料不实、分量不足、服务低劣，损害了公众对此快餐店的总体印象。这属于(　　)。
　　A. 水平渠道竞争　　　　　　B. 渠道系统竞争
　　C. 水平渠道冲突　　　　　　D. 垂直渠道冲突

2. 某软饮料制造商尽可能通过更多批发商、零售商推销商品。这种分销策略是(　　)。
　　A. 选择分销　　　　　　　　B. 独家分销
　　C. 大量分销　　　　　　　　D. 密集分销

3. 生产消费品中的便利品的企业通常采取(　　)的策略。
　　A. 密集分销　　　　　　　　B. 独家分销
　　C. 选择分销　　　　　　　　D. 直销

4. 非标准化产品或单位价值高的产品一般采取(　　)。
　　A. 直销　　　　　　　　　　B. 广泛分配路线
　　C. 密集分销　　　　　　　　D. 自动售货

5. 直接渠道又称直接销售，下列不属于直接销售的项目是(　　)。
　　A. 农民在自己农场门口开设门市部，或者在市场上摆货摊
　　B. 制造商和面包房，自己开设零售商店
　　C. 设立地区代理销售产品
　　D. 制造商采用电视、电话、电子商务和邮购等方式

【案例分析】

LG 电子公司的渠道策略

LG 电子公司从 1994 年开始进军中国家电业，目前其产品包括彩电、空调、洗衣机、微波炉、显示器等种类。LG 把营销渠道作为一种重要资产来经营，通过把握渠道机会、设计和管理营销渠道，拥有了一个高效率、低成本的销售系统，提高了其产品的知名度、市场占有率和竞争力。

一、准确进行市场定位和选择恰当的营销渠道

LG家电产品系列、种类较齐全,其产品规格、质量主要集中在中高端。与其他国内外品牌相比,最大的优势在于其产品性价比很高,消费者能以略高于国内产品的价格购买到不逊色于国际著名品牌的产品。因此,LG将市场定位在那些既对产品性能和质量要求较高,又对价格比较敏感的客户。LG选择大型商场和家电连锁超市作为主要营销渠道。因为大型商场是我国家电产品销售的主渠道,具有客流量大、信誉度高的特点,便于扩大LG品牌的知名度。在一些市场发育程度不很高的地区,LG则投资建立一定数量的专卖店,为其在当地市场的竞争打下良好的基础。

二、正确理解营销渠道与自身的相互要求

LG对渠道商的要求包括:渠道商要保持很高的忠诚度,不能因渠道反水而导致客户流失;渠道商要贯彻其经营理念、管理方式、工作方法和业务模式,以便彼此的沟通与互动;渠道商应该提供优质的售前、售中、售后服务,使LG品牌获得客户的认同;渠道商还应及时反馈客户对LG产品及潜在产品的需求反应,以便把握产品及市场走向。渠道商则希望LG制定合理的渠道政策,造就高质量、统一的渠道队伍,使自己从中获益;LG还应提供持续、有针对性的培训,以便及时了解产品性能和技术的最新发展;另外,渠道商还希望得到LG更多方面的支持,并能够依据市场需求变化,及时对其经营行为进行有效调整。

三、为渠道商提供全方位的支持和进行有效的管理

LG认为企业与渠道商之间是互相依存、互利互惠的合作伙伴关系,而非仅仅是商业伙伴。在相互的位置关系方面,自身居于优势地位。无论从企业实力、经营管理水平,还是对产品和整个市场的了解上,厂商都强于其渠道经销商。所以在渠道政策和具体的措施方面,LG都给予经销商大力支持。这些支持表现在两个方面:利润分配和经营管理。在利润分配方面,LG给予经销商非常大的收益空间,为其制定了非常合理、详细的利润反馈机制。在经营管理方面,LG为经销商提供全面的支持,包括:信息支持、培训支持、服务支持、广告支持等。尤其具有特色的是LG充分利用网络对经销商提供支持。在其网站中专门设立了经销商GLUB频道,不仅包括LG全部产品的技术指示、性能特点、功能应用等方面的详尽资料,还传授一般性的企业经营管理知识和非常具体的操作方法。采用这种方式,既降低了成本又提高了效率。然而经销商的目标是自身利润最大化,与LG的目标并不完全一致。因此,对渠道商进行有效的管理,提高其经济性、可控制性和适应性。渠道管理的关键在于价格政策的切实执行。为了防止不同销售区域间的窜货发生,LG实行统一的市场价格,对渠道商进行评估时既考察销售数量更重视销售质量。同时与渠道商签订合同来明确双方的权利与义务,用制度来规范渠道商的行为。防止某些经销商为了扩大销售量、获取更多返利而低价销售,从而使经销商之间保持良性竞争和互相制衡。

四、细化营销渠道,提高其效率

LG依据产品的种类和特点对营销渠道进行细化,将其分为IT产品、空调与制冷产品、影音设备等营销渠道。这样,每个经销商所需要掌握的产品信息、市场信息范围缩小了,可以有更多的精力向深度方向发展,更好地认识产品、把握市场、了解客户,最终提高销售质量和业绩。

五、改变营销模式,实行逆向营销

为了避免传统营销模式的弊端,真正做到以消费者为中心,LG 将营销模式由传统的 "LG→总代理→二级代理商→……→用户" 改变为 "用户←零售商←LG+分销商" 的逆向模式。采用这种营销模式,LG 加强了对经销商特别是零售商的服务与管理,使渠道更通畅。同时中间环节大大减少,物流速度明显加快,销售成本随之降低,产品的价格也更具竞争力。

(资料来源:https://max.book118.com/html/2019/0520/6022144100002032.shtm,2019-05-20)

案例思考

1. 分析 LG 的渠道策略。
2. 分销渠道选择应注意哪些问题?

案例分析与提示

1. LG 电子公司采取了选择性分销和独家分销两种策略。
2. 分销渠道的选择首先应该做好产品特性、市场状况、企业自身、外界环境几个方面的调研工作,明确目标市场的确定位置,建立快速、低成本、高效率的渠道模式。在选择渠道合作商时应当结合双方的实际情况慎重选择,在合作意愿和合作模式上应当本着长期友好合作的伙伴关系,积极进行信息的沟通,企业也应该制定明晰的奖惩措施,鼓励渠道商,使合作双方更好的实现互惠互利。

【综合实训】

空调(白酒)行业分销渠道调查

一、实训项目

不管是在空调行业还是在白酒行业,经过多年的激烈竞争,一些优秀企业确立了成功的渠道模式,调查了解空调(白酒)行业的渠道模式。

二、实训内容

1. 选择空调行业或白酒行业三到四家公司,比如空调行业的格力、美的、海尔、志高,了解各家公司的渠道模式,比较各公司渠道模式的优劣。
2. 网络营销对传统渠道模式的冲击,以及传统渠道中间商的应对策略。

三、实训组织

①由教师担任研讨活动总指导;②全班分为若干小组,每组 4~5 人,确定组长 1 人;③每组就所调查的内容开展研讨;④每组推举 1 人进行全班交流发言。

四、实训成果

空调(白酒)行业分销渠道调查的 PPT 课件。

任务12 促销策划

【能力目标】

通过完成本任务,你应该能够:
- 清晰描述影响促销组合的因素。
- 制定实施各种促销策划方案。
- 有效评估各种促销方案的效果。

【名言警句】

企业经营如果忽视广告,就好像在夜幕中向姑娘传递秋波,尽管你知道你做了什么,但对方并不知道。

——埃德加·威森·豪尔

营销最重要的是站在顾客的立场上考虑问题,而不是一味地推销。

——詹姆斯·休伯特

【案例导入】

我国久负盛名的"红双喜"乒乓球,早已被国际乒联列为国际比赛用球,深受各国运动员的喜爱。然而据统计,"红双喜"的年销量仅仅是日本"尼塔库"牌乒乓球的 1/30。乒乓球这一体育项目,我国早已"冲出亚洲,走向世界"了,但球本身的地位却与我国的成绩极不相称,为什么质量世界一流的"红双喜"乒乓球的经营业绩不如与之质量差不多的日本产品呢?原因就在于经营方式的不同。对日本厂家而言,他们每次比赛不惜花费重金资助东道国,并且在比赛场地竖起广告牌,通过各种媒介大做广告。因此,"尼塔库"的形象深深铭刻在消费者的心目中。有位日本商人说:"中国人不会做生意,如果日本乒乓队能够获得6项世界冠军,日本的乒乓球器材商早就发了大财。"在1992年的巴塞罗那奥运会上,日本人就曾纳闷:"中国有这么好的选手,为什么企业不用来赚钱!球衣、球鞋、球拍、球桌样样都是好生意。"

对于现代企业而言,仅仅开发出优秀的产品,为其制定有吸引力的价格,建立畅通的销售渠道,已经远远不够。企业必须与现有的和潜在的消费者进行沟通,承担起沟通者和促销者的角色。企业促销的基本目的就是通知、劝说或提醒潜在消费者,从而影响他们的态度或可能的行为反应,以树立产品在消费者心目中的地位。

12.1 促销与促销组合

任务情境

小李是 A 酒厂在 K 市的业务经理，根据公司的要求，他在销售旺季来临的时候开展了一场大规模的促销活动，以全面提升市场的销量和建设品牌。

活动的具体内容是针对经销商终端累计进货和消费者买赠的方式开展促销活动。该活动在公司的另一个市场执行的效果非常好，因而总部也要求小李确实将活动落实到位。然而在活动一开始小李就发现整体出货量虽然不小，但是产品的回转却不很理想，大部分货物都积压在终端，消费者的买赠都被店老板给独吞了，同时产品的价格也出现问题，部分终端低于进货价在销售，对市场产生很大影响。

针对这一问题，小李决定对促销活动进行相应的调整。那么应该如何调整呢？

12.1.1 促销和促销组合

促销即促进销售，是企业运用各种手段向消费者传递有关本企业及产品的各种信息，说服或吸引消费者购买其产品，以达到扩大销售量的目的。

促销实质上是一种沟通活动，即企业(信息提供者或发送者)发出作为刺激消费的各种信息，把信息传递到一个或更多的目标对象(即信息接收者，如听众、观众、读者、消费者或用户等)，以影响其态度和行为。促销最基本的作用是在生产者与消费者之间进行信息沟通，通过信息沟通，发展新顾客，巩固老顾客。

促销组合，就是把各种不同的促销方式有目的、有计划地组合起来加以综合运用，以达到特定的促销目标。构成促销组合的方式主要有以下四种。

1. 人员推销

人员推销又称人员销售，是企业通过派出推销人员或委托推销人员亲自向顾客介绍、推广、宣传，以促进产品的销售。人员推销可以是面对面交谈，也可以通过电话、信函进行交流。推销人员的任务除了完成一定的销售量以外，还担负着收集市场信息、及时发现顾客的需求，并开拓新的市场、创造新的需求的责任。

2. 广告

广告是企业以付费的形式，通过一定的媒介，向广大目标顾客传递信息的有效方法。现代广告不应只是一味地单项沟通，而是要想方设法形成一种双向沟通，即应把企业与顾客共同的关心点结合起来考虑广告的制作和传播。

3. 营业推广

营业推广是由一系列短期诱导性、强刺激的战术促销方式所组成的。它一般只作为人员推销和广告的补充方式，其刺激性很强、吸引力大。与人员推销和广告相比，营业推广不是连续进行的，只是一些短期性的能够使顾客迅速产生购买行为的措施。

4. 公共关系

公共关系是企业通过有计划的长期努力，影响团体与公众对企业产品的态度，从而使企业与其他团体及公众取得良好的协调，使企业能适应它的环境。良好的公共关系可以达到维护和提高企业的声望、获得社会信任的目的，从而间接促进产品的销售。

这四种不同的促销方式分别具有不同的特点、适用范围和促销效果，促销时可以把这四种方式同时使用，也可以两种、三种相互结合，不同的组合可以达到不同的促销效果。

12.1.2　影响促销组合的因素

由于不同的促销手段具有不同的特点，企业要想制定出最佳组合策略，就必须对促销组合进行选择。企业在选择最佳促销组合时，应考虑以下五种因素。

1. 产品类型

产品类型不同，购买差异就很大，不同类型的产品应采用相应的促销策略。一般来说，消费品主要依靠广告，然后是营业推广、人员推销和公关宣传；工业品主要依靠人员推销，然后是营业推广、广告和公关宣传。不同产品类型的各种促销方式的相对重要程度如图12-1所示。

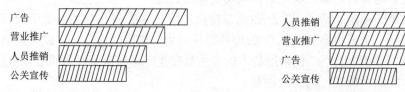

(a) 各种促销工具对于消费者促销的相对重要性　　(b) 各种促销工具对于工业品促销的重要性

图 12-1　不同产品类型的各种促销方式的相对重要程度

2. 产品生命周期

处在不同时期的产品，企业的营销目标及重点都不一样，所采用的促销方式也有所区别。通常在投入期，要让消费者认识和了解新产品，要利用广告与公共关系广为宣传，同时配合使用营业推广和人员推销，鼓励消费者试用新产品；在成长期，要继续利用广告和公共关系来扩大产品的知名度，同时使用人员推销来降低促销成本；在成熟期，市场竞争激烈，要用广告及时介绍产品的改进，同时使用营业推广来增加产品的销售量；在衰退期，营业推广的作用更为重要，同时配合少量的广告来保持顾客的记忆。

3. 市场特点

市场需求情况不同，企业应采取的促销组合也不同。一般来说，市场范围小，潜在顾客较少以及产品专用程度较高的市场，应以人员推销为主；而对于无差异市场，因其用户分散，范围广，则应以广告宣传为主。此外目标市场的其他特性，如消费者收入水平、风俗习惯、受教育程度等也都会对各种促销方式产生不同的影响。如果目标市场消费者文化水平较高，经济状况较好，可较多地运用广告和公共关系；反之，在乡镇、农村、较落后地区则应较多运用营业推广和人员促销。

4. 促销目标

确定最佳促销组合，还需要考虑促销目标。相同的促销工具在实现不同的促销目标上，其成本效益会有所不同。也就是说，促销目标不同，应有不同的促销组合：若促销目标是为了提高产品的知名度，那么促销组合重点应放在广告和营业推广上，辅之以公共关系宣传；若促销目标是为了让顾客了解某种产品的性能和使用方法，促销组合应采用适量的广告、大量的人员推销和某些营业推广；若企业的总体营销目标是在目标市场上树立企业形象，为其产品今后占领市场奠定基础，则要制定一个较长远的促销组合方案，应建立广泛的公共关系；若企业的营销目标是在一个细分市场上迅速增加销量，则应选择广告和营业推广，扩大企业的市场占有额。

5. 企业的促销策略

企业的促销活动有"推动"与"拉引"之分。所谓推动策略，是指利用推销人员与中间商促销，将产品推进分销渠道，先推销给批发商，批发商再把产品推销给零售商，最后零售商把产品推销给消费者。这一策略需利用大量的推销人员推销产品，它适用于生产者和中间商对产品前景看法一致的产品。推动策略风险小、推销周期短、资金回收快，但其前提条件是须有中间商的共识和配合，如图12-2所示。

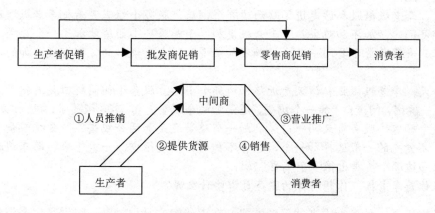

图 12-2 推动策略

推动策略常用的方式有：派出推销人员上门推销产品，提供各种售前、售中、售后服务促销等。

拉引策略是以最终消费者为主要的促销对象，首先设法引起潜在购买者对产品的需求和兴趣，然后消费者向中间商询购这种商品，中间商看到有利可图，纷纷要求经销这种产品，如图12-3所示。

在市场营销过程中，由于中间商与生产者对某些新产品的市场前景常有不同的看法，因此，很多新产品上市时，中间商往往因过高估计市场风险而不愿经销。在这种情况下，生产者只能先向消费者直接推销，然后拉引中间商经销。

拉引策略常用的方式有：价格促销、广告、展览促销、代销、试销等。

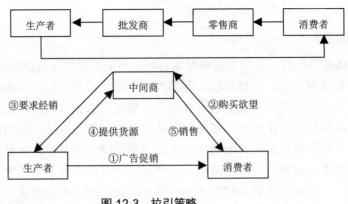

图 12-3　拉引策略

12.2　人员推销策划

任务情境

李老板在一条街上有两家卖粥的小店。路东边这个和路西边那个每天的顾客相差不多，都是川流不息，人进人出。然而晚上结算的时候，路东边这个总比路西边那个多出百十元，几乎每天如此。

一天，李老板微服私访走进了路西边那个粥店。服务小姐微笑着把李老板迎进去，盛好一碗粥并问："加不加鸡蛋？"李老板说加。于是服务小姐给他加了一个鸡蛋。每进来一个顾客，女服务员都要问一句："加不加鸡蛋？"也有说加的，也有说不加的，大概各占一半。

另一天，李老板微服私访又走近路东边那个小店。服务小姐同样微笑着把李老板迎进去，盛好一碗粥，问道："加一个鸡蛋，还是加两个鸡蛋？"李老板笑了，说："加一个。"再进来一个顾客，服务员又问一句："加一个鸡蛋还是加两个鸡蛋？"爱吃鸡蛋的就选择加两个，不爱吃的一般选择加一个，也有不加的，但是很少。一天下来，路东边这个小店就要比路西边那个多卖出很多个鸡蛋。

如果你是李老板，你想对你的服务员讲些什么呢？

人员推销是一种最为古老的促销方式。在现代的产品促销——特别是生产资料的促销中，人员推销仍然占有举足轻重的地位。

人员推销就是企业派出推销人员直接与顾客接触、洽谈、宣传商品，以达到促进销售目的的活动过程。人员推销不仅存在于工商企业中，而且存在于各种非营利组织及各种活动中。西方营销专家认为，今天的世界是一个需要推销的世界，大家都在以不同形式进行推销，人人都是推销人员。科研单位在推销技术，医生在推销医术，教师推销知识。可见推销无时不在，无处不在。

12.2.1　人员推销的特点和形式

1. 人员推销的特点

人员推销与广告、营业推广等促销方式相比，人员推销有其特有的优势。

(1) 亲切感强。推销人员深深知道，满足顾客需要是保证销售达成的关键。因此，推销人员总愿意在许多方面为顾客提供服务，帮助他们解决问题。因此，推销人员通过同顾客面对面交流，消除疑惑，加强沟通。同时，双方在交流过程中可能建立起信任和友谊关系。

(2) 说服力强。推销人员通过现场示范，介绍商品功能，回答顾客问题，可以立即获知顾客的反应，并据此适时调整自己的推销策略和方法，容易使顾客信服。

(3) 针对性强。广告所面对的范围广泛，其中有相当部分根本不可能成为企业的顾客。而人员推销总是带有一定的倾向性访问顾客，目标明确，往往可以直达顾客。因而，无效劳动较少。

(4) 竞争性强。各个推销人员之间很容易产生竞争，在一定物质利益机制驱动下，会促使这一工作做得更好。

尽管人员推销有上述优点，但并不意味着在所有的场合都适合采用这一方式。人员推销成本费用较高，在市场范围广泛，而买主又较分散的状态下，显然不宜采用此方法；相反，市场密集度高，买主集中(如有些生产资料市场)，人员销售则可扮演重要角色。由于人员销售可以提供较详细的资料，还可以配合顾客需求情况，提供其他服务，所以它最适于推销那些技术性较强的产品或新产品；而一般标准化产品则不必利用人员销售，以免增加不必要的支出。

2. 人员推销的形式

人员推销主要有上门推销、柜台推销和会议推销三种形式。

(1) 上门推销。上门推销是最常见的人员推销形式。它是由推销人员携带产品样品或图片、说明书和订货单等主动走访顾客，推销产品。这种推销形式可以针对顾客的需要提供有效的服务，方便顾客，故为顾客广泛认可和接受。

(2) 柜台推销。柜台推销又称门市，是指企业在适当地点设置固定门市，由营业员接待进入门市的顾客，推销产品。门市的营业员是广义的推销员。柜台推销与上门推销正好相反，它是等客上门式的推销方式。由于门市里的产品种类齐全，能满足顾客多方面的购买要求，为顾客提供较多的购买方便，并且可以保证产品完好无损，故顾客比较乐于接受这种方式。

(3) 会议推销。会议推销是指利用各种会议向与会人员宣传和介绍产品，开展推销活动。譬如，在订货会、交易会、展览会、物资交流会等会议上推销产品。这种推销形式接触面广、推销集中，可以同时向多个推销对象推销产品，成交额较大，推销效果较好。

12.2.2 设计人员推销方案

人员推销方案，是指推销人员在公司制定的推销市场开展推销业务的具体过程，它主要包括以下五方面内容。

1. 明确推销任务，了解推销对象

推销任务主要包括挖掘和培养新顾客、培育企业忠实顾客、为顾客提供服务、传递企业产品信息以及产品销售五个方案。

(1) 挖掘和培养新顾客。销售人员首要的任务是不间断地寻找企业的新顾客，包括寻找潜在顾客和吸引竞争者的顾客，积聚更多的顾客资源，这是企业市场开拓的基础。

(2) 培育企业忠实顾客。销售人员应该通过努力与老顾客建立融洽的关系，使企业始终保持一批忠实顾客，这是企业市场稳定的基石。

(3) 提供服务。销售人员应该为顾客提供咨询、技术指导、迅速安全交货、售后回访、售后系列服务等服务，以服务来赢得顾客的信任。

(4) 沟通信息。销售人员应该熟练地传递企业各种信息，说服、劝导顾客购买本企业产品。在信息传递的过程中，关注顾客对企业产品的信息反馈，主动听取顾客对产品、企业的意见和建议。

(5) 产品销售。销售人员努力的最终成果，应该是源源不断地给企业带来订货单，把企业产品销售出去，实现企业的销售目标。

2．构建推销队伍结构

推销队伍的构建，主要是根据地区、产品、顾客类别等方面进行划分。

(1) 按地区划分的结构。这是最简单的推销人员结构，如图12-4所示，即按地理区域配备推销人员，设置销售机构，推销人员在规定的区域负责销售企业的各种产品。优点是责任明确、有助于与顾客建立牢固的关系、可以节省推销费用。适应产品品种简单的企业。

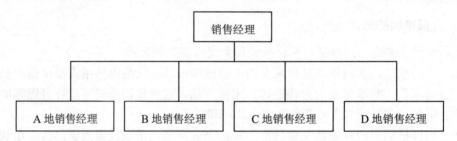

图 12-4　地区销售组织

(2) 按产品划分的结构。即按产品线配备推销人员，设置销售机构，每组推销人员负责一条产品线在所有地区市场的销售，如图12-5所示。条件是产品技术性强、品种多且其相关性不强。

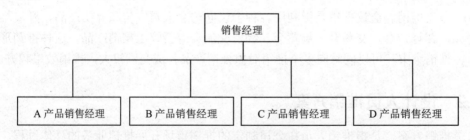

图 12-5　产品销售组织

(3) 按顾客类别划分的结构。即按某种标准(如行业、顾客规模)把顾客分类，再据此配备推销人员，设置销售结构(见图12-6)。优点是能满足不同用户需求，提高推销成功率。缺点是推销费用增加和难以覆盖更广市场。

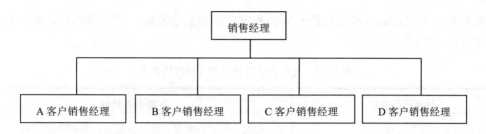

图 12-6　客户销售组织

(4) 复合式的结构。即将上述三种结构结合起来，或按区域—产品，或按区域—顾客，或按区域—产品—顾客来组建销售机构或分配推销人员。通常当大企业拥有多种产品且销售区域相当广阔时适宜采取这种结构。

3．确定销售人员条件

一个理想的销售员应该具有何种特征呢？其基本条件主要有以下三点。

1) 健康的心理

世界卫生组织对"健康"的定义是不仅仅是未患疾病，还包括心理和社交活动正常。心理和社交活动正常对推销人员尤为重要，这包括：

对现实与他人的认识趋于准确客观。心理健康者对现实世界及他人的认识是客观的、如实的，很少受主观偏见的影响，这样才能根据正确的信息采取行动。

对事实持现实的态度。心理健康者是现实的，他们往往能承受各种挫折，对人也不会过分苛刻。

广泛而深厚的人际关系。推销人员善于与他人接近，能和大多数人和睦相处，经常表现出友善、耐心和合作的愿望。

2) 坚强的意志

意志是人自觉地确定目的，并根据目的来支配调节自己的行动，克服各种困难，从而实现目的的心理过程。意志的作用在于自觉努力去保证意识目的的实现，并使主体克服各种障碍，服从前进的目标。

首先，明确自己的责任。在市场经济条件下，推销员工作十分重要，有人称之为"火车头"。推销员工作上去了，企业整体发展也有了保证。为此，推销员要有强烈的责任感。

其次，深知工作性质。推销员就是和不同的顾客打交道。从了解顾客、上门、与顾客接洽，直到成交，每一关都是荆棘丛生，没有平坦大道可走。面对困难，坦然相迎。同时，推销员将公众利益、企业利益结合起来，所以应该理直气壮，为此感到自豪，不卑不亢，无惧无畏。

最后，以勤为径，百折不挠。美国推销协会的一项调查表明，48%的推销员在第一次拜访用户后便放弃了继续推销的意志；25%的推销员在第二次拜访用户后放弃了继续推销的意志；12%的推销员在第三次拜访用户后放弃了继续推销的意志；5%的推销员在第四次拜访用户后放弃了继续推销的意志。只有10%的推销员锲而不舍，而他们的业绩占了全部销售额的80%。

3) 复合的个人特性

一个理想的推销员应该具有何种特性呢？有人认为推销员应该是外向的和精力充沛

的，然而有许多成功的推销员却是内向的和态度温和的。其实，推销员的个人特性是由他们的责任决定的(见表12-1)。

表12-1 推销员的责任与个人特性的关系

推销员的责任	有关个人特性
1. 挖掘潜在顾客的需要	1. 主动、机智、多谋、富有想象力、具有分析能力
2. 宣传产品	2. 知识丰富、热诚、富有语言天分、有个性
3. 说服顾客	3. 具说服力、具持久力、机智多谋
4. 答辩	4. 有自信心、知识丰富、机智、有远见
5. 成交	5. 具有持久性、有冲劲、有自信心
6. 日常访问报告、计划和访问编排	6. 有条不紊、诚实、留意小节
7. 以服务建立企业信誉	7. 友善、有礼貌、乐于助人

4. 销售人员的挑选与训练

根据销售人员应该具备的条件，企业要制定有效的措施和程序，加强对销售人员的挑选和训练。挑选销售人员的一般程序如图12-7所示。

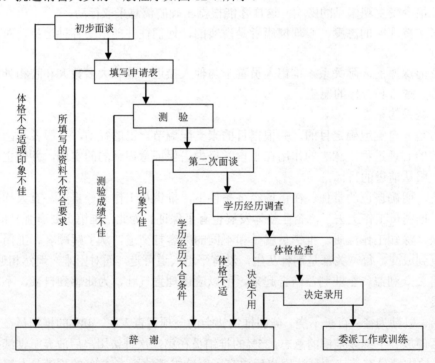

图12-7 销售人员选拔程序

销售人员的训练一般包括以下内容。

(1) 了解企业情况。企业情况包括历史、经营目标、组织结构设置、主要负责人、主要产品、销售量等。

(2) 产品情况。包括产品制造过程、技术含量、功能、用途等。

(3) 顾客情况。包括他们的购买动机、购买习惯、购买数量、地理分布、负责人情况、付款方式、信用状况等。

(4) 推销程序和责任。销售人员要懂得怎样在现有顾客和潜在顾客之间分配时间，如何拟定推销路线，如何合理支配费用等。

5．销售人员的考核

销售人员的评价是企业对销售人员工作业绩考核与评估的反馈过程。它不仅是分配报酬的依据，而且是企业调整市场营销战略、促进销售人员更好地为企业服务的基础。

1) 评估资料获取

销售人员的销售报告是主要的评估资料。销售报告包括工作计划和完成任务记录，其中，工作计划是销售人员对他下一步工作提出的安排，包括他准备访问和要走的路线；完成任务报告书则提供了销售活动的成果，如图12-8所示。

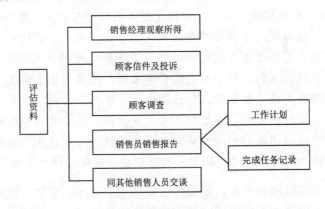

图12-8 销售评估资料

2) 销售人员的考核标准

评估指标要基本上能反映销售人员的销售绩效。为了科学、客观地进行评估，在评估时还应该注意一些客观条件，如销售区域的潜力、区域形状的差异、地理状况、交通条件等。这些条件都会不同程度地影响销售效果，如表12-2所示。

表12-2 销售人员的评估标准

标准	解释
销售量	衡量销售增长状况
毛利	衡量利润的潜量
访问率(每天访问次数)	衡量推销员的努力程度，但不表示销售效果
访问成功率	衡量推销员工作效率的标准
平均订单数目	衡量推销工作成果的标准
销售费用与费用率	衡量每次访问的成本及销售费用占营业额的比重
新顾客	开发新顾客的衡量标准

3) 工作绩效的正式评估

对销售人员的正式评估通常可以采用以下两种方法。

(1) 横向比较。即比较不同销售员在一定时期的销售量和销售效率。当然，这种比较必须建立在各区域市场的销售潜力、工作量、环境、企业促销组合大致相同的基础上。应该指出的是，销售量并不能反映销售员的全部工作成就，管理部门还应对其他指标进行全面衡量。

(2) 纵向比较。比较同一销售员现在和过去的工作实绩。这一比较包括销售额、毛利、销售费用、新增顾客数、丧失顾客数等。这种比较有利于全面了解每个销售员的业绩，督促和鼓励他努力改进下一步工作。

12.3 广告策划

任务情境

海南健康保健品公司策划部的刘经理正在为公司的主打产品"海岛鳖精"的广告发愁，产品早在2007年年底的时候就上市了，但销售却并不尽如人意，一直不温不火的销售持续了近一年半的时间。前期投入了很多广告费用，制作的广告片和其他保健品广告内容并没有较大的差别，广告片里患者证言的矫揉造作和王婆卖瓜的叫卖，很难让顾客感受到真实感。广告形式也没有什么创新，对于广大消费者来说，已经产生了审美疲劳，并没有引起顾客的注意。刘经理决定在广告定位、炒作概念、广告内容、诉求方式、广告形式及媒体投放等方面进行重新设计，另外，还想对广告效果设计一套有效的评价体系，来测量广告投放的效果。他相信这些问题是影响消费者购买的关键，只有这些问题解决了，才能让看完片子的观众产生强烈的购买冲动。**那么，刘经理应该如何设计广告呢？**

广告是一种由特定赞助者出资，通过传播媒体上的语言、文字、图画或影像等，针对某个目标群体来进行沟通的推广方式。西方广告界有句格言："推销产品不做广告，犹如黑夜之中暗送秋波。"在日趋激烈的市场竞争中，企业要想求得一席立足之地，获得长久发展，广告则成为一种必不可少的手段。通过广告，可以诱导消费观念，引导消费行为，可以提高企业的知名度，提升企业的经济效益。

12.3.1 广告的类型

广告是企业在促销中普遍重视且应用最广的一种促销方式，企业要想利用广告为企业进行宣传推广，应首先了解广告有哪些类型。根据不同的划分标准，广告有不同的种类。以广告的内容和目的作为划分标准，广告可分为商品广告、企业广告和公益广告三类。

(1) 商品广告。它是针对商品销售开展的大众传播活动。商品广告按其目的不同可分为三种类型：一是开拓性广告，也称报道性广告。它是以激发顾客对产品的初始需求为目标，主要介绍刚刚进入投入期的产品的用途、性能、质量、价格等有关情况，以促使新产品进入目标市场。二是劝告性广告，又叫竞争性广告，是以激发顾客对产品产生兴趣、增进"选择性需求"为目标，对进入成长期和成熟前期的产品所做的各种传播活动。三是提醒性广告，也叫备忘性广告或提示性广告，是指对已进入成熟后期或衰退期的产品所进行的广告宣传，目的是在于提醒顾客，使其产生"惯性"需求。

(2) 企业广告。企业广告又称商誉广告。这类广告着重宣传、介绍企业名称、企业精神、企业概况(包括厂史、生产能力、服务项目等情况)等有关企业信息，其目的是提高企业的声望、信誉和形象。

(3) 公益广告。公益广告是用来宣传公益事业或公共道德的广告。它的出现是广告观念的二次革命。公益广告能够实现企业自身目标与社会目标的融合，有利于树立并强化企业形象。公益广告有广阔的发展前景。

此外，还有一些分类。例如，按广告的形式划分，可分为文字广告和图画广告；按广告的媒体不同，可分为报纸广告、杂志广告、广播广告、电视广告、因特网广告等。

12.3.2 广告策划的步骤

广告策划是指企业为了实现既定促销目标，在市场调查的基础上，依据整体营销战略和策划，对广告促销战略、策略和活动进行谋划和设计。

广告策划是依据企业营销策划的总体目标展开活动，又要以是否达到企业营销策划总体目标的特定要求为最终评价标准。为了提高广告的促销力和竞争力，实现广告促销的目的，企业必须重视广告促销的整体策划。企业的广告促销策略，包括确定广告目标、广告预算、选择广告媒体、广告效果评价等内容。对每一个内容的管理，都必须将其置于总系统中去把握。

1．确定广告目标

一个企业要实施广告决策，首先要确定广告活动的具体目标。没有具体有效的广告目标，企业就不可能对广告活动进行有效的决策、指导和监督，也无法对广告活动效果进行评价。

可供企业选择的广告目标很多，大致可分为以下四种类型。

1) 产品销售额目标

在某些情况下，企业可以根据产品的销售情况来确定广告目标。但这种方式的采用必须建立在广告是促进产品销售增加的唯一因素或者至少是最主要因素的基础上。因此，以产品销售额作为广告目标往往只适合少数产品，对于大多数以普通方式销售的商品，这种方式并不适用。

2) 创造品牌目标

这类广告目标在于开发新产品和开拓新市场，它通过对产品的性能、特点和用途的宣传介绍，提高消费者对产品的认识程度。这类广告目标的具体内容有：向市场告知有关新产品情况；通知市场有关价格的变化情况；说明新产品如何使用；描述所提供的各种服务；纠正错误的印象；树立公司形象。

3) 保牌广告目标

其目的在于巩固已有的产品市场，深入开发潜在市场和刺激购买需求，提高产品的市场占有率。主要方式是通过连续广告，加深消费者对已有商品的认识和印象，使显在消费者养成消费习惯，使潜在消费者发生兴趣，并促成其购买行为。广告的诉求重点是保持消费者对广告产品的好感、偏爱，增强其信心。这类广告的具体内容有：建立品牌偏好，改变顾客对产品属性的知觉，保持最高的知名度。

4) 竞争性广告目标

其目的在于加强产品的宣传竞争，提高产品的市场竞争能力。广告的诉求重点是宣传本产品比其他品牌产品的优异之处，使消费者认识到本产品的好处，以增强他们对广告的偏爱，指名购买，并争取使偏好其他产品的消费者转变偏好，转而购买本企业产品。

2. 制定广告预算

广告预算是企业广告计划对广告活动费用的匡算，是企业投入广告活动的资金费用使用计划。它规定在广告计划期内从事广告活动所需的经费总额、使用范围和使用方法，是企业广告活动得以顺利进行的保证。广告预算是广告战略策划的一项重要内容，它是一项系统性工程。广告所有活动的实施，要以广告预算来支持。多数企业是依据广告预算来制定广告策略的，即有多少广告费用投入，决定进行多大规模的广告活动。

3. 确定广告内容

广告内容的确定是一项非常专业的活动，通常由专门的广告设计人员来操作。他们需要完成的工作主要有两项：一是确定广告所要传达的信息；二是进行广告创意设计。

广告策划中的"创意"要根据市场营销组合策略、产品情况、目标消费者、市场情况来确立。针对市场难题、竞争对手，根据整体广告策略，找寻一个"说服"目标消费者的"理由"，并把这个"理由"用视觉化的语言，通过视、听表现来影响消费者的情感与行为，达到信息传播的目的，消费者从广告中认知产品给他们带来的利益，从而促成购买行为。这个"理由"即为广告创意。

4. 选择广告媒体

广告媒体的作用在于把产品的信息有效地传递到目标市场。广告的效用不仅与广告信息有关，也与企业所选用的广告媒体有关。事实上，要使人们对某项产品产生好感，这样的职责是由广告信息、广告信息的表现方式(广告作品)和适当的广告媒体共同承担的。同时，在广告宣传中，所运用的广告媒介不同，广告费用、广告设计、广告策略、广告效果等内容都是不同的。因此，在广告活动中要认真选择广告媒体。

企业在选择媒体时要考虑如下四个因素。

(1) 目标顾客的媒体习惯。人们在接收信息时，一般是根据自己的需要和喜好来选择媒体。比如，教育程度高的人，接收信息的来源往往偏重于因特网和印刷媒体；老年人则有更多的闲暇时间用于看电视和听广播；在校大学生偏爱上网和听广播。分析目标顾客的媒体习惯，能够更有针对性地选择广告媒体，提高广告效果。

(2) 媒体特点。不同媒体的市场覆盖面、市场反应程度、可信性等均有不同的特点，具体如表 12-3 所示。

(3) 产品特性。不同产品在展示形象时对媒体有不同要求，如性能较为复杂的技术产品，需要一定的文字说明，较适合印刷媒体；服装之类产品，最好通过有色彩的媒体作广告，如电视、杂志等。

(4) 媒体费用。不同媒体所需成本也是媒体选择所必须考虑的因素之一。考虑媒体费用不能仅仅分析绝对费用，如电视媒体的费用大，报纸媒体的费用低等，更要研究相对费用，即沟通对象的人数构成与费用之间的相对关系。

表 12-3　不同媒体特点

媒体种类	覆盖面	反应程度	可信性	寿　命	保存价值	信息量	制作费用	吸引力
报纸	广	好、快	好	较短	较好	大而全	较低	一般
杂志	较窄	差、慢	好	长	好	大而全	较低	好
广播	广	好、快	较好	很短	差	较小	低廉	较差
电视	广	好、快	好	很短	差	较小	很高	好
邮政	很窄	较慢	较差	较长	较好	大而全	高	一般
户外	较窄	较快	较差	较长	较好	较小	低	较好
因特网	广	较快	较好	短	差	一般	高	一般

5．广告效果评价

广告效果评价是运用科学的方法来鉴定广告的效益。广告效果主要包括三个方面，即传播效果、促销效果和心理效果。传播效果是广告被认知和被接受的情况，如广告的覆盖面、接触率、注意度、记忆度和理解度等，这是广告效果的第一层次。促销效果是广告所引起的产品销售情况，这既是广告最为明显的实际效果，也是广告效果的第二层次。心理效果是广告所引起的广告受众的心理反应，使消费者对企业的好感增强，建立起品牌忠实度，这是广告的第三层次效果，也是最高的效果层次。

> **案例 12-1　无人出镜的广告**
>
> 受疫情影响，人流断了，过去我们习以为常的经济活动链条受到了严重的冲击，比如运动产品，电商确实可以解决购买环节的问题，但是产品的使用和消费动力是电商无法解决的难题。因为运动健身也是一件较有仪式感的行为，人们希望穿上专业的运动装备去健身房、去体育馆、去征服公路、去攀登山峰，去展示，去秀。现在暂时不能出门了，但很大一部分人会选择等疫情过去之后，恢复之前的运动状态，更新运动装备。
>
> 那么对于运动品牌而言，该如何做好这一时期的传播和营销呢？李宁一则无人出镜的广告——在老地方等你，交出了高分答卷。
>
> 这则广告区别于以往所有的运动品牌广告，全篇看不到一个人出镜，没有明星代言、没有人物故事，但每一个场景每一个视角都击中人心。通过跑步、瑜伽、羽毛球、足球、篮球等运动的展示，配合运动时的呼吸声、运动声，让观众以第一视角在参与这则广告，形成很强的抓力，给人一种想要立刻穿上李宁运动装备出现在这些情境中的感觉：我要去跑步、我要去打球、我要去健身，给了观众这种想要去做的冲动。同时，也让这些场景和李宁之间产生了联想，大家去做这些事的时候，最起码会想到李宁，促进实现最终转化。结尾的一双跑步鞋放在休息椅上，配合"等你"两个字，实现了最终的情感冲击、想象冲击，运动等你，李宁等你。
>
> 这是一则品牌力很强的广告，它没有讲自己的鞋多么好，有气垫或是什么，李宁在这个时机选择了能跟消费者产生共鸣的创意设计，把李宁品牌植入消费者心智之中，有情感、

有洞察、有艺术感，提升了其品牌气质。

(资料来源：https://baijiahao.baidu.com/s?id=1661147960296412616&wfr=spider&for=pc, 2020-03-14)

12.4 营业推广策划

任务情境

某保健品公司生产出一种适用于老年人的营养补品。九九重阳节快到了，该保健品公司拟进行一次营业推广活动以提高企业声誉和促进销量，但如何组织这次营业推广活动才能收到良好的效果呢？这就需要发挥团队的智慧。该公司决定组织一次策划会来研讨这个问题。**如果这个任务交给你，你将如何策划本次营业推广活动？**

营业推广又叫销售促进，指企业在特有的目标市场中，为迅速刺激需求和鼓励消费而采取的促销形式，是一种时间短、刺激性强的手段。

12.4.1 营业推广的类型和作用

1. 营业推广的类型

由于营业推广是除公共关系、广告、人员推销以外的所有沟通方式，因此，其范围较为广泛。按营业推广的对象，可以分为以下三类。

1) 针对消费者的营业推广

通过对消费者的强烈刺激，使其迅速采取购买行为。由于最终消费者大都是利益敏感型或价格敏感型，所以营业推广的效果一般较好，且见效快，这也是许多企业经常采用此种方法的原因。

2) 针对中间商的营业推广

通过刺激中间商(包括批发商、零售商)，促使中间商迅速采取购买行为。这种营业推广具有很强的现实意义，因为中间商是以盈利为目的的，它需要的批发量较大。这对企业来说销售额就高，销售成本就低，资金回笼就快。

3) 针对推销人员的推广

针对本企业推销人员展开的推广，目的是鼓励推销人员积极开展推销活动，导致更大的销售量。

2. 营业推广的作用

近年来，营业推广在促销组合中的作用日益加强，营业推广的费用在企业促销费用支出中的比例越来越大，已远远超过广告费用支出。企业之所以对营业推广倍加青睐，是因为在日益剧烈的市场竞争中，营业推广发挥着独特的作用。

1) 加速新产品市场导入的进程

当消费者对刚进入市场的新产品还不够了解，不能做出积极的购买决策时，通过有效的营业推广措施，如免费试用、折扣优惠等，可以在较短时期迅速让消费者了解新产品，促进消费者接受产品，从而加速产品市场导入的进程。

2) 强化消费者重复购买的行为

消费者对某一产品的首次购买，并不一定保证其再次购买。但是，通过销售积分奖励、赠送购物券等多种推广形式的运用，则可以在很大程度上吸引消费者重复购买，进而养成对该产品的购买习惯。

3) 刺激消费者迅速购买

通过运用价格优惠、附赠品等多种方式，形成强烈的利益诱导，可以在短期内刺激消费者的购买欲望，加速消费者的购买决策，从而在短期内迅速扩大企业的销售额。

4) 抵御竞争者的促销活动

当竞争对手大规模展开促销活动时，可以针对性地选择营业推广的手段，抵御和反击竞争者的促销行为，保持顾客忠诚度，维持本企业的市场份额。

这里必须明确，由于营业推广只是一种战术性的营销手段，它的运用只起到一种即时刺激的作用，一般难以建立品牌忠诚，也难以在销售大幅度下滑时发挥起死回生的作用。

12.4.2 营业推广策划的步骤

营业推广策略就是根据企业的营销目标，在充分调研的基础上，确定企业在某一阶段或某一产品的营业推广目标，针对不同的促销对象，在合适时机，选择富有创造性、激励性的营业推广方式，制定有效的营业推广促销方案。一般来讲，制定营业推广策略有以下五个步骤。

1. 确定营业推广目标

企业进行产品营业推广的目标，取决于它的整个营销目标，而具体的营业推广目标又因目标市场的不同而异。概括来说，企业营业推广的目标主要有以下三类。

1) 针对消费者的目标

就消费者而言，营业推广的目标包括鼓励老顾客更多地购买这种产品，吸引新顾客试用这种产品，争夺其他品牌的顾客等。

2) 针对中间商的目标

就中间商而言，营业推广的目标包括鼓励中间商大量进货，增加储存，特别是季节性产品，鼓励中间商持续地经营本企业产品，建立固定的产销关系等。

3) 针对推销人员的目标

就推销人员而言，营业推广的目标包括鼓励推销人员大力推销新产品，开拓新市场，寻找更多的潜在顾客，大力推销过时积压产品等。

2. 选择营业推广方式

为了实现营业推广的目标，企业可以在多种营业推广形式中进行选择。企业根据市场类型、营业推广目标、竞争形势以及各种营业推广形式的成本及效果等因素，做出适当选择。

1) 礼品

免费赠送样品，供中间商和消费者试用。如送货到家、邮寄样品、在商店中散发样品、附在其他产品包装中、附在广告中等。介绍新产品时，赠送样品是最有效的，当然也是较昂贵的方式。

2) 代金券

代金券是送给消费者的一种购货券,可按优惠价格购买某种产品。这种代金券可直接寄给消费者,也可附在其他产品或广告中。

3) 有奖销售

有奖销售是指向购买某产品的销售者提供获得现金、旅游、物品的机会。通常可让消费者用产品的包装来兑换现金,或以发票号码开奖。

4) 附送小物品

在顾客购买某种产品时,免费附送小物品,以刺激其购买欲望。小物品可附于主要产品包装之内,也可另外赠送。有时商品包装本身就相当于一种附带礼品。

5) 交易印花

在营业过程中向购买者赠送印花,当购买者手中的印花积累到一定数量时,可向出售者领取现金或实物。这种方法可以吸引顾客长期购买本企业的产品。

6) 现场示范

在商店里用示范表演的方法介绍新产品的用途及使用方法,增加顾客对新产品的了解,并刺激其购买。

7) 竞赛

这种方式既可对消费者,又可对中间商和推销人员运用。在对消费者运用时,可让消费者进行某种比赛或做游戏,向优胜者发奖。在对中间商和推销人员运用时,这种方式又称为销售竞赛,即让中间商或推销人员开展销售产品的竞赛,向优胜者发奖。

8) 交易折扣

这一方式主要是针对中间商的。例如,企业可规定只要在一定时期内购买了本企业的某种产品,就可得到一定金额的折扣,购买量越大,折扣越多。这种方法可鼓励中间商更多地经营本企业产品,或促使中间商经营原来不打算经营的本企业的产品。

9) 津贴

这一方式也是主要针对中间商的,有广告津贴和陈列津贴两种。广告津贴是指当中间商出资为本企业产品做广告时,给予一定的资助。陈列津贴是指当中间商陈列展出本企业产品时,给予一定的资助。

10) 展销会

通过参加各种形式的展销会来促进产品的销售。在展销会上可展出本企业产品,并进行示范操作表演,以吸引参观者(包括中间商和消费者),促使其了解产品,并当场或事后订货。

3. 制定营业推广方案

企业在制定营业推广决策时,不仅要确定营业推广的目标,选择适当的推广形式,还要制定出具体的推广方案。主要内容包括奖励规模、奖励范围、发奖途径、奖励期限以及营业推广的总预算。

1) 奖励规模

营业推广的实质就是对消费者、中间商和推销员予以奖励,所以企业在制定具体营业推广方案时应首先决定奖励的规模。在确定奖励规模时,最重要的是进行成本——效益分析。假定奖励规模为1万元,如果因销售额扩大而带来的利润大大超过1万元,那么奖励规模还可扩大；如果利润增加额少于 1 万元，则这种奖励是得不偿失的。营业推广的这种成本—效益分析，可为制定有关奖励规模的决策提供必要的数据。

2) 奖励范围

企业应决定奖励哪些顾客才能最有效地扩大销售。一般来讲，应奖励那些现实的或可能的长期顾客。

3) 发奖途径

企业还应决定通过哪些途径来发奖。例如，代价券可放在商品包装里分发，也可通过广告媒介分发或直接邮寄。在选择分发途径时，既要考虑各种途径的传播范围，又要考虑成本。

4) 奖励期限

如果奖励的期限太短，许多消费者可能由于恰好在这一期限内没有购买而得不到奖励，从而影响营业推广的效果；反之，如果奖励的期限太长，又不利于促使消费者立即作出购买决策。

5) 总预算

确定营业推广预算的方法有两种：一是先确定营业推广的方式，然后再预计其总费用；二是在一定时期的促销总预算中拨出一定比例用于营业推广。后者较为常用。

4．实施营业推广方案

方案确定以后，就可以开始实施了。实施时应注意以下三个方面。

(1) 要加强工作协调。营业推广活动涉及许多部门和人员，组织者应及时与有关部门的负责人交换意见，协商落实办法。如果各部门没有统一的行动，各行其是，方案再好也无济于事。

(2) 掌握工作进度的时间，严格按"工作时间预定表"执行。如果样品派送后没有及时在零售店铺货，使用了样品的消费者买不到商品，样品派送人员的努力就会付之东流。

(3) 在实施过程中，主办单位还要跟踪调查消费者的反应、社会公众的反应、竞争者的反应，监督促销方案的执行情况、物资控制的情况、实施中的不良倾向。如发现问题，必须立即进行调整，使企业能够有效地适应新的情况和条件，从而最终达到既定目的。

5．评估营业推广效果

对营业推广方案进行评估是一件很重要的事，但从西方企业的实践来看，这一环节尚未引起足够的重视。最常用的一种评估方法是将营业推广前、后和进行中三个时期的销售额进行比较。

例如，一种产品在营业推广之前的市场份额为 6%，营业推广期间为 10%，营业推广一结束马上降为 5%，过了一段时间又回升到 7%。这些数据表明，企业的营业推广方案在实施期间吸引了一批新的顾客，并促使原有的顾客增加了购买量。营业推广结束后马上降为 5%，说明顾客尚未用完前一段多购的产品。回升到 7%，说明这项营业推广方案终于使一批新顾客成为老顾客。如果过一段时间市场份额不是 7%而仍旧是 6%，那就说明这项营业推广方案只是改变了需求的时间，并未增加该产品的需求量。

营业推广通常可收到立竿见影的效果，但是，如果运用不当，会损害企业或产品的长期利益。

12.5 公共关系策划

任务情境

2017年4月10日,美联航一名亚裔乘客在芝加哥机场的航班上因"超售"问题被强行从座位上拖拽的视频,在网络持续发酵,引发网友大规模口诛笔伐。同日,美联航官方发布了 CEO Oscar Munoz 的一份简短声明,但显然避重就轻,只提到对于"重新安置的乘客"的道歉,并没有对于这位受伤的亚裔男子的道歉。

随后 Munoz 在一封员工信中写道:"当员工礼貌请求一名乘客下机时遭到了拒绝,随后便有必要联系芝加哥航空安全人员前来帮助。员工遵循了处理此类情况的既定程序,公司赞扬员工做出的努力。"Munoz 称他们是"好样的",并指责被拖下飞机的乘客具有攻击性。邮件传出后进一步加深了公众对美联航的愤怒。

迫于压力,11日,Munoz 又发布了第二份声明。他郑重道歉,并承诺在4月30日之前完成此事件的调查。Munoz 在美国广播公司《早安美国》节目中再次道歉,表示类似事件不会再发生。Munoz 亲手搞大了美联航的危机,并且让公司的市值一夜之间蒸发近10亿美元。

如果你是美联航的 CEO,面对这次公共危机,你打算怎么做?

良好的公共关系,是企业促销的基础,它可以帮助企业了解消费者的需要并予以满足,还可以对消费者的行为迅速作出反应。而公关活动本身,也具有积极的促销作用。通过将公关与促销活动进行有机的结合,形成了公关促销的全新观念,更多的企业认识到它的重要性并进行了积极的运用。

12.5.1 公共关系

公关活动作为促销组合的一部分,有利于企业及产品形象的提高,并能增进公众对企业的了解。

1. 公共关系的概念

公共关系一词来自英语 Public Relations,简称 PR,译为公众关系,简称公关。它是指企业有计划地、坚持不懈地运用沟通手段,争取内外公众谅解、协作与支持,建立和维护优良形象的一种现代管理职能。

公共关系这一概念,从不同的角度去理解可以得出不同的表现形式。

从静态的角度来看,公共关系表现为一种状态,它包括原始的公共关系状态和良好的公共关系状态。原始的公共关系状态是社会组织不加任何修饰(即不开展任何公共关系活动)的公共关系状态。这种状态具有单纯性、自然性和客观性的特点。良好的公共关系状态是社会组织通过各项公共关系活动的开展,改变原始的公共关系状态所要实现的目标状态,这种状态具有主观性、复杂性和多样性的特点。

从动态的角度来看,公共关系又表现为一种活动,它是由日常公共关系活动和专门性的公共关系活动构成的。日常公共关系活动是指大量的例行性业务工作和临时性琐碎工作，它依赖于组织中全体工作人员共同努力来完成；专项公共关系活动是指有确定主题、确定目标，由公共关系管理者或公共关系专家具体策划，由公共关系工作者运用各种公共关系技术进行实际操作的重大公共关系活动。

2. 公共关系的构成要素

公共关系是由社会组织、公众和传播沟通三大要素构成的。社会组织是公共关系的主体，它主宰着公共关系活动，决定公共关系状态；公众是公共关系的客体，他们的态度和行为影响着社会组织目标的实现；信息传播沟通是公共关系的手段，它决定着公共关系活动的效果。

1) 公共关系主体——社会组织

社会组织简称组织，是指人们为实现特定目标，按照一定的规范建立起来的社会团体。如政治组织、经济组织、军事组织、文化团体以及民间组织等具体机构，它是实施公共关系活动的主体，它可以发起和从事各种公共关系活动。

2) 公共关系客体——公众

公众是与特定的公共关系主体相互联系、相互作用的个人、群体和组织的总和，是公共关系工作对象的总称。公众的数量以及态度，决定着组织生存环境的优劣。正确认识和分析公众，积极地影响公众，争取不同公众对组织的理解与支持，是公共关系工作的重要任务。

3) 公共关系的过程——信息传播沟通

传播是指个人间、群体间或群体与个人之间交换、传递新闻、事实、意见、感情的信息交流过程。信息传播沟通是连接公共关系主体和客体的纽带，它是公共关系的工作过程，也是公共关系的基本手段。信息传播的质量和效果决定着公共关系工作的效果。

12.5.2 公共关系策划的步骤

所谓公关策划，是指公关人员通过对公众进行系统分析，利用已经掌握的知识和手段对公关活动的整体战略和策略运筹规划，是对于提出公关决策、实施公关决策、检验公关决策的全过程作预先的考虑和设想。通过公关策划，可以树立企业良好形象，提高企业知名度和美誉度；可以处理公共关系，消除公众误解；可以增强公众的购买或消费欲望，促进产品销售。

一个良好的公关策划要经过收集信息、确立目标、认定公众、制定策略、选择时机、选择媒介、制定公关预算及审定方案八个步骤。

1) 收集信息

在公关策划中，主要收集的信息包括政府决策信息、新闻媒介信息、立法信息、产品形象信息、竞争对手信息、消费者信息、市场信息、企业形象信息和销售渠道信息。对所收集的信息要经过整理、加工、分析提炼等过程，最后归档入案，进行科学分类储存。

2) 确立目标

确立目标是公关策划中重要的一步，目标一错，便一错百错。所谓公共关系目标，就是公共关系策划所追求和渴望达到的结果。公关目标规定了公关活动要做什么，做到什么程度，取得什么样的效果。公共关系目标是公共关系全部活动的核心，是制定公共关系策划的依据，是评价公共关系效果的标准，也是公关人员努力的方向。

3）认定公众

任何一个组织都有其特定的公众对象，确定与组织有关的公众对象是公关策划的首要任务之一。只有确立了公众，才能选定需要的公众人才、公关媒介和公关模式，才能将有限的资金和资源科学地分配使用，减少不必要的浪费，取得最大的效益。认定公众目标的方法一般有以下三种。

(1) 以活动目标划定公众范围。例如，某饭店为提高自己的声誉而组织建店周年庆典专题活动，其目标公众主要是同行、新闻媒介、政府部门、部分重要顾客和社会名流。这样划定公众范围主要强调的是相关性。

(2) 以组织实力划定目标公众。在公关活动中，组织常常要面对广泛的公众，往往感到人力和财力不足。在这种情况下，就应将有关公众按与组织关系的密切程度、影响的大小程度、相关事情的紧迫程度等因素进行排队，优先选出最为重要的"部分"公众作为目标公众。这样确定公众强调的是重要性。

(3) 以组织公关活动需要确定目标公众。社会组织开展公关活动，必须解决所面临的具体公关问题。当组织出现公关问题或危机时，开展公关工作的目标公众就应当是受问题或危机影响的公众和新闻媒介、政府部门，以防止问题升级或危机加剧，防止这些公众对组织产生信任危机。这样确定公众强调的是影响度。

其实，不同组织每次举行公共关系活动确定目标公众，很难有统一的标准，基本的原则是从组织的活动目标、需要和实力三个方面去考虑。

4）制定策略

公共关系策略多种多样，不同的问题、不同的公众对象、不同的组织都有相应的公关策略，没有哪一种公关策略可以解决所有问题。究竟选用哪一种公关策略，要根据公关的目标、任务、公关的对象分布、权利要求，具体而定。常见的公关策略有以下九种。

(1) 交际型公关策略。这种模式是指不借助其他媒介，而只在人与人的交往中开展公关活动。这种策略富有人情味，能使人际间的沟通进入"情感"的层次，这对于巩固公众对组织的支持态度是十分重要的。其具体内容包括：各种招待会、座谈会、宴会、茶会、慰问、专访、接待、个人信函、电话等。交际型公关策略，主要适用于第三产业部门。如零售商店，必须通过无媒介的人际交往，为顾客提供周到的服务。例如，一个人乘坐北方航空公司的飞机去长沙出差。飞机降落之后，他提着随身带的一捆资料，走到了机舱门口。空中小姐在向他微笑道别的同时，递给了他两块小方布，说："先生，请用小方布裹着绳子，不要勒坏了您的手。"人非草木，孰能无情！这位先生备受感动，从此每次出差或带家人出门，总是首选北航。一句话两块小方布，换来了一生的光顾，真是划算。

(2) 宣传型公关策略。这是指企业通过各种媒体和交流方式对外传播，扩大企业影响，争取更多潜在顾客的方法。它的特点是利用一定的媒体进行自我宣传，其主导性、时效性极强。基本手段是"制造新闻"，即企业为吸引新闻媒体报道并扩散自身所希望传播的信息而专门策划的活动。在众多免费宣传性公共关系手段中，它是一种最主动、最有效的传播方式。制造新闻不是无中生有地编造新闻，也不是不负责任地欺骗公众，而是利用一些热点事件或突发事件的新闻价值，吸引新闻媒介广为传播。

(3) 征询型公关策略。这是以采集信息、调查舆论、收集民意为主的策略，目的是通过掌握信息和舆论，为组织的管理和决策提供参谋。如有奖征文、有奖测验、信访制度、举报中心、热线电话等都属于征询型公关活动。这种活动有助于增强公众的参与感，提高组织的社会形象。征询型公关是一项日常的工作，要坚持不间断地进行下去。

(4) 社会型公关策略。这种模式是通过举办各种有组织的社会性、公益性、赞助性的活动，如庆祝会、纪念会，赞助文化、教育、体育、卫生等事业，参与国家、社区重大社会活动等形式，来扩大企业的社会影响，塑造企业的社会形象，提高企业的社会知名度和美誉度。社会型公关策略的最大特点就是公益性，它不以短期利益为出发点，不以获取直接经济利益为目的，而是通过一系列活动，创造出一种给企业带来长期利益的社会环境。

社会型公关策略主要形式是赞助公益事业。赞助活动要注意以下三点：首先，选准项目，赞助项目的社会意义越大、越有价值，将给企业带来的经济效益越大；其次，选准时机，引起公众的注意，提高单位时间内所传播的有效信息量；最后，抓住赞助项目的落实，切忌虎头蛇尾，草率收场，影响企业信誉和形象。

(5) 服务型公关策略。以提供各种实惠的服务工作为主，目的是以实际行动获得社会公众的好评，树立组织的良好形象。其具体工作包括：售后服务、消费引导、便民服务、义务咨询等。服务型公关能够有效地使人际沟通达到"行动"层次，是一种最实在的公共关系。

服务型公关策略的实施，有一定的要求。第一，注意实在性，对公众做的事情越实在、越具体，就越有可能使公众产生好的形象，对公众造成正面的影响力；第二，注重服务的实惠性，企业的公共关系要从公众的实际需要出发，要注意充分关照公众的利益，对公众让利，努力把服务性公共关系的性质体现出来；第三，提供优质服务，企业要从服务态度、服务内容、服务形式等多方面入手，全面提高公共关系的服务质量。

(6) 维系型公关策略。这是指社会组织在稳定、顺利发展的时期，维系组织已享有的声誉，稳定已建立的关系的一种策略。其特点是采取较低姿态，持续不断地向公众传递信息，在潜移默化中维持与公众的良好关系，使组织的良好形象长期保存在公众的记忆中。

(7) 矫正型公关策略。这是一种当组织遇到风险或组织的公共关系状态严重失调，组织形象受到严重损害时所采用的一种公关活动模式。社会组织要及时进行调查研究，查明原因，采取措施，做好善后工作，平息风波，以求逐步稳定舆论，挽回影响，重塑组织形象。矫正型公关属于危机公关的组成部分，如组织发生各种危机后采用的各种赔偿、致歉、改组等活动。

(8) 建设型公关策略。这是指组织的初创时期，或某一产品、服务刚刚问世的时候，以提高知名度为主要目标的公关活动的策略。这时组织的形象尚不确定，产品的形象也没有在公众的头脑中留下什么印象。此时公关策略应当是以正面传播为主，争取以较大的气势，形成良好的"第一印象"。从公众心理学的角度讲，就是争取一个好的"首因效应"。其常用的手段包括：开业庆典、剪彩活动、落成仪式、新产品发布、演示、试用、派送等。

(9) 进攻型公关策略。这是指社会组织与环境发生某种冲突、摩擦的时候，为了摆脱被动局面，开创新的局面，采取的出奇制胜、以攻为守的策略。组织要抓住有利时机和有利条件，迅速调整组织自身的政策和行为，改变对原环境的过分依赖，以便争取主动，力争创造一种新的环境，使组织不致受到损害。

5) 选择时机

俗话说"机不可失，时不再来"，时机对于一个公关策划人员来说，可以说是命运之神。抓住机遇，及时公关，可以起到"事半功倍"的效果。所以公关策划时，要注意时机的捕捉。时机的选择要注意：第一，尽量选择那些能够引起目标公众关注，又具有新闻苗头的时机；第二，要善于利用节日，去做可借节日传播组织信息的项目；第三，尽量避开国内外重大事件，因为弄不好组织的活动项目会毫不起眼，但国内外大事发生之时，又是组织借势之机，关键看你能否借题发挥；第四，重大的公共关系活动不要同时开展两项以上，以免分散人们的注意力，削弱或抵消应有的效果；第五，选择时机，要考虑公众，尤其是目标公众参与的可能性，避开那些目标公众难以参与的时日；第六，选择时机，要考虑媒介，尤其是大众传媒使用的可能性；第七，选择时机，要考虑当时当地的民情风俗，尽量使组织的活动项目与这里的风土人情相吻合。

6) 选择媒介

我们知道，可供选择的传播媒介有很多种，不同的媒介各有所长，各有所短，只有选择恰当，才能事半功倍，取得良好的传播效果。选择传播媒介的基本原则如下。

首先，根据公共关系工作的目标要求选择传播媒介。如果企业的目标是提高知名度，则可以选择大众传播媒介；如果企业的目标是缓和内部紧张关系，则可以通过人际传播与群体传播，通过会谈、对话等方式加以解决。

其次，根据不同对象来选择传播媒介。不同对象适用于不同的传播媒介，要使信息有效地传送到目标公众，就必须考虑到目标公众的经济状况、教育程度、职业习惯、生活方式及他们通常接收信息的习惯等。如对经常加班加点的出租司机最好采用广播；要引起儿童的兴趣和注意，制作电视节目和卡通最好；对文化落后又没有电视的山区农民，则采用有线广播；对喜欢仔细阅读思考的知识分子，应多采用报纸、杂志等传播媒介。

再次，根据传播内容来选择传播媒介。公共关系因目标和工作要求的不同，需要传递的信息内容也不同。例如，传播的内容简单，要求给公众具体、生动、亲切形象的，可以通过电视或广播；而传播内容复杂、技术性强，要经过反复思考才能理解的，则需要选择印刷与人际传播进行现场讲解。

最后，根据经济条件来选择传播媒介。俗话说"巧妇难为无米之炊"。企业的经费一般有限，而越是现代化的传播媒介，费用越高，所以，成功的形象塑造策划，应该是选择适当的媒介和方式，以较少的开支争取最好的传播效果。

7) 制定公关预算

为了少花钱多办事，在有限的投入内获取最大的经济效益和社会效益，就要进行科学的公共关系预算。编制公关预算时，首先要清楚地知道组织的承受能力，做到量体裁衣，还可以监督经费的开支情况，评价公关活动的成效。

8) 审定方案

审定方案是对公共关系方案进行再分析，对方案进行优化。

【课程小结】

产品再好、价格再便宜、渠道再通畅,如果没有适合的管道向消费者说明,都是枉然,向消费者说明的任务,就落在促销上。促销就是企业运用各种手段向消费者传递有关本企业及产品的各种信息,说服或吸引消费者购买其产品,以达到扩大销售量的目的。企业在进行促销时往往把人员推销、广告、营业推广及公共关系四种方式有机组合起来构成促销组合。

【课堂讨论】

1. 如何理解"酒好也怕巷子深"这句话?
2. 银幕上,深受众人喜爱的明星大腕们都在十分卖力地为自己所代言的产品宣传。明星的魅力的确是无法抵挡的,有了他们,产品的知名度变得更高了,更受大家追捧了;有了他们,产品的销量变得更好了。于是,越来越多的企业找明星代言,而越来越多的明星也都乐此不疲地接拍一个又一个的广告。然而,正是这种利益的驱使,使得某些明星不顾产品质量,甚至对产品几乎还一无所知就堂而皇之地为产品代言了广告。于是,明星虚假广告代言事件被频频曝光。请针对明星虚假广告问题进行探讨。
3. 一个企业或一种产品因某些事故、意外或灾难,而使"形象"受到损害,这时候企业如何进行危机公关?

【技能训练】

1. 在一个大公司里吃午饭的时候,很少有员工待在办公室里。这时可能会传来一些蹑手蹑脚的声音,原来是一个商品促销员悄悄地走进来。他双手抱着一个大公文包,扬着眉毛,眼睛在四周扫来扫去,他似乎嘟哝着说"我想任何人都不愿意买很多百科全书吧,但它的推测至少是正确的。

如果你是他的经理,为了提高他的业绩,你会给他一些什么建议教他在将来怎么说怎么做?

假如你是那个商品的推销员,你会怎么得到一个进门的许可?

2. 中盐公司为更好地塑造企业形象,开展了食盐产品广告语征集活动。请为该公司设计两到三条广告语,要求如下:①语言精练,富有诗意,便于记忆,朗朗上口;②广告语应具备一定语言特色,又紧扣中盐形象、企业产品,能准确表达产品特点和企业形象;③广告语应具备公众传播性,便于各渠道、各阶层推广传播; ④广告语具备一定意义,具有识别性。适合长期固定使用公众传播;⑤必须是原创作品。
3. 组织一次小型的校园小商品展销会,让学生通过参加促销活动,能够对促销活动有更深入的了解。

【课后自测】

1. 促销工作的核心是(　　)。
　　A. 出售商品　　　　　　　　B. 沟通信息
　　C. 建立良好关系　　　　　　D. 寻找顾客

2. 在产品生命周期的投入期，消费品的促销目标主要是宣传介绍产品，刺激购买欲望的产生，因而主要应采用（　　）促销方式。
　　A. 广告　　　　　　　　　　B. 人员推销
　　C. 价格折扣　　　　　　　　D. 销售促进
3. 公共关系目标是使企业（　　）。
　　A. 出售商品　　　　　　　　B. 盈利
　　C. 广结良缘　　　　　　　　D. 占领市场
4. 一般日常生活用品，适合于选择（　　）做广告。
　　A. 新媒体　　　　　　　　　B. 专业杂志
　　C. 电视　　　　　　　　　　D. 户外媒体

【案例分析】

"两会"期间遭危机，马云亲自为淘宝正言

2017年"两会"期间，全国人大代表、广东唯美陶瓷有限公司(马可波罗瓷砖)董事长黄建平公开表示，他此次打算提交的议案资料总结下来就一句话："互联网虚拟经济破坏实体经济，网店假冒伪劣产品居多。"不仅如此，黄建平还点名淘宝，称"目前淘宝网上搜索关键词'马可波罗瓷砖''马可波罗卫浴'，搜索结果居然足足有五百多家，但是其中经过集团授权的经销商才两家。"

面对这样的"危机"，阿里的公关反应神速，在双微上同步发布了《对人大代表马可波罗瓷砖董事长黄建平三点议题的商榷》的回应。更厉害的是，马云亲自在微博上进行了第二波回应——像治理酒驾那样治理假货："这几年我认为最经典的司法进步就是酒驾治理。假如没有"酒驾一律拘留、醉驾一律入刑"的严刑峻法，今天中国要多出多少马路杀手！再看假货，绝大部分制假售假者几乎不承担法律责任，违法成本极低而获利极丰，很难想象假货如何才能打干净！我建议参考酒驾醉驾治理，设想假如销售一件假货拘留七天，制造一件假货入刑，那么我想今天中国的知识产权保护现状、食品药品安全现状，我们国家未来的创新能力一定会发生天翻地覆的变化。

对涉假行为的法律规定，很多国家奉行严刑重典，如美国，初犯10年以上的监禁，重犯20年以上，公司会罚到破产，连携带使用假货的人也会面临拘留，如此才有了今天美国的创新环境。……假货之祸，横行中国数十年，特别是在中国农村市场更是触目惊心。今日，阿里巴巴每天如同在"上甘岭"战斗在第一线，尽管艰难，但我们推动自己不断进步，我们已经从网上打到了网下，我们一定会斗争到最后一分钟。但打假很难孤军奋战，凭任何一家公司之力无法根除假货顽疾。目前法律体系的滞后更是对假货行为构不成威慑，也为权力寻租留出了巨大空间，而治理假货，需要全社会的合力、需要各方的协同，更需要法治的完善基石，法治打假、行政打假、平台打假、消费者打假，谁都不应该置身事外。

今天，现实世界里的假货源源不断地从黑工厂中产出，像雾霾一样四面八方袭来，充斥在大街小巷。互联网首当其冲，网络平台当然应该识别、报警、拦截，但是如果不关掉黑工厂，治理污染源，雾霾永远不会消失，这道理明白而简单。阿里巴巴绝不会置身事外，但法律基石永远是根，制造工厂永远是源，从根开始，从源着手，才是我们国家从制造大国走向创新大国，从"嘴治"到"法治"的大道。

法律的修改、完善和进步是一件非常专业严肃的事情，也是一个漫长曲折的过程。我们会一直坚持打假，也会一直坚持呼吁、呐喊，为我们自己和孩子们亲手打造一个"天下无假"的时代。

要知道，马云发微博的频率那可是相当低，马云 2016 年共发了 14 条微博，这次的回应，是他 2017 年以来第二次发布微博。

(资料来源：https://www.sohu.com/a/151155468_363248?t=1571030302720，2017-06-22)

案例思考

阿里巴巴公关成功的关键因素是什么？

案例分析与提示

及时回应，公共关系意识强；理性应对，公共人员素质高；摆正态度，直面问题，勇敢承担责任；目标明确，达到了各方利益的均衡。

【综合实训】

大枣牛奶促销活动方案设计

一、实训项目

北京佳佳乳业推出一款新产品——"佳佳"大枣牛奶，并计划在国庆长假期间进行一次户外现场促销活动。请你的团队帮助该品牌设计促销活动方案。

二、实训内容

1. 分组调研讨论，调查其他企业同类产品促销活动开展情况。
2. 设计"佳佳"大枣牛奶的促销活动方案。

包括目标人群，促销主题，具体活动内容，优惠方式，场地选择、时间安排、经费预算和预期活动效果等。

要求：促销活动方案应该完整、主题明确、具有可操作性和有新意。

三、实训组织

①由教师担任研讨活动总指导；②全班分为若干小组，每组 4~5 人，确定组长 1 人；③每组就所设计的方案开展研讨；④每组推举 1 人进行全班交流发言。

四、实训成果

"佳佳"大枣牛奶促销活动方案。

附录 A　营销策划书的结构与内容

策划书没有一成不变的格式，它依据产品或营销活动的不同要求，在策划的内容与编制格式上也有相应的变化。但是，从营销策划活动一般规律来看，其中有些要素是共同的。

1. 封面

阅读者首先看到的是封面，因而封面能起到第一印象的视觉效果。策划书的封面可提供以下信息：策划书的名称；客户的名称；策划机构或策划人的名称；策划完成日期及本策划适用的时间段。因为营销策划具有一定的时间性，不同时间段上市场的状况不同，营销执行效果也不一样。封面设计的原则是醒目、整洁，字体、字号、颜色则应根据视觉效果具体考虑。

2. 前言

前言或序言是策划书正式内容前的情况说明部分，内容应简明扼要，最多不要超过500字，让人一目了然。其内容主要是：①接受委托的情况。如：×公司接受×公司的委托，就××年度的广告宣传计划进行具体策划。②本次策划的重要性与必要性。③策划的概况，即策划的过程及达到的目的。

3. 目录

目录的内容也是策划书的重要部分。封面引人注目，前言使人开始感兴趣，那么，目录就务必让人读后了解策划的全貌。目录具有与标题相同的作用，同时也应使阅读者能方便地查寻营销策划书的内容。

4. 概要提示

阅读者应能够通过概要提示大致理解策划内容的要点。概要提示的撰写同样要求简明扼要，篇幅不能过长，一般控制在一页纸内。另外，概要提示不是简单地把策划内容予以列举，而是要单独成一个系统，因此其遣词造句等都要仔细斟酌，要起到一滴水见大海的效果。

5. 正文

正文是营销策划书中最重要的部分，具体包括以下几方面内容。

营销策划的目的。策划目的就是营销策划所要达到的目标、宗旨。确立明确的目标，作为执行本策划的动力或强调其执行的意义所在，以要求全员统一思想，协调行动，共同努力保证策划高质量地完成。

企业营销上存在的问题纷繁多样，但概而言之，也无非6个方面。企业开张伊始，尚无一套系统营销方略，因而需要根据市场特点策划出一套营销方案；企业发展壮大，原有的营销方案已不适应新的形势,因而需要重新设计新的营销方案;企业改革经营方向,需要相应地调整营销策略;企业原营销方案严重失误,不能再作为企业的行动指南;市场行情发生变化,原营销方案已不适应变化后的市场;企业在总的营销方案下,需在不同的时段,根据市场的特征和行情变化,设计新的阶段性方案。

如《长城计算机市场营销企划书》文案中,对企划书的目的说明得非常具体。首先强调"9000B 的市场营销不仅仅是公司的一个普通产品的市场营销",然后说明 9000B 营销成败对公司长远利益、近期利益及对长城系列产品的影响,要求公司各级领导及各环节部门达成共识,完成好任务,这一部分使得整个方案的目标方向非常明确、突出。

市场状况分析。着重分析以下因素:①对同类产品市场状况、竞争状况及宏观环境要有一个清醒的认识。它是为制定相应的营销策略、采取正确的营销手段提供依据的。"知己知彼方能百战不殆",因此这一部分需要策划者对市场比较了解。②当前市场状况及市场前景分析。产品的市场需求状况、现实市场及潜在市场状况;市场成长状况,产品目前处于市场生命周期的哪一阶段上;对于不同市场阶段上的产品,公司营销侧重点如何,相应营销策略效果怎样,需求变化对产品市场的影响;消费者的接受性,这一内容需要策划者凭借已掌握的资料分析产品市场发展前景。如台湾一个品牌的漱口水《"德恩耐"行销与广告策划案》中策划者对"德恩耐"进入市场风险的分析,产品市场的判断颇为精彩。如对产品市场成长性分析中指出:以同类产品"李施德林"的良好业绩说明"德恩耐"进入市场风险小;另一同类产品"速可净"上市被普遍接受说明"李施德林"的缺陷;漱口水属家庭成员使用品,市场大;生活水平提高,中、上阶层增多,显示其将来市场成长。③对产品市场影响因素进行分析。主要是对影响产品的不可控因素进行分析,如消费者收入水平、消费结构的变化、消费心理等,对一些受科技发展影响较大的产品如计算机、家用电器等产品的营销策划中还需要考虑技术发展趋势方向的影响。

市场机会与问题分析。①针对产品目前营销现状进行问题分析。一般营销中存在的具体问题,表现为多方面:企业知名度不高、形象不佳影响产品销售;产品质量不过关、功能不全,被消费者冷落;产品包装太差,提不起消费者的购买兴趣;产品价格定位不当;销售渠道不畅或渠道选择有误,使销售受阻;促销方式不当,消费者不了解企业产品;服务质量太差,令消费者不满;售后保证缺乏,消费者购买后顾虑多等都可以是营销中存在的问题。②针对产品特点分析优势、劣势。从问题中找劣势予以克服,从优势中找机会,发掘其市场潜力。分析各目标市场或消费群特点来进行市场细分,对不同的消费需求尽量予以满足,抓住主要消费群作为营销重点,找出与竞争对手的差距,把握利用好市场机会。

确定具体行销方案。针对营销中的问题点和机会点的分析,提出达到营销目标的具体行销方案。行销方案主要由市场定位和 4P's 组合两部分组成,具体体现两个主要问题:①本产品的市场定位是什么?②本产品的 4P's 组合具体是怎样的?具体的产品方案、价格方案、分销方案和促销方案是怎样的?

6. 预算

这一部分记载的是整个营销方案推进过程中的费用投入,包括营销过程中的总费用、阶段费用、项目费用等,其原则是以较少投入获得最优效果。用列表的方法标出营销费用也是经常被运用的,其优点是醒目易读。

7．进度表

把策划活动起止全部过程拟成时间表，具体到何日何时要做什么都标注清楚，作为策划进行过程中的控制与检查。进度表应尽量简化，在一张纸上拟出。

8．人员分配及场地

此项内容应说明具体营销策划活动中各个人员负责的具体事项及所需物品和场地的落实情况。

9．结束语

结束语在整个策划书中可有可无，他主要起到与前言的呼应作用，使策划书有一个圆满的结束，不致使人感到太突然。

10．附录

附录的作用在于提供策划客观性的证明，因此，凡有助于阅读者对策划内容理解、信任的资料都可以列入。

附录 B　营销策划书的写作技巧

营销策划书和一般的报告文章有所不同，它对可信性、可操作性以及说服力的要求较高。因此，在营销策划书的写作过程中，一般需要注意以下 6 个问题。

1. 寻找一定的理论依据

要提高策划内容的可信性并使阅读者接受，就必须为策划者的观点寻找理论依据。但是，理论依据要有对应关系，纯粹的理论堆砌不仅不能提高可信性，反而会给人脱离实际的感觉。

2. 适当举例

这里的举例是指通过正反两方面的例子来证明自己的观点。在策划报告书中加入适当的成功与失败的例子，既能起调整结构的作用，又能增强说服力，可谓一举两得。需要指出，举例以多举成功的例子为宜，选择一些国外先进的经验与做法以印证自己的观点是非常有效的。

3. 利用数字说明问题

策划报告书是一份指导企业实践的文件，其可靠程度如何是决策者首先要考虑的。报告书的内容不能留下查无凭据的漏洞，任何一个论点最好都有依据，而数字就是最好的依据。在报告书中利用各种绝对数和相对数来进行比较对照是绝对不可少的。要注意的是，各种数字最好都有出处以证明其可靠性。

4. 运用图表帮助理解

运用图表能有助于阅读者理解策划的内容，同时图表还能提高页面的美观性。图表的主要优点在于有强烈的直观效果，因此，用图表进行比较分析、概括归纳、辅助说明等非常有效。图表的另一优点是能调节阅读者的情绪，有利于阅读者对策划书的深刻理解。

5. 合理利用版面安排

策划书视觉效果的优劣在一定程度上影响着策划效果的发挥。有效利用版面安排也是撰写策划书的技巧之一。版面安排包括打印的字体、字号大小、字与字的空隙、行与行的间隔以及插图和颜色等。如果整篇策划书的字体、字号完全一样，没有层次之分，那么这份策划书就会显得呆板，缺少生气。总之，通过版面安排可以使重点突出、层次分明、严谨而不失活泼。

6. 注意细节，消灭差错

这一点对于策划报告书来说十分重要，但却往往被人忽视。如果一份策划书中错字、别字连续出现的话，阅读者怎么可能对策划者抱有好的印象呢？因此，对打印好的策划书要反复仔细检查，不允许有任何差错出现，对企业的名称、专业术语等更应仔细检查。

附录 C　佳洁士牙膏营销策划书

目　录

略

前　言

始创于 1837 年的宝洁公司,是世界最大的日用消费品公司之一。2002—2003 财政年度,公司全年销售额为 434 亿美元。在《财富》杂志最新评选出的全球 500 家最大工业/服务业企业中,排名第 86 位,并位列最受尊敬企业第 7。宝洁公司全球雇员近 10 万,在全球 80 多个国家设有工厂及分公司,所经营的 300 多个品牌的产品畅销 160 多个国家和地区,其中包括洗发、护发、护肤用品、化妆品、婴儿护理产品、妇女卫生用品、医药、食品、饮料、织物、家居护理及个人清洁用品。

"佳洁士-节约"牙膏是宝洁公司推出的新产品,为配合宝洁公司的牙膏市场推进计划,特进行本次广告策划,本次策划将为"佳洁士-节约"牙膏塑造独特的市场形象,并以全新的方式推向市场。

一、市场分析

(一)中国牙膏市场品牌发展历程

1998 年,全国牙膏产量达到 28.07 亿支,比 1949 年增长了 133.6 倍, 2000 年产量达到了 36 亿支,年人均使用量提高到了 2.8 支。有关专家预计,2005 年中国牙膏产量将达到 45 亿支,2010 年将达到 54 亿支。

近 20 年来,中国牙膏市场大致经历了四个阶段。

第一阶段(1949—1992 年):国内品牌三足鼎立。

1949 年到 1992 年期间,中华、两面针和黑妹三大国产品牌一直分享了中国庞大的牙膏市场。但三大品牌几乎没有正面竞争,各居一隅,分别占据着东部、南部和西部市场,相安无事。

第二阶段(1992—1996 年):洋品牌小试牛刀。

1992 年,世界最大的牙膏品牌高露洁进入中国市场,1995 年宝洁公司的佳洁士进入中国。在这一阶段,由于外国品牌的价格过高(约为国产品牌的 3 倍),它们仅仅进入了沿海大中城市的高端市场。

第三阶段(1996—2000年)：洋品牌洗牌中国市场。

外资品牌完全改变了中国牙膏市场格局：一方面通过收购国产品牌来取得市场份额和渠道，如联合利华从上海牙膏厂取得了"中华"和"美加净"的品牌经营权；另一方面通过出色的营销手段及价格调整，让大众接受自己。1996年，国内牙膏10强品牌中外资品牌仅占两席，到1998年已经增至四席，而2000年更是增加到了六席。而蓝天六必治、芳草、两面针等昔日国产名牌整体陷入颓势。

第四阶段(2000年至今)：中国牙膏品牌寻求突破。

冷酸灵、田七、蓝天六必治等国内品牌在经历了一轮市场洗礼后，营销手段和品牌管理理念日渐成熟。他们避开与外国品牌的正面交锋，在中老年口腔护理和中草药护理等细分市场上大做文章，取得了不错的效果。

(二)现有市场竞争格局发展

(1) 第一梯队优势明显：高露洁稳居榜首，佳洁士紧随其后，这两个品牌占据了市场份额的大部分。在人们的心目中，高露洁、佳洁士几乎成了牙膏的代名词。短短的几年中，这两个品牌已将国产老品牌远远抛开，成为中国牙膏市场的主导品牌。而老品牌"中华"经过了联合利华重新品牌定位和包装之后，重放光彩……

(2) 二线品牌竞争激烈：冷酸灵、两面针、蓝天、黑妹等老品牌虽已风光不再，但凭借原有的品牌优势依然占据了一席之地，而不少国外品牌如 LG、黑人、安利也开始瞄准中国市场大力推广，由此造成了二线品牌的激烈竞争态势。从成长指标来看，新兴国外品牌可谓是后劲十足，发展前景良好。

(三)消费者分析

1. 消费群结构分析

牙膏虽然是一种家庭消费品，但随着国外品牌的进入，国内与国外品牌之间在消费群结构上开始出现差异。

国产品牌牙膏的主要消费群集中在低收入者以及中老年人；而年轻人或中高收入者则偏向于使用国外品牌的牙膏。造成以上差异的原因可能有以下两点。

(1) 不同年龄段的消费习惯不同。对于中老年人来说，使用习惯是很难改变的，特别是对于一种使用了十几年甚至几十年的产品，老品牌早已根深蒂固，要想让他们接受新事物恐怕很难。

(2) 中外品牌价格有差距。尽管高露洁等品牌在近几年产品线延伸到了各消费层，但相对于国产品牌来说，价格还是高了些许。对于一般的消费者来说，使用国产牙膏已经可以满足基本的清洁需求，也算得上是价廉物美了。

2. 消费区域特征分析

(1) 一线品牌覆盖全国各地。高露洁、佳洁士在全国各地都占据了主要的市场地位。

(2) 二线品牌具有明显的区域特征。冷酸灵、两面针在成都优势尤为明显；黑人、黑妹在广州表现突出；上海防酸在上海地区一枝独秀，渗透率甚至高于佳洁士。

(四)市场发展趋势分析

中国消费者的健康观念在不断地改变,从以往单一清洁牙齿的工具到补钙、防酸、防蛀等,各种各样名目的新牙膏产品如雨后春笋般涌现,令人一时眼花缭乱。中国市场从原来三国鼎立的局面一下子被划分得七零八落,出现了各品牌重新洗牌的现象。

牙膏市场价格战是否打起来现在还是未知数,广告战已是不争的事实。据央视调查咨询中心对全国 340 多个电视频道的监测所得,2000 年 1—5 月牙膏电视广告总投放量为 38 932 万元,比上年同期增长了 37%。

前几年,整个中国牙膏市场基本被国产的几个品牌所划分,但据统计,1999 年 1—5 月牙膏电视总投放量为 28 326 万元,中华、两面针、冷酸灵、黑妹、六必治等几个品牌的广告投放量只占总广告量的 32%,外资品牌的佳洁士、高露洁等广告投放量占 42%。因为国产品牌受到合资品牌的外来压力,为了巩固已有的市场份额,争夺战一触即发,2000 年 1—5 月各国有品牌的电视广告费用都有所上升,由于中华与联合利华兼并,广告费比上年同期猛增接近 6 倍。在此期间,中华中草药牙膏以 5773 万元的广告费高居各产品之首。

从媒体选择来看,国产牙膏相对比较集中在中央台,全国各省的投放面也相对松散,采取一网打尽的广告投放方式。但中华、两面针、黑妹等几个国有品牌唯独在北京、上海地区 1999 年 1—5 月基本没有广告投入,这是其他一些外资品牌所没有的。是否就是自己的领地就自顾不暇呢?而面对合资品牌的广告疯狂入侵,2000 年 1—5 月在以上地区相对有所增加。特别一提的是中华一改以往作风在上海地区 2000 年 1—5 月已投入 500 多万元,北京地区投入 220 多万元。

广西柳州的两面针和广州的洁龈牙膏是国内最早打响中药护牙概念的产品,但前者发展较快。两面针中药牙膏依然是近段时间广告首推产品。1999 年 1—5 月这一产品已投入了近 450 多万元。但面对中华中草药牙膏的强劲推出,两面针不敢怠慢,迅速推出两面针强效中药牙膏加入竞争,2000 年 1—5 月的广告投入了 1852 万元,但面对中华中草药牙膏的庞大广告冲击,又显得是有心无力了。但其他的外资品牌暂没有涉足中草药这一领域。多以防蛀、全效、超白等特点作为广告卖点。

报纸作为第二大的广告媒体,各牙膏品牌却显得不屑一顾。据央视调查咨询中心对全国 380 多份报刊的监测所得,1999 年 1—5 月只有高露洁一个品牌高唱独角戏。投入广告费达 262 万元,其他牙膏品牌基本没有投放广告。此局面到了 2000 年 1—5 月出现了新的改变。两面针、中华等牙膏品牌象征性地投入了几十万元,也算占了一席领地。面对其他品牌的加入,高露洁不但没有加入广告战,反而比上年同期节约了 50%的广告费,令人费尽思量。另一合资品牌佳洁士依然按兵不动。据统计,2000 年 1—5 月牙膏的报刊广告总投放费用是 338 万元,占电视的 0.9%,显得是微不足道了。

几年前,国外品牌的进入从根本上改变了中国牙膏市场的竞争格局。在今后的牙膏市场中,上演的应该是国外品牌之间的争夺,市场份额将被重新划分。

二、产品分析

(一)"佳洁士-节约"牙膏分析

我公司为回报广大消费者,特生产出一款牙膏,外形设计独特,牙膏口是其他产品的 2

倍，牙膏是液体，容易粘在牙刷上，这样的设计是为了便于消费者使用，也便于消费者养成节俭的作风。我们的这款牙膏有水果香型、薄荷型，能 24 小时全天为您服务，白天让您口气清新，散发自信的魅力，夜晚它会为您消灭牙齿中的病菌，维护您牙齿的健康。有各种克数的牙膏供您选择。

(二)竞争对手牙膏分析

1. 两面针牙膏

薄荷香型：预防牙质过敏、牙周炎、牙痛。120 克
水果香型：消炎、止痛，预防牙龈出血。180 克
冰凉薄荷型：清除牙垢、使牙齿洁白、全新易挤软管。120 克
天然水果香型：预防牙周炎、口腔异味、脱敏防蛀。100 克
清爽薄荷型：缓解牙质过敏、牙龈出血、牙痛、口腔异味、止血。120 克
水果香型：清新口气、预防牙痛。180 克

2. 中华牙膏

长效防蛀：防蛀、坚固牙齿、清新口气。170 克
中草药：预防发炎、蛀牙、口腔溃疡，清新口气。120 克
长效防蛀：防蛀、坚固牙齿、清新口气。120 克
金装全效：含氟、钙、强齿素 CAGP、坚固牙齿、拒绝蛀牙、口气清新。100 克

3. 蓝天六必治牙膏

绿茶：抑制口腔病菌、阻止牙菌斑生成、清热祛火、除口臭，冰茶茉莉香型。
生物酶：口腔菌平衡、防止口腔牙周疾患、修复组织、抑制出血，清爽薄荷型。
中草药：预防口腔炎症、牙龈出血、疼痛、异味，水果香型。
全效：预防口腔炎症、牙龈出血、肿痛、口臭、牙齿过敏、口腔溃疡，冬青薄荷型。

4. 黑人牙膏

富含氟化物、晶莹蓝色膏体、蕴含法国天然香水、独有水柠清新分子。

三、销售现状分析

(一)宝洁公司的知名度、美誉度与企业形象

1988 年宝洁公司在广州成立了在中国的第一家合资企业——广州宝洁有限公司，从此开始了宝洁投资中国市场的 14 年历程。为了积极参与中国市场经济的建设与发展，宝洁公司已陆续在广州、北京、上海、成都、天津等地开设了十几家合资、独资企业。

14 年来，宝洁公司一贯奉行"生产和提供世界一流产品，美化消费者的生活"的企业宗旨，在华生产出了众多质量一流、深受消费者喜爱的产品。宝洁的飘柔、海飞丝、潘婷、舒肤佳、玉兰油、护舒宝、碧浪、汰渍和佳洁士等已经成为家喻户晓的品牌。迄今为止，宝洁在华投资总额已逾 10 亿美元，拥有约 4000 名员工。自 1993 年起，宝洁公司连续 9 年

成为全国轻工行业向国家上缴税额最多的企业。

宝洁公司是一个创新型的现代化企业，一贯重视科学研究、技术开发及人才培养，注重产品质量及加速原材料本地化的进程。宝洁公司在全球建有19个大型技术研究中心，拥有8300名科学技术研究人员，其中有2000名具备博士学位的研究员。公司每年科研经费的投入在17亿美元以上，平均每年申请专利达20 000余项。在中国，为了使宝洁在技术上有更大的发展，宝洁与清华大学共同创建的全球第18个大型科研中心已于1998年4月在北京正式落成。这将确保利用宝洁全球的技术优势，研究开发先进的产品技术，创造设计出更适合中国消费者需要的产品。

宝洁公司14年来一贯恪守"取诸社会，用诸社会"的原则，做有高度社会责任感的企业公民。近几年来，宝洁公司在中国已累计向社会捐助4000多万元人民币，用于支持发展教育、健康、城建、环保、助残及赈灾救济等各项社会公益事业。例如：宝洁1996—1998年向希望工程累计捐款1200万元，在全国27个省、自治区兴建了76所希望小学。1997年还向春蕾计划捐款50万元，支持女童教育，帮助她们重返课堂。

1998年4月，在宝洁公司董事长来华访问期间，宝洁向清华大学捐款1070万元人民币，引进目前世界上最先进的实验仪器，帮助完善学校的教学实验设施及用于承担宝洁与清华大学共同合作的科研项目。同时向教育部捐款700万元人民币，用于支持中小学青春期健康教育。此外，宝洁公司还向野生动物保护基金会捐款150万元人民币，以保护国宝大熊猫。

(二)宝洁公司的市场销售现状

(1) 产品质量：佳洁士-节约牙膏，将以品质为第一位，为消费者生产出放心的商品。
(2) 价格定位：佳洁士-节约牙膏，2～4元不等。
(3) 渠道策略：佳洁士-节约牙膏，全国各地的大、中、小超市销售。
(4) 品牌定位：佳洁士比高露洁晚进入中国市场三年，一直处于步步落后的境地，近几年来，佳洁士和高露洁在中国的营销战更是到了白热化的状态。虽然和高露洁一样，佳洁士都是定位在了高端市场，但是与高露洁的专业形象不同的是，佳洁士将营销目标瞄准儿童，广告上频繁出现的是一张张儿童没有蛀牙的笑脸。通过在儿童心目中树立的良好品牌形象，来影响父母选择牙膏品牌。

四、企业营销战略

(一)营销目标

(1) 短期目标：通过宣传令消费者认识此产品，并且购买。
(2) 长期目标：令消费者对此产品拥有品牌忠诚度。

(二)市场策略

(1) 产品定位：让消费者节俭，从产品出发让消费者能做到节俭。
(2) 诉求对象：单身青年和青少年。

(3) 广告主题："佳洁士——节约"。

五、广告表现

(一)非媒介

1. 针对青少年

(1) 用儿童作节约的各种宣传，把活动编成儿歌，歌颂节约美德。
(2) 在各小学宣传节约美德，评选节约美德先锋队员(例如颁发证书、奖品等)。
(3) 节假日儿童自己购买"佳洁士-节约"儿童装，可以半价(销售地点：各小学门口、公交车站)。

2. 针对青年

(1) 产品推出一段时间后，可以在指定日期用旧牙膏换新牙膏。
(2) 可以定期搞优惠或兑奖活动。

(二)媒介

(1) 电视：(全国性) CCTV-1、CCTV-5、CCTV-6、CCTV-8
 (地方性)北京电视台、青岛电视台、哈尔滨电视台
(2) 报纸：(专业类)《中国经济报》《少儿导报》等
 (综合类)《中国电视报》《青年报》《打工报》，以及地区性日报、地区性晚报等
(3) 杂志：(专业类)《销售与市场》等
 (综合类)《少男少女》《读者》《意林》《青年文摘》等
(4) 户外广告：各个目标市场的路牌、灯箱和车身
(5) 媒体广告预算

报纸广告预算：10 万元人民币
杂志广告预算：5 万元人民币
电视广告预算：35 万元人民币
户外广告预算：15 万元人民币
合计：65 万元人民币

六、公关营销策略

(一)目的

公关营销的最终目的是提高企业效益；最高的目的是服务公众，贡献社会；具体的目的是让公众了解宝洁，让宝洁了解公众，了解他们的真正需要及对产品的意见反馈和建议。

(二)活动策划

(1) 产品上市新闻发布会(以提倡节约新起点为主题进行,向公众宣布一种新起点的诞生)。

(2) 牙膏试用(向目标市场的消费者发放1万管牙膏,并记录下使用者的数据,宣传以"提倡节约新起点"为主题。

七、效果预测、评估

售前:我们采用向消费者促销的方式。

售中:利用媒介和非媒介一起向消费者介绍"佳洁士-节约"牙膏。

售后:对广告效果进行整体评估。

附:消费者市场调查问卷

"佳洁士-节约"牙膏电视广告脚本系列(略)

(资料来源:http://www.doc88.com/P-01673009342606.html, 2021-3-28)

参 考 文 献

[1] 李世杰. 市场营销与策划[M]. 3版. 北京：清华大学出版社，2015.
[2] 李世杰. 市场调查与预测[M]. 3版. 北京：清华大学出版社，2018.
[3] 陈宝玉，李颖，郑予捷. 市场营销导论[M]. 北京：清华大学出版社，北京交通大学出版社，2009.
[4] 刘厚钧. 营销策划实务[M]. 北京：电子工业出版社，2009.
[5] 万晓. 市场营销[M]. 北京：清华大学出版社，北京交通大学出版社，2010.
[6] 许春燕，孟泽云. 新编市场营销[M]. 北京：电子工业出版社，2009.
[7] 张凤丽，连有. 国际市场营销[M]. 上海：上海财经大学出版社，2008.
[8] 范明明. 市场营销与策划[M]. 北京：化学工业出版社，2003.
[9] 王志伟. 市场营销学[M]. 北京：对外经济贸易大学出版社，2008.
[10] 张泽起. 市场营销学[M]. 北京：中国传媒大学出版社，2008.
[11] 车慈慧. 市场营销[M]. 广州：广东高等教育出版社，2005.
[12] 杨明刚. 市场营销策划[M]. 北京：高等教育出版社，2002.
[13] 卢海涛. 市场营销学[M]. 武汉：武汉理工大学出版社，2008.
[14] 李素萍，安予苏. 市场营销学[M]. 郑州：郑州大学出版社，2008.
[15] 苗月新. 市场营销学[M]. 北京：清华大学出版社，2004.
[16] 吴健安. 市场营销学[M]. 北京：高等教育出版社，2003.
[17] 车礼，胡玉立. 市场调查与预测[M]. 武汉：武汉大学出版社，2000.
[18] 王信东. 市场营销学[M]. 北京：社会科学文献出版社，2006.
[19] 马刚. 顾客关系管理[M]. 大连：东北财经大学出版社，2008.
[20] 李志宏. 顾客关系管理[M]. 广州：华南理工大学出版社，2005.
[21] 杨路明. 顾客关系管理理论与实务[M]. 北京：电子工业出版社，2004.
[22] 苏定林. 赢得重点顾客满意的9堂课[M]. 北京：中国经济出版社，2006.
[23] 宗蕴璋. 质量管理[M]. 北京：高等教育出版社，2008.
[24] 董金祥. 顾客关系管理CRM[M]. 杭州：浙江大学出版社，2002.
[25] 李弘等. 市场营销学[M]. 大连：大连理工大学出版社，2004.
[26] 兰苓. 市场营销学[M]. 北京：中国广播电视大学出版社，2006.
[27] 盛敏等. 市场营销学案例[M]. 北京：清华大学出版社，2005.
[28] 王栓军. 客户关系管理[M]. 成都：西南财经大学出版社，2010.
[29] 李宇红，周湘平. 市场营销实践教程[M]. 北京：人民邮电出版社，2009.
[30] 李兴国. 公共关系实用教程[M]. 北京：高等教育出版社，2003.
[31] 龚正伟. 企业形象设计[M]. 北京：清华大学出版社，2009.
[32] 李森. 企业形象策划[M]. 北京：清华大学出版社，2009.
[33] 单凤儒. 市场营销综合实训[M]. 北京：科学出版社，2009.
[34] 陈捷，王丹. 现代企业管理教程[M]. 北京：清华大学出版社，2008.
[35] 张岩松，王纯磊. 公共关系实践教程[M]. 北京：清华大学出版社，2009.

[36] 张晓青，高红梅. 推销实务[M]. 大连：大连理工大学出版社，2007.
[37] 覃常员. 市场营销理论与实践[M]. 北京：北京交通大学出版社，2009.
[38] 于雁翎. 市场营销理论与实务[M]. 北京：中国出版集团现代教育出版社，2012.
[39] 苏兰君. 现代市场营销能力培养与训练[M]. 北京：北京邮电大学出版社，2005.
[40] 杨群祥. 市场营销概论：理论、实务、案例、实训[M]. 北京：高等教育出版社，2011.